LA FUITE DES CAPITAUX D'AFRIQUE

Les pilleurs et les facilitateurs

Édité par
Léonce Ndikumana
& James K. Boyce

La fuite des capitaux d'Afrique

Les pilleurs et les facilitateurs

Édité par
Léonce Ndikumana
& James K. Boyce

EN TOUTES LETTRES

AMALION

Graines de Pensées

Amalion
BP 5637 Dakar-Fann, Dakar CP 10700, Sénégal
ISBN 978-2-35926-123-3 (broché)
ISBN 978-2-35926-124-0 (ebook)
DOI: 10.62010/amal5/9782359261233.001.0001

En collaboration avec

En toutes lettres
28 avenue des F.A.R., app. 59, 20000 Casablanca, Maroc
ISBN 978-992031-769-6 (broché)
Dépôt légal N° 2024MO2561

Graines de Pensées
30 Blvd du 13 Janvier, 07 BP 7097, Lomé, Togo
ISBN 979-10-3610-072-7 (broché)
Dépôt légal N° 75/MATDDT/Juin 2024

Conception de la couverture par Anke Rosenlöcher
Mise en page par Amalion
Achevé d'imprimer par Imprint Academic, Seychelles Farm, Upton Pyne, EX5 5HY, UK

La fuite des capitaux d'Afrique : les pilleurs et les facilitateurs a été traduit de l'anglais *On the Trail of Capital Flight from Africa: The takers and the enablers* (ISBN 9780198852728) publié pour la première fois en 2022 par Oxford University Press.

Sommaire

Remerciements vi
Tableaux vii
Figures viii
Sigles ix
Contributeurs xii

1. Introduction : Pourquoi se soucier de la fuite des capitaux ?
Léonce Ndikumana & James K. Boyce 1

2. La fuite des capitaux en Afrique du Sud, en Angola, et en Côte d'Ivoire. Vue d'ensemble
Léonce Ndikumana & James K. Boyce 13

3. Le pétrole et la fuite des capitaux de l'Angola
Nicholas Shaxson 47

4. Un chocolat au goût amer : Accaparement des richesses en Côte d'Ivoire
Jean Merckaert 123

5. Fuite des capitaux, capture de l'État et inégalités en Afrique du Sud
Adam Aboobaker, Karmen Naidoo & Léonce Ndikumana 183

6. Commerce international et fuite des capitaux : Des défis pour la gouvernance
Melvin D. Ayogu 239

7. Conclusions. La fuite des capitaux dans l'économie mondiale
James K. Boyce & Léonce Ndikumana 291

Remerciements

Nous tenons à exprimer notre sincère gratitude envers les nombreuses personnes et institutions qui ont contribué de manière directe et indirecte à la réalisation de cet ouvrage. Nous sommes tout particulièrement reconnaissants des précieuses contributions de spécialistes et décideurs en Angola, en Côte d'Ivoire, en Afrique du Sud et ailleurs – notamment au Portugal, en France et au Royaume-Uni – qui ont offert leur temps et leurs connaissances, et ont fourni des données de valeur et des informations de qualité aux auteurs des études de cas. Leur aide est hautement appréciée.

Nous remercions l'Open Society Foundations (OSF) pour la bourse de recherche qui a soutenu ce projet, ainsi que le Friedrich Ebert Stiftung à Berlin et le Political Economy Research Institute de l'université du Massachusetts à Amherst pour leur aide précieuse.

Nous remercions Cadenza Academic Translation pour la traduction du manuscrit de l'anglais au français.

Léonce Ndikumana et James K. Boyce
Amherst, Massachusetts
Avril 2023

Tableaux

Tableau 2.1 : Fuite des capitaux en provenance de l'Angola . . .22

Tableau 2.2 : Fuite des capitaux en provenance de la Côte d'Ivoire 24

Tableau 2.3 : Fausse facturation des exportations de cacao en Côte d'Ivoire, 2000–2018 25

Tableau 2.4 : Fuite des capitaux en provenance d'Afrique du Sud. 27

Tableau 2.5 : Fausse facturation des exportations d'or non monétaire en Afrique du Sud, 2000–2018. 28

Tableau 2.6 : Fausse facturation des exportations de platine en Afrique du Sud, 2001–2018 29

Tableau 2.7 : Estimations de la richesse détenue à l'étranger issue de la fuite des capitaux 33

Tableau 5.1 : Exportations d'or non monétaire en Afrique du Sud, 2000–2018 189

Tableau 5.2 : Indicateurs du poids de la dette extérieure en Afrique du Sud, 1994–2018 191

Tableau 5.3 : Patrimoines privés et nombre d'individus fortunés, 2018. 193

Tableau 5.4 : Exemple de liste de transactions qualifiées de « prêts intersociétés » à la Bank of Baroda, 2007–2017 218

Tableau 6.1 : Intensité d'utilisation des ressources de certaines économies africaines. 260

Tableau 6.2 : Types de certificats d'exportation dans le régime d'exportation du Nigéria. 264

Tableau 6.3 : Description du processus général d'importation de marchandises au Nigéria 270

Tableau 6.4 : Description du sous-processus général de dédouanement des importations 272

Figures

Figure 3.1 : Carte de l'Angola............................ 49
Figure 4.1 : Carte des principales régions productrices de cacao 125
Figure 4.2 : Principaux pays producteurs de cacao 129
Figure 4.3 : Détail du prix d'une barre chocolatée vendue en Europe............................... 132
Figure 5.1 : Fuite des capitaux hors d'Afrique du Sud : total sur 5 ans 187
Figure 5.2 : Diminution constante de l'épargne et de l'investissement intérieurs, 1960–2018 197
Figure 5.3 : Investissements directs étrangers : entrées, sorties et entrées nettes cumulées par décennie 205
Figure 5.4 : Le réseau des facilitateurs................... 223
Figure 5.5 : L'Afrique du Sud à la une du magazine *Time* le 13 mai 2019............................ 226
Figure 6.1 : La proposition de «valeur» du blanchiment d'argent 242
Figure 6.2A : Procédure pour les exportations de marchandises générales (à l'exclusion du pétrole et du gaz) au Nigéria 262
Figure 6.2B : Procédure pour les exportations de marchandises générales (à l'exclusion du pétrole et du gaz) au Nigéria 266
Figure 6.2C : Réponse des exportateurs aux institutions (structure incitative) régissant les exportations de marchandises générales (à l'exclusion du pétrole et du gaz) au Nigéria...................... 268

Sigles

ACE	Audit Contrôle Expertise
ADM	Archer Daniels Midland Company
ANAPROCI	Association nationale des producteurs de café-cacao de Côte d'Ivoire
API	American Petroleum Institute
BAI	Banco Africano de Investimentos (Banque africaine d'investissements)
BASIC	Bureau for the Appraisal of Social Impacts for Citizen Information (Bureau d'évaluation de l'impact social pour l'information citoyenne)
BCEAO	Banque centrale des États de l'Afrique de l'Ouest
BdP	Banque du Portugal
BESA	Banque Espírito Santo Angola
BIS	Bank for International Settlements (Banque de règlements internationaux)
BNA	Banque nationale d'Angola
BNI	Banque nationale d'investissement
BP	Balance des paiements
CAA	Caisse autonome d'amortissement
CAISTAB	Caisse de stabilisation et de soutien des prix des produits agricoles
CBS	Statistics Netherlands
CCC	Conseil café-cacao
CCHA	Compagnie commerciale hollando-africaine
franc CFA	Franc de la Communauté financière africaine
CIU	Customs Inspection Unit (Unité d'inspection douanière)

COMD	Crude Oil Marketing Department (Département de commercialisation du pétrole brut)
CPI	Compagnie pétrolière internationale
CPC	Customs Processing Center (Centre de traitement des douanes)
CTCI	Classification type pour le commerce international
DOTS	Direction of Trade Statistics (Direction des statistiques commerciales)
DRP	Département des ressources pétrolières
DTI	Data Transmitting Interface (Interface de transmission des données)
DUS	Droit unique de sortie
EFCC	Economic and Financial Crimes Commission (Commission des crimes économiques et financiers)
EIR	Equipment Interchange Report (Rapport d'échange d'équipement)
FDPCC	Fonds de développement et de promotion des activités des producteurs de café et de cacao
FGCC	Fonds de garantie des coopératives café et cacao
FILOCOM	Fichier des logements par communes
FMI	Fonds monétaire international
FN	Forces nouvelles
FPI	Front patriotique ivoirien
FPSO	Floating Production, storage and offtake platform (Plate-forme flottante de production, de stockage et de soutirage)
FRCC	Fonds de régulation du café et du cacao
FT	Financial Times
ICCO	International Cocoa Organization (Organisation internationale du cacao)
ICIJ	International Consortium of Investigative Journalists (Consortium international des journalistes d'investigation)
IMTS	International Merchandise Trade Statistics (Statistiques du commerce international des marchandises)
KYC	know-your-customer
LCB	Lutte contre le blanchiment
NCS	Nigerian Customs Service (Service des douanes du Nigéria)

NEPC	Nigerian Export Promotion Council (Conseil nigérian pour la promotion des exportations)
NIMASA	Nigerian Maritime and Safety Administration Agency (Agence nigériane pour les affaires maritimes et la sécurité)
NNPC	Nigerian National Oil Corporation
NPDC	Nigerian Pipeline Development Corporation
PAAR	Pre-Arrival Assessment Report (Rapport d'évaluation avant l'arrivée)
PDCI	Parti démocratique de la Côte d'Ivoire
PDV	Point de vente
PEP	Politically Exposed Persons (Personnes politiquement vulnérables)
PI	Propriété intellectuelle
PwC	PricewaterhouseCoopers
RDA	Rassemblement démocratique africain
RDC	République démocratique du Congo
RDR	Rassemblement des Républicains
SADC	Southern African Development Community (Communauté de développement de l'Afrique australe)
SAIE	Société africaine d'importation et d'exportation
SEC	U.S. Securities and Exchange Commission (Commission des titres et d'échanges)
SGD	Single Goods Declaration (Déclaration unique de marchandises)
SIFCA	Société financière de la côte africaine
SYNAP-CI	Syndicat national agricole pour le progrès
TAIS	Trans Africa Investment Services
UN Comtrade	Base de données des statistiques commerciales des Nations unies
UNCTADstat	United Nations Conference on Trade and Development Statistics (Statistiques de la Conférence des Nations unies sur le commerce et le développement)
UNITA	União Nacional para a Independência Total de Angola (Union nationale pour l'indépendance totale de l'Angola)

Contributeurs

Adam Aboobaker, maître de conférences en économie, Université de l'Ouest de l'Angleterre, Bristol, Royaume-Uni.

Melvin D. Ayogu, professeur d'université, Faculté d'économie, Université d'Emory, États-Unis.

James K. Boyce, directeur de recherche, Institut de recherche en économie politique, Université du Massachusetts à Amherst, États-Unis

Jean Merckaert, directeur action et plaidoyer, Secours Catholique-Caritas, France.

Karmen Naidoo, doctorante, Faculté d'économie, Université du Massachusetts à Amherst, États-Unis.

Léonce Ndikumana, professeur émérite, Faculté d'économie, Université du Massachusetts à Amherst, États-Unis.

Nicholas Shaxson, écrivain, journaliste et enquêteur, Tax Justice Network, Berlin, Allemagne.

1.

INTRODUCTION

Pourquoi se soucier de la fuite des capitaux?

Léonce Ndikumana & James K. Boyce

Le début du XXIe siècle a marqué un tournant pour l'Afrique : le continent est passé d'une histoire de stagnation économique à une ère de croissance accélérée à la suite d'une envolée sans précédent des prix des produits de base. Avant que cette envolée soit freinée par la crise économique mondiale de 2008, l'Afrique apparaissait comme la région du monde à la croissance la plus rapide et McKinsey & Company appelait les économies africaines les « lions en mouvement »[1]. Après cette crise, l'Afrique subsaharienne a rebondi et maintenu une vive croissance pendant la seconde décennie du XXIe siècle, au rythme annuel de plus de 4 %[2]. Beaucoup de pays africains ont connu des avancées considérables en termes de développement humain, faisant progresser l'alphabétisation et baisser la mortalité infantile.

Si les pays africains ont bénéficié de ces améliorations économiques, ils ont aussi continué à souffrir d'importantes sorties de ressources, la plupart prenant la forme d'une fuite illicite de capitaux. Le problème n'est pas nouveau, mais il s'est paradoxalement intensifié, même lorsque les économies africaines se sont engagées dans une croissance accélérée. Nous avons estimé que la fuite des capitaux hors des pays africains depuis 1970 s'élevait à 2 000 milliards de dollars, dont 600 milliards ont quitté le continent à partir des années 2000. Si nous prenons en compte les intérêts qui seraient perçus à travers ces flux, le montant cumulé de richesse privée détenue à l'étranger s'élevait à 2 400 milliards de dollars en 2018. Cela représente le triple de l'encours de la dette extérieure due par ces mêmes pays, faisant de l'Afrique un « créditeur net » du reste du monde (Ndikumana et Boyce 2018).

Le fait que les capitaux fuient le continent au moment de sa renaissance défie la logique et la théorie économique, lesquelles voudraient que les mouvements transfrontaliers de capitaux soient guidés par la recherche de retours sur investissement plus élevés. L'accélération de la croissance et les avancées en termes de stabilité macroéconomique et politique, comme on a pu les observer ces deux dernières décennies en Afrique, devraient encourager l'investissement intérieur et réduire les motivations à déplacer des capitaux privés à l'étranger. Le fait que les capitaux semblent malgré cela être transférés vers l'amont, quittant l'Afrique pour des marchés étrangers à faible valeur, suggère que les grandes richesses sont motivées non pas par des considérations de choix de portefeuille classiques, mais par un désir de dissimuler leurs avoirs aux autorités de leur pays. En effet, la recherche empirique montre que la fuite annuelle de capitaux n'est pas sensible aux différentiels dans les taux d'intérêt ajustés au risque entre les pays africains et le reste du monde (voir, entre autres, Ndikumana *et al.* 2015 et Ndikumana et Boyce 2003), ce qui sous-entend que la fuite des capitaux est motivée par d'autres facteurs.

L'un des principaux motifs qui sous-tend la fuite des capitaux hors d'Afrique pourrait être le fait que cette richesse elle-même ait été acquise de manière illégale, et ait donc besoin d'être protégée contre les poursuites judiciaires correspondant aux infractions principales qui l'ont engendrée. En outre, une partie de la fuite des capitaux peut provenir d'une richesse acquise légalement, que les propriétaires ont déplacé à l'étranger de manière illicite, au mépris des contrôles de capitaux et de la réglementation des changes, afin d'échapper à l'impôt sur les revenus des capitaux et les produits d'intérêt ou pour échapper au risque de saisie des avoirs ou de nationalisation dans les pays où règne une haute instabilité politique.

La fuite des capitaux est généralisée dans tout le continent africain, mais elle varie considérablement en fonction des pays, les pays riches en ressources étant habituellement plus exposés que leurs homologues moins bien dotés (Ndikumana et Sarr 2019). Deux mécanismes clés de la fuite des capitaux sont la fausse facturation des exportations des produits de base et le détournement des revenus d'exportation dans les sociétés minières et les compagnies pétrolières publiques. L'association entre fuite des capitaux et ressources naturelles est une manifestation de ce que l'on appelle parfois la « malédiction des ressources ». Cette association semble particulièrement présente dans les pays riches en pétrole, qui, en Afrique, ont tendance à être mal gouvernés.

Le problème n'est pas le détournement des ressources à proprement parler, mais la qualité de la gouvernance dans les pays en question.

Déplorant l'insuffisance du progrès économique dans son pays, l'ancienne présidente du Libéria Ellen Sirleaf Johnson soulignait :

> J'ai souvent dit que le Libéria n'était pas un pays pauvre, mais un pays riche mal administré. Il en va de même pour la majeure partie de l'Afrique subsaharienne. La crise de l'Afrique est due à un défaut de leadership et de gestion. L'Afrique subsaharienne est riche en ressources, en talent, en énergie et en esprit. Mais elle manque de leadership. Elle est constituée de pays qui ont été mal administrés et les conséquences sont désastreuses (Sirleaf Johnson 2010: 5).

La fuite des capitaux peut être comprise comme une conséquence et un symptôme d'un environnement qui encourage et facilite le trafic d'avoirs intérieurs vers des paradis fiscaux.

Mais la fuite des capitaux n'est pas seulement un phénomène intérieur « poussé » par des caractéristiques de l'ordre économique et politique local. C'est aussi un phénomène mondial « tiré » et facilité par des institutions et des acteurs au sein de l'ordre économique international. En Afrique, la fuite des capitaux est favorisée par des défaillances des systèmes légaux et normatifs pour faire respecter l'État de droit dans le cadre de l'acquisition de richesses et le transfert de richesses par-delà les frontières. Au niveau international, la fuite des capitaux est rendue possible par des défauts systématiques dans les systèmes commerciaux et financiers mondiaux qui permettent aux transactions et aux richesses d'être à l'abri de tout examen, et facilitée par un réseau transnational élaboré constitué de banques, d'avocats, de comptables et de cabinets de conseil. Résoudre le problème demandera une stratégie mondiale et un engagement des acteurs nationaux, régionaux et mondiaux.

POURQUOI SE SOUCIER DE LA FUITE DES CAPITAUX ?

La fuite des capitaux devrait être un sujet de préoccupation non seulement pour les Africains, mais aussi pour le monde entier. En Afrique, la fuite des capitaux entrave à la mobilisation des ressources intérieures en sapant la base imposable. Cela nuit directement aux finances du gouvernement lorsque les capitaux proviennent de fonds empruntés détournés à l'extérieur – à travers la « porte tournante » qui relie la dette à la fuite des capitaux – et du vol des revenus gouvernementaux des entreprises publiques et des ressources naturelles (Ndikumana et Boyce 2011). Ces fuites ont un coût très élevé en termes de réduction de la pauvreté et des investissements publics dans la santé, l'éducation, l'accès à l'eau et l'hygiène publique (Ndikumana

2014 ; Nkurunziza 2015). Les impacts négatifs sur les services publics retombent de manière disproportionnée sur les plus pauvres, qui n'ont pas les moyens de s'offrir des services privés à domicile ou à l'étranger. En parallèle, le fait que la richesse détenue à l'étranger n'est pas taxée signifie que le poids de l'impôt repose de manière disproportionnée sur la classe moyenne et les entreprises locales qui ne peuvent pas dissimuler leurs avoirs à l'étranger. Ces effets exacerbent les inégalités, alimentant l'instabilité sociale et politique qui découle du mécontentement des citoyens ordinaires face à un système qu'ils perçoivent, à juste titre, comme fonctionnant dans l'intérêt des élites économiques et politiques, de connivence avec des acteurs internationaux opérant dans un système financier mondial opaque. Pendant qu'ils cherchent à concevoir des stratégies pour alimenter une croissance économique inclusive et réduire les inégalités, les pays africains doivent intégrer la lutte contre la fuite des capitaux comme un élément central au sein de leurs efforts.

Les pays qui accueillent les capitaux fugitifs en paient aussi le prix. Sur les marchés de l'immobilier de New York, Paris, Londres et autres mégalopoles mondiales, la fuite des capitaux fait gonfler les prix et les loyers pour les résidents. Les failles et les défauts de l'architecture financière internationale exploitées par la fuite des capitaux facilitent aussi l'optimisation fiscale et l'évasion fiscale des sociétés et des grandes fortunes dans les pays riches. Partout où elle va, la corruption transnationale franchit les frontières nationales, sapant la gouvernance démocratique et nuisant à une activité économique légitime. Les efforts pour combattre la fuite des capitaux vont dans l'intérêt de tous, y compris dans les pays de destination de la fuite des capitaux africains, à l'exception bien sûr des facilitateurs de ce phénomène.

POURQUOI DES ÉTUDES DE CAS ?

Aujourd'hui, il existe suffisamment de preuves permettant de démontrer de manière convaincante que la fuite des capitaux est un problème qui mérite une grande attention au vu de son ampleur, de ses effets délétères sur le développement et de son apparente détérioration au fil du temps (Ndikumana et Boyce 2011, 2015 ; Ndikumana et Boyce 2018). Mais les preuves existantes restent insuffisantes pour servir de base à des politiques efficaces pour prévenir une nouvelle fuite des capitaux et inciter au rapatriement des capitaux ayant déjà fui. Tout d'abord, les preuves macroéconomiques agrégées ne fournissent pas d'informations détaillées et spécifiques à un pays sur les mécanismes de la fuite des capitaux, sur les contextes dans lesquels elle survient et sur les acteurs impliqués dans sa facilitation. Ensuite, les recherches menées jusqu'à présent sur la fuite des capitaux n'ont pas suffisamment prêté attention aux destinations de la richesse privée accumulée et détenue à l'étranger et aux rôles du secteur bancaire et des institutions publiques dans les pays de destination. Enfin, la littérature n'a pas suffisamment examiné les effets de la gouvernance et des institutions nationales et internationales sur l'ampleur et les mécanismes de la fuite des capitaux, ainsi que les effets potentiels de la fuite des capitaux sur la gouvernance.

Cet ouvrage cherche à combler ces lacunes avec des analyses détaillées menées à l'échelle nationale. Il vise à fournir des éléments qui pourraient aider à formuler des politiques efficaces sur la manière de lutter contre la fuite des capitaux hors d'Afrique, ainsi qu'à faire avancer la recherche utile à la prise de décision politique sur le sujet. Pour ce faire, l'ouvrage présente d'abord une analyse quantitative de la fuite des capitaux et de ses facteurs en Angola, en Côte d'Ivoire et en Afrique du Sud. Cette partie est suivie d'une analyse qualitative et institutionnelle pour chaque pays afin d'examiner le mode opératoire de la fuite des capitaux ; cela permet de comprendre le « qui », le « comment » et le « où » du phénomène. « Qui » fait référence aux principaux acteurs nationaux et étrangers ; « comment » renvoie aux mécanismes d'acquisition des capitaux, à leur transfert et à leur dissimulation ; et « où » concerne les pays de destination de la fuite des capitaux ainsi que les transactions bilatérales impliquées.

POURQUOI L'AFRIQUE DU SUD, L'ANGOLA, ET LA CÔTE D'IVOIRE ?

L'Afrique du Sud et l'Angola occupent respectivement la deuxième et la troisième position (après le Nigéria) parmi les pays ayant les flux les plus importants de fuite des capitaux en Afrique subsaharienne ; la Côte d'Ivoire, quant à elle, occupe la septième place (Ndikumana et Boyce 2018). Ces pays sont tous richement dotés en ressources naturelles, ce qui est souvent corrélé à la fuite des capitaux ; mais ils diffèrent en termes d'histoire, de structure économique et d'institutions, reflétant ainsi l'hétérogénéité du continent.

Cinquième plus grande économie d'Afrique subsaharienne, l'Angola est célèbre, non pas pour ce qu'il a fait de ses vastes ressources naturelles, mais plutôt pour ce qu'il n'a pas réussi à en faire. Le pays occupe une place importante dans la littérature sur la « malédiction du pétrole » (Hammond 2011 ; Shaxson 2007), la découverte et l'exploitation du pétrole ayant asphyxié le développement d'autres secteurs économiques tout en profitant à l'élite nationale et à des compagnies pétrolières multinationales. Cela a été accompli notamment à travers l'établissement d'un puissant acteur paraétatique dédié à la gestion du pétrole, Sonangol, que les observateurs ont décrit comme « un îlot de compétences qui se développait alors que la plupart des autres institutions étatiques angolaises implosaient » (Soares de Oliveira 2007). Les ressources naturelles de l'Angola ont joué un rôle essentiel dans le financement de la guerre civile qui a dévasté le pays (Frynas et Wood 2001). En Angola, le « paradoxe de l'abondance » fait de ce pays riche en ressources et pauvre en résultats de développement un sujet idéal pour l'étude de la fuite des capitaux.

La Côte d'Ivoire a « longtemps été présentée comme un îlot de stabilité politique et de prospérité économique (relative) en Afrique de l'Ouest », écrivait Boubacar N'Diaye (2005: 89), mais depuis le début des années 2000, le pays « a rejoint une catégorie plus courante dans la région : celle des États prétoriens embourbés dans l'incertitude politique et les troubles incessants ». Un sentiment partagé par Klass (2008: 109), qui souligne : « Autrefois louée comme le 'miracle ivoirien', la Côte d'Ivoire est devenue un cauchemar en termes de développement ». Au cours de la dernière décennie, le pays s'est redressé au point de retrouver sa place parmi les « économies d'Afrique se développant le plus rapidement, avec des réserves considérables en pétrole, en gaz et en minéraux ; un secteur agricole majeur ; et une population jeune et en plein essor qui fait avancer le pays » (Oxford Business Group 2020). Mais le pays a toujours des difficultés à se remettre des troubles du passé et alors qu'il est le premier producteur mondial de cacao, il ne parvient pas à tirer parti de ses ressources naturelles au profit de sa population. Au contraire, le secteur du cacao a été le théâtre de mécanismes complexes et souvent corrompus de « recherche de rente » par des élites politiques locales de connivence avec des partenaires commerciaux internationaux (Losch 2002). L'étude de cas de la Côte d'Ivoire se concentre sur le secteur du cacao pour illustrer l'interaction entre la fuite des capitaux et le pillage des ressources du pays.

L'Afrique du Sud, membre du G20, club d'élite des pays riches, est la deuxième économie la plus importante d'Afrique subsaharienne, après le Nigéria, et la plus intégrée dans l'économie mondiale, avec son système financier sophistiqué. S'appuyant sur une économie diversifiée, elle est moins dépendante de ses ressources naturelles que l'Angola ou la Côte d'Ivoire. Mais son secteur minier fait l'objet d'une vaste fausse facturation des exportations et d'une importante évasion fiscale, opérées par des sociétés privées et des individus proches du pouvoir. Au cours de l'ère post-apartheid, le pays a connu à la fois une libéralisation concertée de son économie et une explosion de la fuite des capitaux. Là encore, des réseaux transnationaux ont joué un rôle essentiel pour faciliter les flux illicites de richesse au détriment de la vaste majorité de la population du pays.

STRUCTURE DU VOLUME

Cet ouvrage comprend cinq chapitres en plus de l'introduction et de la conclusion. Le chapitre 2 présente des estimations mises à jour de la fuite des capitaux et de l'un de ses éléments clés, la fausse facturation commerciale, pour les trois pays à l'étude. Les résultats indiquent qu'ils ont tous les trois subi une fuite des capitaux considérable sur les quatre dernières décennies, s'élevant à 103 milliards de dollars (en dollars constants de 2018) pour l'Angola, à 55 milliards de dollars pour la Côte d'Ivoire et à 329 milliards de dollars pour l'Afrique du Sud[3]. La fausse facturation, notamment pour les exportations des produits de base, constitue un important mécanisme de fuite des capitaux. La persistance des sorties non enregistrées de capitaux sur une longue période suggère qu'elles seraient dues à des facteurs structurels et institutionnels systématiques, liés à la fois aux pays d'origine et au système financier mondial. La fuite des capitaux a engendré l'accumulation massive à l'étranger de richesses appartenant aux élites économiques et politiques de ces pays, alors que leur population continue à être privée d'un accès aux services élémentaires. Dans ces trois pays africains, la fuite des capitaux est un obstacle majeur au financement du développement et la réponse à ce problème doit passer par des stratégies nationales et internationales coordonnées[4].

Dans le chapitre 3, Nicholas Shaxson examine la manière dont l'Angola a échoué à profiter de ses vastes ressources en pétrole pour transformer son économie et améliorer les conditions de vie de sa population. Pendant sa « décennie dorée », de la fin de la guerre civile en 2002 à la chute des prix du pétrole en 2014–2015, l'Angola a exporté d'immenses quantités de pétrole dans le cadre d'un système clientéliste qui a concentré les bénéfices dans les mains de la famille du président et d'une petite élite. Aujourd'hui, le pays fait face à l'épuisement de ses réserves de pétrole et à l'exception de la capitale du pays, Luanda, présente de bien maigres résultats en termes de développement. Shaxson pose la question suivante : où est passé l'argent ? Il explique comment une grande partie de la richesse de l'Angola a fini à l'étranger aux mains d'un nombre relativement restreint d'individus aidés par un réseau transnational d'intermédiaires. Cette gigantesque hémorragie financière est une histoire tragique que l'Angola partage avec d'autres pays africains riches en ressources.

Dans le chapitre 4, Jean Merckaert présente l'histoire de la fuite des capitaux hors de la Côte d'Ivoire, en s'intéressant en particulier au secteur du cacao. Il décrit la manière dont l'immense croissance économique générée par les exportations de cacao après l'indépendance, autrefois qualifiée de « miracle ivoirien », s'est évaporée après la chute des prix du cacao et l'explosion de la dette extérieure. Le pays ayant plongé dans une crise économique, suivie d'une crise politique qui a abouti à la guerre civile, le secteur des produits de base est demeuré extrêmement vulnérable aux flux financiers illicites. Ce chapitre expose les larges écarts qui persistent dans le commerce du cacao entre les statistiques des exportations de la Côte d'Ivoire et les statistiques des importations de ses principaux partenaires, révélateurs d'une fuite des capitaux considérable opérée à travers la fausse facturation des exportations. Merckaert retrace les continuités et les ruptures dans les mécanismes de capture de la rente des ressources et d'enrichissement personnel qui ont traversé les régimes politiques depuis l'indépendance du pays, ainsi que le rôle des acteurs clés, nationaux et étrangers. Le lien de clientélisme qui relie le pouvoir de l'État au pouvoir du marché contribue à la fuite des capitaux à grande échelle et à l'incapacité du pays à tirer pleinement profit de ses richesses naturelles.

Le chapitre 5 s'intéresse au cas de l'Afrique du Sud. Adam Aboobaker, Karmen Naidoo et Léonce Ndikumana examinent les mécanismes, les acteurs, les catalyseurs et l'environnement institutionnel qui ont facilité la fuite des capitaux hors de l'Afrique du Sud et l'accumulation correspondante de richesses privées détenues à l'étranger. Si la fuite des capitaux n'est pas un phénomène nouveau en Afrique du Sud, elle s'est accélérée au cours de l'ère moderne de libéralisation économique et de rapide intégration à l'économie mondiale. L'hémorragie financière du pays aggrave les déficits de financement, la pauvreté multidimensionnelle, les inégalités et le chômage. Ce chapitre décrit l'échec systématique du système de régulation du pays, compromis par la « capture de l'État » orchestrée par un réseau dense d'acteurs privés disposant de puissants contacts à l'intérieur du gouvernement et au sein de l'économie mondiale. Ce phénomène est illustré par l'histoire de la famille Gupta, qui a bâti sa fortune en forgeant des connexions avec les acteurs clés du gouvernement et des entreprises paraétatiques dans les secteurs des minerais et de l'énergie, et a utilisé un réseau complexe de transactions opaques pour déplacer des sommes d'argent en dehors du pays[5]. Les auteurs discutent des effets néfastes de la fuite des capitaux sur le développement économique, les institutions étatiques et la gouvernance, et appellent à empêcher d'urgence des conséquences encore plus désastreuses pour l'instabilité politique et sociale du pays.

Dans le chapitre 6, Melvin Ayogu examine le rôle à double tranchant de la gouvernance dans la fuite des capitaux. Une mauvaise gouvernance facilite la fuite des capitaux et nuit à sa lutte. La fuite des capitaux érode quant à elle la qualité de la gouvernance et affaiblit le système de régulation. En se concentrant sur le commerce international et les transactions financières liées au commerce, Ayogu démontre que, « dans des pays africains clés, l'épée de la gouvernance est maniée de manière à couper principalement d'un côté – pour faciliter la fuite des capitaux ». Il explique que « corriger la gouvernance » nécessitera de réformer la gestion et la supervision des données du commerce international pour améliorer la qualité, la cohérence et la transparence de la communication des données et de l'échange d'information. Le chapitre décrit la complexité qui caractérise les transactions d'importation et d'exportation, afin de comprendre comment les systèmes politiques, sociaux et économiques facilitent la corruption en général et la fuite des capitaux en particulier. Changer les règles qui régissent le commerce international constituera une étape importante de l'effort global pour lutter contre la fuite des capitaux.

Les questions analysées dans ces études de cas ne sont en aucun cas propres à ces trois pays. Nous espérons que les éléments présentés dans cet ouvrage aideront à préparer le terrain pour des enquêtes plus détaillées sur les mécanismes économiques et institutionnels de la fuite des capitaux en Afrique, afin de permettre la conception et la mise en œuvre de politiques mieux ciblées pour combattre ce fléau. De plus en plus, le problème de la fuite des capitaux et les solutions à y apporter sont vus comme un pilier central du programme de mobilisation financière pour le développement durable en Afrique (UNCTAD 2020).

Les éléments présentés dans ce volume sur le réseau complexe d'acteurs et de facilitateurs impliqués dans l'orchestration et la mise en œuvre de la fuite des capitaux et dans l'accumulation de richesses privées dans des juridictions opaques situées à l'étranger mettent en évidence le fait que la fuite des capitaux est un phénomène mondial, dont la responsabilité est commune à l'Afrique et à la communauté mondiale. Lutter contre la fuite des capitaux et les problèmes qui y sont liés, comme la fausse facturation commerciale, le blanchiment d'argent, l'évasion fiscale et le vol de biens publics par les élites politiques et économiques, nécessitera des efforts nationaux et mondiaux, ainsi qu'un haut degré de coordination.

NOTES

1 McKinsey Global Institute (2010).
2 FMI, base de données World Economic Outlook, édition d'avril 2020, disponible sur https://www.imf.org/external/pubs/ft/weo/2020/01/weodata/index.aspx.
3 Les estimations pour la Côte d'Ivoire et l'Afrique du Sud portent sur la période 1970–2018 ; pour l'Angola, elles concernent la période 1986–2018 en raison de données insuffisantes pour les années antérieures.
4 Voir UNCTAD (2020) pour une analyse des implications des flux financiers illicites sur le développement durable en Afrique.
5 Les affaires de la famille Gupta et d'anciens membres clés du gouvernement font l'objet d'une enquête en cours menée par le Bureau du protecteur public d'Afrique du Sud (2016) et des journalistes d'investigation.

RÉFÉRENCES

Frynas, J.G. et Wood, G. 2001. Oil & war in Angola. *Review of African Political Economy*, 28(90), 587–606.
Hammond, J.L. 2011. The resource curse and oil revenues in Angola and Venezuela. *Science & Society*, 75(3), 348–78.
Klass, B. 2008. From miracle to nightmare: An institutional analysis of development failures in Côte d'Ivoire. *Africa Today*, 55(1), 109–26.
Losch, B. 2002. Global restructuring and liberalization: Côte d'Ivoire and the end of the international Cocoa market? *Journal of Agrarian Change*, 2(2), 206–27.
McKinsey Global Institute. 2010. Lions on the move: The progress and potential of African economies. New York: McKinsey & Company, 1er juin, disponible sur https://www.mckinsey.com/featured-insights/middle-east-and-africa/lions-on-the-move#. Consulté le 29 septembre 2020.
N'Diaye, B. 2005. Not a miracle after all… Côte d'Ivoire's downfall: Flawed civil-military relations and missed opportunities. *South African Journal of Military Studies*, 33(1), 89–117.
Ndikumana, L. 2014. Fuite des capitaux et paradis fiscaux : impact sur l'investissement et la croissance en Afrique. *Revue d'Economie du Développement*, 22(2), 113–141.
Ndikumana, L. et Boyce, J.K. 2003. Public debts and private assets: Explaining capital flight from sub-Saharan African countries. *World Development*, 31(1), 107–130.
Ndikumana, L. et Boyce, J.K. 2011. *Africa's Odious Debts: How Foreign Loans and Capital Flight Bled a Continent*. Londres: Zed Books.

Ndikumana, L. et Boyce, J.K. 2013. *La dette odieuse de l'Afrique: Comment l'endettement et la fuite des capitaux ont saigné un continent*. Dakar : Amalion.

Ndikumana, L. et Boyce, J. K. 2015. Strategies for addressing capital flight. *In* S. I. Ajayi et L. Ndikumana (dir.), *Capital Flight from Africa: Causes, Effects and Policy Issues* (pp. 393–417). Oxford : Oxford University Press.

Ndikumana, L. et Boyce, J. K. 2018. Capital Flight From Africa: Updated Methodology and New Estimates. Amherst : Political Economy Research Institute, juin, disponible sur https://www.peri.umass.edu/publication/item/1083-capital-flight-from-africa-updated-methodology-and-new-estimates. Consulté le 29 septembre 2020.

Ndikumana, L., Boyce, J.K. et Ndiaye, A.S. 2015. Capital flight from Africa: Measurement and drivers. *In* S. I. Ajayi et L. Ndikumana (dir.), *Capital Flight from Africa: Causes, Effects and Policy Issues*. Oxford : Oxford University Press, p. 15–54.

Ndikumana, L. et Sarr, M. 2019. Capital flight and foreign direct investment in Africa: An investigation of the role of natural resource endowment. *Resources Policy*, 63, octobre.

Nkurunziza, J.D. 2015. Capital flight and poverty reduction in Africa. *In* I. Ajayi et L. Ndikumana (dir.), *Capital Flight from Africa: Causes, Effects and Policy Issues*. Oxford : Oxford University Press, p. 81–110.

Office of the Public Protector South Africa. 2016. State Capture. Report No. 6 of 2016/2017, Disponible sur https://www.sahistory.org.za/sites/default/files/2019-05/329756252-state-of-capture-14-october-2016.pdf. Consulté le 14 novembre 2019.

Oxford Business Group. 2020. The Report: Côte d'Ivoire 2020. Londres : Oxford Business Group, disponible sur https://www.oxfordbusinessgroup.com/c%C3%B4te-divoire-2020. Consulté le 23 septembre 2020.

Shaxson, N. 2007. Oil, Corruption and the Resource Curse. *International Affairs*, 83(6), 1123–40.

Sirleaf Johnson, E. 2010. « Introduction ». *In* S. Radelet (dir.), *Emerging Africa: How 17 Countries Are Leading the Way*. Washington: Brookings Institution Press, p. 1–8.

Soares de Oliveira, R. 2007. Business success, Angola-style: Postcolonial politics and the rise and rise of Sonangol. *Journal of Modern African Studies*, 45(4), 595–619.

UNCTAD. 2020. *Tackling Illicit Financial Flows for Sustainable Development in Africa*. Genève: UNCTAD.

2.

LA FUITE DES CAPITAUX EN AFRIQUE DU SUD, EN ANGOLA, ET EN CÔTE D'IVOIRE

Vue d'ensemble

Léonce Ndikumana & James K. Boyce

Ce chapitre offre une vue d'ensemble de la fuite des capitaux hors de l'Angola, de la Côte d'Ivoire et de l'Afrique du Sud entre 1970 et 2018. Nous discutons d'abord de la distinction entre fuite des capitaux et flux financiers illicites, deux phénomènes qui se recoupent mais qui sont différents, bien que les deux termes soient souvent utilisés de manière interchangeable, aussi bien dans les ouvrages spécialisés que dans les médias.

La mesure de la fuite des capitaux reprend la méthodologie utilisée par Ndikumana et Boyce (2010) et Henry (2012), entre autres, dans laquelle la fuite des capitaux est définie comme les flux de capitaux non enregistrés, mesurés comme l'écart entre les entrées et les sorties de devises déclarées dans la balance des paiements officielle du pays. Les entrées nettes de devises se composent principalement de l'accroissement de la dette extérieure et de l'investissement étranger. En l'absence de fuite des capitaux, ces entrées au niveau du compte de capital sont équilibrées par la somme du déficit des opérations courantes et les apports nets aux réserves en devises. En présence d'une fuite des capitaux, il existe une valeur résiduelle entre les entrées et les sorties enregistrées.

La fausse facturation commerciale nette, déduite en comparant les données des partenaires commerciaux, est ajoutée à cette valeur résiduelle pour obtenir notre calcul de la fuite des capitaux. Ce chapitre représente une innovation majeure car il va au-delà des mesures agrégées nationales pour observer la fausse facturation commerciale au niveau bilatéral et au niveau des produits, afin de dévoiler les possibles canaux de fuite des capitaux, en mettant l'accent sur les principaux produits d'exportation.

En plus de la perspective des flux sur la fuite des capitaux, il est important de reconnaître qu'une part considérable du capital sorti clandestinement du pays est investi à l'étranger dans des actifs générateurs de revenus. Nous présentons ainsi des estimations de l'accumulation de richesse privée détenue à l'étranger, en nous appuyant sur les travaux antérieurs de James Henry (2012, 2016). Le double processus de sorties de capitaux non enregistrées et d'accumulation de richesse privée dissimulée à l'étranger bénéficie de la complicité d'institutions clés au sein du système financier international.

Nous commençons par définir des concepts clés utilisés dans le chapitre et décrire la méthodologie et les données employées pour évaluer la fuite des capitaux[1]. Nous présentons ensuite respectivement les résultats pour l'Angola, la Côte d'Ivoire et l'Afrique du Sud. Enfin, nous traitons de la richesse non enregistrée détenue à l'étranger et générée par cette fuite des capitaux.

DÉFINITIONS, MÉTHODOLOGIE ET DONNÉES

La fuite des capitaux, un sous-ensemble de flux financiers illicites

La fuite des capitaux désigne des sorties de capitaux illicites par le biais d'une acquisition illégale, d'un transfert illégal et/ou d'une dissimulation illégale aux autorités fiscales. Il est nécessaire de clarifier la relation entre la fuite des capitaux et les « flux financiers illicites », des concepts parfois utilisés de manière interchangeable dans les publications récentes et les débats d'orientation politique[2]. Si la fuite des capitaux est toujours illicite, tous les flux financiers illicites ne relèvent pas de la fuite des capitaux. Par exemple, si les paiements des importations de contrebande impliquent des flux financiers illicites, ils ne constituent toutefois pas une fuite des capitaux.

Dans les études quantitatives, la fuite des capitaux est habituellement mesurée comme la valeur résiduelle manquante dans la balance des paiements, après correction de l'emprunt extérieur sous-évalué et potentiellement de la fausse facturation commerciale. Puisque cette mesure s'appuie sur des flux non enregistrés, elle rend compte de la fuite des capitaux sous forme de transfert illicite. Cette méthode peut néanmoins passer à côté de la fuite des capitaux transférés légalement mais illicites sous d'autres aspects. Par exemple, certains fonds acquis illégalement peuvent être blanchis dans le pays puis envoyés à l'étranger en tant que transferts enregistrés.

Parmi les mécanismes de *transfert illicite*, on retrouve la contrebande de billets de banque, les virements bancaires clandestins et la falsification de factures commerciales. Ces transferts illicites peuvent être motivés par la volonté de contourner les contrôles judiciaires de la provenance des richesses, l'évasion fiscale et la peur de l'extorsion ou de l'expropriation pure et simple.

En plus d'être illicite parce que son transfert n'est pas comptabilisé, cette fuite des capitaux est souvent illicite à d'autres égards. Les *capitaux acquis de manière illicite* désignent l'argent obtenu par le biais de la corruption, du détournement de fonds, du vol, des pots-de-vin, de l'extorsion, de l'évasion fiscale, de la contrefaçon, du trafic de services et de produits illégaux et d'autres activités criminelles. Les richesses acquises de manière illicite sont souvent transférées à l'étranger afin de les soustraire à tout examen juridique et au risque de saisie. Les *fonds détenus de manière illicite* sont des avoirs extérieurs qui ne sont pas déclarés auprès des autorités nationales du pays de leur détenteur. La dissimulation des actifs étrangers peut être motivée par le désir d'échapper aux poursuites pour acquisition ou transfert illégaux de ces fonds et pour se soustraire à l'impôt sur les revenus de ces actifs.

Les actifs privés détenus à l'étranger constituent un ensemble hétérogène qui inclut des capitaux légitimes associés à l'allocation normale du portefeuille, des capitaux blanchis illégalement acquis mais légalement transférés, des capitaux légalement acquis mais illégalement transférés et des capitaux sales illégalement acquis et illégalement transférés. Les mesures de la fuite des capitaux présentées dans ce chapitre concernent les deux dernières catégories.

Les phénomènes de fuite des capitaux et des flux financiers illicites impliquent tous deux des mouvements d'argent transfrontaliers. Pour l'économie du pays d'origine, ces flux génèrent des pertes nettes de devises, de recettes fiscales et de capitaux. Par ailleurs, les afflux correspondants entraînent aussi bien des inconvénients que des avantages pour les économies étrangères qui les reçoivent, puisque les gains de devises étrangères, revenus fiscaux et capitaux s'accompagnent d'effets négatifs, et notamment la détérioration de l'intégrité des institutions privées et publiques.

Une idée centrale de cet ouvrage est que la fuite des capitaux est facilitée par des facteurs et des acteurs présents à la fois dans les pays d'origine et de destination. L'exportation illicite de capitaux hors d'Afrique est symptomatique des échecs du système financier international qui l'encourage et la facilite. Horst Köhler (2015: 6), ancien président d'Allemagne, l'a clairement énoncé :

> Un proverbe africain dit : « Méfie-toi de l'homme nu qui te propose des habits ». Et hélas, nous sommes bien nus, nous Européens – avec notre morale à deux vitesses et l'hypocrisie commode vis-à-vis des problèmes de l'Afrique, dont nous étions et sommes aussi responsables. Nous devons enfin reconquérir notre crédibilité. [...]
>
> Nous devons donc aussi parler du capitalisme des kleptocrates, qui spolie principalement l'Afrique de capitaux dont les sommes obscènes dépassent le montant de l'aide au développement dont bénéficie le continent. Cet exode des capitaux profite aussi aux banques européennes, où les despotes africains et les grands groupes pratiquant l'évasion fiscale amassent leurs milliards. Mettre enfin de l'ordre dans le système financier international et assécher les paradis fiscaux, voilà qui serait crédible !

La fuite des capitaux hors d'Afrique est un phénomène transnational comportant des responsabilités et des coûts assumés conjointement par les Africains et la communauté mondiale. Toute analyse de ses facteurs et des stratégies pour y pallier doit donc prendre en compte ce qui se passe de part et d'autre de ces flux.

La fuite des capitaux, une valeur résiduelle de la balance des paiements

La mesure de la fuite des capitaux est un exercice difficile puisqu'il s'agit par nature d'une activité clandestine qui ne peut être mesurée que de manière indirecte. Pour compliquer encore les choses, les données pouvant être utilisées pour cette analyse scientifique sont elles-mêmes imparfaites et peu précises. L'approche traditionnelle pour mesurer la fuite des capitaux calcule l'écart entre les entrées et les utilisations de devises enregistrées et publiées dans la balance des paiements du pays. Il s'agit de la méthode résiduelle.

Dans le sillage de la crise de la dette du début des années 1980, les économistes de la Banque mondiale ont constaté que les afflux d'emprunt extérieur avaient été largement sous-déclarés dans la balance des paiements de nombreux pays en développement, si bien que leur accumulation de dette extérieure était bien plus élevée que ce qui était auparavant présumé. Les Tableaux de la dette mondiale (World Debt Tables, WDT) de la Banque mondiale, reconstitués afin de suivre les flux de la dette plus fidèlement que grâce à la balance des paiements (BP), ont donc été utilisés comme autre source d'information sur l'emprunt extérieur dans le calcul de la fuite des capitaux[3].

Les WDT ont ensuite été rebaptisés base de données Global Finance Development (GFD), puis International Debt Statistics (IDS).

Pour obtenir une mesure plus précise des apports de ressources via la dette extérieure, trois corrections majeures ont été apportées aux séries de données publiées sur la dette. Premièrement, étant donné que les pays empruntent dans des devises différentes et que l'encours de la dette est publié à la fin de l'année dans une devise commune (le dollar américain), les fluctuations des taux de change des devises de la dénomination originale de la dette par rapport au dollar peuvent créer des biais dans les entrées de dette obtenues en tant que simples variations en glissement annuel de l'encours de la dette. Ce dernier est donc ajusté en prenant en compte la composition en devise de la dette à long terme[4].

Deuxièmement, d'après Henry (2012), une correction vient ajuster le biais causé par l'ajout des arriérés d'intérêt à l'encours de dette dans la base de données IDS, même s'ils ne correspondent pas aux apports de devises. Pour obtenir une mesure précise des entrées annuelles de la dette, les variations nettes des arriérés d'intérêt sont soustraites à la variation de l'encours de la dette.

Troisièmement, les séries sont ajustées pour l'annulation et l'effacement de la dette. Sinon, les variations de fin d'année de l'encours de la dette donneraient la fausse impression d'un remboursement de dette et d'une sortie apparente de devises.

Pour chaque pays, la mesure annuelle de la fuite des capitaux via la méthode résiduelle est calculée comme suit :

$$KF = CDEBTADJ + FDI + PI + OI - (CAD + CRES) \qquad (1)$$

où *CDEBTADJ* est la variation de l'encours de la dette, ajustée pour les fluctuations des taux de change, la variation des arriérés d'intérêt et l'annulation de dette ; *FDI* désigne les investissements étrangers directs ; *PI* désigne les investissements étrangers de portefeuille ; *OI* désigne les autres investissements étrangers ; *CAD* est le déficit de la balance courante ; et *CRES* désigne les ajouts nets aux réserves en devises. Les données concernant la dette sont tirées de la base de données IDS de la Banque mondiale[5]. Les données concernant les autres variables proviennent de la balance des paiements[6].

Ajustement pour la fausse facturation commerciale

Les données de la BP concernant les transactions commerciales peuvent faire l'objet d'une facturation erronée ou d'une falsification délibérée de la valeur des importations et des exportations. La fausse facturation constitue un canal de fuite des capitaux et de blanchiment d'argent, en plus de la contrebande[7]. Une attention particulière a été portée à la fausse facturation commerciale à partir des années 1960, avec les travaux précurseurs de Jagdish Bhagwati (Bhagwati 1964, 1967 ; Bhagwati et Hansen 1973 ; Bhagwati *et al.* 1974), relancée dans les années 1980 dans le contexte de la recherche sur la fuite des capitaux motivée par la crise de la dette traversée par les pays en développement (Gulati 1987).

En plus de servir de mécanisme pour la fuite des capitaux à travers la sous-facturation des exportations (permettant aux recettes en devises d'être séquestrées à l'étranger) et la surfacturation des importations (permettant des sorties de devises supérieures au coût réel des importations), la fausse facturation peut aussi prendre la forme d'importations illicites pour contourner les droits de douane. Dans le cadre de la contrebande « technique », une fausse facture est présentée, sous-évaluant la valeur réelle des biens et des services importés. Dans le cadre de la contrebande « pure », le bien ou le service importé est totalement dissimulé et aucune facture n'est présentée. Évidemment, les importations doivent être payées (en devises étrangères), peu importe la véracité des factures présentées aux autorités. Ces paiements représentent un type de flux financiers illicites, mais puisque des biens et des services sont reçus en retour, ils ne constituent pas un transfert d'actifs et donc ne constituent pas une fuite des capitaux.

La précision de la mesure résiduelle de la fuite des capitaux peut être améliorée en ajustant les effets de la fausse facturation commerciale. L'effet net sur l'ampleur de la fuite des capitaux peut aller dans un sens ou dans l'autre. Si la fausse facturation à des fins de fuite des capitaux dépasse la contrebande, l'ajustement ajoute au total ; à l'inverse, si la contrebande dépasse la fausse facturation à des fins de fuite des capitaux, l'ajustement soustrait au total, puisqu'une partie de l'argent manquant dans la balance des paiements a été utilisé pour financer des importations non enregistrées.

Mesure de la fausse facturation commerciale

La mesure de la fausse facturation commerciale s'appuie sur la base de données de la *Direction of Trade Statistics* (DOTS) constituée par le FMI, qui fait état du volume global des importations et exportations par partenaire commercial[8]. La fausse facturation de certains produits spécifiques peut être mesurée à l'aide de la base de données *Comtrade*, constituée par la Division de la statistique des Nations unies. La fausse facturation commerciale peut être estimée à trois niveaux : pour tous les partenaires commerciaux pris ensemble, pour les partenaires commerciaux pris individuellement et pour des produits spécifiques.

Les estimations de fausse facturation sont fondées sur le principe simple selon lequel la valeur des exportations déclarées par le pays A au pays B devrait correspondre à la valeur des importations déclarées par le pays B en provenance du pays A, après avoir comptabilisé les frais de transport et d'assurance (valeur CAF)[9]. Lorsque les données venant des partenaires commerciaux sont considérées comme plus fiables que les données miroir déclarées par les autorités africaines, la comparaison entre les deux peut servir à estimer la direction et l'ampleur de la fausse facturation nette.

Dans le cas des exportations, ce genre de comparaison devrait montrer une sous-facturation systémique, motivée par le désir d'échapper à l'impôt, de conserver une partie des recettes d'exportation à l'étranger (souvent en violation des contrôles sur les sorties de devises) et d'éviter d'avoir à les échanger dans la devise locale au taux de change officiel (souvent moins avantageux que le taux de change du marché). Hormis dans certaines circonstances particulières (comme les programmes d'incitation à l'exportation), il y a peu de raisons de sur-facturer des exportations. Dans le cas des importations, en revanche, l'effet net de la fausse facturation peut aller dans les deux sens : si la sous-facturation liée à la contrebande dépasse la surfacturation liée à la fuite des capitaux, la valeur des exportations déclarées par le partenaire commercial dépassera celle des importations déclarées par le pays africain (après ajout de la valeur CAF), alors que si la surfacturation des importations domine (comme moyen d'obtenir des devises auprès de la banque centrale et de les envoyer à l'étranger), l'écart sera inversé. L'ajustement net de la fausse facturation commerciale dans les estimations de la fuite des capitaux est obtenu comme la somme de la fausse facturation des exportations et de celle des importations[10].

Les motivations derrière la fausse facturation commerciale

Il existe donc un certain nombre de raisons d'avoir recours à la fausse facturation commerciale, dont des motivations financières, le contournement des contrôles des opérations de change et la réduction des charges administratives[11].

Motivations financières : les exportateurs et les importateurs peuvent utiliser la fausse facturation pour minimiser leurs obligations fiscales et profiter de mesures d'incitation fiscale. La sous-facturation des importations permet aux importateurs de réduire les droits de douane, tandis que la contrebande pure leur permet de les éviter totalement. Outre la sous-facturation des importations, la fausse facturation peut aussi consister à déclarer le faux type de produits, en déclarant des produits soumis à des droits de douane faibles au lieu des produits réels soumis à des droits de douane plus élevés[12].

De la même manière, la sous-facturation des exportations peut venir d'une volonté d'échapper aux taxes d'exportation imposées sur certains produits (McDonald 1985). En présence de mesures d'incitation fiscale visant à encourager les exportations, les exportateurs peuvent aussi avoir recours à la surfacturation, en augmentant la valeur de leurs exportations pour bénéficier de davantage d'incitations financières. Lorsque l'exportateur remet à la banque centrale le montant gonflé des devises, la surfacturation des exportations n'apparaîtra que si l'entreprise s'attend à ce que les gains provenant des subventions supplémentaires dépassent les coûts de la prime sur les devises au marché noir (Bhagwati 1967: 67).

Contournement des contrôles des opérations de change : la fausse facturation peut aussi être motivée par la volonté de contourner les contrôles monétaires afin d'accéder aux devises et transférer de l'argent à l'étranger. En présence de contrôles stricts, la fausse facturation fournit un moyen d'acquérir des devises qui peuvent être détenues à l'étranger ou échangées à un prix plus élevé au marché noir. Ce genre d'environnement peut évidemment encourager la surfacturation des importations (pour que les importateurs obtiennent plus de devises que nécessaire auprès de la banque centrale pour payer les importations) et la sous-facturation des exportations (pour que les exportateurs ne remettent pas toutes leurs devises à la banque centrale au taux de change officiel). Des études empiriques ont révélé une corrélation positive entre la prime au marché noir et l'ampleur de la surfacturation des importations (voir, par exemple, Bahmani-Oskooee et Goswami 2003 ; Barnett 2003 ; et Biswas et Marjit 2005).

Réduction des charges administratives : des procédures administratives considérées comme onéreuses ou réellement onéreuses peuvent inciter les entreprises à sous-facturer leurs transactions commerciales. Le manque d'efficacité bureaucratique et réglementaire peut engendrer des coûts pour les importateurs et les exportateurs et retarder l'autorisation de leurs transactions. Il est possible que les entreprises cherchent à contourner ces obstacles pour accélérer l'importation ou l'exportation des marchandises. Ces obstacles sont généralement plus courants dans les pays où les autorités douanières présentent des niveaux de corruption élevés et où les capacités humaines et technologiques pour traiter les importations et les exportations sont plus faibles. Ce genre d'environnement peut encourager une plus forte contrebande, prédiction étayée par des preuves empiriques (Fisman et Wei 2007 ; Berger et Nitsch 2012).

Problèmes liés à la méthodologie et aux données

L'estimation de la fausse facturation commerciale est confrontée à un certain nombre de problèmes liés à la méthodologie et aux données. Le premier problème, le plus général, est celui de la disponibilité et de la qualité des données concernant les transactions commerciales. Certains pays ne déclarent pas ces données auprès du FMI, auquel cas le FMI peut reporter dans la DOTS les chiffres communiqués par les partenaires commerciaux. Dans ces cas-là, la comparaison des données miroir sur les transactions commerciales ne permet pas de détecter la fausse facturation. C'est notamment le cas de l'Angola ; les estimations de la fuite des capitaux hors de l'Angola présentées dans ce chapitre n'incluent pas les ajustements concernant la fausse facturation commerciale. Dans le cas de l'Afrique du Sud, les séries de la base de données électronique de la DOTS ne commencent qu'en 1998 ; ainsi, les estimations de la fuite des capitaux hors de l'Afrique du Sud pour la période 1970–1997 présentées ici n'incluent donc pas les ajustements concernant la fausse facturation sur cette période[13].

L'absence d'information concernant les transactions sur les frais du transport et de l'assurance constitue un autre problème. Pour tout pays donné, ces coûts peuvent varier selon le partenaire commercial, le produit, mais aussi au fil du temps. En l'absence d'informations plus détaillées, la pratique conventionnelle est d'utiliser comme valeur de substitution le ratio moyen CAF/FAB communiqué par le FMI. Jusqu'en 2018, ce ratio était de 1,1 ; à savoir, les frais de transport et d'assurance sont supposés ajouter 10 % à la valeur franco à bord de la cargaison. En 2018, la DOTS du FMI a modifié cette valeur de substitution, en s'appuyant sur une étude de l'OCDE qui estimait une moyenne pondérée par les échanges des coûts de transport et d'assurance du commerce international de marchandise (ITIC)[14]. Depuis, le FMI a utilisé un ajustement de 10 % pour la période allant jusqu'en 1999 et de 6 % à partir de 2000. Par conséquent, nous utilisons les mêmes ratios pour estimer l'ensemble de la fausse facturation : 10 % de 1970 à 1999 et 6 % après 1999. Pour les estimations de fausse facturation au niveau des partenaires et des produits, en revanche, nous utilisons des ratios CAF/FAB plus spécifiques, présentés dans la base de données ITIC[15].

Angola

L'Angola a connu une fuite des capitaux importante entre 1986 et 2018, comme le montre le tableau 2.1. Pendant cette période, le pays a cumulé des sorties nettes non déclarées d'un montant de 103 milliards de dollars. Les estimations pour l'Angola ne démarrent qu'en 1986 à cause d'un manque de données antérieures concernant les indicateurs utilisés. En outre, contrairement aux deux autres pays étudiés ici, l'insuffisance des données empêche d'analyser la fausse facturation commerciale. (Les données concernant les exportations et les importations de l'Angola présentées dans la DOTS s'appuient sur les données de ses partenaires commerciaux, et ne peuvent donc être utilisées pour calculer la fausse facturation.) Par conséquent, l'analyse concernant l'Angola omet un canal possiblement important de fuite des capitaux[16].

Tableau 2.1 : Fuite des capitaux en provenance de l'Angola (en milliards de dollars constants de 2018)

	1986–89	1990–99	2000–09	2010–18	1970–2018
CDEBTADJ	9,1	10,0	12,4	39,0	70,5
FDI	1,3	8,6	10,1	-23,8	-3,9
PI	0,0	0,0	-8,4	3,0	-5,4
OI	3,3	-1,1	-12,4	16,2	6,0
CA	-0,8	-6,2	30,7	36,1	59,7
CRES	0,0	-0,7	-15,6	-7,4	-23,8
Fuite des capitaux	**12,8**	**10,5**	**16,8**	**63,1**	**103,1**
Mémorandum : total des flux des capitaux privés					
(FDI+PI+OI)	4,6	7,5	-10,7	-4,7	-3,4

Source : calcul des auteurs (pour la méthode, voir le texte).

La fuite des capitaux hors de l'Angola a été particulièrement forte après le passage au XXIe siècle, période couvrant la « décennie dorée » du pays où régnait la paix, ainsi que les prix élevés du pétrole. Il s'agit aussi des dernières années du régime de dos Santos, d'une grande longévité, comme décrit par Nicolas Shaxson dans cet ouvrage.

D'autres caractéristiques notables émergent de l'observation de la balance des paiements de l'Angola. Tout d'abord, il y a une accumulation massive d'excédents de la balance courante, essentiellement due aux exportations de pétrole. Ensuite, nous remarquons une inversion des flux de capitaux depuis la dernière décennie : de 2010 à 2018, les sorties nettes des investissements étrangers directs ont atteint la somme vertigineuse de 23,8 milliards de dollars. À l'inverse, la période 1986–1999 a enregistré la somme cumulée d'entrées d'investissements étrangers directs de 20 milliards de dollars. En outre, les investissements de portefeuille ont généré des sorties nettes de 8,4 milliards de dollars sur la période 2000–2009, et les autres investissements ont généré une sortie nette de 13,5 milliards de dollars dans les années 1990 et 2000, bien que cela ait été compensé par des entrées nettes d'un montant de 16,2 milliards de dollars entre 2010 et 2018.

Cela soulève la question de savoir ce que dissimulent ces considérables sorties nettes de capitaux privés. Dans le cas des investissements étrangers directs, ces sorties de capitaux pourraient venir du rapatriement des profits des entreprises étrangères vers leur pays d'origine. Les sorties de capitaux peuvent également refléter les investissements à l'étranger des résidents angolais. Dans le cas des investissements de portefeuille, les sorties nettes peuvent être le fait de la spéculation des investisseurs privés en quête de meilleurs rendements corrigés du risque. Elles peuvent aussi refléter les ajustements de portefeuille des entreprises disposant de ressources de trésorerie relativement importantes, qu'elles décident d'investir ou de placer à l'étranger. Dans la mesure où les sorties enregistrées étaient des capitaux angolais, et non des capitaux étrangers, les données soulèvent la possible présence de fonds acquis de manière illicite ou dissimulés à l'étranger, bien qu'ils aient été transférés via des canaux officiellement enregistrés. Cela signifierait que la fuite des capitaux mesurée et présentée ici sous-évalue l'ampleur réelle du phénomène.

Côte d'Ivoire

Les estimations de la fuite des capitaux hors de la Côte d'Ivoire sont résumées dans le tableau 2.2. Au cours de la période 1970–2018, la méthode résiduelle issue de la balance des paiements montre un total de 40,5 milliards de dollars. Dans l'ensemble, le pays a connu une sous-facturation des exportations à hauteur de 5,9 milliards de dollars et une surfacturation nette des importations de 9 milliards de dollars ; l'ajustement concernant la fausse facturation commerciale ajoute ainsi 14,9 milliards de dollars, portant ainsi la fuite des capitaux à un total de 55,4 milliards de dollars.

La tendance a évolué avec le temps. Dans les années 1970 et 1980, le pays a connu une importante fuite des capitaux. Ce flux s'est réduit dans les années 1990, et une phase de renversement a démarré en 1998, entraînant des apports nets de capitaux non déclarés au début des années 2000 (même si les sorties nettes ont repris en 2015).

Tableau 2.2 : Fuite des capitaux en provenance de la Côte d'Ivoire (en milliards de dollars constants de 2018)

	1970–79	1980–89	1990–99	2000–09	2010–18	1970–2018
CDEBTADJ	14,0	22,2	7,9	0,5	7,5	52,0
FDI	1,6	1,1	3,5	3,9	3,8	13,8
PI	-0,1	0,0	-0,1	0,2	6,6	6,6
OI	8,8	18,7	6,7	-5,5	-17,9	10,7
CA	-11,7	-18,9	-8,8	4,2	-0,8	-36,1
CRES	0,1	0,4	-1,3	-2,3	-3,4	-6,5
Valeur résiduelle de la BP	12,6	23,3	7,8	0,9	-4,1	40,5
Fausse facturation commerciale	7,6	2,5	4,0	0,9	0,0	14,9
Fuite des capitaux ajustée	**20,2**	**25,8**	**11,8**	**1,8**	**-4,2**	**55,4**
Mémorandum : total des flux de capitaux privés						
FDI+PI+OI	10,3	19,7	10,1	-1,5	-7,5	31,1

Source : calcul des auteurs (pour la méthode, voir le texte).

Cette phase de renversement, qui s'est étendue sur les années de guerre civile, a aussi été celle d'un déclin de l'emprunt extérieur net et des sorties nettes de capitaux privés, officiellement déclarés dans la balance des paiements sous l'intitulé « autres investissements ».

Une analyse de la fausse facturation commerciale concernant le cacao, le premier produit d'exportation de la Côte d'Ivoire, apporte un éclairage supplémentaire sur l'un des mécanismes de fuite des capitaux. À l'aide des données miroir de partenaires spécifiques issues de Comtrade et disponibles à partir de l'année 2000, nous observons l'écart entre les exportations ivoiriennes déclarées et les importations déclarées par les principaux partenaires commerciaux des pays développés, dont les données commerciales sont censées être plus fiables. Nous calculons la fausse facturation des exportations comme la différence entre les deux après avoir procédé à un ajustement pour les frais de transport et d'assurance, que Comtrade indique aux niveaux des produits et des partenaires.

De manière générale, nous observons une tendance de sous-facturation des exportations : pour les neuf premiers partenaires commerciaux pris ensemble, cela équivaut à 4 milliards de dollars sur la période 2000–2018 tout entière (voir tableau 2.3). Cela représente

7,3 % de la valeur déclarée des exportations vers les mêmes destinations. Comme évoqué ci-dessus, la sous-facturation permet aux exportateurs de dissimuler à l'étranger une partie de leurs revenus tirés des exportations vers les pays partenaires, plutôt que de déclarer le montant total de ces revenus et de les convertir dans la devise locale auprès de la banque centrale.

Tableau 2.3 : Fausse facturation des exportations de cacao en Côte d'Ivoire, 2000–2018 (en milliards de dollars constants de 2018)

Pays partenaire	Exportations ivoiriennes	Importations des partenaires	Facteur CAF	Fausse facturation des exportations
Belgique	4 463,4	4 734,7	1,064	-13,5
Estonie	2 292,1	1 187,3	1,064	-1 252,2
France	5 413,3	7 798,4	1,062	2 051,7
Allemagne	4 522,8	9 102,8	1,023	4 475,1
Italie	2 035,2	2 460,8	1,045	334,5
Pays-Bas	19 607,0	17 662,0	1,064	-3 195,9
Espagne	2 048,5	2 109,3	1,063	-67,8
Royaume-Uni	2 252,7	2 443,6	1,020	146,3
États-Unis*	12 611,7	14 156,9	*	1 545,2
Total	55 246,7	61 656,0		4023,4

* Les importations des États-Unis sont déclarées à la valeur FAB.
Remarque : Fausse facturation des exportations = (importations des partenaires) – (CAF x exportations ivoiriennes). Seules les années durant lesquelles les deux parties ont communiqué leurs données sont prises en compte.
Source : calcul des auteurs à l'aide des données issues de Comtrade (SITC 072).

Les Pays-Bas font remarquablement figure d'exception face à cette tendance. La valeur déclarée par ce partenaire pour les importations de cacao est largement en-dessous de la valeur correspondante des exportations déclarée par la Côte d'Ivoire : il s'agit d'un cas inhabituel de surfacturation apparente des exportations. La même anomalie peut être remarquée pour les exportations de cacao vers l'Estonie. Cela pourrait refléter le rôle de ces deux pays en tant que centres d'échange : des entreprises enregistrées dans ces pays achètent du cacao ivoirien, puis le revendent vers d'autres destinations qui le déclarent comme des importations en provenance de la Côte d'Ivoire. (Les transbordements effectués par des entreprises néerlandaises peuvent aussi expliquer le taux anormalement élevé de sous-facturation apparente en Allemagne.) Un régime d'échange transparent fondé sur des normes de déclaration adoptées au niveau international permettrait de suivre et de déclarer avec précision l'origine et la destination des cargaisons. La Côte d'Ivoire déclarerait la destination finale de son cacao, et les pays de destination déclareraient la Côte d'Ivoire comme pays d'origine des marchandises ; les tierces parties, comme les Pays-Bas, déclareraient tout simplement les marchandises comme étant en transit. Jean Merkaert approfondit ce point dans le chapitre 3.

Afrique du Sud

L'ampleur de la fuite des capitaux hors de l'Afrique du Sud sur la période 1970-2018 est résumée dans le tableau 2.4. Pour l'ensemble de la période 1970-2018, l'Afrique du Sud a connu une fuite des capitaux à hauteur de 329,5 milliards de dollars. Cela comprend une fausse facturation commerciale nette de 133,5 milliards de dollars entre 1998 et 2018, où les données miroir pour l'Afrique du Sud sont disponibles dans la base de données électronique de la DOTS. Étant donné la tendance de fausse facturation observée au cours de ces dernières années, il est probable que nos estimations sous-évaluent l'ampleur de la fuite des capitaux présentée pour la période 1970-2018 dans son ensemble.

En plus de la fuite des capitaux, le tableau 2.4 présente les principaux éléments qui entrent dans le calcul de la valeur résiduelle de la BP. Nous remarquons deux tendances majeures dans les flux de capitaux des deux dernières décennies. La première est une accumulation rapide de la dette extérieure depuis le début des années 2000, reflétant une hausse de l'emprunt extérieur après la fin de l'apartheid et la reprise de la coopération internationale aux niveaux économique et politique. Ensuite, le pays a connu une augmentation importante des apports de capitaux privés, notamment via les investissements de portefeuille, reflétant le développement de marchés boursiers actifs qui ont attiré les investisseurs étrangers. La fuite des capitaux a sensiblement augmenté, les entrées déclarées dépassant les sorties déclarées de devises.

La fausse facturation commerciale semble avoir été un important canal de fuite des capitaux hors de l'Afrique du Sud. Au cours de la période 1998–2018, la sous-facturation des exportations a atteint 185,2 milliards de dollars, avec d'importants écarts entre les exportations déclarées par l'Afrique du Sud et la valeur bien plus élevée des importations déclarée par ses partenaires commerciaux. La sous-facturation nette des importations a atteint 51,7 milliards de dollars, indiquant que la contrebande à des fins de contournement des droits de douane a dépassé la surfacturation à des fins de fuite des capitaux. Les biens importés en contrebande doivent être réglés en devises, cela réduit donc l'ajustement de la fausse facturation nette à 133,5 milliards de dollars dans notre mesure de la fuite des capitaux pour la période entière.

Tableau 2.4 : Fuite des capitaux en provenance d'Afrique du Sud (en milliards de dollars constants de 2018)

	1970–79	1980–89	1990–99	2000–09	2010–18	1970–2018
CDEBTADJ	3,9	22,5	10,6	68,2	110,5	215,7
FDI	2,5	-4,7	-6,9	44,2	0,4	35,6
PI	0,0	-3,6	45,2	33,6	109,4	184,6
OI	1,0	-10,5	-10,7	23,8	41,3	44,9
CA	-24,5	11,0	-1,0	-81,4	-127,8	-223,7
CRES	6,1	-6,2	-9,3	-34,1	-17,6	-61,1
Valeur résiduelle de la BP	-11,1	8,6	27,8	54,4	116,2	196,0
Fausse facturation commerciale	0,0	0,0	4,9	97,7	30,9	133,5
Fuite des capitaux ajustée	-11,1	8,6	32,7	152,1	147,2	329,5
Mémorandum : total des flux de capitaux privés						
FDI+PI+OI	3,5	-18,7	27,5	101,7	151,1	265,1

Source : calcul des auteurs (pour la méthode, voir le texte)

Une part substantielle des exportations déclarées par l'Afrique du Sud étaient répertoriées à destination de « zones non spécifiées ». En principe, les revenus de ces exportations devraient être déclarés dans les comptes de la balance des paiements malgré le manque d'information sur leur destination. Nous prenons cela en compte dans le calcul de l'ajustement de la fausse facturation[17].

Une analyse de la fausse facturation concernant l'or et le platine, deux des principaux produits d'exportation de l'Afrique du Sud, offre un éclairage supplémentaire sur ce phénomène. En utilisant à nouveau les données spécifiques des partenaires issues de Comtrade (disponibles à partir de l'année 2000), nous pouvons observer des écarts entre les exportations déclarées par l'Afrique du Sud et les données miroir des importations déclarées par ses principaux partenaires commerciaux.

Les résultats pour l'or non monétaire sont présentés dans le tableau 2.5[18]. Les données mettent en évidence ce qui semble être un vaste phénomène de sous-facturation : les exportations déclarées vers le Royaume-Uni, par exemple, représentaient seulement 270 millions de dollars, tandis que les importations déclarées par le Royaume-Uni pour les mêmes années atteignaient plus de 32,5 milliards de dollars. Un écart similaire existe pour Hong Kong. Pour les sept pays présentés dans le tableau, l'ensemble de la sous-facturation des exportations s'élève à 89 milliards de dollars.

Dans une certaine mesure, ces écarts peuvent refléter un défaut d'enregistrement des pays de destination, plutôt qu'un défaut d'enregistrement des exportations elles-mêmes. Pour ce qui est de l'or non monétaire, en particulier, la majeure partie des exportations déclarées par l'Afrique du Sud sont répertoriées à destination de « zones non spécifiées »[19].

Tableau 2.5 : Fausse facturation des exportations d'or non monétaire en Afrique du Sud, 2000–2018 (en milliards de dollars constants de 2018)

Pays partenaire	Exportations sud-africaines	Importations des partenaires	Facteur CAF	Fausse facturation des exportations
Hong Kong	2,7	30,3	1,002	27,6
Inde	0,2	8,4	1,035	8,2
Italie	0,0	9,1	1,021	9,0
Suisse	0,4	7,2	1,025	6,8
Turquie	0,0	2,8	1,028	2,7
Émirats arabes unis	0,1	2,5	1,023	2,4
Royaume-Uni	0,3	32,5	1,009	32,2
Total	3,7	92,8		89,0

Remarque : fausse facturation des exportations = (importations des partenaires) – (CAF x exportations sud-africaines). Seules les années durant lesquelles les deux parties ont communiqué leurs données sont prises en compte.
Source : calcul des auteurs à l'aide des données issues de Comtrade.

En outre, sur certaines années, les données commerciales de l'Afrique du Sud ne comptent aucune exportation vers certains pays ayant enregistré des importations. La Chine, par exemple, a déclaré 38 milliards de dollars d'importations d'or non monétaire depuis l'Afrique du Sud pendant cette période, tandis que l'Afrique du Sud n'a déclaré aucune exportation vers la Chine. Les résultats présentés dans le tableau 2.5 omettent les années pour lesquelles l'Afrique du Sud n'a déclaré aucune exportation vers le pays partenaire.

Les estimations pour le platine sont présentées dans le tableau 2.6. Il y a là aussi des indications d'une sous-facturation majeure des exportations, atteignant 21 milliards de dollars pour les sept partenaires commerciaux pris en compte. La surfacturation apparente des exportations vers la Suisse pourrait refléter le rôle du pays comme carrefour d'échange ; de la même manière, les données concernant Hong Kong pourraient représenter les réexportations vers la Chine.

Tableau 2.6 : Fausse facturation des exportations de platine en Afrique du Sud, 2001–2018 (en milliards de dollars constants de 2018)

Pays partenaire	Exportations sud-africaines	Importations des partenaires	Facteur CAF	Fausse facturation des exportations
Chine	2,6	24,2	1,026	21,5
Hong Kong	6,6	4,6	1,002	-2,0
Allemagne	11,6	14,0	1,015	2,2
Japon	45,1	50,7	1,032	4,2
Suisse	17,9	11,6	1,024	-6,7
Royaume-Uni	19,6	14,2	1,009	-5,6
États-Unis	31,1	38,5	*	7,4
Total	134,5	157,9		21,1

* Les importations des États-Unis sont déclarées à la valeur FAB.

Remarque : Fausse facturation des exportations = (importations des partenaires) – (CAF x exportations sud-africaines). Seules les années durant lesquelles les deux parties ont communiqué leurs données sont prises en compte.

Source : Calcul des auteurs à l'aide des données issues de Comtrade (les données ne sont pas disponibles pour l'année 2002).

DES SORTIES NON ENREGISTRÉES AUX AVOIRS À L'ÉTRANGER NON ENREGISTRÉS

Nous nous sommes intéressés jusqu'à présent à la mesure des sorties de capitaux non enregistrées. Les estimations ont montré que les trois pays ont connu des volumes importants de fuite des capitaux au cours des quatre dernières décennies. La persistance générale de ces flux sortants au fil du temps indique qu'ils sont déterminés par des facteurs structurels et institutionnels fondamentaux dans les pays d'origine et dans le système financier global.

Ces sorties non enregistrées ne peuvent pas être expliquées simplement par des décisions de gestion de portefeuille émanant d'épargnants qui cherchent à maximiser la rentabilité de leurs investissements. Les taux d'intérêt dans les pays de destination ne sont pas forcément plus élevés que dans les pays africains. En fait, la majeure partie de la fuite des capitaux semble être motivée par des considérations à moyen et long termes. Autrement dit, cette fuite s'inscrit dans la durée. Comme l'explique James Henry (2012: 23), « puisque les sorties nettes en provenance des pays en développement se sont poursuivies sur de longues périodes, et puisque peu d'actifs dissimulés à l'étranger ou de revenus qui en découlent ont été rapatriés, les facteurs les plus importants de cette fuite des capitaux ne sont pas ceux des "capitaux spéculatifs", mais ceux de la décapitalisation à long terme ».

En plus de mesurer les flux de la fuite des capitaux, il est important d'évaluer l'accumulation correspondante de richesse privée détenue à l'étranger. L'histoire de la fuite des capitaux ne s'arrête pas une fois les frontières nationales franchies de manière illicite.

La dissimulation de la richesse privée accumulée à travers des sorties de capitaux non enregistrées est facilitée par les services de centres financiers *offshore*. Le terme « *offshore* » se rapporte « non pas tant à la localisation physique réelle des actifs et passifs privés, mais à la localisation nominale, hyper-portable, multi-juridictionnelle et souvent relativement temporaire des réseaux d'entités et d'arrangements légaux et quasi-légaux qui gèrent et contrôlent cette richesse privée – toujours dans l'intérêt de ceux qui en assurent la gestion, prétendument dans celui de ses propriétaires effectifs, et souvent dans l'indifférence ou le mépris absolu des intérêts et des lois de plusieurs États » (Henry 2012: 9).

Les fortunes privées africaines détenues à l'étranger entraînent un certain nombre d'effets nocifs pour les pays d'origine et leurs habitants[20]. Nous soulignons ici quelques effets parmi les plus importants.

Premièrement, l'accumulation de richesse privée non enregistrée dans des centres financiers offshore mine l'assiette fiscale du pays. En plus des pertes initiales en impôts sur le revenu lorsque des épargnes privées sont exportées et dissimulées à l'étranger, des pertes ultérieures émanent des revenus non imposés générés par cette richesse dissimulée. C'est particulièrement problématique pour les pays africains, qui présentent en général des ratios recettes fiscales/PIB très faibles et connaissent des écarts financiers importants et croissants. À l'échelle mondiale, les pertes de recettes sur les revenus non enregistrés générés par la fortune dissimulée à l'étranger représenteraient plus de deux fois l'ensemble des aides au développement des pays de l'OCDE (Henry 2012). Cela transforme profondément le débat sur le financement en faveur du développement. Au lieu de se concentrer exclusivement sur l'augmentation de l'aide étrangère, comme le souligne le discours international, il faudrait mettre l'accent sur une aide aux pays africains visant à réduire l'érosion de l'assiette fiscale générée par les fortunes non enregistrées et dissimulées à l'étranger.

Deuxièmement, l'accumulation à l'étranger de fortunes privées non enregistrées change radicalement la donne en matière d'inégalités de richesse, autant au sein des pays africains qu'entre l'Afrique et le reste du monde. Puisque les richesses non enregistrées et dissimulées à l'étranger appartiennent en général à l'élite politique et économique, les mesures des inégalités de richesse nationales fondées sur les avoirs enregistrés sont systématiquement sous-évaluées[21]. Parallèlement, l'écart de richesse entre les pays africains et les pays riches où sont domiciliées ces fortunes pourrait bien être plus faible que ce que suggèrent les statistiques officielles. En d'autres termes, les pays africains pourraient être plus riches que ce que nous pensons, mais leur richesse est manifestement répartie de manière inégale.

Troisièmement, l'accumulation de la richesse à l'étranger par les élites africaines mine la prestation de services publics, creusant davantage les inégalités. Les pertes de recettes fiscales contribuent à l'offre déplorable des services de santé publique, d'éducation et d'infrastructure, services dont les personnes les plus pauvres dépendent le plus fortement. En Afrique, les personnes les plus pauvres ne peuvent pas « voter avec leurs pieds » pour protester contre la piètre qualité des services publics ; contrairement aux personnes les plus riches, ils n'ont pas les moyens d'offrir à leur famille des études et des soins à l'étranger. À l'inverse, puisque les élites ne souffrent pas autant des défaillances des services publics, elles sont peu enclines à les améliorer.

Enfin, l'accumulation de richesse à l'étranger affaiblit les institutions de responsabilisation et le cadre réglementaire. Les élites qui détiennent une fortune à l'étranger sont peu disposés à développer le type d'institutions nécessaires pour juguler la fuite des capitaux, entraîner un rapatriement de la richesse et lutter contre l'évasion fiscale ; elles y sont plutôt opposées. Elles sont peu susceptibles d'encourager le contrôle des mouvements de capitaux, des mesures contre le blanchiment d'argent, des réformes de la douane, des politiques de limitation de la fausse facturation commerciale et l'abus des règles d'établissement des prix de transfert, et ainsi de suite. En fin de compte, la fuite des capitaux et l'accumulation de la richesse à l'étranger perdurent en raison des mêmes mécanismes d'incitation qui en sont à l'origine.

Mesure de la richesse dissimulée à l'étranger

Il existe plusieurs moyens de mesurer la richesse privée détenue à l'étranger. En 2020, le Forum mondial sur la transparence et l'échange de renseignements à des fins fiscales, une initiative récente coordonnée par l'OCDE, a déclaré que, pour l'année 2019, les autorités fiscales de près de 100 pays participants avaient obtenu des données sur 84 millions de comptes *offshore* sur lesquels se trouvaient des actifs s'élevant à 10 mille milliards d'euros, soit environ 11,5 mille milliards de dollars (OCDE 2020). Aucune analyse ne détaille la part détenue par des Africains. Ce chiffre considérable, bien qu'impressionnant, sous-estime le total de la richesse détenue à l'étranger puisque tous les pays et toutes les juridictions ne participent pas au programme d'échange de renseignements, et les institutions financières n'arrivent pas parfois à identifier le pays de résidence des titulaires des comptes.

Une autre approche pour estimer la richesse dissimulée à l'étranger consiste à utiliser les flux cumulés historiques de la fuite des capitaux, comme ceux présentés dans ce chapitre, en se fondant sur l'hypothèse qu'une part de ces flux est épargnée. Une seconde approche mesure la « richesse manquante » comme l'écart entre les passifs et les actifs enregistrés, puisque ces flux sont déclarés dans les statistiques financières internationales.

L'accumulation de richesse issue de la fuite des capitaux

La première approche est utilisée par James Henry dans une étude préparée pour le Tax Justice Network (Henry 2012 ; mise à jour dans Henry 2016)[22]. Cette approche s'appuie sur l'hypothèse selon laquelle des montants importants issus de la fuite des capitaux non enregistrés sont détenus à l'étranger à long terme, entraînant l'accumulation de fortunes dissimulées à l'étranger qui créent un rendement échappant souvent aux impôts. Puisque cette richesse n'est pas enregistrée, il est difficile de connaître avec précision son ampleur et la composition de ses actifs, y compris le montant des actifs liquides par opposition aux biens immobiliers, objets d'art et autres objets de valeur. Une partie de la fuite des capitaux n'est pas épargnée mais destinée à la consommation, notamment pour financer des modes de vie extravagants souvent décrits dans les rapports d'investigation concernant des personnalités économiques et politiques[23].

Henry (2012) propose plusieurs hypothèses de travail pour traiter ces questions, en se basant sur des informations rassemblées auprès de banques et dans le cadre d'entretiens avec des observateurs avertis. La première hypothèse est que 50 à 75 % de la fuite des capitaux est investie à l'étranger dans des placements générateurs de revenus et des biens physiques. La deuxième hypothèse est que les revenus générés par ces investissements à l'étranger ne sont pas imposés. La troisième hypothèse soutient que la richesse dissimulée à l'étranger génère un rendement modeste, représenté par le taux des certificats de dépôt d'une durée de six mois. À ce titre, Henry capitalise la fuite des capitaux passée pour trouver une estimation de la richesse privée non enregistrée et détenue à l'étranger. Pour l'Afrique subsaharienne, le stock non enregistré de richesse privée accumulée à l'étranger représentait plus de 700 millions de dollars en 2014. Le tableau 2.7 présente les estimations pour les trois pays de notre étude de cas, ainsi que les totaux régionaux pour l'Afrique subsaharienne, l'Asie de l'Est et l'Amérique latine.

Tableau 2.7 : Estimations de la richesse détenue à l'étranger issue de la fuite des capitaux (en milliards de dollars)

Pays ou région	Stock accumulé entre 1970 et 2014
Angola	70,4
Côte d'Ivoire	14,0
Afrique du Sud	113,5
Top 5 en Afrique subsaharienne	639,6
Afrique subsaharienne	709,8
Asie de l'Est (à l'exception de la Chine)	2 524,0
Amérique latine et Caraïbes	1 969,8

Source : estimations obtenues d'après la base de données Global Haven Industry (http://globalhavenindustry.com/).

Remarque : ces estimations s'appuient sur les flux de fuite des capitaux élaborés par Henry (2016) sans ajustements pour la fausse facturation commerciale.

Ainsi, d'après ces estimations, et contrairement à ce qui est communément admis, les pays africains ne seraient pas lourdement endettés vis-à-vis du reste du monde ; en fait, ils constitueraient plutôt des créanciers nets puisque leur stock de richesse privée dissimulée à l'étranger dépasse leurs dettes extérieures[24]. Le problème réside dans le fait que cette richesse accumulée à l'étranger ne contribue que peu ou pas du tout au développement de l'Afrique.

Des avoirs à l'étranger manquants

Une autre approche pour mesurer la richesse détenue à l'étranger consiste à identifier les anomalies dans les données du FMI concernant les positions extérieures globales (PEG), lesquelles présentent les passifs et les actifs extérieurs (des réserves de capitaux et non pas les flux déclarés dans la BP). De manière invraisemblable, ces données semblent indiquer que le monde dans son ensemble est un

« débiteur net » (Lane et Milesi-Ferretti 2007). « Il y a un "trou" », observe Gabriel Zucman (2017: 46-47), qui comprend cet écart comme une mesure de la richesse cachée : « Si l'on regarde les comptes de patrimoine à l'échelle mondiale, on constate qu'il y a plus de titres financiers enregistrés au passif qu'à l'actif des nations, comme si la planète Terre était en partie détenue par Mars ». En 2013, ce trou atteignait la somme de 7,6 billions de dollars (Zucman 2014).

Puisque les données de la PEG n'évoquent que la richesse financière, ce chiffre ne rend pas compte des autres types de richesse cachée. Comme l'explique Zucman (2017: 53–54) :

> Enfin, mon estimation ne dit rien du montant de la richesse non financière qui se trouve dans les paradis fiscaux. Un examen du cadastre anglais révèle qu'une grande partie de l'immobilier de luxe londonien est détenue par l'entremise de sociétés-écrans domiciliées pour la plupart aux îles Vierges britanniques, un montage qui permet aux propriétaires de rester anonymes et d'exploiter des niches fiscales. À Genève, à Luxembourg et à Singapour se sont implantés des ports francs où s'amassent œuvres d'art, bijoux et or, que leurs propriétaires peuvent s'échanger sans acquitter ni droit de douane ni TVA et à l'abri des regards indiscrets. La plupart des yachts les plus luxueux battent le pavillon des îles Caïmans, où ils sont légalement enregistrés. Malheureusement, les statistiques disponibles ne permettent pas encore d'estimer la valeur de ces avoirs non financiers.

Zucman estime néanmoins que sa méthode parvient à saisir une majeure partie de la richesse cachée :

> L'essentiel des grandes fortunes est, en moyenne, composée de titres financiers. Il est rare (bien que cela se voie dans certains cas) d'investir toute sa fortune dans un yacht. C'est l'une des grandes règles du capitalisme que, plus on monte dans l'échelle des richesses, plus la part du patrimoine financier est importante et, en son sein, celle des actions – les titres qui confèrent la propriété des moyens de production, le vrai pouvoir économique et social.

Il estime que la richesse cachée représente environ 8 % de la richesse financière personnelle totale dans le monde entier, et conclut qu'il s'agit du bon ordre de grandeur, même si « l'on pourrait imaginer que le véritable chiffre, toutes richesses combinées, est de 10 ou 11 % ». Cela donnerait à penser que les avoirs non financiers dissimulés représentent 2 à 3 mille milliards de dollars supplémentaires, élevant le total des avoirs cachés à environ 10 mille milliards de dollars.

Il existe néanmoins des raisons de penser que ce chiffre est encore trop faible. Les *high net-worth individuals* qui dissimulent leur fortune derrière des voiles d'anonymat ne respectent pas les règles tacites du capitalisme en ce qui concerne la répartition de leur portefeuille, pas plus qu'ils n'obéissent à ses règles écrites (voir encadré 2.1).

À l'exception des avoirs non financiers mentionnés par Zucman – objets d'art, yachts, or, bijoux et immobilier – une part considérable de la richesse cachée se présente sous la forme d'espèces. Les billets de 100 dollars, s'ils sont peu utilisés dans les transactions quotidiennes, représentent 78 % des 1,5 billions de dollars de billets de banque américains aujourd'hui en circulation. Les billets de 500 euros représentent 30 % de la valeur totale des euros, et les billets de 1 000 francs suisses – particulièrement pratiques à transporter dans une valise puisqu'ils valent 20 fois leur poids en or – représentent 92 % de la valeur totale de la monnaie suisse (Sands 2016). « Plutôt que de constituer un moyen de paiement », souligne *The Economist* (2016), les grosses coupures servent de « réserves de valeur idéales » – idéales avant tout pour les détenteurs de richesse préférant l'anonymat.

En outre, la totalité de la richesse cachée à travers le monde sous la forme d'avoirs financiers n'est même pas présente dans l'écart de la PEG. L'explication de cet écart formulée par Zucman (2017: 46) nous aide à comprendre pourquoi :

> Imaginons un résident français qui possède sur son compte en Suisse un portefeuille de titres américains, par exemple des actions Google. Qu'est-ce qui est enregistré ? Aux États-Unis, un passif : les statisticiens américains voient que des étrangers détiennent des actions de leur pays. En Suisse, rien du tout, et à raison : les comptables helvétiques observent des titres Google en dépôt dans les banques suisses, mais ils voient que ces actions appartiennent à des Français – ce ne sont donc ni des actifs ni des passifs pour la Confédération. En France, enfin, rien n'est enregistré non plus, mais à tort cette fois-ci : la Banque de France devrait consigner une créance sur les États-Unis ; cependant, elle ne peut pas le faire car elle n'a aucun moyen de savoir que des Français ont des actions Google sur leur compte à Genève (Zucman 2017: 46).

Imaginons maintenant que cette même personne détient des actions Google dans un compte en banque aux États-Unis, le pays qui est, « sous certains aspects, le plus important paradis fiscal au monde » (Shaxson 2011: 18). Les États-Unis occupent en effet la deuxième position dans le classement de 2018 du Financial Secrecy Index, qui mesure le volume des dépôts étrangers et le laxisme des règles de transparence, derrière la Suisse qui se trouve en première position et devant les Îles Caïmanes en troisième (Tax Justice Network 2018). Dans ce cas-là, les États-Unis n'enregistrent pas de passif extérieur, et les avoirs dissimulés ne créent pas d'écart dans les comptes de la PEG.

De la même manière, si la fuite des capitaux hors d'Afrique s'effectue via une société écran enregistrée au Delaware, puisque les capitaux sont investis dans des actions américaines, aucun écart n'apparaîtra.

En plus des actifs non enregistrés, il y a aussi des actifs mal comptabilisés : des actifs extérieurs sont enregistrés dans la PEG comme appartenant à un pays A, mais les bénéficiaires effectifs viennent en fait d'un pays B. C'est notamment le cas si le pays A est une juridiction disposant du secret financier. Maurice, par exemple, est un paradis fiscal pour les capitaux en provenance des pays africains, notamment de l'Afrique du Sud et de l'Angola (Fitzgibbon 2017). Avec une population de seulement 1,3 million d'habitants, le pays a enregistré en 2015 un total mirobolant de 423 milliards de dollars d'avoirs extérieurs dans les données de sa PEG, soit plus de 300 000 dollars par personne, environ 15 fois le revenu par habitant du pays. À titre de comparaison, la Pologne et la Turquie, avec des revenus par habitant similaires, enregistrent respectivement des avoirs extérieurs d'un montant d'environ 6 000 dollars et 3 000 dollars par personne.

Dans ce contexte, si Zucman a peut-être raison d'affirmer que l'écart de la PEG donne le bon ordre de grandeur concernant la richesse totale cachée dans le monde – ce qui signifie que le total est plus proche de 7,6 mille milliards de dollars que 760 millions ou 76 mille milliards de dollars – le montant total pourrait être bien plus élevé, peut-être une à deux fois plus important.

L'écart de la PEG offre une estimation minimale utile du total de la richesse cachée, mais il ne nous informe pas sur la façon dont la richesse cachée est répartie en fonction des régions et des pays d'origine. Pour estimer la richesse cachée de l'Afrique, il faut s'appuyer sur d'autres sources d'information. À cette fin, Zucman (2013, 2017) s'est servi de données sur les actifs financiers détenus dans les banques suisses. Depuis 1998, la Banque nationale suisse (BNS, la banque centrale de la Suisse) communique des données sur les avoirs étrangers détenus dans des banques suisses. Au printemps 2015, ces actifs s'élevaient à 2,3 billions de dollars. Environ 60 % d'entre eux étaient détenus par des sociétés écran, des fiducies et des fondations fictives, ce qui signifie que la nationalité de leurs bénéficiaires effectifs était inconnue. Les données de la BNS renseignent néanmoins sur la nationalité d'origine des autres actifs, et Zucman (2017: 40) utilise ces informations pour déterminer à qui appartiennent les actifs détenus par les sociétés écran :

> Pour savoir qui possède réellement la richesse cachée en Suisse, il faut donc faire quelques hypothèses. Après avoir examiné les éléments de preuve disponibles, l'hypothèse centrale que je retiens est que la

> richesse détenue par l'intermédiaire de sociétés-écrans appartient à des citoyens américains, français ou canadiens dans les mêmes proportions que la richesse détenue directement. Je fais néanmoins une exception à cette règle générale pour les résidents de l'Union européenne, qui ont depuis 2005 eu davantage recours aux sociétés-écrans que les autres fraudeurs afin d'éviter un impôt introduit par une directive de l'Union.

Il conclut donc que l'Afrique représente 150 milliards de dollars détenus dans des comptes en banque de non-résidents en Suisse, soit environ 6,5 % du total. Plus de la moitié d'entre eux appartiennent à des Européens ; l'Allemagne, la France et l'Italie, les trois pays frontaliers de la Suisse, se taillent la part du lion, avec 640 milliards de dollars.

Selon l'estimation faite par Zucman de la répartition par pays d'origine, l'Afrique représente aussi 6,5 %, soit 500 milliards de dollars, des 7,6 mille milliards de dollars de richesse cachée révélée par l'écart de la PEG. Autrement dit, la part de la richesse cachée mondiale de l'Afrique dans les calculs de Zucman est la même que sa part de richesse détenue directement et versée sur des comptes en banque suisses.

Est-il raisonnable de supposer que la répartition de la richesse détenue par des sociétés écran dans des banques suisses reflète celle des avoirs détenus directement ? Les Allemands et les Angolais, par exemple, ont-ils exactement les mêmes motivations à acheminer des fonds à travers des entités anonymes offshore, en s'exposant aux frais de transaction qui en découlent, au lieu d'ouvrir des comptes en banque suisses à leur nom ? Ou alors, la motivation à utiliser des sociétés écran varie-t-elle selon la provenance des fonds ?

Si la seule motivation d'un ressortissant britannique à verser de l'argent sur un compte suisse est d'échapper aux impôts britanniques, il peut se contenter d'ouvrir un compte à son nom. Si le gouvernement britannique venait à découvrir ce stratagème d'une manière ou d'une autre, le pire qu'il encourrait seraient des pénalités fiscales. Mais si sa motivation est de dissimuler une fortune acquise de manière frauduleuse ou douteuse – si cette richesse est le produit d'une « infraction principale », comme le définit la législation contre le blanchiment d'argent – il pourrait considérer que des précautions plus élaborées, dont l'acheminement de l'argent par le biais d'une société écran ou d'un réseau de sociétés écran, valent la peine d'engager des dépenses supplémentaires. Car dans ce cas, la sanction s'il se fait prendre peut inclure la saisie de la totalité du montant, ainsi que des poursuites judiciaires[25].

Dans une recension de l'ouvrage de Zucman, le professeur de droit Cass Sunstein (2016) fait allusion à cet aspect important lorsqu'il

Encadré 2.1: Les biens immobiliers cachés

Certaines données se rapportant aux mégalopoles mondiales – des centres internationaux comme New York, Londres, Paris, Hong Kong et Singapour – indiquent que les biens immobiliers détenus de manière anonyme pourraient constituer une somme importante de richesse cachée.

Le Groupe d'Action Financière, un organe intergouvernemental qui lutte contre le blanchiment d'argent, indique qu'en 2013, « l'immobilier représentait plus de 30 % des avoirs d'origine criminelle confisqués au cours des deux années précédentes, ce qui en fait un domaine d'activité clairement vulnérable » (GAFI 2013: 24).

Le *Financial Times*, annonçant que « Londres est devenue une plaque tournante de l'argent sale », déclare qu'au moins 122 milliards de livres (environ 200 milliards de dollars) de biens immobiliers en Angleterre et au Pays de Galles étaient détenus par des sociétés écran enregistrées dans des paradis fiscaux, la plupart d'entre elles aux Îles Vierges britanniques et aux Îles anglo-normandes (O'Murchu 2014).

Aux États-Unis, le titre III du Patriot Act, promulgué peu après les attaques du 11 septembre 2001, exige que les banques signalent les transferts d'argent suspects depuis l'étranger, mais il comporte une exemption pour les achats immobiliers. Cette « faille béante, et cette extraordinaire opportunité de croissance pour l'immobilier haut-de-gamme », signifie que « les étrangers peuvent toujours acheter des appartements de haut standing ou des hôtels particuliers facilement et de manière anonyme, en se dissimulant derrière des sociétés écran établies dans des États comme le Delaware ou le Nevada » (Foer 2019).

En 2014, les sociétés écran représentaient 54 % des achats dans l'immobilier de luxe à Manhattan, 51 % à Los Angeles et 48 % à San Francisco (*New York Times* 2015). La valeur totale des biens immobiliers résidentiels à Manhattan est estimée à 733 milliards de dollars (Metrocosm 2015) et, la même année, l'immobilier de luxe (les biens vendus à 4 millions de dollars et plus) représentait à peu près 37 % des ventes résidentielles (CityRealty 2017). Au total, ces chiffres donnent à penser que rien qu'à Manhattan, la valeur de la richesse cachée investie dans les propriétés résidentielles dépasse les 100 milliards de dollars*.

Les enquêtes du gouvernement américain « continuent à montrer que les politiciens corrompus, les trafiquants de drogue et autres criminels utilisent des sociétés écran pour acheter en liquide de l'immobilier de luxe », a déclaré Jennifer Shasky Calvery, directrice du Financial Crimes Enforcement Network au sein du ministère des Finances américain, dans un discours prononcé en 2016. « Des virements bancaires sont émis depuis des banques étrangères installées dans des paradis fiscaux auprès desquelles des sociétés écran détiennent des comptes, mais il y a aussi beaucoup de cas de criminels utilisant des sociétés à responsabilité limitée enregistrées aux États-Unis pour blanchir leurs fonds d'origine illicite à travers le marché de l'immobilier américain » (citée dans Swanson 2016).

« Le marché de l'immobilier a longtemps constitué un moyen de blanchir ou d'investir l'argent volé ou d'autres fonds d'origine illicite », souligne une étude de Transparency International (2017, p. 5). « Non seulement les appartements onéreux de New York, Londres ou Paris élèvent le statut social de leurs propriétaires et améliorent leurs modes de vie luxueux, mais ils constituent aussi des niches faciles et commodes pour dissimuler des centaines de millions de dollars aux enquêtes criminelles et aux autorités fiscales, entre autres. »

---

* Calculée comme suit : 733 milliards de dollars x 0,37 x 0,54 = 146 milliards de dollars. Cela ne comprend ni les propriétés non résidentielles, ni les propriétés résidentielles évaluées à moins de 4 millions de dollars.

écrit que « toutes les utilisations des paradis fiscaux ne sont pas identiques ». Soulignant que les estimations de Zucman sous-entendent que la moitié de la richesse financière de la Russie est détenue à l'étranger, Sunstein suggère que « le chiffre extraordinairement élevé pour la Russie pourrait être mieux compris en considérant qu'il implique de l'argent acquis ou investi de façon malhonnête ». Il en irait de même pour l'Afrique : d'après les estimations de Zucman, 30 % de la richesse financière de la région est détenue à l'étranger, contre 10 % pour l'Europe et 4 % pour les États-Unis (Zucman 2015: 53).

En définitive, les estimations des avoirs extérieurs manquants fondées sur les anomalies de la PEG mondiale, si elles offrent un ordre de grandeur utile de la richesse détenue à l'étranger, ne peuvent constituer une mesure fiable de la quantité ou de l'historique de la fuite des capitaux hors de pays africains spécifiques. C'est pour cette raison que nos estimations partent plutôt des écarts dans la balance des paiements du pays, corrigés comme décrit précédemment pour l'emprunt extérieur et la fausse facturation commerciale. Lorsque les entrées enregistrées de devises dépassent systématiquement les sorties enregistrées, il est raisonnable de supposer que la majeure partie de l'argent manquant ne se trouve pas sous des matelas à Johannesburg, Luanda ou Abidjan. Cet argent quitte l'Afrique, bien que son départ du continent ne soit pas enregistré dans les statistiques officielles.

Certes, il existe une vaste incertitude quant à la part des capitaux fugitifs qui est épargnée et à celle qui est dissipée dans la consommation à l'étranger. Déduire, à partir de sorties d'argent, que des réserves de richesse sont détenues à l'étranger, c'est aussi faire d'importantes suppositions. Toutefois, en ce qui concerne le coût de la fuite des capitaux pour les pays d'origine, qu'importe si l'argent manquant est épargné ou dépensé ? Du point de vue des gens ordinaires, ce n'est pas la frugalité des élites corrompues à l'égard de l'argent volé qui importe, mais le simple fait qu'elles le leur aient volé.

CONCLUSION

Ce chapitre visait à estimer l'ampleur de la fuite des capitaux hors de l'Angola, de la Côte d'Ivoire et de l'Afrique du Sud, trois pays africains qui occupent une place de choix dans la totalité de la fuite des capitaux hors du continent. L'analyse a également porté sur le mécanisme clé de la fuite des capitaux, la fausse facturation commerciale, et en particulier les exportations de produits de base. Les résultats montrent que ces trois pays ont connu des pertes importantes de capitaux au cours des quatre dernières décennies, s'élevant à 329 milliards de dollars pour l'Afrique du Sud, 103 milliards de dollars pour l'Angola et 55 milliards de dollars pour la Côte d'Ivoire.

Le caractère chronique de la fuite des capitaux hors de ces pays donne à penser que le phénomène est régi par des facteurs structurels et institutionnels, aussi bien dans les pays d'origine qu'au sein des systèmes financiers mondiaux où il s'organise. Les flux génèrent une accumulation de richesse privée dissimulée à l'étranger, dont une partie a été financée par le détournement des ressources publiques. Les conclusions suggèrent que, comme beaucoup d'autres pays africains, les trois pays étudiés sont des créditeurs nets vis-à-vis du reste du monde puisque leurs avoirs détenus à l'étranger dépassent le total de leur dette extérieure. La différence est que la dette est un passif reposant sur les épaules de la population tout entière, tandis que la richesse détenue à l'étranger est privée. Les stratégies visant à lutter contre la fuite des capitaux doivent donc comporter des mesures pour limiter de nouvelles sorties ainsi que des mesures pour rapatrier la richesse cachée dans des centres financiers *offshore*.

Pour mieux comprendre les mécanismes de la fuite des capitaux et élaborer des stratégies pour combattre l'hémorragie de ressources hors des pays africains, il est crucial d'examiner en détail les acteurs, les canaux et les vecteurs derrière ces flux dissimulés. Dans cette optique, les études détaillées par pays, comme celles qui sont présentées dans cet ouvrage, constituent une piste potentiellement fertile pour de futures recherches.

NOTES

1 Détails disponibles dans Ndikumana et Boyce (2019).
2 Pour plus de détails, voir Cobham et Jansky (2020), Ndikumana *et al.* (2015) et Reuter (2012).
3 Pour plus de détails, voir la Banque mondiale (1985), Erbe (1985) et Lessard et Williamson (1987).
4 Les détails de l'algorithme d'ajustement sont fournis dans Ndikumana et Boyce (2010).
5 La base de données International Debt Statistics (IDS) est disponible sur : https://databank.worldbank.org/source/international-debt-statistics. Pour l'Afrique du Sud, les séries de données de l'IDS démarrent en 1994 ; les données concernant la période 1970–1993 ont donc été obtenues grâce aux Africa Development Indicators (aujourd'hui interrompus), la Banque de réserve sud-africaine et la Banque africaine de développement.
6 Les données concernant les investissements étrangers directs peuvent aussi être obtenues auprès de la base de données statistique de la CNUCED (Centre de données de la CNUCED, Investissements : http://unctadstat.

unctad.org/wds/ReportFolders/reportFolders.aspx).

7 Les estimations du volume de la fausse facturation commerciale dans les flux financiers illicites et la fuite des capitaux varient selon les études en raison des différences de méthodologie, de données et d'échantillon. Spanjers et Salomon (2017) estiment que la fausse facturation commerciale représente plus de 87 % du total des flux financiers illicites en provenance des pays en développement entre 2005 et 2014. Voir, par exemple, Ndikumana et al. (2015), Kar et Spanjers (2014) et la CNUCED (2016).

8 La base de données de la Direction of Trade Statistics est disponible en ligne sur : http://www.imf.org/en/data.

9 Ce principe a été présenté pour la première fois il y a plus d'un siècle par Ferraris (1885).

10 Pour plus de détails, voir Ndikumana et Boyce (2019).

11 Voir Buehn et Eichler (2011) ; Buehn et Farzanegan (2012) ; Patnaik et al. (2012) ; Storti et de Grauwe (2012) et Kellenberg et Levinson (2016). Voir aussi la CNUCED (2016) pour des discussions plus approfondies concernant les exportations des principales matières premières depuis les pays en développement riches en ressources naturelles.

12 Bhagwati (1964) a remarqué que la sous-facturation des importations semblait prévaloir parmi les produits soumis à des droits de douane élevés. Des études ultérieures ont confirmé cette hypothèse (Buehn et Eichler 2011 ; Epaphra 2015 ; Fisman et Wei 2004).

13 Nous n'utilisons pas les données imprimées plus anciennes de la DOTS à cet effet, en raison d'incohérences avec la version électronique ultérieure.

14 Voir le FMI (2018) et Marini *et al.* (2018).

15 Pour chaque produit, le ratio utilisé est la moyenne estimée sur la période 2012–2016 issue de la base de données de l'OCDE. Les problèmes liés à la méthodologie et aux données sont davantage approfondis dans Ndikumana et Boyce (2019), Cobham et Jansky (2020) et la CNUCED (2020).

16 Dans le cas des exportations, l'économie angolaise est lourdement dépendante du pétrole et de ses produits dérivés, et ses cinq principaux partenaires commerciaux représentent environ 80 % du total. La comparaison des données miroir des partenaires commerciaux, établie à partir des données limitées sur le pétrole présentes dans Comtrade pour la période 2009–2018, montre des divergences minimes (Ndikumana et Boyce 2019).

17 Nous répartissons les exportations déclarées dans la catégorie « destinations non spécifiées » entre pays développés et pays en développement suivant leurs parts respectives dans les importations déclarées par les partenaires commerciaux. Pour plus de détails, voir Ndikumana et Boyce (2019).

18 Les exportations d'or sont officiellement classées en deux catégories : l'or monétaire (or détenu au titre d'actifs de réserve par les banques centrales) et l'or non monétaire. D'après les données du ministère du Commerce et de l'Industrie d'Afrique du Sud, l'or monétaire représentait plus de 95 % des exportations totales d'or du pays jusqu'en 2010, quand les deux catégories étaient séparées. Les résultats présentés ici correspondent uniquement aux exportations d'or non monétaire, puisque la base de données Comtrade ne signale pas les exportations d'or monétaire.

19 Les incohérences dans la distinction entre l'or monétaire et l'or non

monétaire avant que les deux catégories ne soient regroupées en 2011 constituent un problème supplémentaire. Avant 2011, d'après la Banque centrale sud-africaine, « l'or non monétaire était faussement catégorisé comme de l'or monétaire par l'entité responsable de la fourniture des statistiques concernant le commerce auprès des Nations unies ». Les données de Comtrade montrent néanmoins que les écarts importants entre les données de l'Afrique du Sud et celles de ses partenaires persistent après 2011. Pour plus d'information sur les données concernant les exportations d'or de l'Afrique du Sud, voir Ndikumana et Boyce (2019).

20 Les pays de destination subissent eux aussi des répercussions néfastes ; pour approfondir la question, voir Shaxson (2012, 2018).

21 Pour approfondir ce point et en avoir des exemples, voir Alstadæter et al. (2018).

22 Les résultats sont disponibles en ligne sur Global Haven Industry : http://globalhavenindustry.com/

23 Pour des exemples, voir Ndikumana et Boyce (2012), Boyce et Ndikumana (2012a) et Boyce et Ndikumana (2012b).

24 Pour approfondir ce point, voir aussi Boyce et Ndikumana (2001).

25 Pour créer des traces écrites qui dissimulent les véritables origines des fonds acquis de manière illicite, les banques offshore ont recours à des pratiques courantes comme l'antidatation des opérations de change ; le placement de paris opposés sur le marché boursier qui s'annulent l'un l'autre, ne produisant aucun profit réel, et où le pari gagnant sert de source apparente des fonds ; la création de transactions fictives entre des sociétés offshore, comme la vente de biens détenus dans la zone franche de Genève (ou même des produits fictifs) à des prix exorbitants ; et la rentrée d'un revenu apparent issu de chambres d'hôtel appartenant à la société écran, qui sont en fait vides. Voir Bernstein (2017, pp. 85, 104, 193).

RÉFÉRENCES

Alstadsæter, A., Johannesen, N. et Zucman, G. 2018. Who owns the wealth in wealth havens? Macro evidence and implications for global inequality. *Journal of Public Economics*, 162, 89–100.

Bahmani-Oskooee, M. et Goswami, G. G. 2003. Smuggling as another cause of failure of the PPP. *Journal of Economic Development*, 28(2), 23–38.

Barnett, R. C. 2003. Smuggling, non-fundamental uncertainty, and parallel market exchange rate volatility. *Canadian Journal of Economics*, 36(3), 701–27.

Berger, H. et Nitsch, V. 2012. Gotcha! A profile of smuggling in international trade. *In* C. Costa Storti et P. De Grauwe (dir.), *Illicit Trade and the Global Economy*, p. 49–72. Cambridge et Londres : MIT Press.

Bernstein, J. 2017. *Secrecy World: Inside the Panama Papers Investigation of Illicit Money Networks and the Global Elite*. New York : Henry Holt.

Bhagwati, J. 1964. On the under-invoicing of imports [with application to recent Turkish experience]. *Bulletin of the Institute of Economics and Statistics* (Oxford University), 26, 389–97.

Bhagwati, J. 1967. Fiscal policies, the faking of foreign trade declarations, and the balance of payments. *Bulletin of the Institute of Economics and Statistics* (Oxford University), 29, 61–77.

Bhagwati, J. et Hansen, B. 1973. A theoretical analysis of smuggling. *Quarterly Journal of Economics*, 87(2), 172–87.

Bhagwati, J., Krueger, A. O. et Wibulswasdi, C. 1974. Capital flight from LDCs: A statistical analysis. *Studies in International Economics*, 1, 148–54.

Biswas, A. K. et Marjit, S. 2005. Mis-invoicing and trade policy. *The Journal of Policy Reform*, 8(3), 189–205.

Boyce, J. K. et Ndikumana, L. 2001. Is Africa a net creditor? New estimates of capital flight from severely indebted sub-Saharan African countries, 1970–1996. *Journal of Development Studies*, 38(2), 27–56.

Boyce, J. K. et Ndikumana, L. 2012a. Elites loot Africa as foreign debts mount. *In* N. Chanda et S. Froetschel (dir.), *A World Connected: Globalization in the 21st Century*. Yale Global Online Ebook, p. 44–47.

Boyce, J. K. et Ndikumana, L. 2012b. How capital flight drains Africa: Stolen money and lost lives. *In* N. Pons-Vignon et P. Ncube (dir.), *Confronting Finance: Mobilizing the 99% for Economic and Social Progress*, p. 31–34. Genève : Organisation internationale du travail.

Buehn, A. et Eichler, S. 2011. Trade misinvoicing: The dark side of world trade. *The World Economy*, 34(8), 1263–1287.

Buehn, A. et Farzanegan, M. R. 2012. Smuggling around the world: evidence from a structural equation model. *Applied Economics*, 44(23), 3047–64.

CityRealty. 2017. Year-End Manhattan Market Report. New York : CityRealty, décembre.

Cobham, A. et Jansky, P. 2020. *Estimating Illicit Financial Flows: A Critical Guide to Data, Methodology and Findings*. Oxford : Oxford University Press.

Economist. 2016. Cash Talk: High Denomination Bank Notes. *The Economist*, 3 mars.

Epaphra, M. 2015. Tax rates and tax evasion: Evidence from missing imports in Tanzania. *Business and Economics Journal*, 7(2), 122–37.

Erbe, S. 1985. The flight of capital from developing countries. *Intereconometrics*, 268–75.

FATF. 2013. *Money Laundering and Terrorist Financing Vulnerabilities of Professionals*. Paris : Financial Action Task Force, juin.

Ferraris, C. F. 1885. *La Statistica del Movimento dei Metalli Preziosi fra l'Italia e l'Estero*. Rome : Ministère de l'agriculture, de l'industrie et du commerce.

Fisman, R. et Wei, S.-J. 2004. Tax rates and tax evasion: Evidence from "missing imports" in China. *Journal of Political Economy*, 112(2), 471–96.

Fisman, R. et Wei, S.-J. 2007. The smuggling of art, and the art of smuggling: Uncovering the illicit trade in cultural property and antiques. NBER Working Paper, n° 13446.

Fitzgibbon, W. 2017. Tax Haven Mauritius' Rise Comes at the Rest of Africa's Expense. *International Consortium of Investigative Journalists*, 7 novembre, disponible sur https://www.icij.org/investigations/paradise-papers/tax-haven-mauritius-africa/. Consulté le 4 février 2018.

Foer, F. 2019. Russian-style Kleptocracy Is Infiltrating America. *The Atlantic*, Mars, disponible sur https://www.theatlantic.com/magazine/archive/2019/03/how-kleptocracy-came-to-america/580471/. Consulté le 2 février 2018.

Gulati, S. 1987. A Note on Trade Misinvoicing. *In* D.R. Lessard et J. Williamson, (dir.). *Capital Flight and Third World Debt*. Washington : Institute for International Economics, p. 68–78.

Henry, J. S. 2012. The price of offshore revisited: New estimates for 'missing' global private wealth, income, inequality and lost taxes. Londres: Tax Justice Network, juillet.

Henry, J. S. 2016. The Price of Offshore - Data by Region. The Global Haven Industry : http://globalhavenindustry.com/price-of-offshore-menu.

IMF. 2018. Direction of Trade Statistics: Introductory Notes. Washington: FMI.

Kar, D. et Spanjers, J. 2014. Illicit Financial Flows from Developing Countries: 2003–2012. Washington : Global Financial Integrity (décembre).

Kellenberg, D. et Levinson, A. 2016. Misreporting Trade: Tariff Evasion, Corruption, and Auditing Standards National Bureau of Economic Research, Working Paper 22593.

Köhler, H. 2015. On the Impossibility of Speaking of Africa: Essay Based on a Speech at the Africa Days of the German Federal Ministry of Education and Research on March 18, 2014. *Africa Journal of Management*, 1(3), 257–63.

Lane, P. R. et Milesi-Ferretti, G. M. 2007. The external wealth of nations mark II: Revised and extended estimates of foreign assets and liabilities, 1970–2004. *Journal of International Economics*, 73(2), 223–50.

Lessard, D.R. et Williamson, J. (dir.). 1987. *Capital Flight and Third World Debt*. Washington : Institute for International Economics.

Marini, M., Dippelsman, R. et Stanger, M. 2018. *New Estimates for Direction of Trade Statistics*. Washington : FMI.

McDonald, D. C. 1985. Trade data discrepancies and the incentive to smuggle: An empirical analysis. *International Monetary Fund Staff Papers*, 32(4), 668–92.

Metrocosm. 2015. A Striking Perspective on New York City Property Values. Metrocosm, 24 juin, disponible sur http://metrocosm.com/new-york-city-property-values-in-perspective/. Consulté le 2 février 2018.

Ndikumana, L. et Boyce, J. K. 2010. Measurement of capital flight: Methodology and results for sub-Saharan African countries. *African Development Review*, 22(4), 471–81.

Ndikumana, L. et Boyce, J. K. 2012. Rich presidents of poor nations: Capital flight from resource-rich countries in Africa. *ACAS Bulletin*, 87, 2–7.

Ndikumana, L. et Boyce, J. K. 2019. Magnitudes and Mechanisms of Capital Flight from Angola, Côte d'Ivoire and South Africa. Amherst : Political Economy Research Institute, Working Paper 500.

Ndikumana, L., Boyce, J. K. et Ndiaye, A. S. 2015. Capital flight from Africa: Measurement and drivers. *In* S. I. Ajayi et Ndikumana, L. (dir.), *Capital Flight from Africa: Causes, Effects and Policy Issues* (p. 15–54). Oxford : Oxford University Press.

New York Times. 2015. Towers of Secrecy: Piercing the Shell Companies. *New York Times*, 21 mai, disponible sur https://www.nytimes.com/news-event/shell-company-towers-of-secrecy-real-estate. Consulté le 2 février 2018.

O'Murchu, C. 2014. Tax Haven Buyers Set off Property Alarm in England and Wales. *Financial Times*, 31 juillet, disponible sur https://www.ft.com/content/6cb11114-18aa-11e4-a51a-00144feabdc0. Consulté le 2 février 2018.

OECD. (2020). Tax Transparency and Exchange of Information in Times of COVID-19. Global Forum Annual Report 2020. Paris : OCDE, disponible sur https://www.oecd.org/tax/transparency/documents/global-forum-annual-report-2020.pdf. Consulté le 7 septembre 2020.

Patnaik, I., Gupta, A. S. et Shah, A. 2012. Determinants of trade misinvoicing. *Open Economies Review*, 23(5), 891–910.

Reuter, P. (dir.). (2012). *Draining Development? Controlling Flows of Illicit Funds from Developing Countries*. Washington : Banque mondiale.

Sands, P. 2016. Making it Harder for the Bad Guys: The Case for Eliminating High Denomination Notes. Cambridge : Harvard Kennedy School, M-RCBG Associate Working Paper Series n° 52

Shaxson, N. 2011. *Treasure Islands: Tax Havens and the Men Who Stole the World*. Londres : Bodley Head.

Shaxson, N. 2012. *Treasure Islands: Uncovering the Damage of Offshore Banking and Tax Havens*. New York : St. Martin's Griffin.

Shaxson, N. 2018. *The Finance Curse: How Global Finance Is Making Us All Poorer*. Londres : The Bodley Head.

Spanjers, J. et Salomon, M. 2017. Illicit Financial Flows to and from Developing Countries: 2005–2014. Washington : Global Financial Integrity, mai.

Storti, C. C. et de Grauwe, P. (dir.). (2012). *Illicit Trade and the Global Economy*. Cambridge : MIT Press.

Sunstein, C. R. 2016. Parking the Big Money. *New York Review of Books*, 14 janvier.

Swanson, A. 2016. How secretive shell companies shape U.S. real estate market. *Washington Post*, 12 avril, disponible sur https://www.washingtonpost.com/news/wonk/wp/2016/04/12/how-secretive-shell-companies-shape-the-u-s-real-estate-market/. Consulté le 7 septembre 2020.

Tax Justice Network. 2018. Financial Secrecy Index – 2018 Results. Londres: Tax Justice Network.

Transparency International. 2017. *Doors Wide Open: Corruption and Real Estate in Four Key Markets*. Berlin : Transparency International.

UNCTAD. 2016. Trade Misinvoicing in Primary Commodities in Developing Countries: The Cases of Chile, Côte d'Ivoire, Nigeria, South Africa and Zambia. Genève : CNUCED, décembre.

UNCTAD. 2020. *Tackling Illicit Financial Flows for Sustainable Development in Africa. Economic Development in Africa Report 2020*. Genève : CNUCED.

World Bank. 1985. *World Development Report 1985*. Washington: Banque mondiale.

Zucman, G. 2013. The missing wealth of nations: Are Europe and the US net debtors or net creditors? *The Quarterly Journal of Economics*, 128(3), 1321–61.

Zucman, G. 2014. Taxing across borders: Tracking personal wealth and corporate profits. *Journal of Economic Perspectives*, 28(4), 121–48.

Zucman, G. 2015. *The Hidden Wealth of Nations: The Scourge of Tax Havens*. Chicago : University of Chicago Press.

Zucman, G. 2017. *La richesse cachée des nations. Enquête sur les paradis fiscaux*. Paris : Le Seuil.

3.

LE PÉTROLE ET LA FUITE DES CAPITAUX DE L'ANGOLA

Nicholas Shaxson

Pendant la « décennie dorée » de l'Angola, la période d'environ 12 ans qui s'étend de la fin de la guerre civile en 2002 au krach des prix du pétrole en 2014–2015, le pays a exporté plus de 500 milliards de dollars de pétrole. Cet argent aurait pu métamorphoser l'économie de l'Angola et bénéficier à ses 30 millions d'habitants, mais la majorité des Angolais n'en ont pas vu la couleur. Aujourd'hui, les prix du pétrole s'étant écroulés et les réserves de pétrole s'épuisant peu à peu, on en trouve relativement peu de traces, si ce n'est une infrastructure de transports et quelques projets extravagants au sein et autour des quartiers les plus riches de la capitale du pays, Luanda.

La majeure partie de l'argent s'est retrouvé outre-mer, entre les mains d'un nombre d'individus relativement réduit qui ont bénéficié d'un réseau transnational d'intermédiaires. Ce chapitre explore comment ont été orchestrées ces sorties de capitaux : nous abordons le *qui*, *quoi*, *pourquoi*, *où* et *comment* de cette fuite d'argent massive.

J'ai été correspondant résident en Angola pour *Reuters* et le *Financial Times* entre 1993 et 1995, pendant la guerre civile, et j'ai continué à me rendre fréquemment dans le pays jusqu'en 2007 en tant que reporter pour le *Financial Times*, l'*Economist Intelligence Unit*, *Africa Confidential* et *African Energy*, entre autres. En 2017, retournant en Angola pour la première fois en dix ans, j'ai observé les premiers jours de la nouvelle administration du président João Lourenço – et j'ai été frappé par une impression de déjà-vu. Certes, beaucoup de choses avaient changé. La ville de Luanda elle-même s'était profondément métamorphosée, avec ses bâtiments en verre imposants et étincelants, ses nouvelles autoroutes impressionnantes, ses nouveaux centres commerciaux gigantesques et ses multitudes d'agences bancaires avec des façades en verre construites à travers toute la ville.

Il devenait néanmoins évident que le système politico-économique de l'Angola n'était qu'une version plus grande, plus élaborée et plus sophistiquée au niveau financier de la machine pétrolière que j'avais quittée dix ans auparavant, principalement peuplée dans les échelons supérieurs par les mêmes personnes. Il s'agissait d'un gigantesque système de clientélisme, dont les principaux contours s'étaient montrés remarquablement immunisés aux pressions internes et externes en faveur d'une réforme. L'Angola se trouvait au beau milieu d'un krach des prix du pétrole : alors que le baril de pétrole valait 100 dollars en 2014, le prix mondial avait chuté à environ 40 dollars en 2016, et était remonté à près de 55 dollars lors de ma visite en 2017. La production de pétrole angolaise était aussi en déclin.

Les prix du pétrole sont d'une importance cruciale pour l'Angola depuis son indépendance. Quand je vivais dans le pays dans les années 1990, le pétrole représentait environ 95 % des exportations enregistrées du pays ; en y ajoutant les exportations de diamants, la part des minéraux atteignait 99 % (FMI 1997, tableaux 18 et 21). Le pays sortait de « l'afro-stalinisme », un héritage de la guerre froide, lorsque le Mouvement populaire de libération de l'Angola (MPLA) était soutenu et fortement influencé par l'Union soviétique et ses alliés cubains (Hodges 2011). Près de la totalité de la production pétrolière de l'Angola se trouvait en mer – et le chef rebelle, Jonas Savimbi, soutenu par l'Occident, avait décidé qu'il serait géopolitiquement insensé d'attaquer les installations pétrolières occidentales – le pétrole a continué à être pompé de manière presque ininterrompue pendant que le reste de l'économie souffrait des bouleversements de la guerre. Des années plus tard, à l'issue de la « décennie dorée » de la reconstruction d'après-guerre et des revenus pétroliers élevés, le pétrole et les diamants représentaient *toujours* plus de 99 % des recettes d'exportation du pays (FMI 2016, tableau 4), malgré les déclarations réitérées de politiciens, de spécialistes et de conseillers économiques, selon lesquelles l'Angola devait diversifier son économie pour qu'elle soit moins dépendante du pétrole, de Luanda et des enclaves littorales.

En 2017, l'euphorie de la « décennie dorée » parmi les élites angolaises et les classes moyennes urbaines avait laissé place aux mauvais augures. Les preuves d'un « arrêt soudain » envahissaient le paysage urbain avec des bâtiments vides ou à moitié construits. Comme l'a remarqué amèrement José de Oliveira, un responsable expérimenté de l'industrie pétrolière à Luanda, « l'âge d'or a été gâché »[1].

Figure 3.1 : Carte de l'Angola

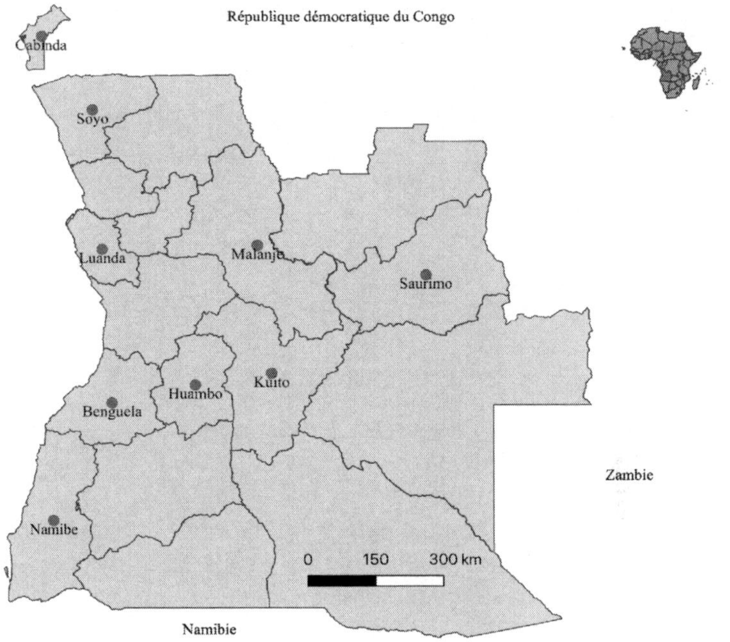

Source : Carte créée par Didier Wayoro

Tout cela soulève des questions importantes. Pourquoi l'Angola n'a-t-il pas été capable d'exploiter cette richesse pour qu'elle bénéficie à ses citoyens ? Pourquoi l'Angola n'a-t-il pas réussi à diversifier son économie, alors que le conflit avait pris fin depuis si longtemps ? Et, une question d'autant plus pertinente dans le cadre de la présente étude, *où est passé l'argent du pétrole* ?

Une partie importante de la réponse tient en trois mots : « fuite des capitaux ». Un homme d'affaires expérimenté à Luanda explique :

> Externaliser l'argent a toujours été très facile, parce que toute l'économie était fondée sur le commerce. Il n'y avait pas d'industrie locale, avec une valeur ajoutée locale. Les véritables moteurs se trouvaient dans l'exportation du pétrole et des diamants, et de l'autre côté, on avait les importations : consommables, matériel de construction, tout.
>
> Il y avait donc deux faces dans l'économie, toutes deux dépendantes de la communauté internationale. L'argent entre d'un côté, et sort de l'autre, il est assez facile de prendre sa part. D'entrée de jeu, l'argent voyage déjà à l'international[2].

Dans ce chapitre, je commence par aborder le sujet de la « malédiction des ressources », dont la fuite des capitaux est un élément majeur. Je retrace ensuite l'histoire de l'Angola en commençant par l'ère du régime colonial portugais qui s'est achevée en 1975, puis je poursuis avec l'accession à la présidence de José Eduardo dos Santos en 1979, les années de guerre civile, les accès de paix fragile et à nouveau la guerre qui a pris fin en 2002, avant de m'intéresser à la « décennie dorée » qui a démarré en 2002. L'histoire continue jusqu'en 2017, lorsque dos Santos s'est retiré après 38 ans de règne, cédant la présidence à João Lourenço[3]. Il s'agit donc principalement d'une étude sur les années du régime dos Santos.

LE PÉTROLE ET LA MALÉDICTION DES RESSOURCES

La « malédiction des ressources » a deux variants : le premier est faible, le pays atteint ne parvient pas à exploiter convenablement ses richesses minières pour se développer, et le second est plus fort, le pays atteint étant *encore plus pauvre* (et s'en tire encore plus mal sur d'autres aspects de son développement) qu'il ne l'aurait été sans les minéraux[4]. Il est certain que l'Angola a au moins été atteint du variant faible, et tout porte à croire que le pays a aussi souffert du variant plus fort. La guerre permet certainement d'expliquer les piètres résultats du pays, mais le pétrole et les diamants ont aussi énormément contribué à la sévérité et à la durée du conflit. La guerre elle-même peut donc être perçue comme un symptôme de la malédiction des ressources dont souffre l'Angola.

La production de pétrole en Angola a démarré en 1956, et au moment de l'indépendance du pays, en 1975, elle avait atteint la cadence de 100 000 barils par jour (b/j), s'élevant à plus de 500 000 b/j au début des années 1990. La découverte de nouveaux champs pétrolifères en eaux profondes a propulsé la production toujours plus loin, culminant à 2 millions de b/j en 2010, avant de retomber à environ 1,3 million en 2020.

Dans *The Scramble for Africa's Oil*, le journaliste John Ghazvinian se remémore un dîner lors du 18e congrès mondial du pétrole à Johannesburg en 2005.

> La soirée n'aurait pas été la même sans le dessert. Les organisateurs avaient décidé de nous donner à chacun une petite mousse au chocolat accompagnée d'une génoise soigneusement moulée dans la forme de l'Afrique. Il était difficile de ne pas admirer le talent du pâtissier, mais en regardant autour de moi dans le Dôme, je me demandais : étais-je le seul à y voir la symbolique de 3 500 dirigeants du secteur pétrolier,

ivres, dévorer le continent noir, bouchée après bouchée, les lèvres maculées de chocolat ?[5]

Pour certains, il s'agit là de l'essence de la malédiction des ressources : des sociétés occidentales dévorant les richesses de l'Afrique et privant le continent de la chance de se développer. Ce scénario correspond bien à l'histoire de l'Angola, mais il dissimule une réalité plus complexe.

En termes de recettes pures, l'Angola ne s'est pas si mal débrouillé avec son pétrole. L'indépendance du pays est survenue à l'époque d'un nationalisme des ressources croissant et des démonstrations de force de l'OPEP, et l'Angola a toujours obtenu une part respectable de ses recettes pétrolières par rapport aux normes régionales : ces recettes s'élevant parfois jusqu'à 60 % de la valeur de chaque baril produit, le reste couvrant les dépenses des plateformes pétrolières en eaux profondes et de l'équipement. Pourtant, en 2017, le taux de mortalité des enfants de moins de 5 ans en Angola était de 81 pour 1 000, comparé à 49 pour 1 000 au Ghana (où le revenu par habitant était à moitié moins élevé qu'en Angola) et à 32 pour 1 000 au Bangladesh (où le revenu par habitant était encore plus bas) (Nations unies 2018: 30–32).

Les études portant sur la malédiction des ressources naturelles, parfois appelée « le paradoxe de la pauvreté dans l'abondance », reconnaissent trois principaux effets pervers de la richesse minière sur l'économie d'un pays.

Le premier est l'instabilité économique. Les fluctuations considérables des prix du pétrole ont causé d'énormes ravages dans l'économie angolaise. La prévision et la gestion du budget gouvernemental deviennent de vrais exercices d'imagination en comptabilité, aucune planification n'est possible, et ni le gouvernement ni le secteur privé ne peuvent réellement absorber l'afflux massif d'argent pendant les vagues de prospérité ou l'effondrement soudain des revenus pendant les périodes de récession. L'emprunt a tendance à empirer la situation, puisque les banquiers – qui offrent gracieusement un parapluie lorsqu'il fait beau, et le reprennent quand il se met à pleuvoir – préfèrent prêter lorsque les prix du pétrole sont élevés et se montrent sans pitié dans les périodes de krach.

Le deuxième élément est connu comme le « syndrome hollandais ». Les entrées importantes de devises entraînent une appréciation de la monnaie nationale, réduisant le prix des importations et augmentant celui des exportations. Les secteurs produisant des biens ou des services échangeables, comme les produits agricoles et industriels, rencontrent plus de difficultés à concurrencer les importations et à vendre à l'étranger. Ils sont évincés par le pétrole. Ce phénomène est exacerbé par une fuite des cerveaux puisque les salaires élevés de l'industrie pétrolière attirent les plus talentueux du pays, privant les autres secteurs de personnes brillantes et diplômées. En revanche, ces autres secteurs prennent le relais lorsque les prix du pétrole s'effondrent[6].

Le troisième élément principal de la malédiction des ressources concerne la gouvernance. Il s'agit de l'effet le plus complexe, mêlant des éléments politiques, économiques et même culturels. Il s'agit aussi de l'aspect le plus pertinent dans le cadre de notre étude sur la fuite des capitaux. Un bon point de départ pour comprendre les problèmes de gouvernance dans des pays comme l'Angola est d'observer le contraste entre une économie largement tributaire de l'extraction du pétrole et une économie plus normale. Dans cette dernière, la majeure partie de la richesse est généralement générée par les interactions des citoyens entre eux, dans des relations horizontales fondées sur des activités de production. Les gouvernements imposent les revenus, et les citoyens exigent en retour des biens et des services publics.

Dans une économie comme celle de l'Angola, en revanche, les recettes pétrolières arrivent par une unique source au sommet du système politique et s'écoulent vers le bas à travers un système de clientélisme. Les personnes au pouvoir attribuent une partie de cette richesse, ou y donnent accès, en échange de soutien politique et de loyauté. Le gouvernement n'a guère besoin du soutien de la majorité de la population du pays, que ce soit pour les recettes fiscales ou le soutien politique, et les dommages économiques que le pétrole a infligés aux autres secteurs de l'économie renforcent cette structure « d'État rentier »[7].

Imaginez le système économique angolais, dominé par le pétrole, comme un puissant fleuve né d'une seule source dans les montagnes. Il se fractionne, se fractionne encore et encore, puis se déploie en un vaste delta sablonneux en approchant de la mer. Des sentinelles sont postées à chaque nouvel embranchement, prélevant leur part avant de laisser le reste s'écouler, et envoyant souvent leurs recettes à l'étranger. Au plus près de la source, les acteurs les plus importants détournent les plus grosses parts. Plus en aval, une plus grande fraction de la population – des citadins possédant des voitures et d'autres – se tiennent près de la plage, où les multiples canaux d'écoulement sont plus étroits et les prélèvements individuels plus modestes. Une partie plus conséquente de la population du pays vit quant à elle majoritairement dans l'arrière-pays agricole et vivrier, et reste principalement en dehors de ce système fluvial.

Les relations économiques sont verticales et hiérarchiques. L'attention des législateurs se détourne des problèmes de construction de la nation et de développement économique pour se concentrer sur l'élaboration de mécanismes pour accéder aux flux de richesse. La richesse pétrolière peut être utilisée pour soudoyer ceux qui représentent une menace et payer des forces paramilitaires pour supprimer les insatisfaits.

Mais avant de porter un jugement hâtif sur la « corruption » des petits bureaucrates et des autres participants moins bien rémunérés dans le système de clientélisme, il faut prendre ceci en compte :

> En mars 1995, lorsque les salaires étaient presque à leur niveau le plus bas – un directeur gagnant 11 dollars par mois et le salaire mensuel le plus bas étant à moins de 1 dollar –, l'Institut national des statistiques avait calculé le montant du panier minimum de biens et de services nécessaires à la survie d'un ménage urbain de huit personnes à 187 dollars. Ainsi, dans les années 1990, les ménages ont dû diversifier leurs sources de revenus (Hodges 2004: 79).

Dans sa forme la plus crue, le système de clientélisme peut impliquer les membres d'une famille dominante qui accaparent les recettes pétrolières avant même qu'elles n'atteignent le trésor public, pour les détourner vers leurs comptes personnels à l'étranger. Ce chapitre présente beaucoup d'exemples légèrement plus nuancés : l'allocation d'une part majoritaire dans des entreprises, le contrôle de fonds souverains d'investissement, la participation à des coentreprises avec l'entreprise pétrolière publique ou le contrôle du processus d'attribution des postes budgétaires arbitré par les ministères du gouvernement. Le nombre et la diversité des postes de prélèvement est remarquable, comme le montrent les exemples présentés ci-dessous.

Le système a eu plusieurs effets prévisibles. Le premier est l'autoritarisme fondé sur le simple fait d'attribuer les revenus pétroliers vers la base en échange de soutien politique, certes à une partie très restreinte de la population. Un autre effet prévisible est la fragmentation des structures politiques sous la présidence. Afin de maintenir tous les acteurs dans un état d'anxiété constante, dos Santos a exercé son pouvoir à travers plusieurs réseaux placés en concurrence, qui cherchaient à rester dans les faveurs du président, de peur de perdre leurs positions et leurs privilèges. Un bon exemple de ce phénomène, qui est pertinent dans le cadre de l'étude de la fuite des capitaux, est l'influence fluctuante du ministère des Finances par rapport à d'autres ministères, comme le ministère de la Planification. Le ministère des Finances « est passé de super-ministère à ministère inconséquent plus souvent et plus rapidement qu'il n'a été possible d'en tenir compte », fait remarquer Ricardo Soares de Oliveira (2015: 44), un éminent chercheur sur la politique angolaise. « Un ministre autrefois influent peut être renvoyé sans raison. Il en résulte une vraie pagaille. »

Dans ce réseau, les principaux pôles de pouvoir étaient le parti au pouvoir, le MPLA, disposant d'une grande emprise sur l'appareil législatif ; l'entreprise pétrolière publique Sonangol ; la banque centrale (Banque nationale d'Angola, BNA) ; les centres de pouvoir autour de la présidence (dont la *Casa Civil*, chargée des questions civiles, et la *Casa Militar*, chargée des forces armées) ; une clique apparentée de « généraux » dans les forces armées, dont une grande partie dispose d'intérêts privés ; des services de renseignements distincts et souvent en concurrence ; et la famille du président, notamment sa fille Isabel dos Santos, qui a amassé des parts importantes ou majoritaires dans de multiples secteurs de l'économie angolaise et au-delà. D'autres centres de pouvoir, plus restreints, incluent des entreprises paraétatiques, l'entreprise diamantaire publique Endiama, des banques privées (dont les profits dépendent largement des contrats publics) et différents ministères.

Cette stratégie du « diviser pour mieux régner » va à l'encontre d'une pensée commune et entrave une élaboration cohérente des politiques. Elle favorise la confidentialité, non seulement parce que la transparence et l'ouverture exigeraient une meilleure coordination, mais aussi parce que chaque nœud dans la structure du pouvoir constitue une occasion pour des individus haut placés de se faire de l'argent, à l'abri de l'opinion publique.

INDÉPENDANCE ET POSTINDÉPENDANCE

Avant les années 1900, le Portugal contrôlait seulement les enclaves littorales de Luanda et de Benguela, ainsi qu'un axe étroit le long du fleuve Kwanza. Son pouvoir économique « a fini par s'étendre sur de vastes régions de l'Afrique centrale et aurait pu asservir, en s'alliant avec les royaumes intérieurs, un pourcentage plus important de la population africaine que dans n'importe quelle autre partie du continent » (*ibid.*, p. 6). Ces zones géographiques restent l'épicentre de l'économie angolaise dominée par le pétrole, Luanda en étant de loin l'acteur principal.

António Salazar, le dictateur portugais, a encouragé les Portugais pauvres à s'installer en Angola, et à la veille de l'indépendance, la population blanche en Angola représentait 330 000 personnes – environ 5 % de la population. Les colons ont aidé à développer un secteur agricole important et même les prémices d'un secteur industriel. Dans les années 1960 et au début des années 1970, l'Angola était autosuffisant dans toutes les principales cultures vivrières, à l'exception du blé, il se disputait avec la Côte d'Ivoire le titre de premier exportateur africain de café et la production de pétrole augmentait lentement.

Héritage de la période coloniale, un pourcentage élevé de la population angolaise, notamment dans les centres urbains du littoral, est métissée ou blanche. Beaucoup d'Angolais – peut-être un quart de la population – ne parlent que portugais (Hodges 2001: 25). Les élites angolaises ont toujours été tournées vers l'extérieur – bien plus que celles de la plupart des autres pays africains – ce qui a renforcé le poids du pétrole sur le développement de l'attitude culturelle, politique et économique des classes moyennes et supérieures, tournée vers les marchés mondiaux, au détriment des populations rurales autochtones – encore une fois, bien plus que dans la plupart des autres pays africains.

Les mouvements d'indépendance ont surgi à partir des années 1950 et ont été brutalement réprimés. Mais lorsqu'un coup d'État au Portugal en 1974 a entraîné une décolonisation chaotique, la cocotte-minute angolaise a explosé. Une guerre totale a éclaté en quelques semaines, opposant le *Frente National de Libertação de Angola* (Front national de libération de l'Angola), le parti le plus influent parmi la population bakongo, à l'*União Nacional para a Independência Total de Angola* (Union nationale pour l'indépendance totale de l'Angola, UNITA) de Jonas Savimbi, bénéficiant du soutien des populations ovimbundu des hauts plateaux du centre et du sud de l'Angola, et le *Movimento Popular de Libertação de Angola* (Mouvement populaire de libération de l'Angola, MPLA), le parti dominant dans les enclaves littorales et notamment à Luanda, bénéficiant du soutien de la population kimbundu du nord de l'Angola et, surtout, des influentes populations métissées et blanches. Le MPLA finira par sortir vainqueur des longues années de guerre à venir.

Tandis que l'économie s'effondrait, un secteur – celui du pétrole – a pris une trajectoire différente. Avant l'indépendance, le MPLA avait déclaré que « toutes ces entreprises [pétrolières] qui... opèrent au large ou dans les terres, seront chassées du territoire national et tous leurs équipements et avoirs seront saisis »[8]. Mais une fois arrivé au pouvoir, le parti a radicalement changé de tactique, arrangeant les entreprises pétrolières occidentales tout en se mettant à créer une entreprise pétrolière publique, Sonangol, destinée à devenir une forteresse de compétences techniques à l'abri du chaos et de la mauvaise gestion économiques ambiants.

Le MPLA est parvenu à un accord avec les employés portugais de l'entreprise pétrolière publique Angol, fondée pendant l'ère coloniale, les persuadant de rester quand Sonangol a été créée en 1976. L'Angola a aussi sollicité l'avis de l'entreprise pétrolière publique algérienne Sonatrach, l'entreprise pétrolière italienne ENI et le cabinet d'audit et de consultants Arthur D. Little. En 1983, Sonangol a ouvert son premier bureau international, à Londres, avec la Lloyds Bank comme principal banquier[9]. Comme le souligne Soares de Oliveira (2007: 610), « il y avait une entente générale sur le fait que le secteur pétrolier représentait une question de vie ou de mort, garantissant la viabilité de l'État mis en place par le MPLA ». Un haut dirigeant pétrolier occidental a décrit Sonangol comme « le miracle angolais » (Soares de Oliveira 2015: 36). Sonangol est néanmoins resté fermement sous le contrôle du président dos Santos, s'imposant comme « l'instrument central pour les intérêts de la clique présidentielle » (Soares de Oliveira 2007: 606). Sonangol a aussi constitué un ancrage pour s'assurer l'octroi de prêts internationaux – à tel point que l'entreprise a été utilisée comme un moyen de mettre en œuvre toutes sortes de projets spéciaux en dehors du secteur pétrolier, dont l'achat massif d'armes financé par des emprunts contractés par le biais de Sonangol. L'entreprise pétrolière publique était aussi un acteur clé en termes de fuite des capitaux, comme décrit ci-dessous.

Dans les combats qui ont suivi l'indépendance de l'Angola vis-à-vis du Portugal en 1975, le parti au pouvoir, le MPLA, tenait Luanda et certains centres urbains des zones littorales, tandis que l'UNITA régnait sur de larges portions de l'arrière-pays. Savimbi, le leader de l'UNITA, ne se lassait pas de dire à ses partisans que les « vrais Africains » opprimés se battaient contre une bande déliquescente et corrompue d'élites riches et mondialisées rassemblées dans les enclaves littorales et de mèche avec des étrangers venus soutirer les richesses du pays. (Il convient de souligner, en passant, les similitudes avec les sujets qui divisent aujourd'hui la population aux États-Unis et dans d'autres pays occidentaux.)

Chaque camp a exploité les rivalités de la guerre froide pour prendre l'avantage. L'Union soviétique a soutenu le MPLA, riche en pétrole, et Fidel Castro a envoyé des milliers de soldats cubains en soutien, contribuant ainsi à la célèbre victoire du MPLA face à l'armée de l'Afrique du Sud de l'apartheid et ses alliés de l'UNITA à Cuito Cuanavale, dans le sud de l'Angola, en 1987–1988. La guerre froide a donné lieu à cette situation paradoxale où des soldats cubains ont protégé des installations pétrolières américaines dans l'enclave de Cabinda, au nord, pour le compte d'un régime soutenu par les Soviétiques qui se battait contre des rebelles appuyés par les États-Unis. Plus tard, dans les années 1990, les autorités militaires angolaises et les forces de l'UNITA ont parfois exploité des mines presque côte-à-côte dans les zones diamantifères du pays dans le cadre de pactes locaux de non-agression, qui autorisaient de poursuivre le commerce au-delà des lignes de front[10].

La quasi-totalité du pétrole était produit au large, et les opérations militaires n'ont que très peu affecté la production. Savimbi, maître en manipulation, avait obtenu un large soutien auprès de l'Occident en se décrivant comme un farouche défenseur anti-communiste de la liberté, tandis qu'il était en fait à la tête d'une machine militaro-politique étroitement contrôlée et fondée sur la peur. Un récit publié dans le *New York Review of Books* donne un bon aperçu de l'opportunisme dont il était capable :

> Ces quinze dernières années, il est parvenu à changer de rhétorique en fonction de la situation. Au début, Mao semblait être son maître à penser. Jusqu'en 1976, alors que l'Afrique du Sud était encore son principal fournisseur, il utilisait encore le jargon maoïste. L'année dernière, Savimbi a été présenté à un groupe de conservateurs au Parlement britannique comme « le Margaret Thatcher noir » (Smiley 1983).

S'il fallait identifier une raison unique pour expliquer la durée exceptionnellement longue de la guerre civile angolaise, ce serait le génie politique pervers de Savimbi et son désir ardent de s'emparer du pouvoir quoi qu'il en coûte. Mais la guerre a aussi été alimentée, à la fois en termes de matériaux et de motivations, par la richesse minière : le pétrole subvenant au MPLA et les diamants à l'UNITA.

Après la chute du mur de Berlin, les États-Unis, le Portugal et la Russie se sont réunis pour mettre au point les accords de Bicesse de 1991. Ces derniers ont donné lieu à des élections en 1992, remportées par dos Santos et le MPLA. Savimbi n'a pas reconnu le résultat, plongeant l'Angola dans son conflit le plus sanglant. La nouvelle guerre s'est étendue jusqu'à la signature du protocole de Lusaka en 1994, qui a lui aussi échoué, entraînant une nouvelle phase de conflit qui n'a pris fin qu'après la mort de Savimbi en 2002 dans l'est de l'Angola.

LA FUITE DES CAPITAUX EN TEMPS DE GUERRE

Quelques exemples, certains plus licites que d'autres, montrent comment un petit nombre de personnes s'est approprié la richesse de l'État en temps de guerre.

Le manège des taux de change

Le mécanisme juridique sans doute le plus important impliquait les multiples taux de change de l'Angola. Au taux officiel, les kwanzas valaient bien plus que sur le marché noir. Mais seules les personnes privilégiées pouvaient accéder à des biens à un tarif privilégié. Pour la majorité des Angolais, les biens importés restaient chers, tandis que l'élite urbaine, petite mais d'une importance politique cruciale, vivait de manière confortable, achetant des billets d'avion pour Lisbonne au prix de quelques packs de bière sur le marché noir, et ceux qui étaient capables d'exploiter le système de manière suffisamment efficace pouvaient toucher le pactole. Évidemment, ces privilèges pouvaient toujours être retirés : il ne s'agissait pas seulement de corruption institutionnalisée, comme certains l'ont décrit, mais aussi d'un instrument utile de contrôle politique.

Dans les années 1990 (et encore à ce jour, dans une certaine mesure), les importations de produits de consommation de l'Angola étaient dominées par une poignée de géants, dont, à l'époque, Angoalissar, Arosfram et Golfrate. Beaucoup d'importateurs de plus petite taille existaient à leurs côtés, notamment des particuliers, mais la plupart d'entre eux avaient des contacts politiques moins puissants et moins d'opportunités pour prospérer. Les grandes entreprises étaient généralement dirigées par des membres discrets des diasporas libanaise et indienne, qui se procuraient des biens à travers des réseaux d'approvisionnement internationaux. Comme tout ce qui revêt une certaine importance dans l'économie angolaise non pétrolière, ils s'appuyaient sur des « investisseurs passifs » pour les relations politiques indispensables, qui apportaient eux-mêmes peu de capitaux, mais prélevaient une part généreuse des bénéfices.

Étant donné les ravages occasionnés par la guerre sur la production locale, les importations pouvaient être extrêmement rentables. Un homme d'affaires libanais de moyenne importance, arrivé en Angola en 1992, m'a raconté comment il avait importé des biens pour les vendre sur l'énorme marché en plein air *Roque Santeiro*, à Luanda :

> Personne ne voulait venir ici ; le marché était insatiable. [À partir de 1992–1996], c'était une sorte de Far West. Sur 100 conteneurs importés, vous en perdiez 20. Mais une fois les conteneurs réceptionnés, vous étiez riche.[11]

Il a ajouté que les biens volés constituaient le « secret de Roque » pendant les années de guerre : les produits les plus rentables de tous.

Les ventes des importateurs généraient de larges volumes de kwanzas. Ils les convertissaient en devises étrangères de deux façons principales. La première consistait à faire appel à des négociants appelés *kinguilas*, principalement des femmes, qui attendaient aux coins de rue avec de grosses liasses de kwanzas, qu'elles échangeaient contre des dollars avec des passants à des taux bien plus élevés que les taux officiels. Leurs taux fluctuaient de manière coordonnée, à travers toute la ville, souvent en l'espace de quelques minutes. Savoir qui contrôlait les *kinguilas* et les protégeait de la police et des braqueurs constituait un mystère pour la plupart des Angolais, mais on supposait que ces personnes étaient étroitement reliées aux entreprises d'importation, approuvées par la présidence, qui fournissaient les kwanzas. L'homme d'affaires libanais explique :

> Vous receviez des kwanzas issus du marché, puis vous les échangiez par le biais des kinguilas, pour ensuite rapporter les dollars jusqu'à l'aéroport… Ou bien vous échangiez les dollars contre des diamants. Vous donniez les diamants à un type ici. Celui-ci s'arrangeait pour que les dollars soient transférés à l'étranger sur votre compte.

Ces derniers types de transfert, d'après ses dires, impliquent souvent des arrangements entre des marchands libanais musulmans chiites et des exploitants israéliens du secteur diamantaire.

Le deuxième moyen le plus important d'obtenir des dollars – cette fois-ci, au taux de change officiel le plus avantageux – était de passer par la banque centrale. Ceux qui y avaient accès pouvaient faire d'énormes bénéfices supplémentaires. Mettons, par exemple, que le taux de change officiel soit de 100 kwanzas pour 1 dollar, tandis que sur le marché noir 1 dollar vaille 300 kwanzas[12]. Une entreprise d'importation bénéficiant des relations nécessaires pouvait vendre un conteneur de biens sur le marché *Roque* pour environ 300 millions de kwanzas en liquide. Elle pouvait ensuite apporter ces kwanzas, ainsi que sa licence d'importation au ministère du Commerce puis à la BNA, et les échanger contre des dollars pour importer davantage de biens. La BNA donnait donc à l'importateur 3 millions de dollars conformément au taux de change officiel. L'importateur vendait ensuite ses biens d'une valeur de 3 millions de dollars à *Roque* au taux de change du marché noir, recevant donc 900 millions de kwanzas en liquide, triplant en réalité ses gains, hors coûts de transport, taxes, pots-de-vin, et ainsi de suite. Il pouvait ensuite rapporter cet argent à la BNA, ainsi que les bons documents, et recommencer l'opération.

L'importateur pouvait aussi cacher une partie de ses dollars à l'étranger, en surfacturant la valeur des biens qu'il importait, à l'aide de ses relations politiques et de pots-de-vin pour s'assurer que la ruse ne soit pas contestée. La fuite des capitaux qui en résulte échappe à toute mesure, puisque, à l'époque, l'Angola ne déclarait pas ses données d'importation auprès du FMI. Si l'entreprise importait suffisamment pour récupérer son investissement initial en kwanzas, elle pouvait retourner à la BNA et répéter l'opération, cachant à nouveau les dollars excédentaires à l'étranger – une autre variante du manège des taux de change.

En théorie, les bénéfices étaient infinis, mais il y avait toutefois des limites. Pour commencer, la BNA ne disposait de devises étrangères qu'en quantité limitée à cet effet, il y avait donc une intense concurrence politique pour accéder au taux de change officiel. Comme le présente un témoignage :

> Les devises étrangères vendues à ce taux artificiel devaient être rationnées. Il n'y avait néanmoins pas de manière rationnelle et transparente de le faire. En pratique, les autorités politiques indiquaient simplement aux banques quels individus pouvaient bénéficier des devises étrangères en promotion (Hodges 2011 : 115–6).

En outre, puisque l'objectif déclaré du système de taux de change multiple était de proposer des importations peu coûteuses aux consommateurs, les importateurs étaient parfois politiquement contraints de vendre à un coût inférieur aux prix du marché. Mais si certains consommateurs urbains bénéficiaient de ce système, une grande partie de la subvention était accaparée par les grands importateurs et leurs protecteurs politiques. Un rapport du FMI de 1995 fait mention d'« indices signalant que la politique du taux de change qui avait été mise en place dans les faits avantageait en pratique les personnes et/ou les hommes d'affaires bénéficiant des bonnes relations, occasionnant des pertes financières importantes pour la banque centrale »[13]. Par ailleurs, les clients les plus avantagés pouvaient emprunter des kwanzas à des taux d'intérêt réels négatifs et les échanger contre des devises étrangères au taux de change officiel généreux[14].

Emprunts garantis par le pétrole et triangle des Bermudes

Pendant cette période de paix instable et de reprise du conflit, les processus budgétaires de l'Angola ont souffert de failles béantes générées par les interactions entre le pétrole, la guerre civile, le financement extérieur et les pratiques de pouvoir du président dos Santos. Ce syndrome a été baptisé le « triangle des Bermudes » : un lieu où l'argent pouvait disparaître sans laisser de trace, situé entre Sonangol, le ministère des Finances et la BNA.

Le triangle des Bermudes était ancré dans un système d'emprunts garantis par le pétrole, initié à l'origine à la fin des années 1980 pour financer la part de la Sonagol dans les nouveaux projets pétroliers au large de l'enclave de Cabinda. Sonangol n'a pas toujours eu de l'argent immédiatement à disposition pour financer sa part, et les banquiers internationaux refusaient de prêter à des conditions raisonnables à un régime marxiste-léniniste en pleine guerre civile. Un arrangement du nom de Cabinda Trust a été négocié, selon lequel (à l'origine) les bénéfices des quatre premières cargaisons de pétrole sur seize par trimestre en provenance des champs pétrolifères étaient attribués à un trust *offshore* géré par la Lloyds Bank à Londres, en échange de quoi les banques accorderaient des prêts. Ces flux ont contourné le ministère des Finances et la BNA, et cela a participé à attirer les bailleurs de fonds : Sonangol était perçue comme un partenaire bien plus compétent et digne de confiance[15]. Ces arrangements ont bien fonctionné (selon leurs propres termes), et l'Angola a développé au fil du temps un bon historique de remboursements à des taux d'intérêt relativement élevés. De nouveaux prêts ont afflué, et une nouvelle institution du nom de Soyo-Palanca Trust a été créée pour les cargaisons de pétrole ne provenant pas de Cabinda.

Le gouvernement a rapidement commencé à utiliser ces prêts pour financer des projets et des dépenses en dehors de l'industrie pétrolière. Les arrangements d'emprunts garantis par le pétrole se sont poursuivis après l'interruption des trusts, Sonangol servant de garant. Après le retour de la guerre en 1992, le gouvernement a découvert qu'il pouvait se servir de ces arrangements de « préfinancement » pour acheter des armes et pour d'autres priorités étatiques, compensant la perte des anciens soutiens militaires du gouvernement après la chute de l'Union soviétique. Chaque emprunt garanti par le pétrole, s'élevant en général à plusieurs centaines de millions de dollars, était accordé par un groupement de banques internationales – souvent de grandes institutions financières britanniques, américaines, françaises, suisses et néerlandaises[16].

La raison même pour laquelle ces arrangements avaient séduit les banquiers et le président dos Santos – le fait qu'ils opèrent en dehors du système financier angolais et soient cogérés par la « performante » Sonangol – a aggravé les trous budgétaires. Le ministère des Finances, la banque centrale et d'autres ministères n'avaient pas directement accès à ces flux, et ignoraient comment l'argent allait et venait. Ce système a aidé le président dos Santos à « diviser pour mieux régner » avec différents centres de pouvoir. Le FMI (2014: 8) fait référence au triangle des Bermudes comme à des « activités quasi-budgétaires ». Soares de Oliveira (2007: 607) parle de l'« État parallèle » de l'Angola.

Un rapport de 1995 du FMI décrit l'ampleur stupéfiante de ce système :

> Environ 40 % des dépenses estimées jusqu'en septembre ont été effectuées en contournant le Trésor public, largement financées par des recettes pétrolières qui échappaient aussi au contrôle du Trésor public... La mission estime que la totalité des dépenses hors des procédures normales pour les activités du Trésor public atteignaient environ 64 % du total des dépenses jusqu'en septembre.[17]

En parallèle, la BNA effectuait des paiements sans l'autorisation du ministère des Finances, malgré le fait que toutes les recettes pétrolières devaient en théorie être versées sur le compte unique du Trésor public à la BNA.

Les milliards manquants ont constitué un désastre en termes de relations publiques pour le gouvernement angolais. Beaucoup d'observateurs ont supposé que cet argent avait été volé, mais ce n'est pas tout à fait juste. L'opacité, la complexité et la fragmentation en cause révélaient sans aucun doute qu'une grande partie finissait dans des comptes personnels. Mais une partie importante, peut-être même la majeure partie, servait à financer les priorités budgétaires de l'État angolais (dictées par la présidence), dont l'achat d'armes en temps de guerre, comme c'est le cas pour l'affaire « Angolagate », décrite ci-dessous.

Au début des années 2000, les prix du pétrole ayant chuté au même niveau qu'en 1990, presque la totalité de la part de Sonangol dans les cargaisons de pétrole était affectée aux remboursements des arrangements de préfinancement garantis par le pétrole. Le gouvernement devait trouver de nouveaux emprunts pour se maintenir à flot, comme un toxicomane à la recherche de sa prochaine dose.

Soumis à une forte pression, le gouvernement (à nouveau en guerre) est parvenu à un accord avec le FMI en 2000, avec une liste interminable de promesses de réforme, dont une étude diagnostique du secteur pétrolier. Il s'agissait d'un compromis politique : ce n'était pas un audit complet des flux dissimulés, mais plus simplement une comparaison entre la somme générée par les recettes pétrolières et la somme versée à la BNA. KPMG a remporté le contrat à 1,6 million de dollars et a établi son premier rapport diagnostique en 2002, suivi d'une série de rapports trimestriels.

Si les rapports sont mal écrits et difficiles à démêler, ils montrent la profondeur des incohérences dans les comptes du gouvernement.

Par exemple, KPMG a trouvé un écart de 2 à 2,6 milliards de dollars entre ce que le ministère des Finances a déclaré en recettes pétrolières et ce que la BNA a déclaré avoir reçu rien que pour l'année 2000[18].

Tandis que le ministère des Finances a enregistré des entrées même avant de les avoir reçues, la BNA ne les a enregistrées qu'à leur arrivée, de sorte que les transactions sur papier ne pouvaient pas être rapprochées. En janvier 2001, Sonangol avait arrêté de verser de l'argent sur les comptes de la BNA, au prétexte que la BNA tardait à débloquer les sommes requises en kwanzas, de sorte qu'à la réception de l'argent, l'inflation l'avait englouti. Il y avait aussi des écarts dans les chiffres concernant les flux pétroliers physiques.

Le FMI, dans des rapports de notation très critiques en 2002 et 2003, estimait que l'Angola ne pouvait pas justifier d'un total de 4,2 milliards de dollars entre 1997 et 2002 – l'équivalent d'environ 10 % de son PIB. L'argent non comptabilisé représentait à peu près le volume de l'ensemble des dépenses sociales de l'Angola à la même période (Human Rights Watch 2004: 33)[19].

L'Angolagate

À la fin des années 1990, un énorme scandale financier a submergé la France après que Eva Joly, juge d'instruction à Paris, a entrepris une enquête concernant l'entreprise pétrolière française Elf Aquitaine et a petit à petit mis au jour ce qui s'est avéré être la plus grosse affaire de corruption d'Europe depuis la Seconde guerre mondiale. Les vastes activités d'Elf en Afrique, et notamment en Angola, ont été utilisées comme une gigantesque caisse noire *offshore* en dehors du système budgétaire français pour acheminer des financements occultes aux principaux partis politiques français, pour financer les activités officieuses des services de renseignement français et pour envoyer des pots-de-vin à travers le monde pour le compte des entreprises françaises[20]. L'une des tentacules de l'affaire Elf était le scandale de l'« Angolagate ».

Lorsque la guerre a repris en Angola en 1992, le gouvernement dirigé par le MPLA, soumis à un embargo international sur les armes, a trouvé peu de soutien auprès de la communauté internationale. En désespoir de cause, il s'est donc tourné vers les réseaux français pour qu'ils l'aident à obtenir des armes. Pierre Falcone, un homme d'affaires français impliqué dans le commerce d'armes, et Arcadi Gaydamak, un financier d'origine soviétique, ont aidé à négocier deux contrats d'armement – le premier pour 47 millions de dollars en 1993 et le second pour 563 millions de dollars en 1994 – en passant par une entreprise d'armement slovaque. De 1993 à 1998, 790 millions de dollars d'armes ont été achetés, grâce à des emprunts garantis par le pétrole, consentis par la banque française Paribas (aujourd'hui BNP Paribas) et gagés sur de futures cargaisons de pétrole de Sonangol[21].

Des commissions occultes ont été versées à des acteurs angolais, français et d'autres nationalités[22]. En octobre 2009, un tribunal de Paris a reconnu 36 personnes coupables d'activités criminelles dans l'affaire, dont Falcone, condamné pour trafic d'influence, trafic d'armes et abus de biens sociaux, et Gaydamak, condamné par contumace pour trafic d'armes, trafic d'influence et blanchiment d'argent. Les deux hommes ont été condamnés à six ans de prison[23]. Ultérieurement, une cour d'appel française a réduit leur peine, en faisant valoir que les ventes ne constituaient pas un trafic d'armes puisqu'elles avaient été menées sous l'autorité d'un mandat du gouvernement angolais[24]. En novembre 2014, Gaydamak, qui jusqu'alors s'était soustrait à la condamnation à trois ans de prison, s'est livré aux autorités françaises à Paris (*Le Monde* 2015).

L'accord sur la dette entre l'Angola et la Russie

Gaydamak et Falcone étaient aussi les intermédiaires dans le cadre d'un accord visant à restructurer les 5 milliards de dollars de dettes angolaises auprès de la Russie, période au cours de laquelle des particuliers angolais et étrangers, de mèche avec des entreprises de négoce de matières premières et des banques occidentales ainsi que, évidemment, des paradis fiscaux, ont détourné une grande partie des remboursements. J'ai obtenu une explication partielle de certains de ces flux lors d'un entretien en 2005 avec Gaydamak à Moscou, mais une analyse plus détaillée est parue ultérieurement dans un rapport de 2013 publié par des organisation non gouvernementales, Corruption Watch au Royaume-Uni et Associação Mãos Livres en Angola[25].

À la fin de la guerre froide, les dettes que l'Angola avait contractées auprès de l'Union soviétique ont été transférées à la Russie. Le président dos Santos s'est tourné vers Gaydamak et Falcone pour l'aider à négocier un accord pour rééchelonner les dettes. Dans le cadre d'un accord passé en novembre 1996, la Russie a allégé les dettes angolaises à 1,5 milliard de dollars, annulant le reste, et l'Angola a accepté de rembourser ce montant par versements échelonnés, après un délai de grâce de cinq ans, entre 2001 et 2016. L'Angola a aussi accepté de payer 1,39 milliard de dollars d'intérêts accumulés sur une période totale de 20 ans, portant le montant total à 2,9 milliards de dollars, mais si l'Angola remboursait ses dettes avant la fin du délai de grâce, il n'y aurait pas d'intérêts à payer[26].

Les parties ont convenu d'un mécanisme qui était familier à certaines entreprises russes : des billets à ordre qui habilitent leur propriétaire à recevoir un certain montant d'argent à une date spécifique. En janvier 1997, la BNA a émis 31 billets à la Russie, chacun d'une valeur nominale de 48,5 millions de dollars, pour un total de 1,5 milliard de dollars. Chaque fois que l'Angola effectuait un remboursement de dette (garanti par le pétrole), la Russie rendait le nombre de billets correspondant à l'Angola, ainsi qu'un certificat de remboursement.

Quelques jours après l'accord de novembre 1996, Gaydamak et Falcone ont créé une compagnie pétrolière du nom d'Abalone Investments sur l'Île de Man, un paradis fiscal britannique. En mai de l'année suivante, la Russie a accordé à Abalone un droit d'option pour acheter les billets à ordre angolais pour la moitié de leur valeur nominale. Toujours au mois de mai, Sonangol est parvenu à un autre accord avec Abalone, acceptant de lui acheter tous les billets et les certificats en 2006 à leur valeur nominale totale de 1,5 milliard de dollars – ce qui supposait des bénéfices exceptionnels de 750 millions de dollars pour la compagnie pétrolière de l'Île de Man[27]. La raison pour laquelle la Russie a offert ces conditions favorables à Abalone et pas directement aux Angolais n'a jamais été totalement identifiée[28]. En 2005, Gaydamak m'a expliqué : « J'ai organisé cette affaire pour les deux parties dès le début ».

La filiale britannique de l'entreprise de négoce de matières premières, Glencore, a reçu les cargaisons de pétrole angolaises et a mis en place le transfert des fonds à Abalone[29], via le compte séquestre d'Abalone à la Société de Banque Suisse (SBS, aujourd'hui la banque suisse UBS).

Abalone est ensuite allée plus loin. D'après Corruption Watch et Associação Mãos Livres, les accords ont été modifiés en août 1999, pour qu'Abalone puisse désormais payer la Russie non plus en liquide, mais en titres de créance russes à taux d'intérêt élevé (que Gaydamak m'a confié acheter depuis 1997) : à l'époque, ils s'échangeaient à 10–30 % de leur valeur nominale sur les marchés secondaires de la dette russe. La Russie les a cependant acceptés de la part d'Abalone à leur valeur nominale totale, générant une nouvelle série d'importants bénéfices, cette fois aux dépens du gouvernement russe.

En décembre 2000, à mesure de la progression de l'enquête parisienne de l'Angolagate, Falcone est arrêté par la police française, et le mois suivant, Gaydamak s'est soustrait à un mandat d'arrêt international émis par la France[30]. En février 2001, les autorités suisses ont gelé les billets à ordre (Associação Mãos Livres et Corruption Watch UK 2013: 13).

Mais Gaydamak ne s'est pas arrêté là. Il a ouvert un nouveau compte à la banque russe RCB dans le paradis fiscal de Chypre, qui a reçu un versement de 618 millions de dollars par Sonangol entre mars et août 2001. Le nom indiqué sur ce compte, Sberinvest, était presque identique à celui de « Sverinvest Moscow », l'agent bancaire officiel de la Russie pour l'accord – dupant apparemment certaines parties en leur faisant croire que ce compte privé était un compte officiel russe[31]. Les paiements sont ensuite passés de ce compte à différentes entités, dont le bénéficiaire effectif était Gaydamak (Associação Mãos Livres et Corruption Watch UK 2013: 50-56). En théorie, 618 millions de dollars auraient suffi à liquider les dettes restantes, mais le rapport de Corruption Watch et Associação Mãos Livres indique que le compte chypriote a payé à la Russie seulement sept billets sur les quinze restants, laissant huit billets impayés – alors que Gaydamak avait écrit aux Angolais en 2004 pour leur dire que la dette russe avait été totalement remboursée (*ibid.*, p. 53).

En fin de compte, après une rencontre à Moscou en 2005, l'Angola a accepté de payer à la Russie 387 millions de dollars supplémentaires pour retirer les huit billets impayés. Gaydamak devait rembourser une partie de cette somme, mais on ignore si cela a été fait. Dans un étrange rebondissement narratif, il semble que Gaydamak ait perdu le contrôle sur cet argent car ses administrateurs financiers « ont si bien réussi à dissimuler les liens de Gaydamak vers les fonds qu'il ne peut désormais plus prouver qu'il en est le "vrai" propriétaire (bénéficiaire) » (*ibid.*, p. 62).

Associação Mãos Livres et Corruption Watch UK (2013: 14, 55) ont estimé que si l'Angola avait directement versé ces fonds à la Russie, le gouvernement aurait économisé au moins 823 millions de dollars (soit plus de 10 % du PIB de l'Angola en 1996), tandis que la Russie aurait touché 750 millions de dollars en plus.

Où est parti cet argent ? Citant des enquêtes menées par les autorités françaises et suisses, Corruption Watch et Associação Mãos Livres indiquent qu'Abalone a transféré de gros montants issus des fonds qu'elle a reçus à tout un éventail de destinataires, dont d'autres compagnies pétrolières appartenant à Gaydamak (138 millions de dollars), Falcone (125 millions de dollars), le président angolais dos Santos (36 millions de dollars), l'ambassadeur angolais Elísio de Figueiredo (18 millions de dollars), l'ancien directeur général de Sonangol Joaquim David (13 millions de dollars) et le directeur général de l'époque de la filiale britannique de Sonangol, José Paiva (4 millions de dollars)[32].

On peut difficilement trouver meilleur exemple et illustration plus pittoresque d'un réseau de pillage transnational.

L'affaire Aguinaldo Jaime

Une enquête menée par la Sous-commission d'enquête permanente du Sénat américain, dont les conclusions ont été publiées en 2010, démontre que les efforts visant à empêcher le pillage de l'État peuvent porter leurs fruits. En 2002, le gouverneur de la BNA, Aguinaldo Jaime, a ordonné le transfert de 50 millions de dollars depuis un compte de la banque centrale détenu chez Citigroup à Londres vers un compte privé de Bank of America en Californie, ouvert au nom d'une société américaine appelée MSA, une entreprise officiellement créée pour offrir des services de consultation et de gestion financière (Sous-commission d'enquête permanente du Sénat américain 2010: 269). Le gouverneur Jaime et un ressortissant togolais, Mehenou Satou Amouzou, sont cosignataires sur le compte de MSA. Bank of America avait d'abord accepté le transfert, mais la banque a ensuite eu des soupçons et a restitué les fonds à Citibank.

Deux mois plus tard, Jaime a demandé à la Citibank de Londres de transférer 50 millions de dollars à la filiale équatorienne de HSBC, à Londres, et a ouvert un nouveau compte à la BNA, se désignant comme unique signataire auprès de la filiale américaine de HSBC, à New York. Il a ensuite ordonné à la HSBC d'utiliser les fonds pour acheter 50 millions de dollars de bons du trésor américain, et de transférer ces bons du trésor vers un compte de titres personnel à la Wells Fargo. Cette dernière a eu des soupçons, elle aussi, et a restitué les fonds. Jaime a essayé à nouveau de transférer les titres vers un compte personnel dans une autre banque américaine. Cette tentative a elle aussi échoué. Après le remplacement de Jaime en tant que gouverneur de la BNA, le nouveau gouverneur a ordonné que les fonds soient restitués à la BNA.

Le rapport du Sénat américain (*ibid.*) a révélé l'existence d'un réseau international d'intermédiaires, dont une entreprise de Floride, un courtier basé à Londres « disposant possiblement d'un accès à un opaque groupe de négociation suisse », un mandant supposé de ce groupe, et un avocat californien, qui possédait une entreprise dans le Nevada impliquée dans le transfert. Il a aussi mis au jour le fait que certaines banques semblent moins vigilantes que d'autres :

> Le personnel de Bank of America et de Wells Fargo ont rapidement réagi aux signes potentiels d'une transaction douteuse et ont annulé le transfert de 50 millions de dollars ; la Citibank a réagi moins rapidement mais a

> fini par mettre un terme à sa relation bancaire, non seulement avec la BNA, mais aussi avec toutes les entités gouvernementales, dont Sonangol.
>
> À l'inverse, le personnel de HSBC a autorisé plusieurs virements bancaires liés aux 50 millions de dollars et bons du Trésor associés, en réponse aux instructions d'un seul représentant de la BNA, malgré les préoccupations concernant l'envoi d'actifs gouvernementaux vers le compte d'un particulier, jusqu'à ce qu'un agent chargé de la conformité alerte d'une possible escroquerie. Non seulement HSBC a continué de fournir des services bancaires à la BNA en Angola et à Londres, mais il se pourrait aussi que la banque fournisse des comptes offshore aux Bahamas à la Banque nationale d'Angola (*ibid.*, p. 299).

Cette plus grande tolérance des banques londoniennes et britanniques à l'égard d'activités suspectes par rapport à leurs homologues américains est le résultat d'une politique officieuse consistant à fermer les yeux face à la malversation étrangère afin d'attirer les activités financières à la ville de Londres[33]. En effet, si l'on prend en compte tous les paradis fiscaux satellites dans les territoires britanniques d'outremer et dans les dépendances de la Couronne, le Royaume-Uni et son centre financier de la City de Londres pourraient constituer le plus important centre de finance *offshore* au monde[34].

LA « DÉCENNIE DORÉE »

Tandis que ces flux financiers circulaient à l'international, l'armée angolaise est parvenue à isoler les dirigeants rebelles de l'UNITA dans l'est de l'Angola. Les forces gouvernementales ont traqué Jonas Savimbi dans la province de Moxico alors qu'il recherchait la sécurité relative de la frontière zambienne. En février 2002, une unité de l'armée angolaise l'a rattrapé et engagé un échange de tirs au milieu d'une prairie, le tuant, lui et ses 21 partisans. La guerre civile angolaise était enfin finie.

En parallèle, une série de grands champs pétrolifères en eaux profondes était mis en service. Les six années suivantes, la production pétrolière angolaise a plus que doublé, passant d'environ 900 000 b/j en 2002 à 1,9 million de b/j en 2008, période durant laquelle les prix du pétrole ont plus que triplé. La production angolaise et les prix mondiaux sont restés élevés jusqu'en 2014. De 2002 à 2014, sur douze ans, la « décennie dorée » de l'Angola, le pays a exporté près de 520 milliards de dollars de pétrole, le gouvernement recevant à peu près la moitié de cette somme en recettes publiques. Cette période d'après-guerre représentait l'occasion pour l'Angola de se développer grâce au pétrole. Les dirigeants angolais ont laissé passer cette opportunité.

Un modèle de développement hiérarchique

Dans un pays d'environ 30 millions d'habitants, la principale base de soutien du régime angolais était constituée d'une petite centaine de familles. La deuxième strate était composée de la classe moyenne urbanisée, qui représentait environ un million de personnes. Loin derrière, à la troisième position, à peine visibles des responsables politiques, se trouvaient les pauvres des villes, puis encore derrière, la vaste population rurale du pays.

Le modèle de développement national qui prévalait pendant cette période – largement accepté par les élites angolaises et par la plupart des médias angolais – était celui d'une modernisation autoritaire, pilotée par l'État et financée par le pétrole. Elle était symbolisée par le gigantesque centre commercial, le développement urbain sur le bord de mer de Luanda, la construction d'appartements luxueux venus remplacer les grands marchés informels chaotiques, et la promotion dans les zones rurales d'industries agro-alimentaires massives, entraînant le déplacement brutal de nombreux petits agriculteurs (Vines *et al.* 2005).

Le pétrole a alimenté cette vision élitiste. Les dirigeants angolais sont restés concentrés sur les centres urbains, et avant tout celui de Luanda, et tandis qu'ils défendaient dans le discours la diversification économique et la croissance agricole, ils n'avaient en réalité que du mépris pour l'arrière-pays agricole « en retard ». Le modèle s'est résolument tourné vers l'extérieur, vers Londres, Paris, Lisbonne, Miami et New York, vers la mondialisation des finances et son appareil sophistiqué d'entités ad hoc, de fonds spéculatifs, de société de capital-investissement, de paradis fiscaux et de gestion de patrimoine – autant de vecteurs de fuite des capitaux[35]. Beaucoup de projets vitrines étaient motivés moins par le désir de fournir des biens publics que par les opportunités d'enrichissement personnel et la possibilité de dissimuler les gains à l'étranger.

Cette alléchante perspective a servi d'idéologie de légitimation pour une grande partie de l'énorme fuite de capitaux dont l'Angola a souffert au fil des années.

La phase de reconstruction d'après-guerre de l'Angola a aussi coïncidé avec le nouvel intérêt du gouvernement chinois pour l'Afrique, et en particulier pour les pays riches en minéraux comme l'Angola. Un « modèle angolais » de la reconstruction et du développement menés par la Chine a émergé, sur la base d'un échange relativement simple de ressources contre des infrastructures (Corkin 2011), compatible avec la vision hiérarchique du développement angolais. L'Angola promettait des cargaisons de pétrole et la Chine fournissait des lignes de crédit pour des projets de construction, 70 % des contrats revenant à des entreprises chinoises. Les médias chinois contrôlés par l'État ont reporté en 2017 que la Chine avait investi au total 50 milliards de dollars en Angola (Xinhuanet 2017).

Par ailleurs, tandis que les conditions chaotiques de la guerre en Angola cédaient la place à la paix et une croissance alimentée par le pétrole en 2002, les finances publiques se sont progressivement améliorées. Les Angolais instruits sont rentrés chez eux pour occuper des postes au ministère des Finances, à la banque centrale et dans d'autres organes de l'État, et l'assistance technique du FMI et d'autres organismes a renforcé les pratiques de comptabilité. Comme mentionné ci-dessus, le FMI a trouvé une « importante valeur résiduelle inexpliquée » dans les comptes fiscaux du gouvernement, d'un montant de 31,4 milliards de dollars pour la période 2007–2010, « qui représentait l'impressionnante part de 25 % du PIB de l'Angola »[36]. En 2015, le FMI a signalé que les écarts étaient majoritairement comblés si l'on incorporait les activités de Sonangol au budget annuel. Toutefois, face à ces améliorations comptables, la hausse considérable des revenus pétroliers a augmenté les possibilités de fuite des capitaux.

Différentes voies de fuite des capitaux doivent être examinées afin de mieux comprendre ces écarts.

Contrebande de pétrole ?

Le pétrole de contrebande peut parfois donner lieu à une fuite de capitaux d'une ampleur gigantesque. Dans le delta du Niger, au Nigeria, par exemple, des groupes criminels organisés politiquement en réseaux ont pu exploiter les flux pétroliers sans se faire prendre ou sans se le voir interdire (voir le chapitre d'Ayogu dans le présent ouvrage). Le cas de l'Angola est néanmoins différent, puisque toutes ses exportations viennent de plateformes *offshore* principalement exploitées par des géants pétroliers étrangers. Le détournement de cargaisons de pétrole depuis ces plateformes serait compliqué. Les compagnies pétrolières internationales ne pourraient pas être tenues dans l'ignorance et n'apprécieraient pas de l'être. En outre, ce genre de détournements serait vite remonté aux oreilles du président. Dos Santos a longtemps toléré un « enrichissement contrôlé » dans ses réseaux de clientélisme, mais il désirait aussi protéger la réputation durement gagnée de Sonangol comme secteur d'excellence, et il est peu probable qu'il ait adhéré à la contrebande de pétrole, un moyen d'enrichissement personnel chaotique[37].

Des revenus pétroliers manquants

Si l'on peut être relativement sûr que la présidence (et les compagnies pétrolières internationales) pouvait déterminer la quantité exacte de pétrole qui s'écoulait de chaque champ pétrolifère angolais, on ne peut pas en dire autant du ministère des Finances, de la BNA ou d'autres organes de l'État en ce qui concerne les flux d'argent, là où le pétrole disparaissait, non pas physiquement, mais financièrement.

Comparons, par exemple, les estimations de la production angolaise de pétrole en 2008, d'un côté celles du ministère du Pétrole et de l'autre celles du ministère des Finances : le premier a déclaré 675 millions de barils, contre 588 millions pour le second[38]. L'ampleur de cet écart – 87 millions de barils (d'une valeur de 600 millions de dollars, à l'époque), soit bien plus de 10 % du total de la production pour l'une comme pour l'autre estimation – indique qu'il ne peut être expliqué par le décalage dans la déclaration des expéditions de fin d'année[39].

Dans le cas de l'Angola, le manque de données ne permet pas d'établir des comparaisons directes entre les exportations enregistrées du pays et les importations enregistrées par ses partenaires commerciaux (voir le chapitre de Ndikumana et de Boyce dans le présent ouvrage). Tous les revenus pétroliers non enregistrés dans les comptes de la BNA constitueraient donc une fuite de capitaux non mesurée.

Primes de signature

Une prime de signature est un paiement anticipé effectué par les compagnies pétrolières au gouvernement lors de la signature d'un permis d'exploration pour un territoire donné[40]. Un rapport de 2002 du Consortium international des journalistes d'investigation (ICIJ) a retracé un paiement de ce genre : une prime de signature de 13,7 millions de dollars versée par Marathon Oil Company sur un compte de Sonangol sur l'Île de Jersey en juillet 2000, puis transférée le jour même sur un autre compte de Sonangol dans un lieu inconnu[41]. « La majeure partie ou la totalité de l'argent est envoyée sur des comptes bancaires *offshore* et disparaît quelque part », explique un comptable connaissant bien l'étude diagnostique qui avait été menée à l'époque par KPMG, de sorte que les dollars « contournaient la banque centrale » (cité par Van Niekerk et Peterson 2002).

La taille des primes a augmenté pendant la décennie dorée de l'Angola, une période de paix et de croissance alimentée par le pétrole[42].

Un rapport de 2011 de Global Witness et l'Open Society Initiative for Southern Africa a comparé les paiements connus des compagnies pétrolières aux revenus déclarés dans les données budgétaires du gouvernement, et a découvert d'immenses écarts. En 2006, par exemple, sur plus de 3 milliards de dollars en paiements de primes de signatures connus, le budget gouvernemental ne déclare qu'un milliard de dollars de revenus (Global Witness 2011: 38–9).

Lors de la signature d'un contrat d'exploration ou de production, Sonangol reçoit aussi des « contributions sociales » ponctuelles, qui sont censées être réservées pour des projets valables. L'exécution de ces projets a longtemps été controversée (voir, par exemple, Reuters 2016).

Les principaux flux de revenus pétroliers

Plus importants que les primes anticipées, il y a les flux de revenus pétroliers depuis les champs pétrolifères en activité. Chaque permis pétrolier ou chaque « bloc » (qui peut contenir plusieurs champs pétrolifères, rassemblés dans des zones de développement) est dirigé par un « groupement de contractants », presque toujours composé d'entreprises internationales, comme BP, Exxon, Chevron ou Total, Sonangol étant parfois un partenaire financier au sein du groupement. Des entreprises angolaises ou internationales moins connues peuvent aussi y être des partenaires minoritaires[43].

Les revenus pétroliers circulent par quatre flux principaux :

i. Le « *cost-oil* » est versé au groupement de contractants pour rembourser les frais d'exploration, de développement et d'exploitation du champ pétrolifère, plus un facteur « d'augmentation ». Si Sonangol est un partenaire financier dans le bloc, l'entreprise reçoit sa part.

ii. Une part du « *profit-oil* » est versée au groupement de contractants. Si Sonangol est un partenaire financier, l'entreprise reçoit sa part.

iii. Le reste du « *profit-oil* » est versé à Sonangol, en tant que concessionnaire pour l'État angolais[44].

iv. Les taxes sont versées en dollars ou en kwanzas sur le compte unique du Trésor public du ministère des Finances auprès de la BNA.

En théorie, les pots-de-vin versés sur des comptes *offshore* ou d'autres incitatifs pourraient avoir pour but de déplacer la part nominale du *profit-oil* en faveur des partenaires étrangers. C'est ce qui s'est passé dans certains pays africains, notamment dans le cadre de l'affaire Elf[45]. Je n'ai trouvé aucune preuve d'une implication systématique des géants pétroliers dans ce genre d'activités en Angola[46].

Les flux de pétrole physique vers Sonangol (en tant que partenaire financier et concessionnaire) sont davantage susceptibles de constituer des sources de fuite de capitaux. Un homme d'affaires expérimenté a décrit le champ des canaux possibles :

> Sonangol conclut des contrats de vente sur le marché international. Des intermédiaires prélèvent leur part. Si vous avez la chance de pouvoir vendre pour Sonangol, vous serez payé par Sonangol, et vous serez probablement aussi payé par l'autre partie. Il y a des entreprises commerciales angolaises, nominalement domiciliées à l'étranger, mais appartenant à des Angolais : ce sont elles qui font le commerce. Il s'agit déjà d'argent détenu à l'étranger. Vous prélevez votre part avant qu'elle n'arrive en Angola.[47]

Sonangol dispose de bureaux commerciaux internationaux à Londres, Houston, Singapour et en Chine pour mettre en vente sa part de pétrole brut. Les bureaux commerciaux sont en contact permanent avec d'autres négociants en pétrole et institutions financières proposant des échanges financiers et des instruments financiers dérivés liés au pétrole. Cela favorise la non comptabilisation de certains flux, facilement exclus des données de la BNA et du ministère des Finances (et donc hors du champ des mesures de la fuite des capitaux). Par exemple, dans les contrats secrets de couverture des prix, Sonangol paie la facture en cas de pertes liées au contrat, tandis que les bénéfices résultant des fluctuations des prix sont récoltés par des acteurs angolais privés sous forme de flux *offshore* de la contrepartie de couverture.

Flux d'investissement dans le secteur pétrolier

On sait depuis longtemps que la fuite de capitaux est alimentée en partie par les entrées de capitaux sous la forme d'emprunts extérieurs[48]. De même, les recherches ont montré qu'une hausse des entrées d'*investissements étrangers* dans les pays africains s'accompagnait souvent d'une hausse de la fuite des capitaux, un lien qui semble particulièrement fort dans les pays riches en ressources, notamment les producteurs de pétrole (Ndikumana et Sarr 2019). La principale voie possible de fuite des capitaux générée par l'investissement étranger direct (IED) ainsi que par l'emprunt extérieur est indirecte : certaines des ressources fournies par le gouvernement ou le secteur privé angolais sont ensuite transférées de manière illicite à l'étranger à travers les mécanismes décrits dans ce chapitre.

Une autre possibilité est d'effectuer une opération fictive par laquelle les Angolais envoient les capitaux à l'étranger et les ramènent en Angola en tant qu'IED car les capitaux étrangers peuvent recevoir un traitement de faveur par rapport aux capitaux angolais. Les bénéfices de ces IED peuvent ensuite être renvoyés à l'étranger à travers des voies officielles (et ne sont plus mesurés dans la fuite des capitaux). Dans le cas de l'Angola, la plupart des IED proviennent des compagnies pétrolières occidentales.

La boîte noire du « *cost-oil* »

Dans les contrats pétroliers angolais, le *cost-oil*, qui atteint ces dernières années des dizaines de milliards de dollars, est extrêmement opaque pour les intervenants extérieurs et constitue peut-être l'une des sources de fuite des capitaux les plus profitables. Les géants pétroliers sous-traitent une grande partie de la construction et de l'exploitation des champs pétrolifères à des entreprises indépendantes qui fournissent des plates-formes pétrolières, des installations de production et de stockage en mer, des canalisations, des services de restauration, de transport aérien et maritime, d'assurance et autres. En ce qui concerne l'Angola, ces services impliquent souvent des joint-ventures entre Sonangol et des entreprises étrangères[49]. Si les géants pétroliers essaient en général de réduire les prix (afin de maximiser le *profit-oil*), les accords de sous-traitance créent de vastes possibilités de détournement de fonds.

Prenons l'exemple de Weatherford International, une compagnie pétrolière basée à Houston. Dans le cadre d'une plainte qui a débouché en novembre 2013 sur une transaction pénale, la U.S. Securities and Exchange Commission (SEC) a accusé l'entreprise d'avoir violé le Foreign Corrupt Practices Act (FCPA) en autorisant des pots-de-vin et d'autres services inappropriés pour des représentants étrangers. La SEC a déclaré qu'une filiale de Weatherford avait engagé une entreprise suisse offrant des services d'expédition de marchandises et de logistique pour payer des pots-de-vin à un représentant de Sonangol, afin de garantir le renouvellement d'un contrat pour fournir ses services dans le cadre d'activités pétrolières au large de Cabinda. D'après la plainte, Weatherford Services Ltd. (WSL), une filiale de Weatherford enregistrée aux Bermudes, « a donné des ordres de travail fictifs pour des services de conseil que l'entreprise suisse n'a jamais effectués ; et l'entreprise suisse a, en retour, créé des factures fictives pour ces services non existants » (SEC 2013a: 6)[50]. L'entreprise suisse a ensuite transféré l'argent, en prélevant une commission, au représentant angolais, en liquide ou par virement bancaire. La SEC évalue les « bénéfices tirés de l'augmentation des prix » par Weatherford dans le contrat à 11,7 millions de dollars (*ibid.*).

Cette même plainte de la SEC a exposé un second système de corruption grâce auquel Weatherford a obtenu le contrôle de « 100 % du marché angolais des filtres de puits ». (Les filtres de puits servent à filtrer les sables qui peuvent endommager les puits de pétrole.) Pour ce faire, une filiale de Weatherford « a formé une joint-venture en Angola avec deux entités locales sélectionnées par les représentants de Sonangol », la première contrôlée par les représentants de Sonangol eux-mêmes et la seconde par un proche d'un ministre angolais, aucune de ces deux entreprises n'ayant contribué à la joint-venture, que ce soit en termes de personnel, d'expertise ou de capital (*ibid.*, p. 6–7).

Après avoir plaidé coupable, Weatherford a accepté de payer la somme de 87,2 millions de dollars en sanctions pénales pour les violations précitées, ainsi que d'autres violations du FCPA (Département américain de la Justice 2013). Au moment d'annoncer l'accord, le procureur général adjoint de la section criminelle du département de la Justice a commenté : « Cette affaire montre comment des contrôles peu rigoureux et un faible environnement de conformité peuvent promouvoir la corruption et la fraude étrangères de la part des filiales d'une entreprise à travers le monde » (*ibid.*).

Dans une autre affaire, le géant pétrolier américain Halliburton a accepté en 2017 de payer 29,2 millions de dollars pour régler une plainte de la SEC qui l'accusait de violations du FCPA. Sonangol avait fait pression sur Halliburton pour que l'entreprise respecte la prescription relative à la teneur en éléments locaux, et Halliburton avait conclu un accord avec « une société angolaise locale appartenant à un ancien employé de Halliburton, qui se trouvait être un ami et voisin du représentant du gouvernement censé approuver en dernier lieu l'attribution des contrats » (SEC 2017a). Halliburton a ensuite soustraité l'équivalent de 13 millions de dollars de travail à l'entreprise, mais « n'a reçu aucun service significatif » en retour (SEC 2017b: 7)[51]. Pendant ce temps, Sonangol a attribué sept contrats de sous-traitance à Halliburton grâce auxquels l'entreprise a obtenu « des biens mal acquis » d'une valeur de 14 millions de dollars (*ibid.*, p. 9).

Les compagnies pétrolières angolaises et leurs partenaires étrangers

Avec l'« angolanisation » du secteur pétrolier du pays, des entreprises angolaises ont été impliquées non seulement dans les services pétroliers et les opérations en aval, mais aussi en tant qu'intervenants directs pour les permis pétroliers en amont. Or, le financement, l'installation et la gestion de plates-formes pétrolières et d'autres infrastructures d'exploration et de production pétrolières exigent davantage de compétence et de capital que la fourniture de services de restauration ou de transport aux sociétés d'exploitation pétrolière. Avant la fin des années 1990, le président dos Santos était quelque peu réticent à introduire des entreprises disposant de liens avec les cercles politiques en amont de la production pétrolière, conscient de l'effet néfaste que cela pourrait avoir sur la réputation de compétence de Sonangol (et donc sur son accès aux emprunts extérieurs de grande ampleur). Quelques entreprises angolaises ont depuis acquis l'expertise nécessaire. Par exemple, Somoil est considérée dans le secteur pétrolier comme un acteur relativement sérieux et compétent – même si l'entreprise compterait parmi ses actionnaires, d'après certains médias, des politiciens haut-placés et d'anciens représentants de Sonangol (Africa Energy Intelligence 2018). Néanmoins, le système de clientélisme a pris de l'ampleur au cours de la période dos Santos, et un certain nombre de nouveaux acteurs occupent désormais les permis pétroliers en tant que partenaires minoritaires, disposant de peu de qualifications à part leur réseau politique.

Une première vague est arrivée à la fin des années 1990 avec deux attributions importantes dans les eaux ultra-profondes de l'Angola : une participation de 20 % pour une entreprise du nom de Prodev, dans le bloc 32, exploité par Elf ; et des participations de 10 % et de 5 % pour des entreprises du nom de Falcon Oil (Panama) et Naphta, respectivement, dans le bloc 33, exploité par Exxon. Ces participations ont été imposées aux géants pétroliers. BP a réussi à éviter un « partenaire mystère » dans son bloc 31 ; des sources issues du secteur pétrolier m'ont expliqué que, à l'époque, BP avait dû se battre pour s'y opposer, à l'aide de puissants contacts locaux. Il était de notoriété publique que l'entreprise Falcon était liée au trafiquant d'armes Pierre Falcone et à António « Mosquito » Mbakassy, un homme d'affaires local angolais ; l'entreprise Naphta était décrite comme faisant partie d'un réseau « complexe » impliquant les intérêts militaires israéliens ; et l'entreprise Prodev aurait, elle aussi, des connexions militaires[52]. Ces précieuses attributions reflètent la situation militaire désespérée de l'Angola à l'époque, même s'il est probable que des membres du cercle présidentiel en aient eux aussi profité financièrement. Depuis, un certain nombre d'autres entreprises sont apparues dans les permis d'exploration et de production pétrolières angolais, dont des entreprises liées à des scandales de corruption au Portugal, au Brésil et aux États-Unis, et impliquant des Angolais politiquement haut-placés[53].

SONANGOL ET SES PARTENAIRES ÉTRANGERS

Une analyse plus approfondie de l'univers des partenariats étrangers de Sonangol démontre le rôle des réseaux internationaux dans le pillage des richesses de l'Afrique.

Les coentreprises de Sonangol

Les joint-ventures de Sonangol avec des entreprises étrangères de services pétroliers se sont multipliées après les énormes découvertes pétrolières en eaux profondes dans les années 1990, qui ont engendré une hausse du nombre et de la complexité des activités d'extraction. Trois justifications principales ont été avancées pour expliquer le recours aux joint-ventures : tout d'abord, pour tirer profit des prises de participation dans les services pétroliers ; ensuite, pour augmenter la teneur en éléments locaux et l'expertise et la formation angolaises ; enfin, peut-être le plus important, pour garder un œil sur les activités des entreprises étrangères. Comme beaucoup de pays producteurs de pétrole, l'Angola a toujours soupçonné les compagnies pétrolières internationales et les sociétés de services pétroliers de profiter de contrats au prix de base surévalué, d'une manipulation des prix de transfert et d'autres ruses financières qui amputent l'État de revenus.

Lors de ma visite à Luanda en 2017, Arnaldo Lago de Carvalho, un représentant angolais au franc-parler impliqué dans le secteur des services pétroliers, m'a expliqué le système sans mâcher ses mots :

> Ils ont investi dans des tankers et des plates-formes : tout ce que vous pouvez imaginer. Cela leur a permis de nommer des employés de Sonangol comme directeurs de la plupart de ces joint-ventures. Ensuite, on [les] retrouve à créer des partenariats avec des membres des plus hautes sphères de ce pays, plus seulement avec Sonangol… c'étaient des moyens de donner de l'argent à ces gens.[54]

Le même modèle a été appliqué à d'autres secteurs de l'économie angolaise, sans lien avec celui du pétrole. Puisque Sonangol avait fourni son propre capital et sa propre expertise aux joint-ventures, ces dernières pouvaient être considérées comme des activités commerciales normales de prise de risques. Mais lorsque des individus politiquement haut-placés, avec l'aide de Sonangol, n'investissaient rien et s'appropriaient une part des bénéfices, il s'agissait purement et simplement d'une recherche de rente. « Le désir louable de construire des entreprises commerciales nationales a entraîné la création de postes essentiellement parasites », souligne Ricardo Soares de Oliveira (2007: 608), bénéficiant « à un véritable gratin du *Futungo* [la présidence] et des échelons supérieurs de la bureaucratie, de l'armée et du parti, ainsi qu'à leurs familles ».

Le détail des flux de recettes passant par les joint-ventures de Sonangol n'est pas publié. Certaines coentreprises fournissent des bribes d'information sur des sites internet rudimentaires, mais il est souvent impossible de trouver la moindre information sur les actionnaires ou même sur l'identité des partenaires. Des filiales chimériques situées dans des paradis fiscaux apparaissent dans des bases de données publiques ou piratées, chacune d'entre elles soulevant une foule de nouvelles questions. Quelques études de cas illustreront la remarquable complexité de la structure internationale tentaculaire de Sonangol, avec ses participations et ses flux financiers imbriqués avec des entités *offshores*.

Puma Energy, Trafigura et le Général Dino

Les comptes de Sonangol (2016) rapportaient une participation à 27,9 %, évaluée à environ 600 millions de dollars, dans une entreprise du nom de Puma Energy Holdings, en partenariat avec Trafigura, une société mondiale de négoce de matières premières enregistrée à Singapour, qui en détenait 49,6 %, et d'autres entreprises[55]. Cela signifie que la valeur totale de Puma était d'environ 2 milliards de dollars. Puma exploite des installations d'hydrocarbures à mi-parcours et en aval dans 48 pays (Puma Energy 2015)[56]. Puma dispose d'un duopole avec Sonangol sur les stations-service en Angola, tandis que, d'après le *Financial Times*, Trafigura détenait un « quasi-monopole » sur l'approvisionnement en diesel et l'essence dans le pays (Hume et Sheppard 2016).

Le conseil d'administration de Puma, d'après son prospectus de 2017, comprend quatre dirigeants appartenant à la constellation de Trafigura et trois dirigeants liés à l'Angola (Puma Energy 2017: 139) : Sarju Raikundalia, qui avait été nommé responsable des affaires financières de Sonangol par Isabel dos Santos (Verde 2016), et qui a été démis de ses fonctions en novembre 2017, lorsque cette dernière a été évincée de la direction de Sonangol ; João dos Santos, membre du conseil d'administration de Sonangol ; et Leopoldino Fragoso do Nascimento, connu en Angola sous le nom de « Général Dino », l'une des personnes les plus influentes dans l'entourage proche du président dos Santos, qui a assumé la fonction de conseiller principal auprès du Général Helder Vieira Días « Kopelipa », chef de la terrible *Casa Militar* de la présidence[57].

L'autre actionnaire principal de Puma, avec une participation de 15,4 %, est Cochan LLC, installé aux Îles Marshall et appartenant au

Général Dino. Le site internet de Cochan décrit l'entreprise comme « l'un des principaux groupes d'entreprises en Angola », avec un portefeuille de titres varié, « créé en 2009 par l'homme d'affaires Leopoldino Fragoso do Nascimento »[58]. Cochan a aussi déclaré détenir une participation de joint-venture à parts égales (50-50) avec Trafigura dans une entreprise d'investissement ciblant l'Angola, du nom de DT Group, également fondée par le Général Dino[59].

Les paradis fiscaux qui figurent en bonne place dans l'indice d'opacité financière sont très présents parmi ces structures[60]. Un rapport financier annuel de 2011 pour Cochan Singapore Pte. Ltd. décrivait l'entreprise comme une « filiale en propriété exclusive de Cochan Ltd., enregistrée aux Bahamas ». Il indiquait également que l'entité singapourienne détenait une participation de 100 % dans la société holding d'investissement Cochan Holdings LLC aux Îles Marshall, laquelle détenait les investissements du groupe auprès de Puma Energy Holdings LLC, également installée aux Îles Marshall[61]. La base de données des Offshore Leaks répertorie d'autres entités liées à Cochan, DT Group et Puma, dont la plupart sont installées aux Îles Vierges britanniques[62].

Après la chute des prix mondiaux du pétrole en 2014–2015, l'Angola a été confronté à une forte pénurie de devises étrangères. Décrivant la gravité de la situation en 2016, le président dos Santos a expliqué : « Le gouvernement n'a reçu aucun revenu de la part de Sonangol depuis le début de l'année… les revenus récoltés couvrent à peine les dettes contractées par l'État et par Sonangol »[63]. Le site Internet d'investigation *Maka Angola* (2016) a indiqué que, sur ordre d'Isabel dos Santos, la BNA avait « transféré 100 millions de dollars chaque mois afin de rembourser une dette en cours de quelques milliards de dollars à un seul créditeur donné, DT Group ».

Les relations bizarres de Sonangol avec la Chine

L'Angola a été un pays pionnier dans la stratégie « *infrastructures contre pétrole* » menée par la Chine, à travers laquelle des entreprises chinoises ont construit des infrastructures en échange d'un accès au pétrole brut (et à d'autres minerais). Ce phénomène reposait sur un modèle de dépenses extrabudgétaires similaire à celui du triangle des Bermudes de l'Angola, dans la mesure où les flux financiers circulaient principalement à l'étranger, contournant les dysfonctionnements du système budgétaire angolais et créant une grande opacité – ainsi qu'une voie potentielle de fuite des capitaux. Il est aussi possible de le comparer à l'accord sur la dette entre l'Angola et la Russie, mentionné précédemment, car des intermédiaires privés se sont frayés un chemin dans des brèches lucratives au sein de la relation entre les deux pays.

Cette relation a commencé en mars 2004, avec un prêt garanti par le pétrole de 2 milliards de dollars de la Banque d'exportation et d'importation de Chine, pour financer une première série de projets d'infrastructures construits par la Chine. L'emprunt fonctionnait comme une ligne de crédit renouvelable, la Banque d'exportation et d'importation de Chine versant directement des fonds aux prestataires chinois via un compte séquestre, et l'Angola payant en pétrole[64]. En 2007, la Chine prenait le titre de plus grand importateur du pétrole angolais, détrônant les États-Unis. Dans le même temps, les prêts occidentaux garantis par le pétrole se poursuivaient en parallèle des prêts chinois[65].

L'interlocuteur clé entre la Chine et l'Angola était Queensway Group, un réseau d'entreprises basé à Hong Kong, relié par des participations croisées complexes et opaques, possédant des intérêts dans un certain nombre de pays africains, et dirigé par Sam Pa, un influent financier chinois. S'il ne s'agit pas d'un organe officiel de l'État chinois, le réseau entretient toutefois des contacts étroits avec le gouvernement chinois. « Pa et ses associés sont liés à de puissants intérêts à Pékin, notamment au sein des services de renseignement chinois et des entreprises publiques chinoises », indique le *Financial Times* dans une série détaillée. « Le réseau Queensway a joué un rôle essentiel dans la promotion de la quête africaine entreprise par la Chine » (Burgis *et al.* 2014).

Malgré une longue expérience des environnements africains déchirés par la guerre, notamment en Angola, la première percée importante de Sam Pa dans le pays a eu lieu grâce à Helder Bataglia, un homme d'affaire portugo-angolais haut en couleur et controversé ayant des intérêts dans le secteur bancaire, les diamants angolais et d'autres activités s'étendant du Venezuela à l'Irak en passant par l'Allemagne. Queensway a présenté Bataglia à de hauts fonctionnaires chinois, et Bataglia a présenté Queensway à des représentants angolais, dont le patron de Sonangol, Manuel Vicente, qui s'est déplacé en Chine et à Hong Kong plusieurs fois en 2003 et 2004 et a développé une relation étroite avec Queensway (*ibid.*).

En septembre 2004, une entreprise de Queensway, Beiya International Development (BID), a créé une joint-venture avec Sonangol, détenue à 70 % par BID et à 30 % par Sonangol, appelée China Sonangol International Holdings. China Sonangol, se consacrant à la fois à l'acquisition d'intérêts pétroliers en amont et à la souscription de prêts garantis par le pétrole, est devenu l'un des deux organismes d'intervention de Queensway en Angola. L'autre était le China International Fund (CIF), créé en 2003 pour effectuer de la reconstruction d'infrastructures en Angola (parmi d'autres projets internationaux, comme la construction d'une nouvelle ligne de métro à Moscou). Le CIF est rapidement devenu un acteur de premier plan à Luanda. China Sonangol et le CIF ont ensuite créé une dizaine d'entreprises affiliées à Hong Kong et plusieurs autres à Singapour. « Le CIF semble avoir réussi à se positionner entre les gouvernements chinois et angolais », d'après un rapport de 2009 de Chatham House, « et contrôle l'accès aux ressources angolaises » (Vines *et al.* 2009: 51). Derrière ces acteurs de premier plan, les chercheurs de Chatham House ont découvert un labyrinthe complexe d'activités commerciales.

China Sonangol a acquis des parts dans un certain nombre de permis pétroliers angolais, dont une participation dans le prolifique Bloc 18 en eaux profondes de BP. Cette participation aurait été obtenue après que Sam Pa eût persuadé Sonangol de l'accorder à une joint-venture basée dans les Îles Caïmans sous le nom de Sonangol Sinopec International (SSI) et rassemblant Sinopec (le groupe pétrolier et chimique chinois), Dayuan International Development (anciennement les intérêts Beiya de Queensway, renommé après un scandale de fraude[66]) et China Sonangol.

Le CIF a travaillé en Angola avec le Gabinete de Reconstrução Nacional, un organe relevant exclusivement du président dos Santos, contournant encore une fois les contrôles du ministère des Finances. Le rapport de Chatham House décrit une vaste sphère d'influence, incluant « certaines personnalités illustres qui ne sont pas étrangères aux plus hautes sphères du milieu des affaires en Angola », dont Helder Bataglia, Arcadi Gaydamak, Pierre Falcone et le roi israélien du diamant, Lev Leviev. « À travers leurs relations, les contrats ont continué à pleuvoir, et la position du CIF comme intermédiaire vis-à-vis de l'Angola est devenue véritablement imprenable » (Vines *et al.* 2009: 51).

En 2009, la Chine aurait accordé entre 13,4 et 19,7 milliards de dollars de prêts à l'Angola. Environ 50 000 citoyens chinois travaillaient dans le pays, la plupart comme ouvriers sur les projets d'infrastructures, vivant dans des enclaves fermées et ayant peu de contact avec la société angolaise.

Les relations entre les deux pays se sont assez rapidement dégradées, notamment en raison d'accusations selon lesquelles les entreprises chinoises excluaient les Angolais, de plaintes concernant des irrégularités financières, de l'inaction et du racisme, et d'autres problèmes encore. En 2007, un journaliste français venu visiter un site de construction démantelé à cause de différends contractuels a entendu de la bouche d'un ancien gardien : « Les Chinois ont passé des mois à monter le chantier et à ramener des bulldozers flambant neufs.

Ensuite, au lieu de réparer la ligne, ils ont tout démantelé, ont mangé leurs chiens et sont partis » (Michel 2009). Depuis la chute des prix du pétrole en 2014, les relations sont devenues moroses, ponctuées de défauts de paiement et de projets retardés, ce qui ajoute aux difficultés.

Si elles ont fourni certains avantages publics concrets à l'Angola, les relations de Sonangol avec la Chine ont aussi apporté de superbes bénéfices privés à un réseau d'intermédiaires opaques. Puisque la majorité de ces flux financiers évoluent à l'étranger, circulant dans des structures chinoises ou privées qui réalisent des projets d'une valeur difficile à mesurer, les estimations standards ont du mal à saisir la fuite des capitaux qui en résulte. Il est vraisemblable que l'État chinois ait également subi des pertes à cause de ces intermédiaires. Le groupe Queensway est devenu suffisamment influent dans chaque pays pour se rendre indispensable dans les relations bilatérales. Il tire parti de cette position pour obtenir des privilèges considérables – un autre exemple des réseaux de pillage internationaux qui ont cours par-delà des frontières nationales.

AU-DELÀ DU PÉTROLE

Les possibilités d'enrichissement des élites en Angola ne se limitent pas au secteur pétrolier. D'autres voies existent : l'octroi de prêts importants à des individus haut-placés, souvent parrainés par l'État (comme le montre ci-dessous l'affaire Espírito Santo) ; des marchés publics possédant un potentiel de détournement de fonds à grande échelle ; un accès préférentiel aux devises étrangères en période de taux de change multiples ; et l'octroi (ou la vente en deçà de leur valeur réelle) de parts dans des entreprises de valeur. Cette section se concentre sur le commerce international non pétrolier, dans lequel la contrebande et la fausse facturation non seulement constituent des opportunités d'enrichissement mais servent aussi de vecteurs de la fuite des capitaux.

Contrebande

La contrebande « pure » est un mécanisme simple et sommaire : un acteur transporte clandestinement des biens par-delà les frontières, les vend et cache l'argent à l'étranger. Comme évoqué précédemment, il serait difficile de faire sortir du pétrole clandestinement d'Angola étant donné les contrôles en place. Ce n'est toutefois pas le cas d'autres produits d'exportation.

Au cours d'entretiens, certains économistes, dont Carlos Rosado, un éminent économiste angolais, ont fait état d'une importante contrebande de bois, notamment en Namibie, au sud de l'Angola, et en Zambie, à l'est de l'Angola[67]. En 2018, un journal angolais indiquait que le marché de Luvo, à la frontière nord de l'Angola avec la République démocratique du Congo (RDC), recevait l'équivalent de cinquante camions de 36 tonnes en ciment angolais *par jour* à vendre en RDC (Filipe et Bernardo 2018). Puisque Luanda est souvent classée comme la ville la plus chère du monde, il est relativement anormal, comme me l'a sarcastiquement fait remarquer un banquier, que les exportateurs angolais puissent proposer des prix inférieurs à ceux des entreprises congolaises[68]. Voici comment cela est possible :

> Les importations leur coûtent très peu cher. En fait, ces entreprises parviennent à acheter à un taux de change subventionné. Ces entreprises qui disposent de devises étrangères achètent tout ce qu'elles peuvent et sont capables de faire pression sur la banque centrale. Elles ne revendent pas en Angola ; elles introduisent clandestinement leurs marchandises au Congo, où elles se font payer en dollars. Elles reçoivent des devises fortes, et elles se font des tonnes d'argent.[69]

Au prix prudent de 100 dollars par tonne de ciment, cinquante camions de 36 tonnes par jour équivaudraient à 60 millions de dollars par an – et on ne parle ici que du marché de Luvo, et que de ciment. Ce genre de témoignages anecdotiques laissent à penser que les montants totaux des exportations de contrebande pourraient être considérables.

Un autre mécanisme de fuite des capitaux implique le transport de dollars en espèces dans des valises. Un banquier angolais qui a travaillé à la BNA m'a raconté que des banques commerciales et des bureaux de change vendaient des milliards de dollars à leurs clients. Les personnes politiquement exposées, a-t-il expliqué, « ne passent pas par les mêmes circuits que moi à l'aéroport. Elles peuvent facilement emporter une valise »[70]. En principe, ce type de fuite des capitaux est mesurable par l'asymétrie entre les entrées et les sorties de devises, puisque les dollars entrent dans le système bancaire de manière mesurable, et en ressortent de manière non mesurable, dans des valises.

Fausse facturation des exportations : le cas des diamants

La fausse facturation des exportations constitue un autre vecteur de fuite des capitaux. Dans ce cas, les exportations ne sont pas enregistrées à leur pleine valeur, mais au moyen d'une sous-évaluation délibérée de leur quantité, de leur prix, ou des deux : un phénomène considéré comme de la contrebande « technique » (par opposition à la contrebande pure, où les biens ne sont tout simplement pas déclarés). Par exemple, une entreprise peut exporter pour 10 millions de dollars de café, mais n'en déclarer sur les documents officiels que 7 millions, remettant ce montant à la BNA, comme l'exige la loi, et placer les 3 millions restants sur un compte privé *offshore* indétectable par les autorités angolaises. La réduction des bénéfices enregistrés permet également d'alléger les impôts de l'entreprise.

Les diamants représentent un circuit bien plus important de fausse facturation des exportations et de contrebande. Officiellement, d'après le FMI et les rapports gouvernementaux officiels, les exportations de diamants de l'Angola rapportaient entre 500 millions et 1 milliard de dollars par an à la fin des années 1990 et au début des années 2000. Une production supplémentaire dont le volume n'est pas connu a été extraite clandestinement des mines de diamants gouvernementales. De larges quantités sont aussi sorties des zones détenues par l'UNITA jusqu'à la fin des années 1990, lorsque les forces gouvernementales l'ont repoussée hors des zones diamantifères[71].

Les ventes de diamants de l'Angola n'ont pas toujours suivi parfaitement les délimitations militaires. Beaucoup ont été déterrés par des mineurs modestes (parfois appelés « artisanaux »), qui faisaient cela pour survivre et n'avaient souvent aucune loyauté particulière envers un camp ou l'autre. Leurs diamants étaient achetés en Angola et dans les pays voisins. L'un des principaux acheteurs à l'intérieur du pays était une entreprise du nom de RDR, en partie détenue par la fille du président, Isabel dos Santos. RDR était un prédécesseur du monopole de commercialisation des diamants Ascorp, contrôlé par l'État et qui a démarré ses activités en 2000, Isabel dos Santos détenant une part de 25 % à travers une entreprise basée à Gibraltar, Trans Africa Investment Services (TAIS), qu'elle dirigeait avec sa mère russe, Tatiana. On ne sait pas exactement comment elle a obtenu ces parts, ni quel montant de son propre capital elle a versé dans ces entreprises[72].

En 1998, Global Witness a publié un rapport, *A Rough Trade*, sur les liens entre l'industrie diamantaire de l'Angola et la guerre civile. Cette publication a amorcé une campagne mondiale pour mettre fin au commerce des « diamants de sang » et a contribué à l'établissement du Kimberley Process, un programme de certification diamantaire mis en place en 2003 par les Nations unies.

Les diamants issus de l'Angola dévasté par la guerre se vendaient à prix réduits en raison de leur provenance douteuse. Des stratagèmes avaient été imaginés pour les blanchir en dissimulant leur origine. Une entreprise belge, du nom d'Omega, aurait acquis des diamants à bas prix et les auraient amenés à Luanda, où elle a obtenu des certificats Kimberley établissant leur origine dans les mines officielles[73]. Les diamants ont ensuite été envoyés à Dubaï, où ils ont été mélangés à des diamants congolais avant de recevoir de nouveaux certificats Kimberley indiquant une « origine mixte », accompagnés de nouvelles factures majorant leur valeur au prix plein du marché. À une période, environ 100 millions de dollars de diamants angolais auraient emprunté ce circuit tous les mois, les paiements étant transmis par l'intermédiaire « d'une farandole de sociétés écran domiciliées dans des paradis fiscaux », dont le Luxembourg, les Îles Vierges britanniques et Chypre (Sharife et Grobler 2013).

Il est possible d'estimer l'ampleur de la contrebande et de la fausse facturation des diamants angolais qui ont eu cours ces dernières années. La base de données Comtrade des Nations unies couvre les exportations angolaises de diamants depuis 2007, permettant de comparer les données miroir avec les importations enregistrées par les partenaires commerciaux. Ces comparaisons révèlent des écarts considérables : sur la période 2007–2018, les exportations angolaises enregistrées de diamants atteignaient 13,1 milliards de dollars, tandis que les importations enregistrées par ses partenaires commerciaux s'élevaient à 18,2 milliards de dollars, soit un écart de plus de 5 milliards de dollars[74]. Cela donne à penser que les mesures de fuite des capitaux qui n'incluent pas d'ajustements pour la fausse facturation sous-évaluent probablement son ampleur réelle.

Dans beaucoup d'autres pays, l'ampleur générale de la fausse facturation peut être estimée en comparant les exportations (ou les importations) enregistrées du pays aux importations (ou aux exportations) enregistrées de ses partenaires commerciaux. Mais dans le cas de l'Angola, c'est généralement impossible, en raison de la comptabilisation défaillante du gouvernement ; à défaut, des sources comme la *Direction of Trade Statistics* du FMI se contentent de déduire les données de l'Angola des valeurs déclarées par ses partenaires commerciaux (voir Ndikumana et Boyce, chapitre 2 du présent ouvrage).

Importations et fuite des capitaux

Le secteur des importations offre une voie encore plus importante pour la fuite des capitaux. Au cours de la décennie dorée, entre 2002 et 2014, l'Angola aurait importé pour 205 milliards de dollars de biens et de services, d'après les données de la BNA, auxquels s'ajoutent 83 milliards de dollars sur la période 2015–2020.

Un moyen consiste à surévaluer des contrats destinés au marché public. Un homme d'affaires expérimenté explique :

> Tous les contrats doivent avoir un partenaire local, qui pouvait empocher environ 30 % du contrat, et qui ne ferait pas grand-chose dans le cadre de ce contrat. Il s'agit d'une fuite évidente vers des entreprises disposant d'appuis politiques... Cette fuite permettra de payer tous les pots-de-vin qu'il faut verser aux ministres et autres pour que le contrat soit payé.[75]

La part de 30 % ne sort pas du néant : comme plusieurs personnes interviewées le confirment, ce n'est pas un pourcentage inhabituel. Le même homme d'affaires a ensuite décrit un contrat récent d'une valeur de plusieurs centaines de millions de dollars qui a été directement attribué à un Angolais haut placé :

> L'argent est d'abord versé par le gouvernement angolais à une entreprise étrangère. Une partie de cet acompte peut être, en théorie, payé au partenaire local. Mais ce partenaire local apparaît comme une entreprise étrangère. Ce que [la personne] a immédiatement demandé dans ce cas était que l'argent soit payé sur un compte *offshore*.

Lorsque les contrats de marché public « gonflés » impliquent des biens et des services importés, comme c'est généralement le cas, le coût actuel des importations est souvent surévalué dans les documents commerciaux.

Mais la surfacturation des importations ne se limite pas au marché public : il s'agit d'un mécanisme largement répandu concernant la fuite des capitaux illicites à travers le monde. Toute personne expérimentée à qui j'ai parlé de cette pratique en Angola savait exactement de quoi il s'agit et a confirmé qu'il s'agissait d'un moyen courant d'exporter clandestinement des dollars. Mettons, par exemple, qu'une entreprise importe des biens d'une valeur de 7 millions de dollars et soumette à la BNA des documents indiquant qu'ils ont coûté 10 millions de dollars. La BNA fournit 10 millions de dollars en devise forte à l'entreprise, en échange de kwanzas au taux de change officiel (souvent subventionné), et l'entreprise remet ensuite 7 millions de dollars à son fournisseur et envoie les 3 millions restants sur un compte *offshore* privé.

Dans des cas plus extrêmes, l'argent quitte l'Angola pour acheter des importations fictives. Des personnes interviewées m'ont raconté des histoires incroyables, dans lesquelles des centaines de millions de dollars ont été payés à des entreprises étrangères sans que le fournisseur étranger présumé n'ait jamais reçu de commande d'équipement. Dans d'autres cas, l'équipement est importé puis laissé à l'abandon, car le but de la transaction n'était pas d'obtenir l'équipement mais de faire sortir des dollars.

Les services sont souvent plus faciles à manipuler que les biens, leur valeur étant plus difficile à identifier. « Il s'agit d'une méthode classique en Angola », explique un représentant du gouvernement. « Vous payez pour des services de conseil fictifs à une entreprise enregistrée à l'étranger pour faire sortir l'argent du pays »[76]. Si les services ne sont pas fictifs, ils peuvent être surévalués afin d'être placés en tête de la file d'attente pour obtenir des dollars auprès de la Banque centrale en période de pénurie, la différence étant ensuite placée sur un compte privé *offshore*.

Il existe aussi des avantages à sous-facturer les importations. Par exemple, si les droits de douane sur les biens importés sont de 10 % (ce qui est courant en Angola), un importateur qui fait entrer des biens d'une valeur de 10 millions de dollars doit payer 1 million au gouvernement. Si l'importateur soumet une facture déclarant que les biens ne valent que 5 millions de dollars, il ne paiera que la moitié de cette somme (et s'il les fait entrer clandestinement dans le pays sans déclarer aucune importation, il ne paiera rien). Dans l'ensemble, les avantages de la surfacturation des importations à des fins de fuite des capitaux et de la sous-facturation à des fins de contournement des droits de douane vont dans des directions opposées. Lorsqu'il est possible de comparer les données miroir avec les partenaires commerciaux, ces comparaisons peuvent seulement révéler leur impact net, sous-estimant ainsi l'ampleur de la fuite des capitaux et de la contrebande[77].

Le retour du manège des taux de change

Au cours des premières années de la décennie dorée, les dollars étaient relativement abondants et les écarts de taux de change se réduisaient, atteignant parfois la parité et la libre convertibilité. Ce faisant, une possibilité d'enrichissement personnel se fermait (mais l'abondance des dollars du pétrole rendaient d'autres formidables sources disponibles ailleurs). Mais lorsque les prix du pétrole ont chuté en 2014, le gouvernement s'est remis à rationner les dollars, et lors de ma visite en 2017, la prime de change parallèle du dollar était d'environ 300 %.

Les subventions du taux de change finissaient rarement dans les poches des consommateurs grâce à des prix réduits, mais plutôt entre celles des riches hommes d'affaires qui dominaient le commerce d'importation (et avaient recours à la fausse facturation des importations et à d'autres combines pour intercepter leurs bénéfices dans la fuite des capitaux). Arnaldo Lago de Carvalho, un ancien directeur général angolais actif dans le secteur des importations (bien qu'essentiellement dans l'industrie pétrolière), m'a dit :

> Les prix dans les supermarchés sont complètement irrationnels, comparés à ceux des marchés en Afrique du Sud. Ils sont trois à quatre fois plus

élevés. Tout cela doit être étudié. Les importations ont toujours constitué un moyen pour l'argent de s'échapper. Les prix des médicaments sont dix fois plus élevés que ceux des pharmacies de Lisbonne. Le bœuf, le lait, le jus, les œufs... tout est importé.

Il indique que les hauts responsables angolais à la tête de grandes entreprises et de chaînes de supermarchés qui importent des biens de consommation sont les principaux bénéficiaires des écarts de taux de change[78].

RETOUR DE FLAMME AU PORTUGAL

Lisbonne a longtemps été le terrain de jeu privilégié des élites angolaises à l'étranger, de la même manière que les riches Nigérians se tournent vers Londres (ou New York) ou les riches Ivoiriens vers Paris. Dans les dernières phases de la décennie dorée de l'Angola entre 2002 et 2014, lorsque les prix du pétrole étaient élevés et que l'économie portugaise elle-même stagnait, l'ampleur de l'influence angolaise était telle que certaines personnes au Portugal se sont inquiétées d'un « colonialisme inversé ». Les Angolais ont acquis des parts importantes dans le système bancaire portugais, les entreprises du secteur de l'énergie et des médias, ainsi que de grandes propriétés immobilières, des vignobles et des équipes de sport (Costa *et al.* 2014 ; Ames 2015).

Après l'effondrement des prix du pétrole et sous l'impulsion de rapports diffusés par les médias alarmant des interventions angolaises au Portugal, des juges portugais ont commencé à engager des poursuites pour corruption à l'encontre de hauts responsables angolais. En février 2017, des procureurs portugais ont accusé le vice-président angolais et ancien directeur général de Sonangol, Manuel Vicente, d'avoir soudoyé un magistrat pour suspendre une enquête de 2012 sur l'origine de fonds utilisés pour l'achat d'un appartement au Portugal[79]. De manière plus spectaculaire, en mars 2020, un juge portugais a ordonné la saisie des biens d'Isabel dos Santos au Portugal, à la suite d'un appel à l'aide de la part de l'Angola pour récupérer un montant présumé de 1,1 milliard de dollars soustrait de l'État angolais[80].

L'affaire Banco Espírito Santo

Au milieu de l'année 2014, les marchés boursiers européens ont commencé à chuter en raison des rumeurs selon lesquelles la Banco Espírito Santo, l'une des plus grandes banques du Portugal, vieille de 140 ans, était en difficulté. Fondée par la famille aristocratique Espírito Santo, la banque était contrôlée par une société de holding au Luxembourg, Espírito Santo Financial Group, dotée d'une structure complexe de participations et de participations croisées, dont la plupart sont détenues dans des juridictions *offshore*. Le groupe disposait d'intérêts relatifs au commerce et à l'extraction diamantaire en Angola par l'intermédiaire de son groupe Escom (fondé et en parti détenu par Helder Bataglia, mentionné plus haut dans la section sur les relations entre la Chine et Sonangol).

En 2001, Banco Espírito Santo est devenue la première banque étrangère à intégrer une filiale angolaise, Banco Espírito Santo Angola (BESA). Deux ans plus tard, BESA a vendu 19 % de ses parts à une entreprise du nom de GENI Novas Tecnologías S.A., contrôlée par Isabel dos Santos, et en 2009, 24 % à Portmill Investimentos e Telecomunicações, une entreprise contrôlée par le « triumvirat présidentiel » formé par le Général « Kopelipa », le Général Dino et Manuel Vicente[81].

Des audits ultérieurs ont révélé que, entre 2009 et 2013, BESA a distribué des milliards de dollars à travers l'octroi de prêts à risque à des personnes soupçonnées d'être des membres de l'élite du MPLA, et en 2013, l'entreprise a accordé des crédits d'une valeur largement supérieure au double de la valeur des dépôts des clients[82]. KPMG, l'auditeur de la banque, n'a alerté sur ces problèmes qu'après qu'ils soient devenus publics (le cabinet sera plus tard sanctionné par la Banque du Portugal)[83]. Mais des préoccupations ont rapidement commencé à apparaître. Un rapport interne de BPI, une banque portugaise rivale, datant de janvier 2013, reconnaissait que le groupe Espírito Santo était en effet insolvable depuis 2011[84].

En décembre 2012, le directeur général de BES, Ricardo Salgado, a rencontré le président dos Santos et a annoncé une augmentation du capital de 500 millions de dollars pour financer l'expansion de ses agences bancaires en Angola (le nombre d'agences passant de 40 à 71, en plus d'un bureau de « services bancaires pour particuliers fortunés » et de cinq bureaux de « services bancaires d'entreprise »). Au même moment, dans un geste notable, le gouvernement angolais a accepté de garantir 70 % du portefeuille des prêts de BESA. Il y avait, comme l'a décrit une personne interviewée à Lisbonne, un « canal de liquidité » entre la maison mère BES et sa filiale angolaise[85].

À mesure que les préoccupations des investisseurs ont augmenté concernant BES, la filiale angolaise est devenue un sujet d'inquiétude. Le journal portugais *Expresso* a déclaré en juin 2014 que BESA « ignorait » l'identité des bénéficiaires des prêts d'une valeur totale de 5,7 milliards de dollars, soit environ quatre cinquièmes de l'ensemble de son portefeuille d'emprunt[86]. En août de la même année, poussée par les inquiétudes de la Banque centrale européenne et consciente du fait qu'une chute brutale des prix du pétrole risquait non seulement de compromettre un bon nombre de crédits de la BESA liés à des réseaux politiques, mais aussi de rendre plus difficile pour dos Santos le maintien de la garantie angolaise de ces prêts, la Banque du Portugal est intervenue pour renflouer la maison mère BES et la diviser en deux entités : une entité opérationnelle durable et une structure de défaisance (« *bad bank* ») contenant les actifs problématiques.

Des enquêtes ultérieures ont mis au jour d'autres complications, dont une histoire intéressante impliquant le paradis fiscal de Dubaï, célèbre pour son attitude « rien vu, rien entendu ». D'après une minutieuse enquête de la chaîne de télévision portugaise SIC Notícias, en 2007, le groupe Espírito Santo a intégré une filiale, ES Bankers (Dubai), à Dubaï[87]. Les échanges divulgués entre la Banque du Portugal et l'Autorité des services financiers de Dubaï ont révélé que cette entité servait de plaque tournante secrète *offshore* pour l'argent angolais, et que ce dernier ainsi que d'autres fonds, dont l'argent issu de petits épargnants au Portugal, étaient utilisés pour recapitaliser d'autres entités au sein du groupe Espírito Santo qui a été durement touché[88].

SIC Notícias a révélé que 563 millions de dollars avaient été transférés de la BNA à ES Bankers (Dubai) en 2010. Cette somme a ensuite été envoyée à une entité d'Espírito Santo à Londres, en partie pour acheter les titres de créances du groupe ES. 750 millions de dollars d'argent angolais ont aussi été trouvés dans une entité installée à Dubaï en 2011, dont 61 % reposaient dans les comptes de seulement quatre « personnes politiquement exposées » angolaises, Kopelipa en détenant 284 millions à lui seul. Cet argent a ensuite été envoyé à l'étranger pour acheter des parts de la maison mère Espírito Santo, puis placé dans des « dépôts fiduciaires » auprès du groupe ES, au Panama[89]. « Entre Luanda et Dubaï, un pont aérien avait été créé, à travers lequel circulaient des millions d'euros d'un argent d'origine douteuse », concluait l'enquête de SIC Notícias, « comme si la filiale BES à Dubaï s'était transformée en un géant du blanchiment d'argent pour le compte du régime angolais »[90]. D'après SIC Notícias, un autre subterfuge visant à consolider le capital du groupe impliquait des instruments financiers originaux, commercialisés comme des produits « d'épargne » à taux d'intérêt élevé, pour aspirer les dépôts d'investisseurs portugais peu méfiants, dont un grand nombre ont perdu leurs économies dans la débâcle[91].

Le groupe Espírito Santo était autrefois une solide banque de « l'ordre établi » au Portugal, mais il s'est finalement transformé en maillon central d'un réseau financier transnational amassant les richesses pour quelques proches, tout en nuisant aux finances de l'Angola et du Portugal. Lorsque BES s'est effondré en 2014, il s'est avéré que le trou présent dans les derniers comptes financiers de la banque, s'élevant à 5,3 milliards d'euros, était quasiment de la même taille que la garantie de 5,7 milliards de dollars fournie au groupe par le président dos Santos en 2013. Cela démontre que les flux financiers illicites hors d'Afrique non seulement nuisent aux Africains, mais entraînent aussi de douloureux « retours de manivelle » dans les pays (principalement occidentaux) qui réceptionnent ces flux.

Isabel dos Santos et les Luanda Leaks

Isabel dos Santos, la fille du président José Eduardo dos Santos, réputée pour être la femme la plus riche d'Afrique, est un acteur central de la relation étroite entre l'Angola et le Portugal[92]. Elle se présente comme une femme d'affaires et entrepreneuse prospère, dynamique et intelligente, qui a fait ses débuts en vendant des œufs à six ans (*Guardian* 2020)[93]. Ses comptes Instagram et Facebook renvoient l'image d'une *businesswoman* énergique et chic, se frayant un chemin dans un milieu d'hommes de Luanda jusqu'à Lisbonne, et au-delà. D'autres avis, moins indulgents, l'accusent d'utiliser son inébranlable position (jusqu'à ce que son père quitte le pouvoir en septembre 2017) pour assouvir son emprise sur des éléments stratégiques de la position de l'Angola dans l'économie mondiale et pour les exploiter à des fins personnelles.

Isabel dos Santos est entrée dans la conscience collective angolaise en 1997, à l'âge de 24 ans, lorsqu'elle est devenue associée du Miami Beach, l'un des restaurants en bord de plage les plus en vue de Luanda. Son investissement aurait été minimal et elle aurait aidé le propriétaire qui rencontrait des difficultés avec les inspecteurs de l'hygiène et les autorités fiscales (Dolan 2013). J'ai pris conscience de ses aspirations démesurées pour la première fois en 1999, quand j'ai fait des recherches sur ses intérêts diamantaires pour le magazine *Africa Confidential* (Shaxson 1999). Des articles de presse ultérieurs rapportent qu'à ce moment-là, elle avait déjà créé sa première entreprise *offshore* dans le paradis fiscal britannique de Gibraltar, en collaboration avec sa mère Tatiana, afin de dissimuler ses parts dans les diamants angolais[94]. Elle est ensuite devenue une actionnaire importante d'Ascorp, le monopole officiel d'achat de diamants de l'État angolais, et a commencé à accumuler progressivement des parts dans le système bancaire, les transports routiers, les télécommunications, l'énergie, la vente au détail, la construction, les médias et d'autres secteurs de l'économie.

Au fil des années, les enquêtes de Rafael Marques de Morais, éminent journaliste angolais et militant anticorruption, emprisonné pour avoir exposé l'enrichissement privé de hauts responsables du gouvernement[95], et plus récemment celles menées dans le cadre des « Luanda Leaks » du Consortium international des journalistes d'investigation (ICIJ) ont révélé un système labyrinthique de plus de 400 entreprises accumulées par Isabel dos Santos et son mari, Sindika Dokolo[96].

Les actifs les plus prestigieux d'Isabel dos Santos étaient ses parts dans l'entreprise extrêmement rentable de télécommunications Unitel. Cette dernière a été créée en 2001 pour concurrencer l'entreprise publique Movicel. J'ai interviewé au début des années 2000 un cadre de la nouvelle branche d'Unitel installée dans la province de Huambo – à une époque où la pauvreté était si grande que sur les marchés on vendait des allumettes par petits paquets de cinq ou dix enroulés dans du fil car les gens n'avaient pas assez d'argent pour acheter la boîte d'allumettes entière – et j'étais abasourdi qu'il me dise que cette branche brassait tous les jours des milliers de dollars. L'ICIJ a rapporté qu'Unitel servait de « distributeur automatique de billets », versant plus de 5 milliards de dollars en dividendes aux actionnaires entre 2006 et 2015 (Freedberg *et al.* 2020: 7). Sur la majeure partie de cette période, Unitel avait quatre actionnaires détenant chacun 25 % : MSTelecom, une filiale de Sonangol ; PT Ventures, appartenant à l'entreprise brésilienne de télécommunications Oi ; Geni, appartenant au Général Leopoldino do Nascimento « Dino » ; et Vidatel, contrôlé par Isabel dos Santos[97]. Si les calculs de l'ICIJ sont corrects, cela signifierait qu'environ 2,5 milliards de dollars ont été versés à des entreprises contrôlées par deux des personnalités les plus importantes dans la constellation dos Santos : Isabel dos Santos et le Général Dino.

La nomination d'Isabel dos Santos à la tête de Sonangol dans les derniers mois de la présidence dos Santos a été justifiée par son influence politique et son regard neuf d'école de commerce dont elle allait faire bénéficier l'entreprise. Mais dans un entretien en septembre 2017, un représentant d'une compagnie pétrolière internationale s'est montré virulent sur le rôle d'Isabel dos Santos :

> Au mois de juin, Isabel a déclaré : « Nous voulons de l'argent, ce qui implique d'accélérer la production ». Les CPI (compagnies pétrolières internationales) ont répliqué : « Vous allez détruire les champs pétrolifères ». La production est déjà à la baisse.[98]

Cela pourrait confirmer que le réseau familial des dos Santos a opéré une « tentative de fin de régime » en cherchant à maximiser leurs revenus en prévision du départ imminent du président dos Santos, quel qu'en soit le coût pour les futurs revenus de l'État.

Un ancien représentant expérimenté du secteur pétrolier à Luanda a ajouté :

> Isabel dos Santos ne connaît rien au pétrole et elle n'a aucune compétence en gestion… Si l'on veut réformer Sonangol, il faut une stratégie et des gens qui savent ce qu'ils font à l'intérieur de l'entreprise. Au lieu de cela, elle s'est rendue au Boston Consulting Group et y a créé une atmosphère très mauvaise. Ils ont parachuté des jeunes cadres portugais, marginalisant ainsi des cadres angolais plus expérimentés, des gens correctes.[99]

Le *New York Times* a signalé que, lorsque Boston Consulting et d'autres entreprises internationales, dont McKinsey et PricewaterhouseCoopers (PwC), ont signé pour aider à restructurer Sonangol, ils ont accepté d'être payés non pas directement par le gouvernement angolais, mais par une entreprise maltaise du nom de Wise Intelligence Solutions, qui a agi à titre de gestionnaire de projet dans la restructuration de Sonangol – et appartenait en fait à Isabel dos Santos et à son mari[100]. En mai 2017, Wise a été remplacé par une entreprise installée à Dubaï et appartenant à un ami d'Isabel dos Santos – et les frais du projet ont grimpé en flèche. Quelques heures après son renvoi de Sonangol par la nouvelle administration en novembre 2017, 38 millions de dollars auraient été envoyés à la société écran de Dubaï[101].

Le rôle joué par ces entreprises et d'autres cabinets de conseil en gestion et en comptabilité mentionnés dans les Luanda Leaks – dont les Big Four, les quatre plus grands groupes d'audit, PwC, KPMG, Deloitte et EY – présente plusieurs caractéristiques communes.

Premièrement, les cabinets de conseil et de comptabilité ont joué un rôle disproportionné dans les affaires commerciales d'Isabel dos Santos. Lorsque les banques entendent parler d'Isabel dos Santos, « elles s'enfuient comme le diable devant la croix », a cité le *New York Times*, de la bouche d'un responsable des finances d'entreprise portugais, qui a géré un grand nombre de ses entreprises. Étant bien moins réglementés que les banques, indique le *Times*, les cabinets de conseil « se sont aisément inclus dans ses affaires »[102].

Deuxièmement, si ces entreprises sont souvent vues comme des conseillers technocrates auprès d'entreprises et de gouvernements inexpérimentés, il est plus juste de les décrire comme des conseillers technocrates auprès des élites. Pour reprendre les mots du professeur Ricardo Soares de Oliveira, « [ces cabinets] se présentent comme des prestataires polyvalents dans tout ce qu'entreprennent ces élites »[103].

Troisièmement, l'expertise technocratique qu'ils fournissent a sans doute, paradoxalement, davantage miné les capacités techniques de l'Angola qu'elle ne les a améliorées. Comme l'observe Soares de Oliveira :

> L'incapacité du gouvernement à assouvir ses ambitions tout seul et son désir d'obtenir des résultats du jour au lendemain l'a poussé à dépenser des sommes folles auprès de tous les conseillers et sous-traitants que l'argent du pétrole permettait d'acheter. La « culture du conseil » généralisée qui en a résulté signifie que, même là où l'Angola semble jouer un rôle, les tâches sont en fait effectuées par KPMG, Ernst & Young, McKinsey, Deloitte et des prestataires internationaux de moindre importance fournissant une myriade de services grassement rémunérés par les Angolais... Il est préoccupant de voir que, dans ces accords, les Angolais semblent rarement intéressés par un « apprentissage concret et technique » ou un transfert de compétences... De leur côté, les étrangers ne sont pas pressés de se faire licencier (Soares de Oliveira 2015: 76).

Un dirigeant d'entreprise a ajouté que cette culture impliquait « des affaires juteuses et sans fin pour lui et ses concurrents » (*ibid.*).

Quatrièmement, les cabinets de conseil et d'audit internationaux non seulement fournissent des services techniques mais aussi font figure « d'interface avec les acteurs internationaux », explique Soares de Oliveira. « Cet aspect est essentiel : ils constituent une plaque tournante sur le monde extérieur »[104]. Cela nous renvoie au concept de « pouvoir de marché » ancré dans la capacité à contrôler des éléments cruciaux de l'économie, en exploitant le savoir et les connexions politiques pour générer des bénéfices.

Les activités d'Isabel dos Santos illustrent les larges zones d'ombre qui apparaissent lorsqu'on essaie de distinguer les flux financiers licites des flux financiers illicites. Par exemple, les dividendes qu'Unitel verse à Isabel dos Santos et au Général Dino ne sont pas pris en compte dans les mesures habituelles de fuite de capitaux, soit parce qu'ils ont été enregistrés dans les données angolaises et portugaises en tant que flux normaux, soit parce qu'ils ont suivi des circuits *offshore* détournés et n'ont donc jamais été en contact avec les systèmes de paiement angolais. Que ces paiements comportent un élément illicite ou non, beaucoup considèrent cet argent comme une perte de capital pour l'Angola.

LES BANQUIERS

Le cœur de métier des banquiers privés internationaux, dont les sociétés d'investissement privées, les fonds de couverture et autres gestionnaires d'actifs, est d'attirer ce qu'on appelle dans le milieu « l'argent des autres » ou OPM (*Other People's Money*) afin de pouvoir en retirer des frais d'investissement et de gestion. Plus ils obtiennent d'OPM, plus ils prélèvent de frais. Un moyen important d'attirer de l'OPM consiste à promettre des opportunités de placement crédibles et attractives ainsi que des bénéfices élevés aux investisseurs extérieurs. Un autre moyen est d'offrir le secret bancaire dans des paradis fiscaux ou ailleurs.

L'OPM quitte souvent des pays comme l'Angola pour rejoindre des pays comme les États-Unis ou le Royaume-Uni par l'intermédiaire de sociétés écran dans des juridictions bénéficiant du secret bancaire, comme les Îles Caïmans et Jersey, dont le rôle est d'effacer les caractéristiques d'identification de l'OPM, permettant au capital de pénétrer dans les économies occidentales de manière anonyme et aux investisseurs de dissimuler l'origine de leurs fonds[105].

Des personnes interviewées ont déclaré que les Angolais recherchaient souvent quelque chose de peu « complexe » à cet égard et qu'ils n'étaient pas forcément motivés par la perspective d'engranger des bénéfices élevés. Comme l'a souligné un homme d'affaires européen :

> Les Angolais sont extrêmement conservateurs en ce qui concerne leur argent dissimulé à l'étranger. On m'a dit que l'argent qui est déposé dans des banques suisses est placé sur des comptes à faible taux d'intérêt, la forme de rendement la plus faible... Ils s'enrichissent dans leur propre pays, sans forcément chercher à ce que cet argent qu'ils ramènent à l'étranger ne fructifie.[106]

Il ne s'agit pas seulement d'un phénomène angolais. Un représentant de Citibank à Mexico disait la même chose à James Henry, spécialiste en flux financiers : « Mes clients transfèrent leur argent à l'étranger pour le garder en lieu sûr... Quand ils veulent faire 200 % de bénéfices dessus, ils gardent l'argent ici »[107].

Le fonds souverain de l'Angola

Les banquiers parviennent aussi à gérer des actifs qui appartiennent, du moins en principe, à des gouvernements. Le fonds souverain de l'Angola a été créé en 2011, avec une subvention initiale du gouvernement de 5 milliards de dollars. Il était présidé par José Filomeno dos Santos, le fils du président. Pendant la période dos Santos, le site internet du fonds souverain déclarait investir dans l'immobilier, les bons du Trésor, les fonds propres, les instruments financiers dérivés et d'autres instruments financiers, principalement à travers des fonds d'investissement privés[108].

Le principal gestionnaire d'actifs du fonds souverain angolais était Quantum Global, un groupe créé en 2007 et dirigé par Jean-Claude Bastos de Morais, un ami personnel de José Filomeno dos Santos, et que le site internet de Quantum décrivait comme « un citoyen suisse et africain fasciné par le rêve de libérer et développer le pouvoir économique de l'Afrique »[109]. Quantum a reçu des fonds à la fois d'individus privés et de l'État angolais. Un banquier à Luanda m'a confié : « Le rôle de Quantum était d'acheminer des fonds de l'Angola vers la Suisse »[110].

D'après le site internet de Quantum, ses deux principales filiales sont une entreprise de gestion d'investissements de portefeuille domiciliée à Zoug, en Suisse, et une société d'investissement privée basée à Maurice (un paradis fiscal populaire auprès des investisseurs africains)[111]. Le site décrivait aussi une joint-venture avec une entreprise mondiale spécialisée dans l'immobilier et des placements immobiliers dans des quartiers chics de Londres (Savile Row à Mayfair), New York (la Cinquième Avenue), Paris (la tour Blanche à la Défense) et Munich (l'Atrium). D'après un compte-rendu de la BBC, Bastos de Morais a été reconnu coupable en Suisse de « crimes qualifiés de détournement » (Meisel et Grossman 2017)[112].

Des porte-parole de Quantum et du fonds souverain angolais ont déclaré à l'ICIJ que l'entreprise avait été nommée comme gestionnaire d'actifs en raison de ses « performances exemplaires » dans le cadre de missions précédentes auprès des autorités angolaises, et que l'amitié entre Bastos et José Filomeno n'avait rien à voir avec la nomination de Quantum (Fitzgibbon 2017).

Le système bancaire angolais

Le système bancaire angolais revêt une importance centrale dans le modèle de développement national adopté par l'Angola depuis la fin de la guerre, largement entre les mains des élites. Jusqu'au début des années 1990, le secteur bancaire angolais était largement détenu par l'État. Les banques portugaises ont petit à petit commencé à établir leur présence à partir de 1993. L'essor des banques privées angolaises a suivi, débutant en 1997 avec la création de la Banco Africano de Investimentos (BAI, aujourd'hui encore la plus grande banque privée d'Angola, dont Sonangol est le plus gros actionnaire). Ces banques privées étaient en partie détenues par des personnalités influentes étroitement liées au MPLA et au président dos Santos[113]. « Toutes les personnes importantes détiennent des parts, mais les enfants de l'ancien président sont particulièrement bien représentés », observe

Ferreira et Soares de Oliveira (2019: 58). Les avoirs d'Isabel dos Santos, mentionnés précédemment, l'illustrent parfaitement.

Le secteur bancaire angolais a fourni deux voies principales d'enrichissement : la première, en rendant ses actionnaires plus riches, et la seconde, en permettant à d'autres membres de l'élite angolaise d'obtenir des prêts à des conditions avantageuses et en les aidant à transférer leur fortune à l'étranger.

Les banques angolaises ont réalisé d'importants profits non pas en prêtant à des entreprises, mais plutôt en captant les dépôts d'argent et en leur versant des taux d'intérêt relativement bas, puis en investissant l'argent auprès de l'État à des conditions très favorables[114]. En outre, la plupart des services bancaires et des prêts qui sont utiles à l'économie réelle bénéficient principalement aux grandes sociétés, souvent liées au secteur pétrolier. En 2015, l'agriculture, la source principale de subsistance de la plupart des Angolais qui vivent en dehors des centres urbains, représentait seulement 5 % de la totalité des crédits bancaires accordés à l'économie (Deloitte 2016: 63) – et la quasi-totalité de ces crédits avait été attribuée à de grandes entreprises agro-industrielles. Un haut responsable de la BNA a souligné en 2009 que « près de 85 % des crédits angolais ne reviennent qu'à quelque 200 clients » (cité par Ferreira et Soares de Oliveira 2019: 62).

Les prêts accordés à des personnes influentes sont souvent garantis par le gouvernement, et certains prêts ne sont jamais remboursés. Parfois, ce sont de gros paris qui tournent mal. La viabilité des prêts pour les projets immobiliers commerciaux pendant la « décennie dorée », par exemple, reposait sur le maintien des prix du pétrole à un niveau élevé. Après que les prix se sont effondrés en 2014, les chantiers ont été interrompus, les hôtels se sont vidés et les prêts (notamment ceux libellés en dollars) n'ont jamais été remboursés[115]. D'autres peuvent avoir emprunté sans aucune intention de construire quoi que ce soit, encore moins de rembourser leur prêt. En septembre 2017, un banquier à Luanda m'a dit que de nombreux emprunteurs « ne pensaient pas, même dans leurs rêves les plus fous, rendre l'argent ». Il a évoqué leurs justifications : « Ils rendent un service au pays… ils offrent des emplois, une industrie, de la diversification, se sacrifiant pour construire ces projets. Bien évidemment, avec l'argent du gouvernement »[116].

Gestion internationale de patrimoine

Au cours des premières années de la décennie dorée, il était facile pour les membres de l'élite angolaise de trouver des collaborateurs étrangers qui les aideraient à dissimuler leurs gains à l'étranger. « Avant, il y avait des banquiers suisses, des banquiers de patrimoine, des banquiers privés : beaucoup allaient et venaient en Angola et faisaient de la promotion d'entreprises », m'a dit un homme d'affaires européen à Luanda en 2017. « Il y a dix ans, l'Angola était rempli de banquiers »[117].

La situation est néanmoins devenue plus compliquée à la suite du durcissement des règles de conformité dans les banques occidentales, au lendemain de la crise financière mondiale et dans le cadre de campagnes très médiatisées de lutte contre le blanchiment d'argent et la fuite des capitaux. La réputation de l'Angola a poussé la plupart des institutions bancaires internationales présentes dans le pays à mettre fin à leurs relations bancaires au plus tard en 2015. La dernière institution à proposer des services de compensation en dollars américains était la Deutsche Bank, qui a quitté le pays en novembre 2016. Depuis, les relations bancaires internationales du pays se limitent principalement à des banques portugaises et sud-africaines, qui gèrent les transactions en euros pour de gros clients, comme Sonangol. L'impossibilité d'accéder au système de paiements internationaux a précipité certains efforts de réforme, afin de rapprocher le système bancaire angolais des bonnes pratiques internationales (en partant d'un niveau exceptionnellement faible). Toutefois, une grande partie des changements qui en ont résulté ont été qualifiés de « simulacre de conformité » : les normes internationales sont introduites dans les registres sans être sérieusement mises en œuvre et appliquées (Engebretsen et Soares de Oliveira 2020).

La demande de services de transfert de devises fortes à l'étranger est restée plus forte que jamais. La fuite des capitaux n'est pas seulement le fait de fonctionnaires corrompus envoyant de l'argent volé dans des paradis fiscaux qui le reçoivent passivement : ce phénomène implique toute une industrie d'agents intermédiaires – banques internationales, gestionnaires de grandes fortunes, cabinets d'avocats et de comptables, bureaux de gestion du patrimoine – débarquant dans des pays, riches et pauvres, pour recruter des clients fortunés. Les grandes banques commerciales bien connues – des banques comme HSBC, Citibank, Standard Chartered, Barclays et la Deutsche Bank – explique l'homme d'affaires européen, sont « désormais tellement axées sur les processus et la conformité que je serais surpris de les voir contribuer à tout cela ». Par conséquent, aujourd'hui, « il faut automatiquement s'adresser à des banques plus petites » (*ibid.*).

Ce qui se passe une fois que l'argent a quitté l'Angola en toute sécurité est une autre histoire. L'homme d'affaires m'a décrit un banquier suisse qu'il connaissait et qui continue à se rendre en Angola à la recherche d'individus et d'entreprises désireux d'ouvrir des comptes en Suisse. « Comment envoyer l'argent là-bas, c'est leur problème », explique-t-il. « Il crée un environnement pour recevoir l'argent » (*ibid.*).

Depuis que les États-Unis ont commencé à sévir contre les banques privées suisses et que l'Union européenne a commencé à renforcer la pression, la Suisse est devenue considérablement plus ouverte et transparente dans ses relations avec les pays occidentaux. Mais, pour citer à nouveau cet homme d'affaires, si l'évasion fiscale et la confidentialité ne fonctionnent plus pour les clients dans les pays occidentaux, « cela fonctionne encore pour l'Afrique ». Les nouveaux clients sont notamment recrutés via des « banquiers de salon », des personnes riches ou ayant des relations dans le pays qui agissent en tant que référents et perçoivent une commission :

> C'est extrêmement discret. Personne ne se rend compte de ce qu'il se passe. Il y a juste un type et son patron, ils prennent l'avion, se rendent à des réunions, c'est mûrement réfléchi et cela doit rester très obscur. C'est essentiel. Ce n'est pas une industrie tape-à-l'œil, c'est tout l'inverse. (*ibid.*)

Les règles de conformité pour les paiements *offshore* ont été durcies, elles aussi. Alors que les paiements à des associés angolais dormants étaient autrefois relativement faciles à effectuer, ils sont devenus plus compliqués, à la fois parce que les entreprises multinationales sont elles-mêmes bien plus strictes et que les banques qui traitent les transactions posent davantage de questions. Mais l'homme d'affaires européen a expliqué qu'il était toujours « relativement facile » de contourner les règles :

> Mettons que vous soyez une femme d'affaires angolaise et que vous ayez besoin de créer une entreprise offshore sans payer le moindre impôt. C'est très facile, incroyablement facile : il existe une industrie entière qui vous aide à créer une entreprise à moindres frais. Il vous suffit de connaître le bénéficiaire effectif, et j'imagine que beaucoup de gens mentent.
>
> Ouvrir un compte bancaire est plus compliqué, mais cela reste relativement facile... La personne qui vous aura aidé à créer l'entreprise vous présentera à des banques. Vous devrez vous soumettre à la procédure et être sérieuse, et rester cohérente avec les vérités et les mensonges que vous raconterez. (*ibid.*)

Dans le cas des personnes politiquement exposées, un représentant de confiance devra se présenter auprès de la banque comme le « bénéficiaire effectif » du compte. Ces commentaires soulignent à nouveau la complicité du système bancaire international dans la facilitation de la fuite des capitaux.

Paradis fiscaux

Dubaï est un paradis fiscal très apprécié des Angolais fortunés. En effet, si je me base sur ma longue expérience de chercheur sur les paradis fiscaux, je décrierai Dubaï comme l'un des grands paradis fiscaux les moins réglementés du monde et les moins regardants en matière de criminalité[118]. En 2016, alors que les paradis fiscaux et les conseillers en fiscalité étaient occupés à essayer de contourner la Norme Commune de Déclaration (NCD), un système de transparence mondial lancé par l'OCDE, un conseiller fiscal m'a confié : « À Dubaï, on se demande plutôt : "La NCD ? Qu'est-ce que c'est ? Comment ça s'écrit ?" »[119].

Parmi les autres paradis fiscaux prisés, on retrouve Malte (dont le principal argument de vente est de faire partie de l'Union européenne, ce qui lui permet de transférer le capital librement à l'intérieur de la zone euro), Singapour (pour le commerce en Asie en particulier), le Panama (notamment pour les sociétés écran et les fiducies), Maurice (plus souvent pour les véhicules juridiques), les Îles Vierges britanniques (pour les sociétés écran, et non les comptes bancaires) et Madère (un paradis fiscal mineur qui présente l'avantage d'être lusophone)[120].

Le Portugal n'est pas considéré comme un paradis fiscal, mais il trempe dans la vente de passeports aux personnes fortunées, leur permettant d'échapper aux exigences internationales d'information financière. Comme le montre l'épisode de Banco Espírito Santo, il a pu arriver aux autorités de régulation portugaises d'être exceptionnellement laxistes dans l'application de leurs propres lois. Les banques portugaises ont été tout particulièrement réceptives à l'argent angolais : comme l'a dit un homme d'affaires, « on peut trouver tout un tas de gens prêts à nous aider sans avoir besoin de passer par [une] banque anglophone »[121]. En outre, puisque beaucoup d'Angolais détiennent un passeport portugais, leurs comptes bancaires au Portugal sont enregistrés comme appartenant à des non-résidents portugais et donc non imposables.

Les révélations des Luanda Leaks en janvier 2020 ont fourni une illustration intéressante de la façon dont les paradis fiscaux sont utilisés. Il est apparu qu'Isabel dos Santos et son mari Sindika Dokolo détenaient plus de 400 entreprises. Moins d'un quart d'entre elles étaient angolaises, et près d'un tiers étaient portugaises, tandis qu'un autre quart étaient enregistrées dans des paradis fiscaux reconnus[122].

Si les paradis fiscaux ont permis à beaucoup de personnes influentes de piller l'Angola et dissimuler leurs gains à l'étranger, il existe aussi des raisons plus légitimes d'y avoir recours ou du moins d'envoyer de l'argent à l'étranger : préoccupations quant à la sécurité des banques angolaises, peur de la dévaluation et peur de ne pas pouvoir retirer son argent à l'avenir. Pour les entreprises locales qui ont besoin d'accéder à des devises fortes, les comptes *offshore* représentent aussi un moyen de recevoir et de détenir des devises étrangères en vue d'une utilisation ultérieure.

CONCLUSIONS

Depuis la fin de la guerre civile en 2002 jusqu'à la chute des prix du pétrole en 2014, l'Angola a exporté l'équivalent de 530 milliards de dollars de pétrole. Le pays s'est aussi endetté auprès de pays étrangers à hauteur de 48 milliards de dollars, contre des entrées totalisant près de 580 milliards de dollars, soit 27 000 dollars par habitant. La plupart des Angolais n'ont pas bénéficié des retombées de cette « décennie dorée ». Aujourd'hui, alors que son pétrole commence à tarir, l'Angola est confronté à une transition majeure.

L'une des raisons pour lesquelles l'Angola n'a pas réussi à se saisir de cette opportunité de développement pendant cette période est qu'une grosse partie de l'argent a disparu à l'étranger dans les mains d'intérêts privés. L'enquête menée dans ce chapitre concernant ce phénomène aboutit à plusieurs conclusions.

La fuite des capitaux fait partie d'un phénomène plus vaste de perte de capitaux

Les méthodes habituelles pour mesurer la fuite des capitaux ne permet pas de saisir toutes les pertes de capitaux angolais. Trois raisons viennent expliquer ces lacunes dans les données.

Premièrement, une part considérable de la fuite des capitaux est souvent saisie à travers l'analyse de la fausse facturation commerciale, en s'appuyant sur les données miroir des partenaires commerciaux. Dans le cas de l'Angola, néanmoins, c'est souvent impossible à mesurer car l'Angola ne fournit pas les données nécessaires.

Deuxièmement, la fuite des capitaux est généralement mesurée sous la forme de sorties non enregistrées. Comme l'a plusieurs fois montré ce chapitre, les pertes de capitaux angolais comprennent aussi des flux qui ont pu être dûment approuvés par la présidence, la banque centrale ou le ministère des Finances, tout en provenant d'une richesse obtenue par des moyens injustes ou abusifs, et même illégaux. Un banquier interviewé à Luanda a résumé cette zone d'ombre non sans sarcasme : « Il n'y a aucun problème de légalité ici. Les conflits d'intérêt n'existent pas dans ce pays[123] ».

Troisièmement, certaines transactions se déroulent entièrement à l'étranger – par exemple, un pot-de-vin payé et reçu à Dubaï – de sorte que les flux financiers contournent la banque centrale à la sortie comme à l'entrée. Comme le disait un homme d'affaires expérimenté : « Pour faire des grosses affaires, il faut empocher l'argent avant même qu'il n'arrive en Angola[124] ».

Goulets d'étranglement et position dominante

En Angola, l'enrichissement personnel a souvent été obtenu par exploitation d'une position dominante et d'une influence politique. Une petite centaine de familles haut placées ont tiré profit des points clés de circulation de l'économie angolaise, où elles peuvent extraire la richesse au moment où elle passe, tout en utilisant leur influence pour maximiser le rendement. L'exercice d'une position dominante monopolistique par l'État et des acteurs privés, parfois légalement, parfois illégalement, occupe une place importante aux origines d'une grande partie de la fuite des capitaux. Les analyses d'économies comme celle de l'Angola peuvent bénéficier des enseignements du mouvement antitrust en forte croissance aux États-Unis et ailleurs[125].

Les facilitateurs

Beaucoup d'attention a été portée à juste titre sur le rôle des banques internationales, qui encouragent et facilitent la fuite des capitaux[126]. Toutefois, puisque les banques jouent un rôle essentiel dans toute économie, et étant donné les risques systémiques imposés par un système bancaire instable, elles ont traditionnellement été sujettes à une régulation plus forte que les autres secteurs de l'économie. Cela est toujours le cas, même après une période de déréglementation financière. Depuis la crise financière mondiale de 2008, il y a eu un durcissement des normes nationales et internationales concernant l'audit préalable et la prévention du blanchiment d'argent.

Un autre type d'acteurs est néanmoins soumis à une régulation bien moins ferme alors qu'ils jouent un rôle tout aussi important que les banques dans la fuite des capitaux et d'autres activités illicites, sans grand risque de se faire sanctionner. Il s'agit des cabinets d'experts-comptables, ainsi que les cabinets d'avocats, les fonds spéculatifs et les sociétés de capital-investissement. Puisqu'on considère généralement qu'ils ne représentent pas la même ampleur de risques systémiques pour les économies occidentales, ils font l'objet d'une surveillance beaucoup moins stricte. Imposer des obligations légales comparables à celles des banques à l'ensemble de ces entreprises constituerait une avancée considérable dans la lutte contre ces flux financiers illicites.

Les réseaux transnationaux de pillage

Les transferts de capitaux angolais vers des comptes privés et des structures financières à l'étranger sont effectués par ce qui peut être qualifié de réseaux transnationaux de pillage. Ces réseaux sont composés des élites angolaises, en coopération avec des banquiers, des comptables, des cabinets d'avocats, des intermédiaires et parfois des entreprises privées (des partenaires pour la plupart occidentaux) – et, bien sûr, l'infrastructure mondiale des paradis fiscaux. Les réseaux transnationaux ne sont pas de simples rouages passifs dans la fuite des capitaux, qui serait survenue avec ou sans eux : au contraire, ils sollicitent, encouragent et amplifient son expansion.

Tout réseau, même s'il n'est défini qu'approximativement et ne constitue pas un organe formel, est plus que la somme de ses parties. Dans toute analyse de la fuite des capitaux et de ses remèdes, le réseau transnational de pillage doit être considéré comme une unité d'analyse pertinente. Dans le cas de l'Angola, l'acteur sans doute le plus unique et le plus intéressant est la compagnie pétrolière nationale Sonangol, considérée depuis l'indépendance comme une enclave de compétence et de capacité dans un contexte de chaos politique, économique et militaire ambiant. L'entreprise est devenue un outil incroyablement utile au service de l'élite angolaise, et un fascinant réseau transnational à elle toute seule. Ce chapitre décrit également d'autres réseaux néfastes.

Des réseaux transnationaux similaires pillent aussi les économies des pays riches, par le biais de pratiques légales et illégales d'optimisation et d'évasion fiscales, et via des processus plus larges de « financiarisation », par lesquels la richesse est confisquée de manière injuste et parfois illégale aux pans les plus pauvres de ces sociétés, pour arriver entre les mains d'une petite élite mondialisée. Vivant dans le même univers *offshore*, les élites angolaises et occidentales ont souvent, à bien des égards, bien plus de choses en commun entre elles qu'avec leurs propres compatriotes plus pauvres. Aujourd'hui, le vieux système westphalien des États-nations souverains est en train de s'effondrer, observent les analystes de la politique étrangère David Adler et Ben Judah (2019), « remplacé par une nouvelle série de réseaux transnationaux souvent dominés par des acteurs non étatiques », créant un nouveau contexte mondial dans lequel « les frontières entre étranger et national se sont estompées ». Une coopération juridique internationale et une meilleure transparence dans la finance mondiale seront essentielles pour contrôler le pouvoir de ces réseaux transnationaux.

Contrecoup

La fuite des capitaux depuis l'Angola et d'autres pays à faibles revenus endommage non seulement les pays d'origine mais aussi les pays de destination des flux financiers illicites. « Trop de finance » nuit également aux économies d'accueil[127]. Les pays qui enregistrent des entrées importantes peuvent souffrir d'une « malédiction financière », dont les symptômes sont à bien des égards similaires à ceux de la malédiction des ressources qui afflige l'Angola. Parmi les effets néfastes potentiels, on retrouve une variante de la « maladie hollandaise » propre au secteur financier (les afflux financiers entrainent une appréciation monétaire qui affecte le secteur des biens échangeables en rendant les industries moins compétitives) ; la volatilité économique associée aux mouvements des capitaux fébriles ; et une « fuite des cerveaux » vers les entreprises financières à haute rémunération qui gèrent les afflux. L'un des aspects les plus importants de la malédiction financière, cependant, commence seulement à concentrer l'attention : la criminalisation des élites et des institutions occidentales par l'intermédiaire des effets corrosifs de l'argent sale venu l'étranger. En France, l'affaire Elf a fourni un premier avertissement dramatique de cette menace et des phénomènes similaires se manifestent aujourd'hui dans d'autres pays occidentaux, dont les États-Unis, le Royaume-Uni et le Portugal.

Ces effets de contagion de la fuite des capitaux semblent à nouveau indiquer que la majorité des citoyens à travers le monde, de l'Angola à l'Europe en passant par l'Amérique du Nord, ont un point commun. S'il est bien compris, le contrecoup peut renforcer la volonté politique des pays occidentaux à s'attaquer aux flux financiers transfrontaliers illicites et aux infrastructures institutionnelles qui les rendent possibles. En revanche, si les législateurs et les électeurs des États de destination, malgré le dégoût que leur procurent les effets de la fuite des capitaux sur des pays comme l'Angola, y voient aussi un avantage pour leurs économies, l'ambivalence qui en résultera alimentera leur inaction. L'analyse de la malédiction financière permet au contraire de changer ces calculs et de les traduire en : « cela les fait souffrir, et cela nous fait souffrir aussi ». Cela ouvre ainsi la voie à la construction de puissantes alliances transnationales de lutte contre le pillage, où l'objectif dépasse la promotion du développement dans des pays aux revenus faibles – aussi important que cela puisse être – pour réorganiser l'économie mondiale dans l'intérêt de la majorité de la population mondiale, dans les pays riches comme dans les pays pauvres.

La recherche de solutions

Pour réfléchir à ce qu'il convient de faire, il faut commencer par le « triangle du pouvoir » qui existe dans une économie dominée par le pétrole. À sa première extrémité, on retrouve l'État et les classes dirigeantes du pays. À la deuxième, le peuple. Et à la troisième, l'industrie pétrolière internationale. Avant les années 1970, dans des pays comme l'Angola, les compagnies pétrolières étaient solidement installées au sommet de ce système. Avec l'avènement de l'OPEC, les États et leurs dirigeants ont commencé à asseoir leur pouvoir, et dans le cas de l'Angola, ils sont parvenus à faire pivoter le triangle pour en occuper le sommet, ou au moins de manière conjointe avec les compagnies pétrolières – avec le peuple toujours solidement maintenu à la base du triangle.

Peut-on à nouveau faire pivoter ce triangle afin que le peuple se saisisse de son sommet ?

Les efforts des organismes internationaux visant à promouvoir des réformes politiques et économiques en Angola ont donné des résultats décevants. Cela s'explique par trois raisons principales. Premièrement, la richesse pétrolière immunise la classe dirigeante angolaise contre les pressions en faveur des réformes. Deuxièmement, la longue histoire d'ingérence occidentale désastreuse et égoïste en Angola a engendré une défiance généralisée, et pas seulement parmi les dirigeants du pays. Troisièmement, la logique du système clientéliste angolais, alimenté par le pétrole, s'est forgé une solide dynamique interne.

Il existe toutefois un autre moyen important grâce auquel la communauté internationale peut contribuer à améliorer la gouvernance et le développement en Angola : une réforme du système financier international, notamment de l'infrastructure des paradis fiscaux et autres institutions qui accueillent et facilitent les réseaux transnationaux de pillage. Pour cela, il faudra non seulement que les législateurs fournissent des efforts résolus et mènent des actions internationales concertées, mais aussi de façon plus fondamentale, que l'opinion publique comprenne la nécessité de la réforme et qu'elle l'exige dans l'intérêt de la majorité des citoyens à travers le monde.

Un autre moyen efficace d'aboutir à un développement économique plus inclusif et une gouvernance plus réactive en Angola serait de distribuer la majeure partie ou la totalité des revenus pétroliers du pays directement à la population sur une base individuelle équitable[128]. Bien que cela anéantirait les structures de pouvoir actuelles et ravagerait, du moins à court terme, les recettes publiques, le rapport de force en Angola s'en trouverait transformé, créant des avantages politiques et économiques. Les gouvernements devraient alors négocier avec les citoyens pour augmenter les recettes fiscales, permettant au public d'exiger que des comptes soient rendus et les services publics améliorés. Il en résulterait très probablement une plus grande prospérité pour la vaste majorité des Angolais.

NOTES

1 José de Oliveira est l'ancien rédacteur en chef du magazine *Revista Energia*, qui a été pendant des années le principal bulletin d'information concernant le secteur de l'énergie en Angola. Il collabore désormais avec le Centre d'études et de recherche scientifiques (CEIC) de l'Université catholique d'Angola. Interviewé à Luanda, le 11 octobre 2017.

2 Entretien avec un homme d'affaires européen.

3 Lors d'un discours sur l'état de la nation en octobre 2020, le président Lourenço a évalué l'ampleur du pillage sous le règne de son prédécesseur à pas moins de 24 milliards de dollars et a déclaré « [qu']il était probable que des chiffres bien plus importants finissent par être annoncés » (Cotterill 2020).

4 Pour des exemples, voir Sachs et Warner (1999) et Collier et Goderis (2012).

5 Voir Ghazvinian (2007: 7), cité dans Ovadia (2016: 6).

6 Voir Shaxson (2021, graphique 2).

7 Pour une analyse critique des études de sciences sociales sur les États rentiers, soulignant que ces effets ne sont pas forcément inhérents à l'abondance de ressources pétrolières et minières, mais plutôt aux conséquences des histoires respectives de chaque pays, voir Di John (2007). Voir aussi le Natural Resources Governance Institute (2015).

8 La déclaration du MPLA a été publiée le 12 février 1974, puis rééditée dans *The Complex of United States–Portuguese Relations: Before and After the Coup. Hearings Before the Subcommittee on Africa, Committee on Foreign Affairs, House of Representatives, Ninety-third Congress, Second Session.* Washington : Government Printing Office, 1974, p. 433.

9 Le directeur général de Sonangol, Manuel Vicente, aurait déclaré que Sonangol avait ouvert un compte chez la Lloyds TSB sur l'île de Jersey en 1983 (Van Niekerk et Peterson 2002).

10 Au début des années 1990, dans la ville assiégée de Kuito, des résidents m'avaient raconté qu'un match de football avait eu lieu entre les soldats de l'UNITA et ceux du MPLA, pendant une courte trêve locale, après quoi ils se sont remis à s'entretuer.

11 Entretien avec un importateur libanais de moyenne importance, Luanda, 2004.

12 L'écart était parfois encore plus important, le FMI (1997: 9) indiquait que « le différentiel dépassait 1 000 % entre 1992 et 1993 », avant de redescendre à 100 % en 1994 et à moins de 50 % en 1996.

13 Cité par Hodges (2003: 132).
14 Un rapport de 1996 de la Banque mondiale indique : « Les allocations de crédit reflètent celles des devises sur le marché officiel et sont souvent liées aux opérations de change. Si en théorie la vente de devises implique le paiement de fonds de contrepartie en kwanzas, certains clients obtiennent un crédit bancaire (à des taux d'intérêt réels négatifs) pour payer les devises déjà subventionnées ». Cité par Hodges (2001: 118).
15 En ce qui concerne les cargaisons de pétrole et le Cabinda Trust, voir *Global Trade Review* (2007). On ignore si ces opérations extrabudgétaires étaient légales à l'époque. Même après que l'Angola a promulgué le décret 30/95 en 1995, rendant obligatoire le versement de tous les revenus pétroliers sur des comptes de la BNA, ces pratiques extrabudgétaires se sont poursuivies.
16 Voir Economist Intelligence Unit (1999: 29) ; Economist Intelligence Unit (2002: 32-33) ; et Economist Intelligence Unit (2003: 30).
17 Cité par Global Witness (1999: 16). Voir aussi Hodges (2001: 113).
18 Le titre complet de ce qui est connu sous le nom d'étude du « Diagnostic pétrolier » – qui est en fait une série de rapports – était « Diagnostic financier et suivi des recettes pétrolières de l'État » [*Financial Diagnostic and Monitoring of the State Oil Revenues*], étude effectuée par KPMG pour le compte du ministère des Finances. Le mandat de l'étude diagnostique stipulait : « Les consultants [KPMG] ne sont *pas* censés ou tenus de considérer, d'enquêter ou de mener toute forme d'enquête sur la conduite, les pratiques, l'honnêteté, l'intégrité ou les normes d'intégrité, la nature ou la qualité du travail effectué par toute personne qui a ou aurait pu avoir une implication ou un lien, directement ou indirectement, avec les faits, les enjeux, les circonstances ou les événements qui seront diagnostiqués, suivis, étudiés, évalués ou considérés par les consultants dans le cadre de l'exécution de ces services ». Pour approfondir la discussion sur le « Diagnostic pétrolier », voir Human Rights Watch (2004).
19 Des mises en concordance ultérieures encouragées par le FMI ont réduit ces écarts au fil du temps.
20 Pour un compte-rendu détaillé en anglais de l'affaire Elf, voir Shaxson (2007a, chapitre 5).
21 Global Witness (2002: 6). Ce rapport présente de manière plus détaillée le scandale de l'Angolagate.
22 Voir *Keeping Foreign Corruption out of the United States : Four Case Histories*, Sous-commission d'enquête permanente du Sénat américain, 4 février 2010, surtout la section commençant à la page 247.
23 Voir, par exemple, Robert-Diard (2009), AFP (2009), Shirbon (2009) et France 24 (2009).
24 Associated Press/Haaretz (2011) et BBC (2011).
25 Associação Mãos Livres et Corruption Watch UK (2013). Dans cette section, les détails sont principalement issus de ce rapport, sauf indication contraire.
26 Entretien avec Gaydamak le 16 septembre 2005. « Toute la somme [devait] être payée à la fédération de Russie avant la fin du délai de grâce », m'a expliqué Gaydamak. « C'était très important. Sans quoi, il fallait payer des intérêts. »

27 Associação Mãos Livres et Corruption Watch UK (2013) ont indiqué que, même si Abalone avait aussi le droit de prélever des intérêts, en fin de compte, l'Angola n'était pas dans l'obligation de les payer.

28 Gaydamak a expliqué le consentement de la Russie de vendre les billets à Abalone en disant que les dettes de l'Angola, alors dévasté par la guerre, ne valait que 5 à 15 centimes par dollar, et que le paiement de 750 millions de dollars à la Russie « en équivalent monétaire » était une très bonne affaire pour la Russie. « Il s'agit sans doute du meilleur rééchelonnement au monde... tout s'est déroulé conformément aux règles. » On peut donc se demander pourquoi le gouvernement angolais a accepté de payer le montant total à Abalone.

29 « Selon toute vraisemblance, Glencore semble davantage être un organisateur pour l'accord sur la dette qu'un simple fournisseur de services financiers de détail », conclut Associação Mãos Livres et Corruption Watch UK (2013: 28).

30 Voir Associação Mãos Livres et Corruption Watch UK (2013: 49) ; Global Witness (2004: 40) ; et Human Rights Watch (2001).

31 Associação Mãos Livres et Corruption Watch UK (2013: 13) cite « les preuves suivantes » donnant à penser que ce nom a été choisi pour duper les Angolais et leur faire verser l'argent directement sur le compte personnel de Gaydamak. Ce dernier aurait entrepris cette démarche à l'insu de Falcone, qui l'a ensuite poursuivi sans succès devant les tribunaux israéliens pour l'avoir exclu de l'accord [*ibid.*, pp. 14, 50 ; voir aussi Roth (2008) et Roth (2011)].

32 Associação Mãos Livres et Corruption Watch UK (2013: 12–18). Voir aussi Cabeche et Forrest (2013). Pour une liste de banques, de paradis fiscaux et d'entreprises impliqués dans les paiements, dont la plupart étaient installés en Suisse, à Chypre, au Luxembourg, en Israël, au Panama et à Moscou, voir Shaxson (2021, annexe E).

33 Voir Shaxson (2018), chapitre 7. Voir aussi Corruption Watch (2019) et Thompson (2019).

34 Cela peut être mesuré de plusieurs manières. L'indice de secret bancaire du Tax Justice Network, un classement des « juridictions de confidentialité » mondiales (c'est-à-dire, les paradis fiscaux fournissant une législation de secret bancaire pour l'argent détenu à l'étranger), signale que « si l'on considérait le Royaume-Uni et son réseau de territoires d'outremer et de dépendances de la Couronne comme une seule entité, cette toile d'araignée britannique occuperait la première position du classement ». Disponible sur https://fsi.taxjustice.net/en/#:~:text=Introduction-,Introduction,financial%20flows%20or%20capital%20flight. (consulté le 5 août 2020).

35 Pour un récit historique, voir Shaxson (2012, chapitre 6).

36 FMI (2011: 9, encadré 2) et FMI (2014b: 9). « La majeure partie de la différence entre les revenus pétroliers accumulés par le gouvernement et le montant effectivement déposé sur le compte unique du Trésor public est expliqué par le montant retenu par Sonangol pour financer des opérations quasi-budgétaires et le montant déposé sur des comptes séquestres pour l'entretien de lignes de crédits externes », observe le FMI (2014: 10). Les 31,4 milliards de dollars représentaient ce que le FMI a appelé « un écart entre les revenus, les dépenses, et le financement externe enregistré par

le ministère des Finances et le financement intérieur du gouvernement, en s'appuyant sur les données de la banque centrale ».

37 Autre possibilité connexe, l'erreur de mesure – c'est-à-dire, les compagnies pétrolières expédient des quantités de pétrole dépassant les volumes enregistrés à des fins officielles – mais je ne vois pas de signes indiquant que cela soit arrivé en Angola ; à nouveau, dos Santos aurait sans doute vu cela d'un mauvais œil. Une fois le volume de pétrole fixé, le prix d'achat pouvait être repéré de manière suffisamment précise, en s'appuyant sur les prix internationaux du pétrole et les dates d'expédition.

38 Global Witness (2011: 17). Les sources internationales indiquent elles aussi des données incohérentes (*ibid.*, p. 16).

39 Pour un écart plus récent, où les registres de la production pétrolière détaillée émis par le ministère des Finances ne correspondent pas à ceux publiés par la BP, voir Shaxson (2021, Annexe G).

40 Il y a aussi d'autres primes : primes de prospection, primes de découverte exploitable, primes des premiers barils de pétrole, primes de renouvellement de contrat, et ainsi de suite.

41 Van Niekerk et Peterson (2002). Voir aussi Global Witness (2004: 49).

42 Pour des exemples et pour approfondir la discussion, voir Shaxson (2021).

43 Pour plus de détails et des exemples, voir Shaxson (2021, Tableau 5 et Annexe B).

44 La répartition du *profit oil* entre le groupement de contractants et l'État angolais se fait selon une échelle mobile et dépend de nombreux facteurs, dont les prix du pétrole. Un exemple est fourni par la U.S. Securities and Exchange Commission (non daté).

45 Voir, par exemple, Shaxson (2007a, Chapitre 6).

46 Les pots-de-vin pourraient aussi avoir pour but d'influencer *l'attribution* des permis pétroliers. De manière anecdotique, j'ai déjà entendu parler d'un exemple de ce type en Angola, mais cela a été perçu comme une anomalie à l'époque.

47 Entretien avec un homme d'affaires européen.

48 Voir, par exemple, Boyce (1992) et Ndikumana et Boyce (2003, 2011).

49 Voir Shaxson (2021, Annexe A) pour un rapport détaillé.

50 Voir aussi SEC (2013b) et United States of America v. Weatherford Services, International (2013: 29).

51 En fin de compte, l'entreprise angolaise a reçu seulement 3,7 millions de dollars puisque les paiements mensuels ont été interrompus en avril 2011, après que des allégations d'irrégularités ont commencé à faire surface.

52 Ces connexions étaient de notoriété publique à l'époque. Voir, par exemple, Global Witness (1999: 13). Un enregistrement auprès du registre britannique des sociétés pour Falcon Oil Holding Angola S.A., disponible sur https://beta.companieshouse.gov.uk/company/FC031019/filing-history (entreprise enregistrée le 11 octobre 2012, dossier consulté le 22 janvier 2020) répertorie Mme Eduarda Mosquito-Mbakassy comme secrétaire de l'entreprise, sous l'autorité de M. António Mosquito.

53 Pour plus de détails, voir Shaxson (2021).

54 Arnaldo de Carvalho, interviewé à Luanda, le 11 octobre 2017.

55 Pour plus de détails sur la répartition du capital de Puma, voir Shaxson (2021, Tableau 6). Sonangol (2016: 157) a évalué sa part à 101,4 milliards de kwanzas (ici convertie au taux de change de 166,72 kwanzas pour un dollar).

56 *Fuelling Success* : Brochure corporate, 2015, Puma Energy, p. 12, disponible sur https://pumaenergy.com/media/488705/corporate-brochure-2015.pdf (consulté le 2 décembre 2020).

57 Maka Angola désigne Dino et Kopelipa, ainsi que Manuel Vicente, ancien dirigeant de Sonangol, comme le « triumvirat présidentiel » (de Marais 2018).

58 Voir https://www.cochan.com/en/about-cochan, consulté le 26 septembre 2020.

59 Trafigura (2016: 69). Pour en savoir plus sur DT Group, voir https://www.dtsholding.com/en/about-us/our-structure/. Consulté le 22 janvier 2020.

60 L'indice d'opacité financière (Financial Secrecy Index) peut être consulté sur https://fsi.taxjustice.net/Archive2015/Notes%20and%20Reports/FSI-Rankings-2015.pdf.

61 Ernst et Young (2011: 12, 23). Ce prospectus est reproduit dans Weiss (2014). Pour plus de détails, voir Shaxson (2021).

62 Pour plus de détails, voir Shaxson (2021).

63 Cité dans Expresso (2016).

64 Pour un résumé des conditions de l'emprunt, voir China-Africa Research Initiative, *China and Oil-Backed Loans,* Université Johns Hopkins, 17 octobre 2011.

65 Quelques mois après le prêt chinois, la banque Standard Chartered a organisé un nouveau prêt commercial de 2,35 milliards de dollars pour l'Angola, avec un consortium composé de Barclays, Calyon, Commerzbank, Deutsche Bank, KBC, Natexis, RBS et Banco Espírito Santo. Il s'agissait, selon John Goodridge de Standard Chartered, « de la plus grosse transaction garantie par le pétrole dans toute l'histoire du marché de financement structuré du commerce » (Pallister 2005).

66 Voir Mailey (2015: 24).

67 Interviewé le 9 octobre 2017, à Luanda.

68 Entretien avec un banquier étranger à Luanda. En ce qui concerne le statut de Luanda comme ville la plus chère du monde, voir, par exemple, Vanham (2015).

69 Entretien avec un banquier étranger à Luanda.

70 Entretien avec un banquier angolais.

71 Pour les données, voir Shaxson (2021, Tableau 8). Pour un compte-rendu des parcours et des mécanismes empruntés par les flux de diamants depuis les zones contrôlées par l'UNITA, voir Nations unies (2010).

72 Ana Gomes, alors députée européenne en 2016, avait créé un document exposant l'histoire de la famille dos Santos. Il est disponible sur https://www.anagomes.eu/PublicDocs/cec6bdfd-72b3-487a-8bb0-41462a0bc8b9.pdf. Voir aussi Freedberg et al. (2020).

73 Tulip Diamonds FZE v. Minister for Justice and Constitutional Development and Others, Cour constitutionnelle de l'Afrique du Sud, 13 juin 2013, disponible sur http://www.saflii.org/za/cases/ZACC/2013/19.pdf, consulté le 22 mars 2021.

74 En dollars de 2018. Pour plus de détails, voir Shaxson (2021, Tableau 10).

75 Entretien avec un homme d'affaires européen.

76 Entretien avec un représentant du gouvernement angolais.

77 Les estimations de la fausse facturation des importations bilatérales pour ces dernières années, issues de la comparaison entre les données de la

BNA sur les importations et les données internationales sur les exportations vers l'Angola, montrent que l'impact net varie en signe et en ampleur selon les partenaires commerciaux (Shaxson 2021, Tableau 11).

78 Pour un exemple de répartition de l'allocation mensuelle de devises par la BNA, voir Shaxson (2021, Annexe D).

79 Reuters (2017). Un tribunal portugais a ensuite établi que Vincente devait être jugé en Angola. En septembre 2020, des procureurs angolais ont saisi une partie de ses biens et l'ont placé en « détention provisoire ». Voir Angop (Agência Angola Press), « Businessman Carlos Sao Vincente in Preventive Detention », 22 septembre 2020, disponible sur http://www.angop.ao/angola/en_us/noticias/politica/2020/8/39/Businessman-Carlos-Sao-Vicente-preventive-detention,d607055b-b04a-44ec-83a6-1137df76cdd5.html. Voir aussi Reuters (2018). Pour « corruption d'un magistrat », voir Cabral (2017). Pour le jugement de la cour d'appel, voir Batalha (2018).

80 Ce fait a été largement relayé. Par exemple, voir Dalby (2020) et Demony et Waldersee (2020).

81 Participations tirées des rapports annuels de BES. Amilcar Pires, ancien administrateur de BES, a identifié Kopelipa et Dino en tant qu'actionnaires de Portmill dans des déclarations faites auprès d'une commission d'enquête portugaise le 11 décembre 2014 : « Comissão de Inquérito Parlamentar à Gestão do BES e do Grupo Espírito Santo, ao Processo que Conduziu à Aplicação da Medida de Resolução e às suas Consequências, nomeadamente quanto aos Desenvolvimentos e Opções relativos ao GES, ao BES e ao Novo Banco", 11 décembre 2014, p. 8, 10, 11. Disponible sur http://app.parlamento.pt/webutils/docs/doc.pdf?path=6148523063446f764c324679626d56304c334e706447567a4c31684a5355786c5a79394454303076513142424a516b56544c30467963585670646d394462323170633334e686279394259335268637939426457527077736664466f32386c4d6a426b5a5355794d45546747736317359324679 4a5449775457397959576c7a4a54497755476c795a584d734a5449775a5867-745957527461573570633352795957527663695579 4d4756345a574e3164476c32627955794d4752764a54497751 6b56544c6e426b5a673d3d&fich=Audi%C3%A7%C3%A3o+de+Am%C3%ADl-car+Morais+Pires%252C+ex-administrador+executivo+do+BES.pdf&Inline=true (consulté le 31 juillet 2020). Au moment de la rédaction, le gouvernement angolais commençait à saisir leurs biens : voir, par exemple, Mendes (2020).

82 Voir Comissão Parlamentar de Inquérito à Gestão do Bes e do Ges, Assembleia da República (Parlement du Portugal), Relatório Final, 28 avril 2015, Tableau 3.8, p. 83 et p. 86. Voir aussi « Entities linked to BES managers got loans from Angola branch – audit », Reuters, 17 mars 2015. Lors d'un entretien, un enquêteur du secteur privé à Lisbonne a déclaré « il y a une liste de toutes les personnes qui ont reçu ces prêts, mais cette liste n'est jamais remontée », ajoutant qu'il était persuadé que les fonds étaient revenus à des membres du « régime angolais ».

83 Ibid. Voir aussi "BES: Statement by Carlos Costa on KPMG's appeal to BdP fines was postponed," *Jornal Económico,* 22 septembre 2020.

84 Voir le rapport de la Commission parlementaire portugaise, p. 81-92, notamment p. 90, et Asalto ao Castelo, Épisode 1, Sic Noticias, 1er mars 2017, à environ 24:30.
85 Entretien avec un enquêteur du secteur privé à Lisbonne.
86 *Expresso* (2014) et *Observador* (2014).
87 L'enquête de SIC Notícias est disponible sur https://sicnoticias.pt/programas/assalto-ao-castelo.
88 Voir l'enquête en trois parties de SIC Notícias, « Assalto ao Castelo », du journaliste Pedro Coelho, mars 2017. L'enquête cite un document de la Banque du Portugal, qui stipule : « Il semble évident que ES Bankers Dubai a été utilisé comme une entité relais pour que les fonds angolais servent à financer le groupe Espírito Santo, en lien avec les activités de Banco Espírito Santo en Angola ».
89 *Ibid.*, et entretien avec une source anonyme à Lisbonne. Voir aussi « Bank Scandals hit MPLA Hard », *Africa Confidential*, 3 mars 2017.
90 Voir Pedro Coelho, « Asalto ao Castelo – Episódio 1 », la première partie de l'enquête en trois parties, réalisée pour la chaîne de télévision portugaise SIC Notícias, diffusée en mars 2017.
91 D'après le rapport de SIC Notícias. Voir aussi Comissão Parlamentar de Inquérito à Gestão do Bes e Do Ges, Assembleia da República (Parlement du Portugal), Relatório Final, 28 avril 2015, p. 73.
92 Costa et al. (2014: 38) ont estimé que, sur la fortune d'environ 3 milliards de dollars d'Isabel dos Santos au moment de la rédaction, près de la moitié prenait la forme de parts dans des entreprises portugaises. Forbes a estimé sa richesse à 1,8 milliard de dollars en juin 2020 (contre 3,7 milliards de dollars en 2014, avant la chute des prix du pétrole et la pandémie de Covid-19) en s'appuyant sur les actifs qu'ils ont pu retracer, mais ils ont admis que ce montant pouvait être plus élevé. Cela ferait d'elle la 13e personne la plus riche d'Afrique et la femme la plus riche du continent. Toutefois, étant donné qu'elle a reçu environ 1,25 milliard de dollars en dividendes uniquement grâce à sa part dans Unitel lorsqu'elle y était actionnaire, sa valeur nette pourrait être bien plus élevée. Voir aussi Dolan (2013).
93 Voir Rédaction du *Guardian,* « Isabel dos Santos responds to Luanda Leaks investigation », *The Guardian,* 23 janvier 2020. https://www.theguardian.com/world/2020/jan/19/isabel-dos-santos-issues-response-luanda-leaks-investigation.
94 Son implication dans le commerce des diamants angolais est de notoriété publique. Sur TAIS, voir Marques (2012). Voir aussi ICIJ (2020). L'ICIJ fournit aussi un tableur des entreprises d'Isabel dos Santos, qui indique que TAIS a été fondé le 27 mars 1997. Le tableur était disponible au 20 février 2020 sur https://docs.google.com/spreadsheets/d/1qZ3vBDZpXhb9ssmGQ72EV03eSruQvp3XWgZc9xEllo0/edit#gid=0.
95 Marques était le principal critique du régime de dos Santos en Angola quand je vivais à Luanda dans les années 1990 et il a remarquablement maintenu la pression pendant des décennies, plus récemment à travers son site internet makaangola.org, qui a diffusé un flux constant d'enquêtes détaillées sur des personnalités proches du régime dos Santos (ainsi que sur certaines personnes associées au régime actuel de Lourenço).
96 Voir aussi Villalobos (2015) et Zierer et al. (2017).

97 Cette participation est de notoriété publique. Voir, par exemple, « Sonangol holds 50% of Unitel's capital », Angola Press (Angop), 20 janvier 2020, qui fait état de l'acquisition par Sonangol de 25 % de parts détenues par l'entreprise brésilienne Oi. Il a été révélé en décembre 2017 qu'Unitel avait interrompu le versement de dividendes aux actionnaires, ostensiblement en raison de la crise angolaise des devises, qui empêchait d'échanger des kwanzas (reçus pour les services téléphoniques de la part d'environ 11 millions d'utilisateurs angolais) contre des dollars, mais aussi, ce qui est peut-être plus important, en raison du changement de gouvernement qui impliquait que la BNA ne privilégiait plus Unitel sur sa « liste d'attente » pour lui permettre d'échanger des kwanzas contre des devises fortes. Voir, par exemple, ECO News (2017).

98 Entretien avec un représentant occidental de l'industrie pétrolière.

99 Le représentant en question était José de Oliveira, interviewé le 11 octobre 2017, à Luanda.

100 Forsythe et al. (2020).

101 *Ibid.* L'enquête du *New York Times* cite Carlos Saturnino, devenu le nouveau dirigeant de Sonangol, qui rapporte que dos Santos avait approuvé des frais de consultations s'élevant à 135 millions de dollars, dont la majeure partie a été acheminée à travers la société écran de Dubaï. Isabel dos Santos elle-même est citée, disant que ces frais étaient légitimes, facturés au « tarif standard » pour Boston Consulting, McKinsey, PwC et d'autres entreprises occidentales. Voir aussi Reuters (2018).

102 *Ibid.* Voir aussi Hallman *et al.* (2020).

103 Forsythe *et al.* (2020).

104 Entretien téléphonique avec Soares de Oliveira, 24 janvier 2020.

105 Pour approfondir la discussion, voir Shaxson (2002) et Henry (2003).

106 Entretien avec un homme d'affaires européen.

107 Entretien de James Henry avec un « représentant mexicain de Citibank » en juillet 1998, cité dans Tax Justice Network (2012: 30).

108 Consulté en novembre 2018. Ultérieurement, à la suite d'une refonte du fonds souverain sous la présidence de Lourenço, le site internet a été entièrement changé.

109 Voir « DIFF welcomes Quantum Global to sponsor the prestigious Muhr awards competition », http://quantumglobalgroup.com/article/diff-welcomes-quantum-global-sponsor-prestigious-muhr-awards-competition/, 4 décembre 2017, consulté le 21 février 2020.

110 Entretien avec un banquier étranger à Luanda.

111 Issu de quatumglobalgroup.com, plusieurs pages, consulté le 20 février 2020. Le site internet cite plusieurs autres filiales de Quantum : Quantum Global Real Estate à Zoug, Quantum Global Private Wealth Ltd. à Lugano en Suisse, Investments Africa Management Ltd. à Maurice, Quantum Global Hotel Fund. Voir aussi Sharife (2016).

112 Voir aussi Brönnimann (2017).

113 Par exemple, en mai 2017, Danilo, le benjamin d'Ana Paula dos Santos et du président dos Santos, a reçu un agrément bancaire pour son 25e anniversaire.

114 Une moyenne simple des titres détenus par les huit premières banques privées dépassait de 18 % leur portefeuille de crédits, qui représente

généralement la plus grande partie du portefeuille d'une banque. Les calculs de l'auteur se basent sur Deloitte (2016: 82).

115 En 2015, le FMI estimait que 30 % des prêts de banques nationales angolaises étaient libellés en dollars (FMI 2015: 35).

116 Entretien avec un banquier étranger à Luanda.

117 Entretien avec un homme d'affaires européen.

118 Shaxson (2012). Pour une description haute en couleur, voir aussi Glenny (2008) qui décrit le rôle de Dubaï, qui offre une plateforme pour plusieurs organisations mafieuses mondiales presque sans leur poser aucune question.

119 Entretien avec un conseiller fiscal sud-africain installé à Zurich.

120 La plupart des personnes que j'ai interviewées ont souligné que Dubaï était un emplacement privilégié pour les biens appartenant à des Angolais. L'une de ces personnes a accepté d'être nommée, il s'agit d'Ana Gomes, députée au Parlement européen très engagée (et candidate à l'élection présidentielle du Portugal en 2021), que j'ai interviewée le 26 juin 2017. Elle, ainsi que d'autres personnes interviewées, a aussi identifié Malte comme un paradis fiscal clé, très apprécié des Angolais, pour conserver leurs actifs. Tous mes interlocuteurs ont néanmoins identifié le Portugal comme le pays le plus important pour de nombreux actifs angolais. Ce modèle a ensuite été confirmé et précisé par les révélations du scandale des Luanda Leaks.

121 Entretien avec un homme d'affaires européen.

122 Pour une liste, voir Shaxson (2021, Tableau 12). « Paradis fiscal » est un terme élastique ; ici, j'entends des juridictions qui détiennent un score élevé de confidentialité d'après l'indice d'opacité financière, ou qui figurent en bonne place dans l'indice des paradis fiscaux pour les entreprises. Ces deux indices sont produits par le Tax Justice Network.

123 Entretien avec un banquier étranger à Luanda.

124 Entretien avec un homme d'affaires européen.

125 Voir, par exemple, le travail de l'Open Markets Institute, qui a produit une analyse puissante et cohérente de la nature et des dangers que représente une puissance monopolistique, en proposant un large éventail de solutions.

126 Pour une enquête de qualité, voir Henry (2003).

127 Voir, par exemple, Shaxson (2018), Baker *et al.* (2018), et Cecchetti et Kharroubi (2015).

128 Pour approfondir cette idée, voir Shaxson (2007b) ; Shaxson (2008) ; et Shaxson et Sandbu (2009).

RÉFÉRENCES

Adler, D. et Judah, B. 2019. Traditional 'foreign policy' no longer exists. Democrats are the last to know. *The Guardian*, 2 décembre.

AFP (Agence France Press). 2009. Angolagate : prison ferme pour Falcone, Gaydamak, Pasqua et Marchiani, *Libération*, 27 octobre. Disponible sur https://www.liberation.fr/france/2009/10/27/angolagate-prison-ferme-pour-falcone-gaydamak-pasqua-et-marchiani_590313 (consulté le 8 décembre 2020).

Africa Confidential. 1999. Vol. 40, n° 10, 14 mai.

Africa Energy Intelligence. 2018. Switch in top role for the most pro-MPLA of oil firms, Somoil. 22 mai.

Ames, P. 2015. Portugal is becoming an Angolan financial colony. *Politico*. 28 avril.

Associação Mãos Livres and Corruption Watch UK. 2013. *Deception in high places: The Corrupt Angola-Russia debt deal*. Disponible sur https://shadowworldinvestigations.org/wp-content/uploads/2019/09/54261c_8ee-d8c6d8b39460e8c7dbcb6ee676c4b.pdf (consulté le 25 novembre 2020).

Associated Press/Haaretz. 2011. French Court Clears Gaydamak of Most 'Angola-gate' Charges. 1er mai.

Ayogu, M. 2019. International Trade and Capital Flight from Africa: Challenges for Governance. PERI Working Paper 501.

Baker, A., Epstein, G. et Montecino, J. 2018. The UK's Finance Curse? Costs and Processes. *Sheffield Political Economy Research Institute*.

Batalha, J. 2018. Risk of impunity increases with outcome of Portuguese-Angolan corruption trial. Transparency International. Disponible sur https://www.transparency.org/en/news/risk-of-impunity-increases-with-outcome-of-portuguese-angolan-corruption-tr#

BBC. 2011. France ex-minister Pasqua acquitted over Angola arms. 29 avril.

Boyce, J.K. 1992. The revolving door: External debt and capital flight. *World Development*, 20(3), 335–49.

Brönnimann, C. 2017. Wie ein Schweizer von Angolas Milliarden profitiert. *Tages-Anzeiger*. 5 novembre. Disponible sur https://interaktiv.tagesanzeiger.ch/2017/paradise-papers/angola-bastos/?openincontroller.

Burgis, T., Sevastopulo, D. et O'Murchu, C. 2014. China in Africa: how Sam Pa became the middleman. *Financial Times*. 8 août.

Cabeche, C. et Forrest, D. 2013. Swiss release 'Angolagate' fugitive. *Mail & Guardian,* 12 décembre. Disponible sur https://mg.co.za/article/2013-12-12-swiss-release-angolagate-fugitive/. Consulté le 30 juillet 2020.

Cabral, T. 2017. Portuguese prosecutors charge Angolan VP with corruption. Yahoo News. 16 février. Disponible sur https://news.yahoo.com/portuguese-prosecutors-charge-angolan-vp-corruption-180449400.html

Cecchetti, S. et Kharroubi, E. 2015. Why does financial sector growth crowd out real economic growth? *BIS Working Papers* 490.

Collier, P. et Goderis, B. 2012. Commodity Prices and Growth: An empirical investigation. *European Economic Review* 56(6), 1241–1260.

Corkin, L. 2011. Uneasy allies: China's evolving relations with Angola. *Journal of Contemporary African Studies,* 29.

Corruption Watch. 2019. *Corporate Crime Gap: How the UK Lags the US in Policing Corporate Financial Crime,* Mars.

Costa, J., Lopes, J.T. et Louçã, F. 2014. *Os Donos Angolanos de Portugal.* Lisbonne : Bertrand Editora.

Cotterill, J. 2020. Angola sharpens fight to recover stolen cash as debt pressure mounts. *Financial Times,* 11 novembre.

Dalby, D. 2020. Portuguese 'super judge' orders total seizure of dos Santos assets. ICIJ. Disponible sur https://www.icij.org/investigations/luanda-leaks/portuguese-super-judge-orders-total-seizure-of-dos-santos-assets/.

de Marais, R. 2018. Angola's Path to Justice: Prosecuting the Guilty and Recovering the Stolen Billions. *Maka Angola.* 23 octobre. Disponible sur https://www.makaangola.org/2018/10/angolas-path-to-justice-prosecuting-the-guilty-and-recovering-the-stolen-billions/ (consulté le 4 décembre 2019).

Deloitte. 2016. Banking Review 2016. Disponible sur https://www2.deloitte.com/ao/pt/pages/financial-services/topics/banca-em-analise-2016/banking-review-2016.html

Demony, C. et Waldersee, V. 2020. Angola may ask Portugal to seize dos Santos' assets, says prosecutor. Reuters.

Di John, J. 2007. Oil Abundance and Violent Political Conflict: A Critical Assessment. *Journal of Development Studies,* 43(6), 961-986.

Dolan, K.A. 2013. Daddy's Girl: How an African 'Princess' Banked $3 Billion in a Country Living on $2 a Day. *Forbes,* 2 septembre.

ECO News. 2017. Isabel dos Santos justifies the lack of Unitel dividends with the currency crisis in Angola. Disponible sur https://econews.pt/2017/12/13/isabel-dos-santos-justifies-the-lack-of-unitel-dividends-with-the-currency-crisis-in-angola/

Engebretsen, R. et Soares de Oliveira, R. 2020. "For the English to See – the politics of mock compliance", in Emily Jones (ed.,) *The Politics of Banking Regulation in Developing Countries,* Oxford : Oxford University Press.

Ernst & Young. 2011. Cochan Singapore Pte. Ltd. and its Subsidiary, Annual Financial Statements, Décembre 2011. Disponible sur https://www.scribd.com/document/206840701/120531-Cochan-Singapore-Pte-Ltd-Annual-Report-2011

Expresso. 2014. Generais angolanos pressionam Sobrinho a contar para onde foi o dinheiro no BESA. Disponible sur https://expresso.pt/dossies/diario/generais-angolanos-pressionam-sobrinho-a-contar-para-onde-foi-o-dinheiro-no-besa=f903132.

Expresso. 2016. José Eduardo dos Santos exige ao BNA solução para falta de divisas. *Lusa News Agency,* rapporté dans le journal Portugal's Expresso, 1er juillet 2016. Disponible sur https://expresso.pt/internacional/2016-07-01-Jose-Eduardo-dos-Santos-exige-ao-BNA-solucao-para-falta-de-divisas.

Ferreira, M. et Soares de Oliveira, R. 2019. The Political Economy of Banking in Angola. *African Affairs,* 118 (470), janvier.

Filipe, D. et Bernardo, S. 2018. De bens alimentares e panos do Congo a diamantes e armas, tudo se compra e vende na fronteira Luvo/RDC. *Novo Jornal.* 4 janvier.

Fitzgibbon, W. 2017. Rise of tax haven Mauritius comes at the expense of rest of Africa. *Irish Times,* 7 novembre. Disponible sur https://www.irishtimes.com/business/rise-of-tax-haven-mauritius-comes-at-the-expense-of-rest-of-africa-1.3282982 et sur https://www.icij.org/investigations/paradise-papers/tax-haven-mauritius-africa/.

Forsythe, M., Gurney, K., Alecci, S., Hallman, B. 2020. How U.S. Firms Helped Africa's Richest Woman Exploit Her Country's Wealth. *New York Times.* 19 janvier. Disponible sur https://www.nytimes.com/2020/01/19/world/africa/isabel-dos-santos-angola.html.

France 24. 2009. Jail terms for 'Angolagate' power players. 27 octobre.

Freedberg, S., Alecci, S., Fitzgibbon, W., Dalby, D. et Reuter, D. 2020. *How Africa's richest woman exploited family ties, shell companies and inside deals to build an empire.* ICIJ. 19 janvier.

Ghazvinian, J. 2007. *Untapped: The Scramble for Africa's Oil*, Houghton Mifflin Harcourt, cite dans Ovadia, J. 2016. *The Petro-Developmental State in Africa: Making Oil Work in Angola, Nigeria and the Gulf of Guinea*. Londres : Hurst.
Glenny, M. 2008. *McMafia: A Journey Through the Global Criminal Underworld.* New York : Knopf.
Global Trade Review. 2007. Best Deals of 2006 – Sonangol Sinopec International (SSI), Angola, mars.
Global Witness. 1998. *A Rough Trade: The role of companies and governments in the Angolan conflict.*
Global Witness. 1999. *A Crude Awakening: The Role of the Oil and Banking Industries in Angola's Civil War and the Plunder of State Assets.* Disponible sur https://cdn.globalwitness.org/archive/files/pdfs/a%20crude%20awakening.pdf (consulté le 3 août 2020).
Global Witness. 2002. *All the President's Men: The Devastating Story of oil and banking in Angola's privatised war.* Disponible sur https://cdn.globalwitness.org/archive/files/import/all_the_presidents_men.pdf. Consulté le 6 décembre 2019.
Global Witness. 2004. *Time for Transparency: Coming clean on oil, mining and gas revenues,* London, mars.
Global Witness. 2011. Oil Revenues in Angola, Much More Information but Not Enough Transparency, décembre. Disponible sur https://cdn2.globalwitness.org/archive/files/library/v15_live_angola_report_0.pdf. Consulté le 30 *décembre* 2020.
Hallman, B., Gurney, K., Alecci, S. et de Haldevang, M. 2020. Western advisers helped an autocrat's daughter amass and shield a fortune. ICIJ. 20 janvier.
Henry, J. 2003. *The Blood Bankers: Tales from the Underground Economy*. Four Walls Eight Windows, New York.
Hodges, T. 2001. *Angola from Afro-Stalinism to Petro-Diamond Capitalism.* Bloomington : Indiana University Press.
Hodges, T. 2003. *Angola: Anatomy of an Oil State.* Bloomington : Indiana University Press.
Hodges, T. 2004. *Angola: Anatomy of an Oil State.* Lysaker : Fridtjof Nansen Institute.
Human Rights Watch. 2001. *The Oil Diagnostic in Angola: An Update.* Mars. Disponible sur https://www.hrw.org/legacy/backgrounder/africa/angola/index-04.htm. Consulté le 25 novembre 2020.
Human Rights Watch. 2004. *Angola: Some Transparency, No Accountability: The Use of Oil Revenue in Angola and Its Impact on Human Rights,* New York.
ICIJ. 2020. Luanda Leaks: Key Findings. 20 janvier.
IMF (FMI). 1997. Angola – Recent Economic Developments. 17 novembre.
IMF (FMI). 2014. Angola: Second Post-Program Monitoring. Country Report No. 14/81, mars. Disponible sur https://www.imf.org/external/pubs/ft/scr/2014/cr1481.pdf. Consulté le 4 août 2020.
IMF (FMI). 2015. Angola: Selected Issues and Statistical Appendix. 3 novembre.
IMF (FMI). 2016. 2016 Article IV Consultation. Country Report No. 17/39
IMF(FMI). 2016. Angola: 2016 Article IV consultation - press release; staff report.
KPMG. Non daté. Assessment of Angolan Petroleum Sector – Final Report Vol. 1b - Executive Summary, KPMG/Ministry of Finance, 24 mars.

Le Monde. 2015. Angolagate: Arcadi Gaydamak se rend à la justice, 24 novembre. Disponible sur https://www.lemonde.fr/police-justice/article/2015/11/24/angolagate-arcadi-gaydamak-se-rend-a-la-justice_4816421_1653578.html (consulté le 8 décembre 2020).

Mailey, J.R. 2015. *The Anatomy of the Resource Curse: Predatory Investment in Africa's Extractive Industries*. Africa Center for Strategic Studies, mai.

Maka Angola. 2016. Sonangol paga US 100 milhões mensais a trio do PR. 30 août. Disponible sur https://www.makaangola.org/2016/08/sonangol-paga-us-100-milhoes-mensais-a-trio-do-pr/.

Marques, R. 2012. Isabel dos Santos: Honour and Lies. *Maka Angola*. 24 février.

Mendes, C. 2020. Angola seizes assets of allies of former president Dos Santos. Bloomberg. https://www.bloomberg.com/news/articles/2020-10-14/angola-seizes-assets-of-allies-of-former-president-dos-santos.

Michel, S. 2009. When China met Africa. *Foreign Policy*. 7 octobre.

Meisel, A. et Grossman, D. 2017. Paradise Papers: Tycoon made $41m from 'people's fund'. *BBC News*. 7 novembre. Disponible sur https://www.bbc.com/news/world-africa-41906123. Consulté le 26 novembre 2020.

Natural Resources Governance Institute. 2015. The Resource Curse: The Political and Economic Challenges of Natural Resource Wealth. Mars. Disponible sur https://resourcegovernance.org/sites/default/files/nrgi_Resource-Curse.pdf (Consulté le 17 août 2019).

Ndikumana, L. et J.K. Boyce. 2003. Public debts and public assets: Explaining capital flight from sub-Saharan African countries. *World Development*, 31(1), 107–130.

Ndikumana, L. et J.K. Boyce. 2011. New Estimates of Capital Flight from Sub-Saharan African Countries: Linkages with External Borrowing and Policy Options, *International Review of Applied Economics*, 25(2) 149-170.

Ndikumana, L. et Boyce, J.K. 2019. Magnitudes and Mechanisms of Capital Flight from Angola, Côte d'Ivoire and South Africa. Amherst : Political Economy Research Institute, Working Paper n° 500.

Ndikumana, L. et Sarr, M. 2019. Capital flight, foreign direct investment and natural resources in Africa. *Resources Policy,* Vol. 63, octobre.

Observador. 2014. BES Angola não sabe a quem emprestou 5,7 mil milhões de dólares. Disponible sur https://observador.pt/2014/06/07/bes-angola-nao-sabe-quem-emprestou-57-mil-milhoes-de-dolares/.

Pallister, D. 2005. Alarm bells sound over massive loans bankrolling oil-rich, graft-tainted Angola. *The Guardian*. 1er juin.

Puma Energy. 2015. Corporate Brochure. Disponible sur https://pumaenergy.com/media/488705/corporate-brochure-2015.pdf

Puma Energy. 2017. Offering Memorandum, Puma International Financing S.A., $600,000,000.5.125% senior notes due 2024. Obtenu auprès de la Bourse du Luxembourg. Disponible sur https://www.bourse.lu/issuer-notices/PumaInternFinan/70873.

Reuters. 2016. UPDATE 1-Statoil says briefed Norwegian police on Angola payments. 19 décembre. Disponible sur https://www.reuters.com/article/statoil-angola-idUSL8N15Y2EB. Consulté le 3 juillet 2020.

Reuters. 2017. Powerful Angolan VP charged with corruption in Portugal. 17 février.

Reuters. 2018. Portugal lets Angola try ex-VP in graft case, hopes to improve ties. 10 mai.

Reuters. 2018. UPDATE 1-Angola's Isabel dos Santos misses summons from prosecutors. Disponible sur https://www.reuters.com/article/angola-politics/update-1-angolas-isabel-dos-santos-misses-summons-from-prosecutors-idUSL5N1UR73H.

Robert-Diard, P. 2009. Angolagate: Prison ferme pour les principaux prévenues. *Le Monde.* 28 octobre. Disponible sur https://www.lemonde.fr/societe/article/2009/10/28/angolagate-prison-ferme-pour-les-principaux-prevenus_1259726_3224.html. Consulté le 23 novembre 2020.

Roth, N. 2008. Suit claims Gaydamak defrauded Angolans of $365 million. *Haaretz,* 4 décembre. Disponible sur https://www.haaretz.com/1.4968043. Consulté le 25 novembre 2020.

Roth, N. 2011. Gaydamak beats civil suit over Angola debt deal. *Haaretz,* 25 octobre. Disponible sur https://www.haaretz.com/1.5203686. Consulté le 25 novembre 2020.

Sachs, J. et Warner, A. 1999. The Big Rush, Natural Resource Booms and Growth. *Journal of Development Economics* 59(1), 43-76.

Sharife, K. 2016. Leaks reveal extensive siphoning of $5bn Angola sovereign wealth fund. ICIJ. Disponible sur https://panamapapers.investigativecenters.org/angola/.

Sharife, K. et Grobler, J. 2013. Kimberley's Illicit Process. *World Policy Journal,* 34(4), 65–77.

Shaxson, N. et Sandbu, M. 2009. Give the People their Resource Wealth. *Financial Times,* 4 juin.

Shaxson, N. 1999. Stolen Stones. *Africa Confidential.* 8 octobre. Disponible sur https://www.africa-confidential.com/article-preview/id/1332/Stolen_stones. Consulté le 20 janvier 2020.

Shaxson, N. 2002. Where the Money Lives. *Vanity Fair.* Août.

Shaxson, N. 2007a. *Poisoned Wells: The Dirty Politics of African Oil.* Londres : St. Martin's Griffin.

Shaxson, N. 2007b. Oil, Corruption and the Resource Curse. *International Affairs,* 83(6), 1123–1140.

Shaxson, N. 2008. Oil for the People: A Solution to the 'Resource Curse'. Association for Accountancy and Business Affairs, juillet.

Shaxson, N. 2012. *Treasure Islands: Tax Havens and the Men Who Stole the World.* Londres : Vintage Books.

Shaxson, N. 2018. *The Finance Curse: How global finance is making us all poorer.* Londres : The Bodley Head.

Shaxson, N. 2019. No, corporate tax avoidance is not 'legal'. *Financial Times,* Alphaville, 16 mai.

Shaxson, N. 2019a. Shrink the City. It's the only way to stop the world's criminals flourishing in the UK. *The Guardian,* 29 octobre. https://www.theguardian.com/commentisfree/2019/oct/29/shrink-city-london-criminal-financial-sector (Consulté le 1er juillet 2020).

Shaxson, N. 2019b. Tackling Tax Havens, *IMF Finance & Development,* 56(3), 6-10.

Shaxson, N. 2021. Oil and Capital Flight: The Case of Angola. Amherst : Political Economy Research Institute, Working Paper 534.

Shirbon, E. 2009. French power brokers convicted over arms to Angola. *Reuters,* 27 octobre.

Smiley, X. 1983. Inside Angola. *New York Review of Books,* 17 février.

Soares de Oliveira, R. 2007. Business success, Angola-style: postcolonial politics and the rise and rise of Sonangol. *Journal of Modern African Studies*, 45(3), 595-619.
Soares de Oliveira, R. 2015. *Magnificent and Beggar Land: Angola since the civil war*. Londres : Hurst.
Sonangol. 2016. 'Management report and consolidated accounts'. Disponible sur https://www.sonangol.co.ao/English/AboutSonangolEP/AccountsAndReport/Documents/Relatorio_Contas_e_Gestao_Sonangol_2016_en.pdf. Consulté le 11 novembre 2020.
Sonangol. 2017. Management Report and Consolidated Accounts, 2016.
Subcommittee on Africa. 1974. *The Complex of United States-Portuguese Relations: Before and After the Coup. Hearings Before the Subcommittee on Africa, Committee on Foreign Affairs, House of Representatives, Ninety-third Congress, Second Session*. Washington : U.S. Government Printing Office.
Tax Justice Network. 2012. *The Price of Offshore Revisited*. Juillet.
The Guardian. 2020. Isabel dos Santos responds to Luanda Leaks investigation. 23 janvier. Disponible sur https://www.theguardian.com/world/2020/jan/19/isabel-dos-santos-issues-response-luanda-leaks-investigation.
Thompson, B. 2019. UK's poor record on corporate crime comes under attack. *Financial Times*, 5 mars. Disponible sur https://www.ft.com/content/52101b3e-3f51-11e9-b896-fe36ec32aece. Consulté le 29 juillet 2020.
Trafigura. 2016. Annual report 2016. Disponible sur https://www.ise.ie/debt_documents/Trafigura%20Group%20Pte.%20Ltd.%20Annual%20Report%202016_6f2756e2-aba1-45c4-b520-3a57cb34f3fc.pdf
U.S. Securities & Exchange Commission. Non daté. Production Sharing Contract between Sociedade nacional de Combustíveis de Angola, Empresa Pública – (Sonangol, E.P.) and CIE Angola Block 20 Ltd., Sonangol Pesquisa e Produção, S.A., BP Exploration Angola (Kwanza Benguela) Limited, China Sonangol international Holding Limited, in the Area of Block 20/11. Article 12.
United Nations (ONU). 2000. Final Report of the UN Panel of Experts on Violations of Security Council Sanctions Against UNITA, known as the 'Fowler Report'. Mars.
United Nations (ONU). 2018. Level & Trends in Child Mortality. Estimates developed by the UN Inter-agency Group for Child Mortality Estimation.
United States of America v. Weatherford Services, International. 2013. United States District Court, Southern District of Texas, Houston Division. Plea Agreement. Criminal No. 13 CR 734, 26 novembre. Disponible sur http://fcpa.stanford.edu/fcpac/documents/3000/002144.pdf. Consulté le 31 décembre 2020.
Vanham, P. 2015. Why is Angola's capital the most expensive city in the world? *World Economic Forum*. 15 juin.
Van Niekerk, P. et Peterson, L. 2002. *Greasing the Skids of Corruption*, ICIJ.org, 2 novembre. Disponible sur https://www.icij.org/investigations/makingkilling/greasing-skids-corruption/. Consulté le 24 août 2020.
Verde, R. 2016. Sarju Raikundalia: ilegalidade do governo no Sonangol. *Maka Angola*, 29 octobre. Disponible sur https://www.makaangola.org/2016/10/sarju-raikundalia-ilegalidade-no-governo-da-sonangol/

Villalobos, L. 2015. Isabel dos Santos formaliza compra da Efacec Power Solutions. *Público*. 23 octobre. Disponible sur https://www.publico.pt/2015/10/23/economia/noticia/isabel-dos-santos-formaliza-compra-da-efacec-power-solutions-1712165.

Vines, A., Shaxson, N., Rimli, L. et Heymans, C. 2005. Angola: Drivers of Change – Position Paper 1: Economic Change and Reform. Londres : Chatham House, avril. Disponible sur https://gsdrc.org/topic-guides/political-economy-analysis/examples/drivers-of-change-country-studies/. Consulté le 20 décembre 2019.

Vines, A., Wong, L., Weimer, M. et Campos, I. 2009. *Thirst for African Oil: Asian National Oil Companies in Nigeria and Angola*. Chatham House. Août.

Weiss, M. 2014. The 750 Million Dollar Man. *Foreign Policy*. 13 février. Disponible sur https://foreignpolicy.com/2014/02/13/the-750-million-dollar-man/.

Xinhuanet. 2017. Chinese firm contracted to build massive hydropower plant in Angola. 5 août.

Zierer, M., Kühne, S., Dangelmayer, P. et Kerler, W. 2017. *Das System Madeira*. Disponible sur http://web.br.de/madeira/artikel/.

4.

UN CHOCOLAT AU GOÛT AMER : ACCAPAREMENT DES RICHESSES EN CÔTE D'IVOIRE

Jean Merckaert

Au cours de la période 1970–2018, la fuite des capitaux hors de la Côte d'Ivoire a été estimée au total à 55,4 milliards de dollars américains (en dollars de 2018) (Ndikumana et Boyce, chapitre 2 de ce volume). Parmi les pays africains, le pays se classe parmi les dix premiers en termes d'ampleur de la fuite des capitaux, et par rapport au PIB, la fuite des capitaux ivoiriens est environ 50% plus élevée que la moyenne africaine (Ndikumana et Boyce 2018).

La fuite des capitaux ivoiriens a culminé dans les années 1980 à environ 2,6 milliards de dollars par an, et s'est poursuivie tout au long des années 1990. Elle a ralenti après 2000, ce qui traduit entre autres le tarissement des prêts étrangers suite au déclenchement de la guerre civile en 2002, ainsi que la reprise des opportunités d'investissement après la guerre en 2010. Ce chapitre se penche donc tout particulièrement sur les circonstances ayant favorisé la fuite des capitaux au cours des décennies précédentes. Cependant, un certain nombre de ces caractéristiques subsistent aujourd'hui – ce qui implique que la Côte d'Ivoire pourrait donc bien connaître un jour à nouveau une fuite de capitaux à grande échelle, laquelle pourrait ponctionner gravement les ressources de développement du pays dans les années à venir.

L'économie politique contemporaine de la Côte d'Ivoire trouve ses racines dans la période de la domination coloniale française précédant l'indépendance formelle du pays, en 1960. La colonisation constituait un projet d'assujettissement et d'exploitation au profit de la métropole. Le cacaoyer, l'arbre produisant les fèves nécessaires à la confection de cacao et de chocolat, vient d'Amérique latine, et aujourd'hui la Côte d'Ivoire en est le premier producteur mondial[1].

Félix Houphouët-Boigny, dirigeant syndical devenu le premier président de la Côte d'Ivoire en 1960, a occupé la fonction suprême jusqu'à sa mort en 1993. Il était la principale figure de l'émancipation ivoirienne, le « père de l'indépendance », mais il avait aussi été député en France sous différentes législatures à la fin des années 1950, et il a choisi une politique de continuité plutôt qu'une rupture brutale avec l'ancienne puissance coloniale.

La monnaie de la Côte d'Ivoire, le franc CFA ouest-africain, était arrimée au franc français, et l'est désormais à l'euro, par un taux de change fixe, garanti par le Trésor français[2]. Cet accord profite grandement aux entreprises françaises, qui bénéficient d'une parité fixe et de la libre circulation des capitaux, ainsi qu'aux fonctionnaires et autres salariés du secteur formel. En effet, cela préserve leur pouvoir d'achat, leur permettant d'acheter des produits importés et d'envoyer leurs enfants faire leurs études en France (Cogneau *et al.* 2018).

Longtemps, la Côte d'Ivoire sera considérée comme un modèle de développement et de stabilité ; la « vitrine de l'Afrique de l'Ouest » (Losch 1999: 9). De fait, les années 1960 et 1970 sont marquées par une forte croissance (le PIB est multiplié par cinq en vingt ans) largement liée à l'essor du cacao et à l'exploitation forestière (Berthélemy et Bourguignon 1996). Alors que plusieurs pays de la région voient se multiplier les coups d'État, le règne du « Vieux » semble inamovible.

Mais les apparences se révèleront trompeuses. La forte dépendance de la Côte d'Ivoire au cacao s'avèrera un facteur de vulnérabilité budgétaire et sociale. Dans les années 1980, la Côte d'Ivoire s'effondre sous un fardeau de la dette insoutenable, et les revenus des producteurs dévissent. Pendant un temps peut-être, la Côte d'Ivoire avait été le « pays de l'hospitalité » que revendiquait son hymne national, le pays d'accueil des centaines de milliers de travailleurs du cacao et du café qui venaient du nord du pays ainsi que du Burkina Faso et du Mali voisins. Mais dès les difficultés économiques venues, ces populations allogènes ne tarderont pas à faire figure de bouc émissaire.

Le pouvoir assoit sa domination par une habile répartition des rentes entre différentes catégories de soutiens, mais ce système, que les politologues qualifient de « clientéliste », ne constitue pas un ciment assez solide pour unir une nation. Il n'est pas davantage de nature à favoriser la mise en place d'institutions robustes et impartiales… Et sa logique atteint ses limites dans les années 1980, quand les caisses se vident (Cogneau et Mesplé-Somps 2003: 87–104). Comme tant d'autres pays africains, la Côte d'Ivoire se voit dicter de douloureux plans d'ajustement structurel par ses bailleurs de fonds, mais sans succès : la Côte d'Ivoire passera « d'un statut de pays émergent à

Figure 4.1 : Carte des principales régions productrices de cacao

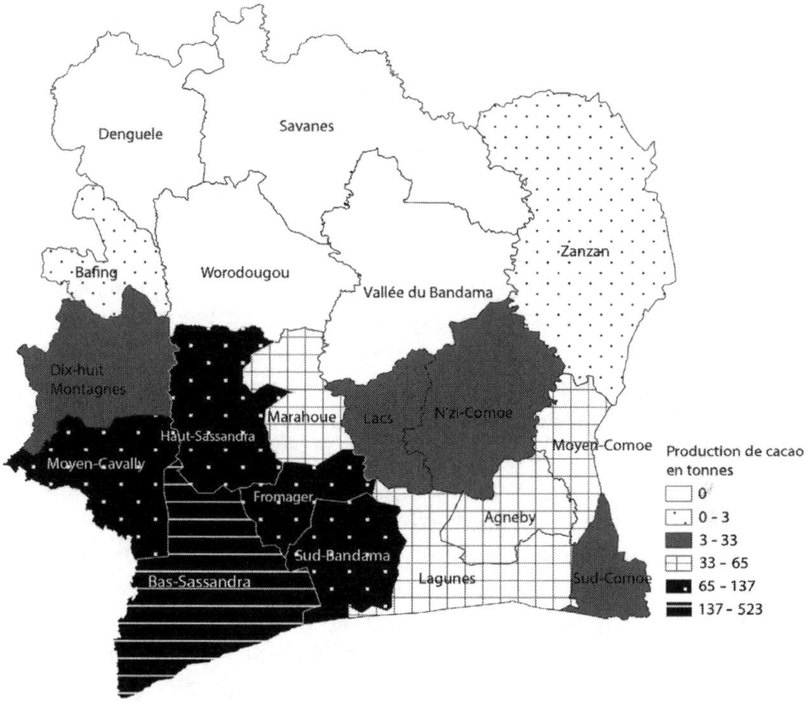

Source : Comité de Gestion de la Filière Café-Cacao (CGFCC) and Bourse Café-Cacao (BCC).

celui de pays pauvre » (Cogneau et Mesplé-Somps 2003: 14). Lorsque Alassane Ouattara, ancien directeur du département Afrique du FMI, a été nommé Premier ministre en 1990, de nombreux observateurs ont interprété cela comme une mise sous tutelle de la Côte d'Ivoire par les institutions financières internationales.

Sur le plan institutionnel, le multipartisme a commencé à se développer. Parvenu au pouvoir à la faveur d'un système de parti unique, le Parti démocratique de la Côte d'Ivoire (PDCI), Houphouët-Boigny n'y dérogera ainsi qu'à la toute fin de son règne, sous la pression du vent de démocratisation qui souffle alors sur toute l'Afrique. Depuis lors, le paysage partisan ivoirien se structure autour de trois forces politiques principales. Henri Konan Bédié a pris la direction du PDCI après la mort de Houphouët-Boigny. Laurent Gbagbo, un professeur d'histoire en exil, a lancé dès 1982 le Front patriotique ivoirien (FPI), tandis que le Rassemblement des Républicains (RDR), d'obédience libérale, est fondé en 1994, avec pour figure de proue l'actuel président Alassane Ouattara.

Quel que soit le parti au pouvoir, les règles du jeu établies sous Houphouët-Boigny restent à peu près les mêmes. Michailof (2005: 393–403) a noté que « le contrôle du pouvoir politique permet le contrôle des rentes, qui assurent la perpétuation du pouvoir ». En d'autres termes, le meilleur moyen de s'enrichir est d'accéder au pouvoir politique – même si, en Côte d'Ivoire, il serait sans doute exagéré d'y voir le seul moyen.

À la mort du Vieux en 1993, Bédié, qui avait été président de l'Assemblée nationale, prend le pouvoir. Sur le plan économique, il poursuit la vague de libéralisation exigée par les créanciers. Cependant, la décision du gouvernement français de dévaluer le franc CFA en 1994 (une ligne rouge qu'il avait promis de ne pas franchir du vivant de Houphouët-Boigny) a fait s'envoler les prix des biens importés (Noble 1998: 126–47). Sur le plan politique, Bédié introduit dans le débat public une notion empoisonnée : « l'*ivoirité* », l'identité nationale ivoirienne. Présenté comme le moyen d'unifier le pays, ce concept sert en réalité un projet de division, de stigmatisation des populations venues du nord et d'élimination des adversaires politiques.

Ainsi, Bédié fait introduire dans la loi électorale une obligation. Il faut non seulement être né en Côte d'Ivoire (ce qui ne suffit pas à disqualifier son rival Alassane Ouattara), mais être né de père et de mère ivoiriens (le père de Ouattara est burkinabé). Ouattara rallie les populations venues du Nord, ainsi que les musulmans de Côte d'Ivoire (qui représentaient 35% de la population)[3]. Face à cette manœuvre, le FPI de Laurent Gbagbo fait front commun avec le RDR de Ouattara pour boycotter le scrutin de 1995, et Bédié est « élu » avec 96 % des voix. Une profonde fracture divise le pays.

Bédié poursuit sur sa lancée, faisant de l'*ivoirité* le cœur de sa réforme du code foncier ivoirien. En 1999, à la suite d'une manifestation, il fait jeter en prison la direction du RDR, bien que Ouattara parvienne à s'enfuir. Les scandales financiers qui émaillent son règne sont peut-être la goutte d'eau qui a provoqué un mouvement de mécontentement dans l'armée, et à l'approche de Noël 1999, le général Gueï déclare à la télévision avoir pris les commandes de l'État.

Alors que Bédié attendait en vain que la France le ramène au pouvoir, les rues d'Abidjan exultent, mais la joie sera de courte durée. Gueï jure d'abord ne pas viser le pouvoir, avant de se raviser. Le RDR de Ouattara et le PDCI de Bédié ont boycotté l'élection présidentielle d'octobre 2000. Mais à la surprise de Gueï, c'est son adversaire Laurent Gbagbo qui remporte le scrutin. Ne voulant pas admettre sa défaite, il ordonne à ses troupes de faire feu sur la foule, mais la pression publique l'obligera à céder le pouvoir à Gbagbo. L'ambition proclamée du nouveau président est de permettre l'enrichissement de l'ensemble des Ivoiriens, et pas seulement de certaines catégories aisées.

Sitôt le président Gbagbo à la tête de l'État, les partisans de Ouattara descendent dans la rue, armés, pour réclamer une nouvelle élection. Le mouvement se terminera en affrontements avec les militants du FPI de Gbagbo. Les sympathisants du RDR de Ouattara subiront une violente répression de la gendarmerie et des militants pro-Gbagbo.

En septembre 2002, Laurent Gbagbo fait l'objet d'une tentative de coup d'État, lorsqu'une frange de l'armée dirigée par le sergent Ibrahim Coulibaly se soulève contre lui. Même s'il ne parvient pas à renverser le président Gbagbo, le putsch est un succès militaire : la moitié Nord du territoire passe sous contrôle des Forces Nouvelles (FN) rebelles[4]. La France se pose progressivement en arbitre, entérinant une partition de fait du pays. Les soldats français sont déployés le long d'une zone tampon censément sécurisée. La France cherche ensuite à « multilatéraliser » son engagement, d'abord en sollicitant le soutien des troupes de la CEDEAO (Communauté économique des États de l'Afrique de l'Ouest), puis des forces de maintien de la paix de l'ONU, mandatées par le Conseil de sécurité (Cogneau et al. 2016)[5].

En janvier 2003, Paris tente de mettre les parties au conflit d'accord autour d'un gouvernement d'union nationale, mais Gbagbo refuse de mettre pleinement en œuvre ces accords dits de Marcoussis. Le président sud-africain Thabo Mbeki tentera lui aussi une conciliation nationale ; mais si les accords de Pretoria de 2005 avalisent le principe d'une candidature d'Alassane Ouattara à l'élection présidentielle suivante, Gbagbo joue la montre et l'élection est repoussée six fois, jusqu'en 2010. Entre-temps, les accords de Ouagadougou, signés en 2007, organisent un partage du pouvoir, le poste de Premier ministre revenant au chef des Forces nouvelles, Guillaume Soro.

De ces huit ans de conflit, il faut d'abord retenir la brutalité qui s'est rapidement déchaînée, de part et d'autre, au prix de nombreuses victimes civiles. Au Sud, certains des partisans de Gbagbo organisent de véritables virées meurtrières. Au Nord, les différents « comzones » (commandants de zones) rivalisent de violence pour soumettre et racketter la population locale. Au milieu de cette violence, sans surprise, la pauvreté rurale s'intensifie (Cogneau *et al.* 2016).

Au premier tour de la présidentielle de 2010, Gbagbo arrive en tête (38 % des voix) devant Ouattara (32 %) et Bédié (25 %), qui est donc éliminé et appelle à voter pour Ouattara. Encore aujourd'hui, les résultats du second tour de scrutin restent controversés. Début décembre, la Côte d'Ivoire se retrouve avec deux présidents autoproclamés, même si la plupart de la communauté internationale considère Ouattara comme le vainqueur. Le 11 avril 2011, il faudra l'intervention de l'armée française pour renverser le président déchu Gbagbo. Ce dernier est extradé et incarcéré à La Haye en novembre 2011 en vue d'être jugé à la Cour pénale internationale[6].

Depuis l'arrivée au pouvoir d'Alassane Ouattara, la Côte d'Ivoire a bénéficié d'un soutien sans faille de la communauté internationale, et l'économie a connu un considérable essor – du moins d'après la mesure du PIB. Aux yeux de la Banque mondiale, une croissance impressionnante et une inflation maîtrisée ont fait de la Côte d'Ivoire un « succès économique remarquable » et un pays où il fait bon investir[7]. Cet enthousiasme n'est pas sans rappeler celui que suscitait le précédent « miracle ivoirien » des années 1960 et 1970. L'Histoire invite cependant à la prudence, d'autant que les indicateurs sociaux restent préoccupants : une espérance de vie de 53 ans seulement et 46% de la population vivant sous le seuil de pauvreté[8].

En Côte d'Ivoire même, l'action menée par Alassane Ouattara ne fait pas l'unanimité. Voici le bilan que tirait en 2018 le journal *Le Monde* : côté pile, « son élection a mis fin au sentiment de marginalisation d'une partie de la Côte d'Ivoire, et [il] a rétabli l'ordre et la souveraineté de l'État sur l'ensemble du territoire et lancé de grands chantiers d'infrastructures ». Mais côté face, « il n'a pas réussi à traduire les 9 % de croissance annuelle du PIB en une amélioration de la vie de la majorité des Ivoiriens, la corruption reste importante [et le] chantier de la réconciliation demeure largement inachevé » (Bozonnet 2018).

En 2020, Ouattara refuse d'abord de se présenter une troisième fois à la présidentielle, ce qui n'est pas autorisé par la Constitution ivoirienne. Il change cependant d'avis lorsque son successeur désigné, Amadou Gon Coulibaly, meurt subitement en juillet. Lors d'une élection très controversée, Ouattara, âgé de 78 ans, est « réélu » avec apparemment 94 % des voix, en octobre, et en réponse aux manifestations qui s'ensuivent, son gouvernement réprime les opposants[9].

À QUI PROFITE LE CACAO ?

Le monde consomme plus de quatre millions de tonnes de cacao par an, soit près d'un demi-kilogramme par personne ; c'est quatre fois plus qu'il y a quarante ans. Les Européens et les Nord-Américains sont les plus gros consommateurs, mais d'autres marchés se développent rapidement (BASIC 2016). La Côte d'Ivoire est le premier producteur mondial – le seul pays africain à pouvoir revendiquer ce titre pour un produit agricole – avec environ 40 % de la production mondiale (figure 4.2).

La culture du cacao dans le pays a commencé sous la domination française au début du XXe siècle. Aujourd'hui, les producteurs de chocolat français sont encore 70 % à s'approvisionner en cacao auprès de la Côte d'Ivoire. Avec un chiffre d'affaires supérieur à 5 milliards de dollars en 2015, la filière cacao est vitale pour l'économie ivoirienne. L'« or brun » représente de 15 % à 20 % du PIB et 32 % des exportations, emploie entre 600 000 et 900 000 agriculteurs et fait vivre près du quart de la population ivoirienne, soit environ 6 millions de personnes[10].

Figure 4.2 : Principaux pays producteurs de cacao
(en pourcentage de la production mondiale totale)

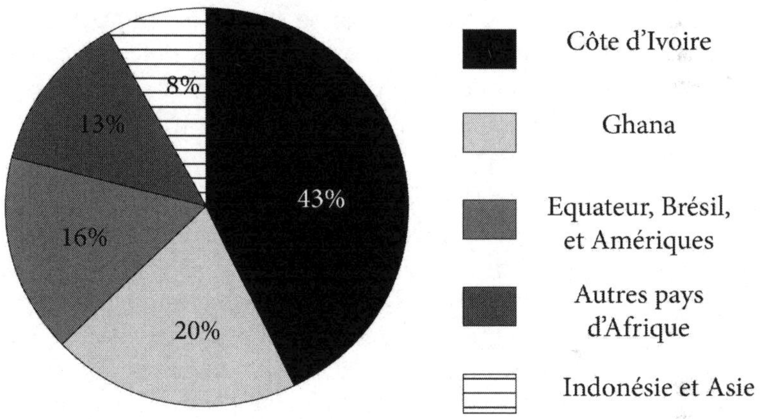

Source : International Cocoa Organization (ICCO), https://www.icco.org/statistics/.

Les maillons de la chaîne du cacao

De la fève de cacao à la barre chocolatée, la filière ressemble, du point de vue des producteurs, à un entonnoir : les centaines de milliers de producteurs sont extrêmement décentralisés, tandis que le commerce mondial de la fève et l'industrie de la transformation sont, eux, extrêmement centralisés.

Les producteurs de cacao ivoiriens cultivent des exploitations d'une superficie moyenne de trois à cinq hectares[11]. Après la récolte, les agriculteurs font fermenter et sécher les fèves, qui sont ensuite recueillies et transportées dans des sacs de jute jusqu'au port. C'est là que des négociants ou acheteurs agréés servent d'intermédiaire dans la négociation des prix[12]. Cette phase en amont de la filière cacao est quasi inchangée depuis l'indépendance. Ce qui s'est le plus transformé, c'est le « cou » de l'entonnoir.

Tout au long des années 1980, une partie des fèves ivoiriennes était destinée à de grandes marques telles que Suchard, Nestlé, Cadbury et Lindt & Sprüngli, qui avaient une organisation très intégrée allant du broyage des fèves à l'emballage des produits finis. Le reste des fèves revenait à des broyeurs indépendants ou *couverturiers* – producteurs du chocolat industriel dit « de couverture » de haute qualité – ou à des artisans chocolatiers.

Mais la standardisation croissante de la fève de cacao et la libéralisation des marchés financiers dans les années 1990 attirent les géants du négoce de matières premières Cargill et ADM. La filière se concentre un peu plus, notamment par la fusion du français Cacao Barry et du belge Callebaut, donnant naissance à Barry Callebaut. Quatre industriels internationaux contrôlent aujourd'hui 90 % de la transformation de cacao ivoirien (BASIC 2016: 43–4)[13].

Quelle part pour les producteurs ?

Pendant ce temps, la majorité des producteurs de cacao ivoiriens vivent bien en dessous du seuil de pauvreté (Fountain et Hütz-Adams 2018: 45). Fairtrade International estime que pour répondre à leurs besoins fondamentaux, leurs revenus devraient tripler (Rusman *et al.* 2018). Les ménages des zones rurales n'ont souvent pas accès aux routes, à l'électricité, à l'eau potable, aux services médicaux et à l'éducation (BASIC 2016: 32).

Le cours du cacao, comme celui de bien des matières premières, est sujet à d'amples variations. Il existait un système de stabilisation du prix perçu par les producteurs ivoiriens, avant la libéralisation du secteur en 1991. Lors d'une période de baisse des prix au milieu des années 1980, la Caisse de Stabilisation des Prix des Produits Agricoles (CAISTAB), soutenue par le gouvernement, assurait aux producteurs jusqu'au double du cours mondial. Mais le rebond escompté par la CAISTAB n'a pas lieu, et en 1989 les institutions de Bretton-Woods, en pleine application des plans d'ajustement structurel, obligent la Côte d'Ivoire à réduire de moitié le prix payé aux producteurs.

La CAISTAB elle-même est finalement démantelée en 1999, et dans les années qui suivent, les petits producteurs subissent de plein fouet les variations des cours mondiaux (Cogneau et Jedwab 2012). De nouvelles réformes, lancées en 2011, visaient à faire en sorte qu'au moins 60 % de la valeur de la fève, telle que définie par son cours mondial, revienne aux producteurs[14]. Mais la faiblesse de leurs revenus tient d'abord et avant tout à la faiblesse des cours mondiaux.

Le cacao a provoqué un afflux substantiel de travailleurs en provenance du Nord du pays ainsi que du Mali et du Burkina Faso voisins. La pression foncière devient source de fortes tensions, dont l'instrumentalisation politique a favorisé l'embrasement du pays dans les années 2000.

Le cacao n'est pas seulement le poumon de l'économie ivoirienne, c'est aussi une source essentielle de revenus pour l'État. Les taxes sont prélevées sur les exportateurs plutôt que directement sur les producteurs. Le prélèvement principal est le « *droit unique de sortie* » (DUS), une taxe existant de longue date. À cette taxe s'ajoutent des prélèvements pour les organismes de réglementation du secteur, pour le soutien aux coopératives, etc. Ceux-ci entraînent un décalage entre le prix à l'exportation et le prix perçu par les producteurs. Au cours de la saison 2016–2017 par exemple, le prix bord-champ (payé au producteur) était fixé à 1 100 FCFA par kilo, tandis que le prix à l'export était de 1 800 FCFA/kg. Environ 300 FCFA rémunèrent le ramassage et le transport jusqu'au port, ainsi que le séchage, le conditionnement, le stockage et le fret maritime, alors que près de 400 FCFA sont destinés aux taxes.

Les producteurs ivoiriens au début de la chaîne de valeur du cacao reçoivent une part minime de la valeur du produit final, tandis que le transformateur, le fabricant et le distributeur se taillent la part du lion, comme le montre la figure 4.3 (Barrientos 2016).

Au Salon de l'Agriculture de Paris, en mars 2018, le ministre Ivoirien de l'Agriculture, Sangafowa Coulibaly, s'est ému de cette situation, estimant pour sa part que l'industrie chocolatière, sur le plan mondial, génère 100 milliards de dollars par an, mais que les pays producteurs n'en touchent que 6 % et les agriculteurs eux-mêmes à peine 2 % (Etwareea 2018)[15].

Une chaîne de valeur à élargir

Dans de telles circonstances, on comprend tout l'intérêt que voient les pays producteurs à attirer l'activité de transformation sur leur territoire. Après avoir mis en place un régime fiscal attractif en 2012, la Côte d'Ivoire a conquis une part importante du marché de la transformation, au point de supplanter les Pays-Bas en tant que leader mondial (ICCO 2016). Alors que la Côte d'Ivoire se lance dans la transformation, l'avènement d'Abidjan comme capitale mondiale du cacao est consacré par la décision de l'Organisation internationale du cacao (ICCO), située à Londres depuis un demi-siècle, d'y transférer son siège en 2017 (d'Abbundo 2015).

Figure 4.3 : Détail du prix d'une barre chocolatée vendue en Europe

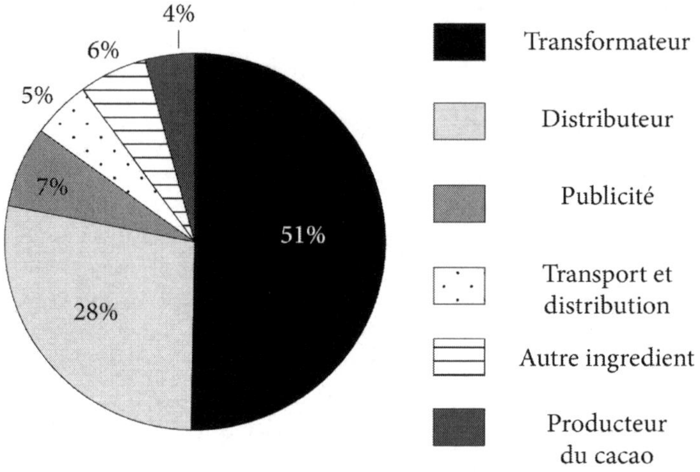

Source : Barrientos, S. (2011) « Beyond Fairtrade: Why are Chocolate Companies Pursuing Sustainability in Cocoa Sourcing? », communication présentée lors de la Conférence *Better Work* de l'OIT/IFC (octobre) et publiée dans Barrientos, S., Squicciarini, M. et Swinnen, J. (dir.). *The Economics of Chocolate*. Oxford : Oxford University Press, 2015, chapitre 12, p. 6.

Avec le soutien de la Banque africaine de développement, la Côte d'Ivoire et le Ghana cherchent aussi à aménager des infrastructures de stockage des fèves, pour mieux maîtriser l'offre sur le marché mondial en cas de surproduction (Etwareea 2018). On voit aussi monter en puissance l'idée d'un cartel du cacao. Le Ghana et la Côte d'Ivoire, qui représentent à eux deux plus de 60 % de la production mondiale, fixent un prix commun minimum pour la saison du cacao 2020–2021 (Deveaux 2019). De l'avis des analystes du secteur, cependant, une « OPEP du cacao » ne pourrait se concrétiser que si l'on rapprochait les systèmes de commercialisation des principaux pays producteurs (Fages 2018 ; voir également Jacque 2018).

Mais si les Ivoiriens veulent capter une part plus grande dans la chaîne de valeur qui va de la fève à la barre chocolatée, ils devront s'intéresser davantage à la part dédiée à l'immatériel – à savoir recherche et développement, brevets, image de marque, publicité –, qui représente pas moins de 30 à 50 % de la valeur du produit pour certaines marques (BASIC 2016: 32). Les actifs immatériels confèrent des avantages particuliers aux sociétés qui possèdent plusieurs implantations internationales, les revenus pouvant y être transférés afin de réduire le poids de la fiscalité. Rémunérer une filiale pour l'utilisation d'une marque ou d'un brevet est ainsi parfaitement légal, même quand les filiales se situent dans des paradis fiscaux ; ce qui l'est peut-être moins, c'est de créer des filiales fictives dans l'objectif d'échapper à l'impôt, ou de gonfler artificiellement la rémunération qui leur est versée. L'eurodéputée française Eva Joly, une ancienne magistrate qui s'est illustrée pour son rôle dans l'affaire Elf, a qualifié les paradis fiscaux de forme moderne de colonisation[16].

Pour pouvoir prouver de telles manœuvres dans la filière cacao, il faudrait pouvoir accéder à la comptabilité interne des groupes – un secret précieusement gardé. Nul doute, cependant, à la lecture de leurs rapports annuels, que les géants du secteur savent habilement localiser leurs filiales pour maximiser les avantages fiscaux. Les activités immatérielles et les holdings (siège du groupe, propriété intellectuelle, management, trading, gestion financière et autres services) se situent souvent dans des territoires à la fiscalité favorable – Belgique, Delaware, Luxembourg, Île Maurice, Pays-Bas, Panama, Singapour et Suisse (Merckaert 2020).

ÉTRANGETÉS STATISTIQUES DU COMMERCE DU CACAO

Que devient concrètement le cacao une fois qu'il a quitté les ports d'Abidjan et San Pedro ? Au cours de la période 2000–2018, les Pays-Bas, les États-Unis, l'Allemagne, la France et la Belgique ont importé ensemble 65 % du cacao ivoirien. Mais l'analyse des statistiques internationales relatives au commerce du cacao donne lieu à deux énigmes fascinantes[17]. Première surprise : l'Allemagne et, dans une moindre mesure, la France et les États-Unis, déclarent importer de Côte d'Ivoire davantage de cacao que ce que la Côte d'Ivoire ne déclare en exporter vers ces trois pays. Les écarts ne sont pas minces : entre 2000 et 2018, la Côte d'Ivoire déclare avoir exporté du cacao vers l'Allemagne pour une valeur totale d'environ 4,5 milliards de dollars (en dollars de 2018), mais Berlin a indiqué avoir importé pour une valeur d'environ 9,1 milliards de dollars de cacao ivoirien. En tenant compte du coût du transport, la différence entre les chiffres allemands et les chiffres ivoiriens officiels est toujours de 4,5 milliards de dollars (voir tableau 2.3 au chapitre 2). L'on retrouve le même schéma pour d'autres pays, comme la France, les États-Unis ou la Belgique, bien que les différences soient moindres.

La seconde source d'étonnement est l'exact inverse de la première. Elle concerne les Pays-Bas, le premier importateur mondial de cacao, et dans une moindre mesure l'Estonie. Sur la même période, la Côte d'Ivoire déclare avoir exporté pour près de 19,6 milliards de dollars (sans les coûts du transport) de cacao aux Pays-Bas, lesquels n'ont enregistré que 17,7 milliards de dollars (coût du transport inclus) d'importations. Si l'on tient compte des coûts de transport et d'assurance, l'écart s'élève à près de 3,2 milliards de dollars.

Si l'on additionne les neuf principaux partenaires commerciaux, les exportations de cacao déclarées par la Côte d'Ivoire étaient inférieures d'environ 4 milliards de dollars aux importations correspondantes déclarées par ses partenaires commerciaux. Cela équivaut à environ 7 % de la valeur déclarée des exportations du pays vers ces partenaires sur la même période. Le transbordement de cacao des Pays-Bas vers d'autres pays peut aider à expliquer les tendances contradictoires indiquées dans le tableau, mais l'écart net donne à penser qu'il existe une tendance générale à la sous-facturation des exportations.

La sous-facturation à l'exportation, un canal d'évaporation financière

La sous-facturation à l'exportation, ou le fait de sous-déclarer délibérément la valeur des expéditions à l'exportation en sous-estimant leur quantité, leur prix ou les deux, peut être motivée par plusieurs raisons. L'une d'entre elles est d'échapper aux taxes prélevées sur les exportations. Une autre raison consiste à cacher au gouvernement les recettes en devises, afin qu'elles puissent être conservées à l'étranger ou utilisées pour financer des importations non déclarées. Ces motifs peuvent se renforcer mutuellement.

Comme la plupart des pays en développement, la Côte d'Ivoire demande aux exportateurs de remettre leurs recettes en devises à la banque centrale pour que celle-ci les convertisse en monnaie locale. Les exportateurs peuvent préférer dissimuler une partie de leurs revenus à l'étranger afin d'échapper aux contrôles sur les sorties de devises. Les exportateurs peuvent décider de cacher aux autorités les recettes tirées de leurs exportations sur le marché parallèle (« marché noir »), lorsque le taux de change est plus avantageux que le taux officiel. Mais lorsque les revenus non déclarés restent à l'étranger, la sous-facturation des exportations devient un canal de fuite des capitaux.

Pendant une grande partie de son histoire, la Côte d'Ivoire a mené des contrôles des sorties de capitaux assez stricts et connu un taux de change officiel moins favorable (pour les exportateurs) que le taux du marché parallèle[18]. Il est donc tout à fait plausible que la sous-facturation des exportations à des fins de fuite des capitaux contribue à expliquer les surprenants écarts dans les statistiques ivoiriennes du commerce du cacao.

Fiabilité des données

D'autres défauts dans les données disponibles peuvent exacerber les anomalies[19]. Le fait que les valeurs à l'exportation soient déclarées FAB (franco à bord) et que les valeurs d'importation soient généralement déclarées CAF (coût, assurance et fret inclus) signifie qu'il faut tenir compte des coûts d'assurance et de transport pour comparer les exportations et les importations. Les calculs présentés dans le tableau 2.3 utilisent un facteur FAB estimé par produit et partenaire, obtenu à partir de la base de données de l'OCDE sur les coûts du transport international et de l'assurance (CTII)[20]. Ce sont des estimations, et non les coûts réels d'expédition. Cette méthode peut introduire un certain degré d'incertitude, mais cela ne saurait justifier les écarts de chiffres de la France et des Pays-Bas.

Des erreurs peuvent survenir lors de l'enregistrement des quantités exportées. Un audit des flux financiers mené en 2004 relevait ainsi que les « cas de différence entre le poids réel et le poids théorique » étaient fréquents, « étant donnée la faiblesse du contrôle qualité en amont » (IDC 2004). Des écarts d'une année à l'autre peuvent se produire, par exemple lorsque le cacao est exporté à la fin d'une année et qu'il atteint sa destination l'année suivante. Encore une fois, cela n'expliquerait pas de telles différences entre les pays, et les écarts de calendrier devraient finir par s'égaliser au fil des ans.

Il reste donc bien deux énigmes à résoudre. Pourquoi les Pays-Bas diffèrent-ils des autres grands importateurs ? Et deuxièmement, pourquoi, malgré cette anomalie néerlandaise, les importations mondiales de cacao ivoirien excèdent-elles systématiquement ce qui est déclaré en exportations par la Côte d'Ivoire ?

L'exception néerlandaise

Certains professionnels du secteur soutiennent que l'établissement de faux documents de commerce représenterait un grand risque pour des grands groupes, d'autant que grâce aux progrès techniques, il est de plus en plus facile pour les gouvernements de repérer pareilles manipulations[21]. Et il est vrai que les grandes entreprises se font assister par des conseillers juridiques et fiscaux pour éviter d'être dans l'illégalité.

Il est possible que les Pays-Bas soient enregistrés comme le pays de destination dans les ports ivoiriens, alors qu'en réalité, ils ne sont souvent qu'un pays de transit. Il se pourrait que les données néerlandaises n'enregistrent pas les cargaisons quand elles ne font que transiter vers des usines de transformation situées ailleurs. Les experts onusiens en charge des statistiques commerciales déclarent que les douanes ivoiriennes ne connaissent que très rarement la destination finale des containers, seulement le premier port de débarquement[22]. Une autre possibilité est que les fonctionnaires ivoiriens se trompent dans les enregistrements. Ferry Lapré, du Bureau central des statistiques (CBS) des Pays-Bas, abonde : « Amsterdam peut être indiquée comme destination alors que le navire s'arrête finalement à Anvers »[23]. Dans ce cas, le bateau ne croise jamais les douanes néerlandaises.

Une autre explication possible, attestée pour d'autres marchandises, est que les données officielles confondent le négoce (l'achat et la vente de matières premières) avec le commerce lui-même, soit le mouvement des marchandises. « Des contrats de vente et d'achat de matières premières sont conclus en Suisse, où les marchandises sont vendues et les navires affrétés », déclare une étude sur le négoce suisse. « Mais les matières premières ne pénètrent jamais sur le territoire helvétique, à l'exception de l'or. Ces flux n'apparaissent donc pas dans les statistiques des douanes » (Déclaration de Berne 2011).

Jack Steijn, le directeur d'une société de logistique néerlandaise et membre de la Fédération européenne des entrepositaires, détient peut-être la clé du mystère. Steijn était autrefois président du Comité technique international en charge de l'élaboration d'une norme ISO destinée à garantir la traçabilité du cacao durable. Il explique que les douanes européennes autorisent le stockage de marchandises importées au sein de l'Union européenne dans des « *bonded warehouses* » (entrepôts sous contrôle douanier)[24]. En 2014 et 2015, Amsterdam et Rotterdam abritent au total environ 40 % des stocks européens (ICCO Expert Group 2016). Bien que physiquement sur le sol européen, ces marchandises sont toujours considérées formellement comme à l'extérieur de l'UE jusqu'à ce qu'elles soient transférées vers leur destination finale dans l'UE. Le propriétaire des fèves peut les revendre sans que les fèves ne quittent l'entrepôt. Entre-temps, les autorités ivoiriennes auront enregistré ce cacao au titre des exportations. Si le cacao est finalement transféré hors de l'UE, les marchandises n'auront pas du tout été déclarées comme étant entrées dans l'UE, et il est probable que l'importateur ne connaisse pas la provenance initiale du cacao.

Ce système pourrait expliquer, également, l'étrangeté statistique estonienne : tout comme les Pays-Bas, l'Estonie déclare importer moins de cacao ivoirien que la Côte d'Ivoire ne déclare lui en exporter. Or le port de Tallinn s'est spécialisé dans la gestion et l'entreposage de flux de matières premières, et notamment de cacao. Mais ces fèves ne sont, pour la plupart, qu'en transit vers la Russie, l'Ukraine, la Biélorussie et ailleurs.

Les sociétés de trading et d'entreposage connaissent les volumes en transit, leur origine et leur destination. Ces informations sont-elles communiquées aux services gouvernementaux ? L'auteur a posé la question à l'office statistique néerlandais, et a obtenu une réponse simple : non. Les Pays-Bas ne disposent pas « d'informations complètes sur les marchandises entreposées ou les exportations à partir de ces entrepôts »[25].

Trouver une explication convaincante aux écarts statistiques observés dans la statistique commerciale nécessiterait que les entreprises du secteur fournissent des donnés transparentes sur toute la chaîne de commerce du cacao. À l'heure actuelle, les observateurs extérieurs n'ont aucun moyen de comparer les transactions opérées par les entreprises de négoce et les sociétés de gestion des entrepôts avec les déclarations en douane. Comme l'explique le chercheur Christophe Alliot, « en matière commerciale, la seule information rétrocédée sur les entreprises prend la forme de palmarès généraux, sans qu'il soit possible d'obtenir les valeurs, les pays, les produits ou les départements d'importation ou d'exportation concernés »[26]. Edward George, analyste britannique chez Ecobank, explique : « les sociétés de trading possèdent ces données, mais elles sont très sensibles et ne seront probablement jamais communiquées aux médias »[27]. Si les gouvernements dont le territoire sert de pôle au commerce mondial du cacao n'ont pas accès à ces informations, il serait peut-être temps qu'ils se les procurent...Et qu'ils mettent à jour les données transmises à UN Comtrade.

Des motivations fiscales ?

Pourquoi le cacao est-il stocké aux Pays-Bas plutôt que dans un autre pays disposant d'installations portuaires adéquates ? La raison en est peut-être d'ordre fiscal : une société pourrait faire payer la facture de sa filiale ivoirienne par sa filiale néerlandaise, avant de refacturer la marchandise (à un prix supérieur) à sa filiale allemande, belge ou française qui réceptionne finalement les fèves pour les transformer.

Dans ce cas, un bénéfice est engrangé par la filiale néerlandaise, dans un pays réputé pour sa clémence fiscale.

Comme l'admet la Federation of Cocoa Commerce, une grande partie du commerce de cacao a lieu entre filiales d'une même firme. Pour que la filiale néerlandaise engrange un bénéfice, il n'est pas indispensable de manipuler les prix de transfert (prix des transactions au sein d'un même groupe) : il suffit de dater opportunément les transactions d'achat et de vente du cacao, en fonction des variations du cours mondial.

Il ne serait pas surprenant que les entreprises multinationales exploitent savamment les différences entre les divers pays pour minimiser leurs obligations fiscales ; en fait, il serait surprenant qu'elles ne le fassent pas. À cette fin, les firmes multinationales créent souvent des holdings aux Pays-Bas, et ce n'est pas par amour du gouda et des champs de tulipes.

Ces manœuvres de minimisation fiscale font parfois l'objet de contestations. Dans sa lettre de 2019 aux actionnaires, ADM rapporte que sa filiale néerlandaise, ADM Europe B.V., « a fait l'objet d'un redressement par l'administration fiscale néerlandaise en raison des prix de transferts pratiqués suite à la réorganisation des affaires en 2009 », et qu'au 31 décembre 2018, ce redressement était de 93 millions de dollars en impôts, augmentés de 31 millions de dollars d'intérêts. « La société a fait appel de ce redressement fiscal », poursuit la lettre, et « prévoit de se défendre vigoureusement », mais prévient que la procédure d'appel peut prendre un certain temps et avoir un impact financier supplémentaire pouvant aller jusqu'au montant total du redressement fiscal. » (ADM 2019: 91).

Sur la route du trafic de cacao

Le chercheur allemand Friedel Hütz-Adams, spécialiste du secteur ivoirien du cacao, affirme que le cacao a été introduit clandestinement hors de Côte d'Ivoire à grande échelle pendant les années de conflit[28]. Les données Comtrade pour le Ghana voisin montrent des niveaux d'exportation exceptionnels au cours de ces années. De même, plus de 100 000 tonnes de cacao ont apparemment été importées du Togo par ses partenaires commerciaux au cours de la campagne 2007/2008, même si la production togolaise était inférieure à 10 000 tonnes... (Groupe d'experts des Nations unies 2009: 57).

Les recettes tirées de la contrebande de cacao ne sont pas communiquées aux autorités ivoiriennes, ce qui pourrait être un autre moyen de faire fuir les capitaux (ou de financer les importations de contrebande). Mais cela n'aide pas à expliquer le fossé entre les exportations de cacao de la Côte d'Ivoire enregistrées et les importations totales enregistrées par ses partenaires commerciaux, puisque le cacao de contrebande serait enregistré par les importateurs comme provenant des pays voisins. Laurent Pipitone, l'ancien directeur statistique de l'ICCO, ne pense pas que le Ghana exporterait des sacs de cacao estampillés « Côte d'Ivoire ». Rien ne permet de penser que des douaniers – qui ne sont pas des professionnels aguerris capables de reconnaître la provenance du cacao – enregistreraient ce produit sous l'appellation « cacao ivoirien » quand la marchandise provient du Ghana et est indiquée comme telle (Groupe d'experts des Nations unies 2009: 57).

Enregistrement des exportations

L'explication la plus probable de l'écart entre les données officielles sur les exportations de cacao et les importations totales enregistrées par les partenaires commerciaux se trouve probablement en Côte d'Ivoire elle-même, dans l'enregistrement des exportations au moment du départ des marchandises. Les exportateurs ont un intérêt financier évident à contourner un enregistrement douanier précis afin de se soustraire au droit d'exportation DUS, qui était jusqu'à récemment fixé à 44 % de la valeur déclarée des marchandises[29]. Et, comme indiqué plus haut, même en l'absence de taxes sur les exportations, ils préfèrent peut-être sous-estimer la quantité ou le prix des exportations afin d'échapper aux contrôles sur le taux de change et les sorties de capitaux.

La critique des douanes ivoiriennes ne date pas d'hier : en mai 1986, une mission des douanes françaises constatait que « sur un échantillon de soixante déclarations, dix-sept représentaient des fausses déclarations de valeurs [qui] laissent supposer des courants continus de fraude, bien établis, tant à l'importation qu'à l'exportation » (Péan 1988: 200). Dans la foulée de cette révélation, Lamine Diabaté, ministre de l'Économie sous Houphouët-Boigny, faisait paraître un rapport officiel, selon lequel les « seules pratiques de sous-facturation et surfacturation feraient perdre à la Côte d'Ivoire entre 50 et 90 milliards de Fcfa, selon les années »[30] (soit entre 1,6 et 2,9 % du PIB de l'époque). Aujourd'hui, des mesures sont mises en place pour réduire les malversations. Un exportateur les a décrits en ces termes :

> Il y a des contrôles à chaque étape. Un concessionnaire agréé par le Conseil Café-Cacao (CCC) est à demeure, pour six mois ou un an, à l'entrée de l'usine de chaque exportateur, pour contrôler la qualité du produit que le transformateur ou la coopérative apporte par camion. Il est autorisé à rejeter un produit de qualité insuffisante, ou à établir une réfaction (une décote) sur un produit de moindre qualité. C'est lui

> qui a le dernier mot. À l'intérieur de l'usine, où les fèves sont séchées et conditionnées, le CCC a aussi un agent qui contrôle le pont bascule, pour la pesée. Un autre concessionnaire, comme Bureau Veritas ou SGS est désigné pour contrôler la qualité du produit à la sortie de l'usine et fait lui-même l'objet de vérifications aléatoires par le CCC[31].

S'ensuivent une série d'autres démarches administratives (enregistrement, règlement des taxes…) jusqu'à ce que le bateau parte enfin. Sur le papier, ce système semble laisser peu de place à la fraude sur les déclarations de quantités. Mais il est plus difficile de garantir que les prix sont enregistrés avec précision, ce qui permet une sous-facturation à l'exportation.

Les étrangetés statistiques dans le commerce ivoirien du cacao sont nombreuses et vastes. Certaines incohérences sont probablement dues à un enregistrement volontairement erroné des exportations. Mais l'entreposage de la marchandise en transit pourrait être tout aussi déterminant, et il pourrait être motivé par des arrière-pensées fiscales. De même qu'un récent audit a mis en lumière les dysfonctionnements de la filière cacao ivoirienne (Fages 2018), un audit de l'activité des douanes ivoiriennes et des transitaires pourrait contribuer à éclairer les problèmes d'enregistrement des exportations de cacao ivoirien.

« J'AIME L'OR »

En mars 1990, Michel Camdessus, alors à la tête du Fonds monétaire international (FMI), se désolait que l'argent versé en Afrique au titre de l'aide serve « simplement à alimenter la fuite des capitaux et des achats d'appartements dans de beaux pays d'Europe » (Koudou 1990: 429). Cette déclaration, à n'en pas douter exagérée, a le mérite de soulever une question intéressante : où vont les capitaux ivoiriens en fuite ?

En vue d'y apporter une réponse, nous nous sommes penchés sur le patrimoine immobilier des Ivoiriens en France, en nous basant sur les données de valeur locative du ministère français du logement[32]. Si l'on estime la valeur moyenne d'un bien, en France, à 20 ans de loyer, alors la valeur du patrimoine détenu en France par des résidents ivoiriens, se situe autour de 200 millions de dollars[33]. Bon nombre de ces propriétés sont de taille modeste : 60 % de la valeur concerne des propriétés de moins de 75 mètres carrés (800 pieds carrés).

Nous avons également examiné le total des avoirs des résidents ivoiriens dans les banques des 44 pays, y compris les principaux centres financiers du monde, qui rendent compte à la Banque des règlements internationaux (BRI)[34]. Les données semblent montrer une évaporation très forte des capitaux ivoiriens vers les banques occidentales à la fin des années 1980 : le montant des dépôts est de 2 milliards de dollars (en dollars de 2015) à la fin de cette décennie[35]. La plupart des fuites de capitaux est cependant susceptible d'échapper à cette mesure. Les dépôts pour lesquels la nationalité du bénéficiaire effectif n'a pas été révélée ne sont pas inclus, ni les dépôts détenus dans les pays respectant le secret bancaire ou actifs autres que bancaires.

Les années 1980 correspondent à la vague mondiale de politiques de libéralisation promue par le FMI. En Côte d'Ivoire, cette période coïncide aussi avec la fin de règne du « Vieux », Félix Houphouët-Boigny, qui occupait la fonction suprême depuis 1960. La fortune personnelle de Houphouët-Boigny donne un aperçu de l'univers de la fuite des capitaux ivoiriens. Il est impossible d'estimer précisément la valeur de son patrimoine. Certains l'ont estimée à « entre 50 et 100 millions d'euros », mais ce chiffre est sans doute beaucoup trop bas (Soudan 2009). D'autres l'ont estimée à 7 milliards d'euros (Baker 2015: 52) ; 6 à 9 milliards d'euros[36], voire 15 milliards d'euros (Bouquet 2008: 213). Guéniat (2016) évoque prudemment un chiffre de « plus d'un milliard ».

Félix Houphouët-Boigny ne s'est jamais caché de son amour pour l'argent. En 1983, il se prévalait d'avoir la première fortune du pays, déclarant ainsi : « Les gens s'étonnent que j'aime l'or. C'est parce que je suis né dedans » (Nantet 1999). Avant même son accession au pouvoir, il possédait déjà des richesses à l'étranger : « Je n'étais pas encore président de la Côte d'Ivoire lorsque j'ai acheté la maison de Jean Gabin [en France]. J'ai acheté un appartement dans le 11e pour mon fils, je n'étais pas président de la République ! » (Péan 1988: 176).

Cette richesse est notamment assise sur ses investissements dans l'ananas, le café, l'avocat ou l'élevage de poulets :

> C'est le fruit de mon travail. J'ai 4 milliards [de FCFA] de chiffre d'affaires dans la culture de l'ananas. J'avais atteint jusqu'à 3 000 tonnes d'ananas par mois, le tiers de la production nationale... Autrefois, on recevait très peu, peut-être 100 millions, mais ces 100 millions valent aujourd'hui des milliards. Et j'ai viré tout cet argent dans les comptes en banque, en Suisse, et cela a produit des intérêts importants. L'une des banques d'Abidjan possède de moi le quart de ses dépôts... Il y a même une banque qui gère mes bénéfices sur l'avocat, dont je crois, je suis le premier producteur en Côte d'Ivoire. Il y a une autre banque qui gère les modestes bénéfices de mon élevage de poulets. Mais ces milliards, parce que tout cela se chiffre en milliards, se trouvent dans le pays[37].

Dès 1952, son compte UBS à Genève aurait compté 150 millions de francs suisses[38]. Une partie du patrimoine qu'il a édifié revenait, d'une certaine façon, à la collectivité : « Tout ce que j'ai construit à Yamoussoukro [l'« autre » capitale du pays] ne m'appartient pas. Les hôtels appartiennent au Parti, donc à l'État ; la maison du Parti, la fondation Houphouët-Boigny, etc., sont des édifices appartenant à l'État » (Péan 1988: 178). Il s'agit d'un pan non négligeable de ce patrimoine, tant Yamoussoukro, ce petit village où Félix avait grandi, fut le théâtre de sa folie des grandeurs. En 1983, il décida d'en faire la capitale administrative de la Côte d'Ivoire, et il y fit construire plusieurs édifices somptueux : l'hôtel de ville, une école technique et d'ingénieurs, un aéroport international… et une basilique qu'il voulut plus grande que Saint-Pierre de Rome[39]. Il affirme avoir personnellement dépensé 115 millions d'euros pour la réalisation de cette basilique, construite par la société française Bouygues pour 250 millions d'euros, selon les déclarations[40].

Mais l'origine du patrimoine personnel de Houphouët-Boigny avant l'indépendance est elle-même contestée : selon certains auteurs, ce patrimoine émane d'abord de l'argent du syndicat des planteurs qu'il dirigeait et de l'or de la région de Dabou, que les militants du Rassemblement démocratique africain (RDA) lui ont apporté au nom de la lutte pour l'émancipation… (Traoré 2014: 201, 213–4). Sa fortune personnelle a pris son envol après qu'il a accédé à la présidence. Conceptualisant une « philosophie du grilleur d'arachides », selon laquelle le grilleur d'arachides doit en mettre dans sa bouche pour bien vérifier leur teneur en sel, il a mis en place un système de ponction constante sur les ressources du pays, en particulier le cacao[41].

Son empire comprend une trentaine de propriétés à Paris, dont un château et un domaine de 33 hectares à Bombon acquis en 1985, une gentilhommière Louis XIV à Soisy-sur-École, un hôtel particulier de la rue de la Chaise dans le 7e arrondissement, et dans le même arrondissement le célèbre Hôtel Masseran, joyau du XVIIIe siècle également connu sous le nom d'Hôtel de Beaumont. À cela s'ajoutent, toujours dans le très huppé 7e arrondissement de la capitale française, celui des ministères et des monastères, trois appartements avenue Bosquet, un sis rue de Grenelle, d'autres rue de la Comète et Passage Jean Nicot, et d'autres belles propriétés rue Saint-Simon, boulevard des Invalides et – si l'on en croit sa fille Hélène – rue Duroc[42]. Le Vieux possédait enfin un appartement dans le 11e et pas moins de 17 villas à Marne-la-Coquette, dans la banlieue Ouest de Paris (Collombat 2015).

Le président ivoirien possédait aussi des appartements à Londres, à New York, une propriété aux Bahamas, une autre en Italie, à

Castel Gondolfo, d'autres encore au Maroc, au Sénégal et en Côte d'Ivoire, y compris dix-huit villas luxueusement meublées et ornées à Yamoussoukro (Madelin 1993). En Suisse, il possédait une maison à Chêne-Bourg, ainsi que plusieurs sociétés immobilières dont les participations comprenaient deux maisons près de Genève, l'une à Collonges-sous-Salève en Haute-Savoie (en France), et l'autre sur la « colline des milliardaires » à Cologny (en Suisse)[43].

Outre les biens immobiliers, Houphouët-Boigny disposait de nombreux comptes à l'étranger, en France, au Luxembourg, et particulièrement en Suisse (UBS, SIB et Merrill Lynch) et un épais portefeuille en actions, comprenant des participations dans la société de café et de cacao Intercafco (Dulin et Merckaert 2009)[44]. Selon les dossiers bancaires consultés par l'auteur, au milieu des années 1980, le compte UBS du Vieux a été utilisé à lui seul pour dépenser plus de 10 millions de dollars auprès des bijoutiers et horlogers Piaget et Harry Winston sur une période de quatre ans.

Houphouët-Boigny lui-même s'amusait des accusations concernant ses avoirs helvètes : « Quel est l'homme sérieux dans le monde qui ne place pas une partie de ses biens en Suisse ? » (Madelin 1993: 314). Les enseignants ivoiriens en grève à qui il s'adressait ont dû modérément goûter la plaisanterie, eux qui subissaient les coupes sombres dans les dépenses sociales d'un État rendu exsangue par l'évaporation des deniers publics.

Aujourd'hui, plus d'un quart de siècle après sa mort, la bataille pour le contrôle de sa fortune continue de faire rage parmi les héritiers encore vivants. Mais en dehors de certaines propriétés parisiennes, le gouvernement ivoirien n'a pu récupérer que peu de biens (Merckaert 2020).

LA CAISTAB : UN CANAL POUR L'ACCAPAREMENT DES RICHESSES

Avant sa fermeture en 1999, la CAISTAB, le Fonds de stabilisation et de soutien des produits agricoles du gouvernement, était devenu une pièce maîtresse des « pratiques corrompues et patrimoniales », comme le formule une étude de Global Witness, une ONG internationale basée à Londres. « En réclamant régulièrement, par l'intermédiaire de la CAISTAB, l'argent du commerce du cacao sans avoir à le comptabiliser, le président Félix Houphouët-Boigny a pour ainsi dire encouragé ceux qui lui remettaient cet argent à se servir » (Global Witness 2007: 46).

Créée en 1962 pour « superviser tout le processus d'achat et de vente du café et du cacao, de sorte à lisser les revenus des acteurs de la filière tout en cherchant à les améliorer »[45], la CAISTAB devait garantir un prix minimum aux producteurs en cas de baisse des cours, grâce un fonds de réserve alimenté par des prélèvements fiscaux sur les exportations. Toutefois, son fonds n'a pas servi qu'aux producteurs. En 1966, 40 % des fonds servaient à financer le budget de l'État, une part qui grimpait au-dessus de 60 % au plus haut des cours du cacao, dans les années 1970 (Losch 1999).

Par ailleurs, la gestion de la CAISTAB ne se caractérise pas par sa transparence. Entre 1978 et 1985, à en croire l'étude d'une grande banque française à l'époque, un écart total de 830 milliards de FCFA apparaît entre les recettes officielles et les recettes réelles... soit pas moins de 2 à 3 milliards de dollars (Péan 1988: 172–4)[46]. Ses dépenses comprenaient des projets d'infrastructure sans rapport avec le cacao : dans le village d'origine de Houphouët-Boigny, Yamoussoukro, il s'agissait « d'un aéroport international, un golf, de superbes écoles de travaux publics et d'enseignement technique, des hôtels luxueux, des piscines olympiques, des stades, le complexe de la maison du Parti, la grandiose Fondation Houphouët-Boigny, un hôpital international, une somptueuse résidence pour les hôtes, dont la profusion de marbre et d'or fait parfois peur à ses locataires... » (Péan 1988: 182). Une grande partie de son argent étant détournée vers d'autres usages, le fonds a eu du mal à maintenir des revenus stables pour les agriculteurs, lorsque les prix du cacao ont chuté dans les années 1980.

Les quotataires politiques

L'autre rôle de la CAISTAB, l'attribution des agréments et des quotas à l'exportation, lui a valu de devenir le pivot de l'enrichissement du président et de ses proches, entre autres. Dans un contexte de controverses sur le rôle omniprésent des exportateurs étrangers, le jeune État ivoirien a décidé d'encourager la création de sociétés locales à capitaux publics ou mixtes (Losch 1999: 385).

L'idée provenait d'un jeune vice-ministre de l'économie et des finances, Konan Bédié, qui a parallèlement promu activement le développement d'un système de quotas pour les exportations de cacao qui a vu le jour en 1969. Officiellement, les quotas étaient censés favoriser l'éclosion de ces nouveaux entrepreneurs ivoiriens aux côtés des firmes européennes installées. La CAISTAB attribuait des quotas d'exportation aux sociétés auxquelles elle avait préalablement octroyé un agrément. Ce système voit donc la CAISTAB fixer les prix et déterminer quelles sociétés pourront exporter et à quelles quantités (*ibid.*: 388). Chaque année, une trentaine d'exportateurs étaient approuvés, un chiffre qui atteint une moyenne de 45 dans les années 1980. L'économiste Bruno Losch les a divisés en trois catégories : « des exportateurs autonomes (ayant toutes les installations techniques nécessaires), des exportateurs dépendants (sans équipements et n'assurant que les opérations contractuelles) et des exportateurs fictifs (ou quotataires politiques) rétrocédant leurs droits contre rétribution aux autres exportateurs. » (Losch 1997: 215).

Le président de la République, chaque année, veille personnellement à la liste des entreprises agréées (Losch 1999: 389). Chacune se voit attribuer un pourcentage du volume total de cacao à exporter. Les quotataires politiques, cependant, revendent leurs quotas à de véritables exportateurs. Le groupe SIFCA, un groupe industriel ivoirien fondé en 1964, a pu se retrouver à commercialiser le quart du cacao ivoirien dans les années 1980, en ajoutant à son quota (inférieur à 5 %) ceux des quotataires politiques et des sociétés sous son contrôle (*ibid.*: 400–1).

Heureux élus

Qui a bénéficié de ces quotas du cacao ? S'il est « extrêmement difficile de réunir des données sur la soixantaine de sociétés créées pendant la période des quotas », Bruno Losch a cependant esquissé une typologie des bénéficiaires, les « élus » : le personnel politique, les fils des « compagnons de la Libération » et des proches d'Houphouët-Boigny[47]. Certains des bénéficiaires continuent, quarante ans après, à structurer la vie politique et économique en Côte d'Ivoire (*ibid.*: 390–91).

Un exemple en est Georges Ouégnin, directeur du protocole d'État à la présidence de 1960 à 2001, qui était un proche parmi les proches d'Houphouët-Boigny. Il s'est vu récompenser en 1973 par un quota à sa société SAIE – un quota qui s'élèvera à 2 % de la production nationale entre 1978 et 1990[48]. Toujours en poste sous Henri Konan Bédié, « Monsieur Georges » est un proche du roi du Maroc et un personnage clé des réseaux franco-africains ; il était même le parrain d'un des fils de Jacques Foccart, le « Monsieur Afrique » du Général de Gaulle… et conseiller de Jacques Chirac pour les affaires africaines. Il fonde ensuite un cabinet de lobbying, avant de faire son retour dans la vie politique en 2011 au service d'Alassane Ouattara[49].

Houphouët-Boigny a su récompenser, aussi, ses compagnons de la première heure. Ainsi, la famille Gon Coulibaly – des descendants du patriarche Senoufou, chez lequel le jeune Félix a trouvé refuge quand il fuyait la répression coloniale – a pu bénéficier d'un quota de près de 2 % de la production dans les décennies 1970 et 1980 via la société

Comivoire (qui sera rachetée par Bolloré), mais aussi par la prise de participation de Comivoire au capital d'un gros exportateur, DAF-CI, à hauteur de 35%[50]. Malgré les alternances politiques, la famille ne s'est jamais éloignée des sphères de pouvoir politique et économique : Amadou Gon Coulibaly, ministre de l'Agriculture sous Gbagbo, est devenu Secrétaire général de la présidence d'Alassane Ouattara avant d'être nommé Premier ministre en 2017. En mars 2020, Ouattara le choisit pour se présenter à la prochaine élection présidentielle après que Ouattara lui-même ait décidé de ne pas briguer un autre mandat. Mais la mort inopinée de Gon Coulibaly en juillet a fini par convaincre Ouattara de se présenter à sa réélection, ce qu'il affirmait être son « devoir civique » (RFI 2020).

Autre exemple, le fils d'un « vieux compagnon d'Houphouët » (Gombeaud *et al.* 1990: 57), Marcel Amon Tanoh, qui fut aussi le mari d'Hélène Houphouët-Boigny (jusqu'à leur divorce en 1992). Marcel Amon Tanoh s'est vu attribuer un quota de 1% de la production nationale à la fin des années 1980 par le biais de l'entreprise SIEPAM[51]. Promu directeur de cabinet d'Alassane Ouattara à partir de 1999, puis ministre de 2002 à 2010, sous Laurent Gbagbo[52], il devient ministre des Affaires étrangères du gouvernement Ouattara avant de démissionner en mars 2020[53].

Magnanime avec ses vieux compagnons et leurs enfants, Houphouët-Boigny n'en oubliait pas pour autant de veiller sur ses propres intérêts. Ainsi, il se réservait un quota colossal des exportations. En 1987, ce ne sont pas moins de 100 000 tonnes de cacao – soit un sixième de la production ivoirienne d'alors – qui reviennent au président, via la société Intercafco. Les frais de douanes sur ce cacao ne sont pas versés au Trésor public, comme d'ordinaire, mais sur le compte spécial de l'Intercafco – privilège régalien qui permettait au président de casser le marché pour ses concurrents (Gombeaud *et al.* 1990: 34).

Participations croisées

Les faveurs accordées par le président comprenaient également des sièges au conseil d'administration d'entreprises étrangères (Losch 2003). Les principaux exportateurs de la période coloniale perdent rapidement du terrain au profit de nouvelles sociétés importatrices de cacao établies au Havre (France), en Suisse et aux Pays-Bas (Losch 1999: 78). Les exportateurs historiques se voyaient aussi menacés par le développement des exportateurs locaux venus de l'étranger, notamment JAG (fondé par Jean Abile-Gal) et le SIFCA (fondé par Henri Tardivat) qui acquièrent progressivement des positions dominantes. Il faut dire que, pour consolider la relation de confiance avec le pouvoir, JAG ouvre son capital à Houphouët-Boigny, en lui accordant 26% des actions[54]. Unicafé, créée par la SIFCA à la fin des années 1970, permet aussi l'intégration de Guillaume et Marie Houphouët-Boigny dans son capital à hauteur de 6,25 % chacun (*ibid.*: 394–5). On voit aussi Intercafco, la société présidentielle, prendre des parts significatives à l'actionnariat d'autres sociétés exportatrices de cacao.

À l'origine des dispositifs favorisant l'entrepreneuriat ivoirien, le ministre des Finances Henri Konan Bédié n'est pas le moins habile à tirer son épingle de cet enchevêtrement capitalistique. Il est l'un des principaux actionnaires de Comafrique, la première société créée sous le nouveau régime des capitaux mixtes en 1966, spécialisée dans l'importation de véhicules, puis dans l'exportation de café et de cacao. Les autres actionnaires clés étaient Pierre Billon, le père de Jean-Louis Billon, ministre du Commerce de 2012 à 2017, et Philippe Yacé, membre d'une autre grande famille ivoirienne, alors président de l'Assemblée nationale[55]. Lorsque le système de quotas a été mis en place en 1969, les exportateurs agréés au cours de la première saison de croissance comprenaient la Comafrique ainsi que d'autres sociétés ivoiriennes créées expressément pour l'occasion. Avec le temps, la Comafrique prend elle-même des parts à l'actionnariat d'autres exportateurs, notamment la SIFCA. Bédié détenait également une participation substantielle (8 %) à l'actionnariat de la société JAG.

La dérive définitive du système

La brèche ouverte par la CAISTAB à la fin des années 1960 a aiguisé beaucoup d'appétits, et beaucoup ont voulu s'y engouffrer. En 1975, un nouveau directeur est nommé, qui jouit d'une moindre autorité pour s'opposer au chef de l'État. Peu à peu, la brèche devient une faille béante par laquelle les affidés du pouvoir s'enrichissent. L'argent du cacao s'évapore, bien que les cours élevés aient temporairement donné l'illusion d'un système fonctionnel.

De nouvelles « sociétés fictives » ne cessent d'apparaître et d'obtenir des quotas. La décennie 1980 marque « la dérive définitive du dispositif » (Losch 1999: 430). Le pouvoir devient toujours plus personnalisé autour de Houphouët-Boigny, qui gratifie ses nombreux courtisans de ses faveurs pour maintenir l'équilibre du pouvoir entre eux. En 1986, selon Losch, « 31 % des personnalités politiques ivoiriennes sont officiellement actionnaires dans 33 % des 750 entreprises du pays. [Elles jouent un] rôle d'intermédiaire, de courtier, voire de protecteur [de] l'entreprise vis-à-vis de l'appareil d'État mais aussi du système bancaire pour l'obtention d'aides, avantages, dérogations et autres arrangements »[56].

Les activités et les comptes de la CAISTAB deviennent de plus en plus opaques (*ibid.*: 433–5). La Caisse est censée engranger à la période faste pour pouvoir soutenir la filière en période de vaches maigres. Ce que les entreprises versaient au fonds ou recevaient de celui-ci dépendait de leurs contrats d'exportation. Dès lors, la tentation était grande pour eux de tricher sur la valeur de ces contrats, que ce soit pour verser moins que leur dû à la Caisse, ou pour en recevoir davantage. Une autre forme de fraude consistait à manipuler les dates, les volumes et les valeurs pour exploiter les fluctuations des cours entre le moment du déblocage du contrat par la Caisse et le moment où la vente est effective, parfois avec des complicités directes au sein de la CAISTAB (*ibid.*: 434–5). Lorsque le cours chute, les caisses sont bientôt vides, et la crise est proche.

Une bataille perdue d'avance

La fin des années 1980 est marquée par un bras de fer perdu d'avance contre le marché mondial, et qui tournera à la déroute. Houphouët-Boigny suspend le remboursement de la dette extérieure en mai 1987. Pour ne pas vendre à perte, la CAISTAB bloque toutes ses ventes de cacao en juillet, avec un objectif : faire remonter les cours. Dans ses allocutions au sujet de la crise, Houphouët-Boigny pourfend alors la spéculation et l'échange inégal, reprenant les thèmes de sa posture syndicale des années 1930. « Le dernier combat du Vieux », titrera l'hebdomadaire *Jeune Afrique* en novembre 1988[57].

La situation des producteurs de cacao ivoiriens devient cauchemardesque ; ils cèdent leurs fèves à moitié prix, parfois même contre des « bons », « bouts de papiers griffonnés qui n'auront aucune valeur réelle » (Bouquet 2008). Les correspondants de Radio France International Jean-Louis Gombeaud, Corinne Moutout et Stephen Smith, alors reporter à *Libération* (aujourd'hui professeur à l'université Duke), qui ont relaté ces faits dans leur livre de 1990 *La Guerre du Cacao*, ont rapporté que « la saison 1988–1989 a été principalement financée par un prêt forcé des agriculteurs, qui n'ont jamais été remboursés » (Gombeaud *et al.* 1990: 127–8).

En 1989, acculé, le gouvernement ivoirien se voit contraint par le FMI de diviser par deux le prix officiel versé aux producteurs de cacao. Houphouët-Boigny, résigné, reconnaît que « le cacao nous a tous rendus malades » (*ibid.*: 216). Le pays aussi est souffrant, et sa dépendance de la rente cacaoyère se rappelle à lui comme un boomerang : le niveau de pauvreté passe de 10 % en 1985 à 36,8 % en 1995 (Cogneau et Mesplé-Somps 2002: 73).

Contesté dans la rue en 1990, sous la pression constante des bailleurs de fonds, Houphouët-Boigny est forcé de faire des concessions : il crée un poste de Premier ministre confié à Alassane Ouattara, un gestionnaire censé rassurer Washington, et il ouvre le pays au multipartisme. La libéralisation du secteur du cacao a également commencé cette année-là, bien que la CAISTAB soit maintenue jusqu'en 1999.

En 1998, le gouvernement ivoirien annonce la vente d'un million de tonnes de cacao à 904 francs CFA/kg, prix sous-évalué d'environ 100 francs CFA/kg, selon les institutions de Bretton Woods. Soit 100 milliards de francs CFA (environ 150 millions d'euros) envolés... (Verschave 2000: 269). Manifestement peu rassurées par les explications balbutiées par le pouvoir en place, les institutions multilatérales ont demandé en 1999 un audit au cabinet Arthur Andersen : l'écart, cette fois, s'élève à 80 milliards de francs CFA (environ 120 millions d'euros) entre les recettes déclarées et les recettes réelles de la CAISTAB (Campbell 2000: 143–4).

Avec la fermeture définitive de la CAISTAB au cours de la même année, certains espéraient que le cacao ivoirien cesserait d'être un vecteur d'accaparement des richesses : « Les vrais et les faux quotas, les passe-droits, les fraudes et les tricheries les plus grossières liées à l'exportation du café et du cacao seront éliminés par le nouveau contexte libéralisé », prédisait Losch (1999: 528). Mais ce tournant ne sera pas, finalement, à l'avantage des agriculteurs et des citoyens ivoiriens. Dans le nouveau paysage de l'export, les entreprises ivoiriennes et les opérateurs français historiquement dominants perdent du terrain, les géants de l'industrie mondiale du cacao – Barry Callebaut, Cargill et ADM – ayant acquis leurs actifs. Quelques années plus tard, Losch (2003: 52-53) allait conclure : « Aujourd'hui, les trois plus grands transformateurs de cacao mondiaux sont installés en Côte d'Ivoire et contrôlent les exportations ivoiriennes ».

LES FRUITS DU POUVOIR

En 1992, la fortune d'Henri Konan Bédié, futur successeur de Houphouët-Boigny, était déjà estimée à 400 millions de dollars (Madelin 1993: 310). Une fois installé à la fonction suprême, elle allait croître encore. Mamadou Koulibaly, devenu ministre du Budget du gouvernement suivant, a qualifié la présidence de Bédié de « kleptocratie » comparable à celles de Mobutu au Zaïre et de Suharto en Indonésie (Contamin et Losch 2000). En tant que sous-ministre puis ministre de l'économie et des finances, Bédié montre un appétit insatiable pour les affaires : il investit dans la construction et les travaux publics, la gestion de portefeuille et l'immobilier, l'import-export, la métallurgie, le broyage de cacao et l'import de matériel agricole. Il a placé des amis au conseil d'administration d'entreprises de chacun de ces secteurs (Baulin 2000: 94).

En 1977, Houphouët-Boigny veut « mettre fin à un système de corruption et de tromperie qui gangrène tout l'appareil d'État »[58]. Il se pourrait bien que la goutte d'eau qui fera déborder le vase soit l'affaire des complexes sucriers. Dans son livre *L'Argent Noir*, le journaliste d'investigation français Pierre Péan rapporte que Bédié faisait partie des personnes impliquées dans la surfacturation dans les complexes agro-industriels de production sucrière du nord du pays, et ce à hauteur de 35 milliards de francs CFA (environ 100 millions d'euros) (Péan 1988: 187–9). Selon Jacques Baulin, ancien conseiller de Houphouët-Boigny, Bédié est « de loin le ministre le plus compromis dans l'affaire du complexe sucrier » (Baulin 2000: 113). Bédié affirme que cette affaire était un prétexte inventé par le président pour l'évincer[59].

Mais la traversée du désert ne sera pas bien longue pour Konan Bédié. Il fait son grand retour en 1983, quand il prend la tête de l'Assemblée nationale. Il devient chef de l'État à la mort du Vieux en décembre 1993, un poste qu'il occupera pendant six ans, jusqu'à son renversement en décembre 1999. Le bilan que Mamadou Koulibaly, Ministre du Budget du gouvernement de transition, tire de cette période est sans concession :

> Les gains post-dévaluation [du FCFA en janvier 1994] ont été gaspillés en détournements et vols au détriment des finances publiques. Il s'agit en réalité de plus de 500 milliards de FCFA (760 millions d'euros) ... C'est la mise en place systématique d'une mafia locale chargée de prendre ce qui appartient à l'État (Contamin et Losch 2000).

Au moment de son renversement, Bédié se trouvait dans son village natal près de Daoukro. En plus d'un palais extravagant à Daoukro, pour un coût de 100 milliards de francs CFA (150 millions d'euros) selon la presse ivoirienne[60], Bédié possède un appartement de luxe dans le très chic 16e arrondissement de Paris (Hofnung 2011: 49). Dans la résidence présidentielle d'Abidjan, il laisse derrière lui 6 milliards de francs CFA (plus de 9 millions d'euros) en liasses de billets (Ficatier 2000).

Malgré les négations de l'ancien président au sujet des comptes bancaires en Suisse, l'Office fédéral de justice helvète annonça avoir gelé ses comptes. Cette mesure faisait suite à une demande d'entraide judiciaire de la justice ivoirienne (*Le Monde* 2000). Ainsi 5 à 7 millions de francs suisses furent bloqués dans neuf banques. Bédié fut inculpé pour « détournement de fonds publics » par le procureur général ivoirien (*Libération* 2000). Le journal français *L'Express* a rapporté que l'ex-président était soupçonné d'avoir détourné 24,8 millions de dollars d'aide européenne à la santé[61]. Les autorités ivoiriennes ont même délivré un mandat d'arrêt international contre Bédié, qui résidait alors en France, mais le gouvernement français a choisi de ne pas s'y plier[62].

Bédié, parfois qualifié d'« adversaire numéro un » d'Alassane Ouattara, reste aujourd'hui une figure importante de l'échiquier politique ivoirien. En février 2019, il reçoit même Guillaume Soro, ancien allié de Ouattara, dans sa résidence près de la ville de Daoukro, à l'occasion d'un dîner au bord de la piscine « au milieu des paons » et lui faisant visiter le lendemain « ses vastes plantations de cacao et de caoutchouc »[63]. À 86 ans, il s'est présenté à nouveau à la présidence en 2020 et a dirigé un « conseil de transition » avec des opposants après que Ouattara a été déclaré vainqueur des élections d'octobre.

QUAND L'OR BRUN VIRE AU ROUGE

Le cacao a joué un rôle central dans la violence qui a déchiré la Côte d'Ivoire au cours de la première décennie de ce siècle. Le conflit a opposé le nouveau gouvernement dirigé par Laurent Gbagbo aux rebelles basés dans le nord du pays et menés par Alassane Ouattara. Toute l'économie du pays est mise au service de l'effort de guerre, dans un camp comme dans l'autre. Bien que la culture du cacao soit concentrée dans le sud, qui reste sous le contrôle du gouvernement, elle est aussi une source importante de revenus dans la zone contrôlée par les rebelles. Les ponctions exercées sur le secteur du cacao, au nom de l'effort de guerre, serviront à certains pour s'enrichir personnellement, même si cela ne semble pas concerner Gbagbo lui-même.

Heureusement, cette période trouble est relativement bien documentée : les enquêtes du journaliste franco-canadien Guy-André Kieffer, disparu en Côte d'Ivoire en 2004 alors qu'il enquêtait sur l'argent du cacao, les audits commandés par les bailleurs de fonds et par le gouvernement lui-même, les épais rapports du groupe d'experts de l'Onu et ceux d'ONG comme Global Witness offrent un aperçu assez clair du fonctionnement de l'économie cacaoyère pendant les années de guerre[64].

Taxer la filière cacao

Environ 90 % des échanges ivoiriens transitent par le port d'Abidjan, qui représente ainsi l'écrasante majorité des recettes douanières du pays. Le port d'Abidjan est donc le centre névralgique du financement du régime. Dès novembre 2000, Gbagbo propulse Marcel Gossio, un fidèle parmi les fidèles, à la tête du Port autonome d'Abidjan. Gossio ne tarde pas à chausser également une autre casquette, celle de « grand argentier » du FPI, le parti de Gbagbo, puis des miliciens pro-Gbagbo, les « Jeunes Patriotes » (Hugeux 2009).

La production ivoirienne de cacao ne faiblit pas. Entre 2002 et 2007, les exportations augmentent même de 39%, ce qui injecte 1,1 milliard de dollars supplémentaires dans l'économie du pays (Groupe d'experts des Nations unies 2009: 52). Le gouvernement ponctionne d'abord cette manne en imposant une lourde fiscalité. Le Droit unique de sortie (DUS) passe de 120 FCFA/kg en 2000 à 220 FCFA/kg en 2003. Avec les taxes d'enregistrement et les paiements aux organismes de réglementation du secteur, cela rapporte 500 millions de dollars par an dans les caisses du gouvernement[65].

L'utilisation de ces recettes est loin d'être transparente. En 2005, le ministre des Finances Paul Antoine Bohoun Bouabré a obligé les exportateurs de cacao à payer au moins 20 millions de dollars de façon anticipée pour le DUS. Mais on ignore tout de l'utilisation qui a été faite de ces fonds (Global Witness 2007: 22). Le Groupe d'experts de l'Onu, qui avait révélé ce mystère, n'a pas obtenu de réponse du gouvernement sur l'utilisation des recettes fiscales pour 2006–2007 (Groupe d'experts des Nations unies 2009: 54).

Le gouvernement Gbagbo avait mis en place un système complexe pour réglementer le secteur du cacao. Pas moins de cinq institutions ont été créées – en plus de la Réserve de prudence et de la Sacherie brousse qui existaient déjà – pour pallier la disparition de la CAISTAB : l'Autorité de régulation du café et du cacao (ARCC), la Bourse du Café et du Cacao (BCC), le Fonds de Régulation et de Contrôle du Café et Cacao (FRCC), le Fonds de Développement et de Promotion des activités des Producteurs de Café et de Cacao (FDPCC) et le Fonds de Garantie des Coopératives Café et Cacao (FGCC)[66]. Au sein de ces structures, ce sont principalement les représentants des producteurs de cacao – désignés par le ministère de l'Agriculture – qui détiennent le pouvoir, via l'ANAPROCI (Association nationale des producteurs de café-cacao de Côte d'Ivoire). Des agents de l'État, les banques et les grandes firmes internationales y sont également représentés, mais minoritaires, « plutôt en position de devoir subir, en soupirant, les turpitudes et ce qu'ils doivent considérer comme du folklore local » (Bayart et Hibou 2003: 54).

Les différents audits menés sur la filière n'ont pas manqué de pointer l'incongruité de cette organisation, d'autant que « ces structures se comportent comme des organismes autonomes presque indépendants des administrations de tutelle [alors qu'elles] n'existent que par la volonté de l'État »[67]. De fait, ces organismes « n'ont pas de comptes, pas de budget » (Bayart et Hibou 2003: 55). Signe de la gabegie à l'œuvre, un rapport d'audit demandé par l'Union européenne souligne que « la CAISTAB fonctionnait sur un budget d'un montant trois fois moins élevé que celui de l'ensemble des trois structures de régulation (ARCC, BCC et FRCC) » (Amiri et Gourdon 2006: 135).

Chacune de ces organisations devait son existence au régime et contribuait à l'effort de guerre. Par exemple, le FDPCC, une entité censée financer le développement du secteur du cacao, a remis plusieurs chèques au président, pour un montant total de 10 milliards de FCFA (environ 20 millions de dollars) lorsque la guerre a éclaté en octobre 2002 (Global Witness 2007: 24). En octobre 2005, un journal ivoirien signale que le FDPCC offre, cette fois, des véhicules aux forces nationales de sécurité (*ibid.*: 25). Les missions d'audit ont aussi relevé que le Fonds avait engagé 33 milliards de FCFA (plus de 60 millions de dollars) entre 2000 et 2008 pour des prestations qui n'ont pu être justifiées (Ministère de l'économie et des finances 2010: 3). Un audit des flux financiers mené pour l'Union européenne conclut que le FRCC avait également « prêté » des milliards de francs CFA au gouvernement au titre de « l'effort de guerre » (Global Witness 2007: 27).

Les personnes à la tête de ces institutions furent bien récompensées. L'ONG Global Witness rapporte que Henri Amouzou, le président du FDPCC ayant remis en main propre des chèques à Gbagbo à la télévision et qui présidait aussi l'ANAPROCI, le principal groupe de producteurs de cacao, avait acheté des voitures de luxe dont une Hummer H2 et une Porsche Cayenne (*ibid.*: 52). Global Witness rapporte que le salaire mensuel et les avantages sociaux du président de la BCC s'élevaient à 341 000 dollars... soit près de deux fois le salaire officiel du président Gbagbo lui-même (*ibid.*).

Les agriculteurs ivoiriens, eux, étaient asphyxiés. Le gouvernement et ses organisations affiliées siphonnaient plus de 300 francs CFA par kilogramme, creusant l'écart entre les prix du marché mondial et l'argent que touchaient les producteurs. Le prix bord-champ payé aux producteurs était souvent deux fois inférieur au prix du marché mondial (*ibid.*: 18). En 2005, les experts de l'ONU estimaient à plus de 10 % de la production totale de la Côte d'Ivoire la vente illégale de fèves ivoiriennes via le Ghana (*ibid.*: 45).

Après la guerre, l'hebdomadaire *Jeune Afrique a fait état d'une évaluation ex post de l'ampleur des fonds manquants* : « Les différents audits café-cacao réalisés par les cabinets KPMG et SEC Diarra, à la demande des institutions de Bretton-Woods, font état de la disparition de quelque 370 milliards de FCFA entre 2002 et 2008 » (Duhem 2013). Au total, cela équivaut à environ 740 millions de dollars.

En 2008, pressé par la communauté internationale, Laurent Gbagbo décide de faire le ménage : une vingtaine de « barons du cacao » sont arrêtés et mis en détention[68]. Les structures qu'ils dirigeaient ferment leurs portes, les unes après les autres. Adieu donc le FRCC, l'ARCC, la BCC, le FDPCC. Mais le régime fait preuve d'une grande créativité institutionnelle : ce sont désormais le Fonds interprofessionnel pour la recherche et le conseil agricoles, le Fonds d'investissement, et surtout, le Comité de gestion de la filière café-cacao qui prennent le relais.

L'ampleur des prélèvements imposés par les organismes de réglementation a diminué, mais la transparence n'est toujours pas au rendez-vous. En 2009, les experts onusiens expriment leur crainte que « le gouvernement ivoirien n'ait remplacé un système qui s'est révélé très inefficace et corrompu par un autre système tout aussi opaque. (...) Le risque est grand que ces fonds [soient] utilisés pour acheter des armes et du matériel connexe » (Groupe d'experts des Nations unies 2009: 54). Dans son rapport de 2011, le Groupe d'experts des Nations unies a estimé que les recettes non comptabilisées tirées du cacao entre 2007 et 2011 s'élevaient à près de 400 millions de dollars[69].

Après sa mise au ban de la communauté internationale à l'issue de la crise électorale de novembre 2010, le régime Gbagbo aura recours à des mesures désespérées pour obtenir de l'argent pour payer les fonctionnaires, les forces de sécurité et les mercenaires étrangers. Selon le Groupe d'experts de l'ONU, il s'agissait notamment de « l'appropriation non réglementée de fonds privés » par les succursales des plus grandes banques du pays et par la BCEAO (Banque centrale des États de l'Afrique de l'Ouest), à laquelle il a pris 400 millions de dollars (Groupe d'experts des Nations unies 2011c: 38–9).

Il ne sera peut-être jamais possible de faire totalement la lumière sur l'ampleur des détournements, car « dans un effort apparemment délibéré visant à détruire toutes les preuves de malversations financières, l'ancien gouvernement du Président Gbagbo avait détruit, dans pratiquement tous les organismes ministériels, de nombreux documents qui auraient pu l'aider à déterminer la nature du détournement de fonds publics et leur utilisation, en violation de l'embargo sur les armes » (Groupe d'experts des Nations unies 2011a: 9). Le Groupe d'expert des Nations unies ajoute que « de nombreuses transactions suspectes auraient été effectuées par contrat oral, afin d'éviter qu'on puisse retrouver leur trace » (*ibid.*).

Les Forces nouvelles au Nord

Dans le Nord, qui abrite environ un dixième de la production de cacao du pays, les rebelles des Forces Nouvelles (FN) ont également taxé le commerce de cacao. Ils ont dérouté des cargaisons vers les ports du Sud du pays, à Abidjan et San Pedro, détournant environ 60 % de la production de cacao du Nord vers d'autres marchés (Global Witness 2007: 31–5 et 41–3). Une grande partie des marchandises est passée par le Burkina Faso, sur le chemin du port de Lomé au Togo (*ibid.*: 39–43)[70].

En mars 2004, les Forces Nouvelles ont mis en place une « Centrale » pour percevoir les taxes sur le territoire qu'ils contrôlaient – y compris, bien sûr, les taxes sur le cacao. Le taux d'imposition nominal sur les fèves était inférieur à celui du gouvernement, mais à cela s'ajoutaient des pots-de-vin, des taxes pour escorte, les laissez-passer et les taxes dans les pays de transit. L'ONG Global Witness estime les bénéfices dégagés par les Forces nouvelles de ce commerce parallèle du cacao à environ 15 milliards de francs CFA (30 millions de dollars) en moyenne entre 2004 et 2007, un chiffre proche de celui auquel parviendront les experts des Nations unies (Global Witness 2007: 33–5)[71]. Les camions pouvaient être taxés plusieurs fois avant de quitter le pays, et les experts de l'ONU ont observé que l'argent ne parvenait pas en totalité à La Centrale, le Trésor des Forces Nouvelles (Groupe d'experts des Nations unies 2009: 47).

Le Groupe d'experts des Nations unies a ainsi évalué les recettes perçues par les commandants des FN Ouattara Issikia, dit « Wattao », et Losseni Fofana, dit « Loss », à plus de 5 millions de dollars chacun en 2009–2010 (Groupe d'experts des Nations unies 2011b: 37). Ces recettes étaient issues non seulement du cacao, mais aussi du commerce de l'or et du diamant. En 2013, un film documentaire pour la télévision française montre Wattao dans sa résidence du quartier chic de Cocody (à Abidjan) où ses associés exhibaient des armes ainsi que sa Ferrari, sa Maserati, sa montre à 40 000 euros, un pistolet en or massif dérobé selon certains à la résidence de Gbagbo et sa vaste villa les pieds dans l'eau. Wattao a déclaré aux journalistes que sa fortune provenait de son activité d'import-export de voitures de luxe (Langlade et Hondelatte 2013). L'on ne connaîtra peut-être jamais le fin mot de l'histoire, Wattao étant décédé en janvier 2020.

De nombreux camions transportant du cacao depuis la zone rebelle s'arrêtaient à Bobo Dioulasso, la deuxième plus grande ville du Burkina Faso, où des usines de conditionnement avaient été installées. L'usine principale a été construite grâce à un investissement d'une société française basée à Saint-Denis et détenue par l'intermédiaire d'une société holding luxembourgeoise. L'ONG Global Witness a rapporté en 2007 qu'Adama Bictogo, homme d'affaires et secrétaire national du RDR d'Alassane Ouattara, « dirigeait effectivement l'usine », dont le chiffre d'affaires était estimé à environ 100 millions de dollars par an[72].

Global Witness rapportait aussi que deux sociétés françaises transportaient le cacao de la guerre depuis le Burkina Faso vers le port togolais de Lomé. En comparant les volumes de cacao produits au Togo et ceux sortant du port de Lomé, les experts onusiens ont pu déduire que la contrebande de cacao ivoirien est passée de 16 000 tonnes en 2003–2004 à 96 000 tonnes en 2007–2008 (Groupe d'experts des Nations unies 2009: 57). Parmi les acheteurs on comptait des entreprises néerlandaises, polonaises et françaises (Global Witness 2007: 43). « Lors de ses réunions avec des représentants d'entreprises », ont déclaré les experts de l'ONU, « le Groupe a clairement indiqué que le risque était grand que les revenus des ventes de cacao financent l'acquisition d'armes et du matériel connexe. » (Groupe d'experts des Nations unies 2009: 58). Cet avertissement n'a apparemment pas dissuadé grand monde de faire commerce.

LA PISTE LUXEMBOURGEOISE

Le mot « ministère » vient du latin *ministerium*, qui signifie « service ». Pour certains, manifestement, de servir à se servir, il n'y a qu'un pas. Prenez par exemple Paul Antoine Bohoun Bouabré, homme clé du régime Gbagbo, dont il fut ministre de l'Économie et des Finances de janvier 2001 à décembre 2005, puis ministre du Plan de 2005 à 2010. Poursuivi par les autorités ivoiriennes après la fin du régime de Gbagbo, Bouabré a emporté ses secrets dans la tombe, puisqu'il est décédé en 2012 en Israël, à l'âge de 54 ans. Mais l'on a retrouvé quelques traces de ses activités financières.

Vous avez dit devoir de diligence ?

Dès octobre 2002, Bouabré organisait discrètement le transfert de fonds de la FRCC vers l'État ivoirien pour financer la guerre contre les rebelles (Global Witness 2007: 27). Des motivations plus personnelles semblent également être à l'origine de sa passion pour la finance occulte. Selon le journaliste français Benoît Collombat, les relevés de deux comptes au Luxembourg « ont atterri sur le bureau du juge Ramaël, offerts de manière anonyme ». Ramaël était le magistrat français alors en charge de l'enquête sur la disparition et l'assassinat présumé du journaliste Guy-André Kieffer en 2004[73]. Les deux comptes étaient détenus à la banque Dexia Luxembourg, l'unité luxembourgeoise de la banque franco-belge Dexia.

L'examen de ces relevés indique qu'un compte en euros bien garni affichait un solde de 5,3 millions d'euros à la fin juin 2008. Ce compte, qui détenait 7,3 millions d'euros quelques mois plus tôt, était explicitement et nommément attribué à Paul Antoine Bohoun Bouabré. Le second compte était un compte lié en dollars américains de 19 millions de dollars, dont le nom du détenteur n'était pas précisé sur les relevés bancaires (Collombat 2015: 32). Comme le relate Collombat, « interrogée sur ces documents, la banque Dexia-Luxembourg répondra, le 5 septembre 2008, que ces comptes n'étaient pas enregistrés 'dans ses livres', et suggère alors de regarder du côté de la Belgique » (*ibid.*).

Suivant cette piste, l'auteur a donc contacté Belfius (anciennement Dexia Belgique), qui nous a assuré n'avoir jamais eu M. Bouabré pour client, et expliqué que Dexia Luxembourg (devenue BIL) était restée une entité distincte. Lorsque l'auteur a contacté BIL, la négation a été moins catégorique : « La BIL n'est pas habilitée à fournir de telles informations sur une personne, que cette dernière ait été cliente de notre banque ou pas »[74].

Les six mois de relevés bancaires examinés par l'auteur révèlent un certain nombre de contributeurs réguliers aux comptes, parmi lesquels différentes entités de la société Audit Contrôle et Expertise (ACE), qui ont réalisé pas moins de treize transferts[75]. En 2003, agissant au nom de l'État ivoirien, la Chambre de commerce et d'industrie avait accordé à ACE le monopole sur le pesage et le contrôle de la qualité de la filière café-cacao au port d'Abidjan, selon un mode d'attribution qualifié par la suite d'« illégal » dans un audit financé par l'UE en 2006, qui décrit des « actes que l'on peut qualifier de favoritisme » (Amiri et Gourdon 2006: 122). Par rapport à ses prédécesseurs, SGS et Cornelder, « le coût des contrôles est passé de 147 CFAF/tonne à 2 000 CFAF/tonne », soit une multiplication par treize des tarifs pratiqués (*ibid.*: 123)[76].

Selon les relevés, ACE transférait chaque mois en moyenne près de 240 000 euros sur les comptes luxembourgeois. Le fondateur d'ACE, André Soumah, directeur général de l'entreprise de 1996 à 2008 (puis président du conseil d'administration avant sa mort en août 2016) voulait-il aussi exprimer sa gratitude au ministre[77] ? Les relevés bancaires montrent que le 12 octobre 2007, selon les relevés de Dexia, Soumah – qui se trouvait être l'ancien mari de Florence Houphouët-Boigny, fille de – a signé à Bouabré un chèque personnel de plus de 42 000 euros[78].

D'autres entreprises ont également transféré régulièrement de l'argent sur les comptes. Un grand leader du courtage en matières premières à la bourse de Chicago effectuait un paiement quasiment chaque mois, avec un virement moyen de 100 000 euros. Plusieurs personnes ont également, selon les registres, effectué des virements sur les comptes. Kouassi Oussou, directeur général du ministère de l'Économie et des Finances, serait l'émetteur de trois virements de 80 000 euros en moyenne. Selon les relevés bancaires, le compte du ministre Bouabré chez Dexia est aussi alimenté par d'importants virements en provenance de comptes dont les détenteurs ne sont pas connus, notamment un chèque de 650 000 euros d'une banque privée en Suisse.

Les banques à cette époque tendaient à la dématérialisation de la monnaie physique, mais Dexia Luxembourg n'était pas réticente à manier de l'argent liquide. Neuf fois, en l'espace de six mois, une ou plusieurs personnes non identifiées s'est (se sont) présentée(s) au guichet de Dexia Luxembourg pour abonder en liquide le compte du ministre Bouabré, pour un total de 435 000 euros. Les transactions en liquide comprenaient également le retrait, en une seule opération, de 600 000 euros en petites coupures, en novembre 2007.

Les directives de l'Union européenne obligent une banque recevant un dépôt de plus de 10 000 euros en espèces sans pouvoir attester de leur origine, à faire une déclaration de transaction suspecte à la cellule nationale anti-blanchiment[79]. L'obligation est redoublée s'agissant des « PEP », les personnes politiquement exposées que sont les ministres, les parlementaires, les magistrats, etc. Dexia Luxembourg a-t-elle bien rempli son devoir de diligence ? Interrogée, la banque (aujourd'hui BIL) s'est refusée à tout commentaire.

Parmi les personnes recevant des paiements du compte figurait Bouabré lui-même, avec des transferts atteignant un total de 935 000 euros selon les relevés. Une société immobilière située à proximité de Saint-Tropez, sur la Côte d'Azur, aurait reçu près de 430 000 euros sur la même période. Les enregistrements révèlent qu'une agence de voyages aurait bénéficié de 122 000 euros en trois virements. Après la chute de Gbagbo, Bouabré a été placé sur liste noire par le gouvernement Ouattara, qui a gelé ses comptes – ou du moins ceux qui ont pu être identifiés (Adams 2012).

L'affaire Nembelessini

L'un des noms figurant parmi les contributeurs au compte bancaire luxembourgeois de Bouabré est Victor Jérôme Nembelessini-Silué, qui, selon les registres, a effectué trois virements de 47 500 euros chacun sur une période de six mois. Mais son histoire compte deux versions fort différentes. On doit beaucoup aux écrits du défunt journaliste Guy-André Kieffer, qui décrivait Nembelessini comme « un petit Mozart de la finance en Côte d'Ivoire » et l'a qualifié d'ami proche de Bouabré, ayant « fait ses classes en participant aux circuits de financements occultes en Angola et en Afrique du Sud »[80]. La seconde version est celle de Nembelessini lui-même. Au cours d'un long entretien avec l'auteur, Nembelessini nie avoir entretenu une amitié étroite avec Bouabré et prétend être victime de désinformation[81].

Si Victor Nembelessini a bien étudié l'économie à l'université d'Abidjan en même temps que Bouabré, il affirme qu'à l'époque il ne le connaissait que de vue. Pourquoi, alors, Bouabré, lorsqu'il est devenu ministre des Finances en janvier 2001, l'a-t-il d'abord engagé comme conseiller, puis l'a-t-il nommé à la tête de la Caisse autonome d'amortissement (CAA), la banque qui gérait la dette publique ivoirienne ? « Avec HSBC-Equator Bank, j'avais restructuré les dettes et encouragé la Côte d'Ivoire à racheter sa dette sur le marché secondaire, une opération couronnée de succès », a expliqué Nembelessini. « Cela a tant impressionné Bouabré qu'il m'a demandé de devenir chef de son cabinet ministériel, ce que j'ai refusé parce que je préférais le secteur privé. J'ai finalement accepté de devenir son conseiller spécial, un poste que j'ai occupé de bonne grâce pendant six mois »[82].

Lorsque Nembelessini en devient le directeur en 2001, la CAA (qui deviendra plus tard la Banque Nationale d'Investissement) commençait tellement à ressembler à une caisse noire pour la présidence que les milieux financiers internationaux ne voulaient plus en entendre parler. « La Banque mondiale voulait la liquidation de la CAA », reconnaît Nembelessini, et elle a conditionné ses prêts à la Côte d'Ivoire à une privatisation de l'instance ou à l'arrivée d'un partenaire extérieur pour participer à sa gestion.

En juillet 2003, la BNI conclut un partenariat avec la société Lev Mendel[83] pour former une filiale commune, Lev Ci, avec Nembelessini pour président[84]. Parmi ses associés au conseil d'administration, selon Global Witness, figurait le négociant en armes israélien Moshe Rothschild, qui avait négocié l'achat de deux hélicoptères Mi-8V pour l'armée ivoirienne (Global Witness 2007: 30). *Jeune Afrique*, le magazine d'information panafricain le plus lu, dont le siège est à Paris, désignera Rothschild comme l'un des principaux acteurs de la vente d'armes en Côte d'Ivoire sous Gbagbo (Perez 2010).

Selon Kieffer, Nembelessini a d'abord conçu ce partenariat en réponse aux préoccupations de la Banque mondiale (Keiffer 2004 ; voir aussi Global Witness 2007: 30). Mais son véritable objectif, à en croire Kieffer, était de siphonner les financements des créanciers destinés aux travaux publics, pour alimenter les circuits de financement occulte de la vie politique ivoirienne (Kieffer 2004). Kieffer n'a pas eu le temps de prouver ses soupçons : il a été enlevé dans un parking à Abidjan en avril 2004, et on ne l'a plus jamais revu.

Selon Kieffer, Lev-Ci a soutenu une société en quasi-faillite appelée Gold 2000. Cette entreprise comptait parmi ses actionnaires le ministre des Infrastructures, le maire du Plateau (le quartier des affaires d'Abidjan), mais aussi le fonds d'investissement offshore de Victor Nembelessini (Kieffer 2004). Or, Gold 2000 s'était vu attribuer un marché public pour la réfection des routes et du port de San Pedro à hauteur de 4,4 milliards de FCFA (environ 6,2 millions de dollars), financé à 80 % par la Banque mondiale. La société n'avait pu justifier que 400 millions de FCFA de dépenses, et avait « absorbé » le reste des fonds, selon les dires de Kieffer. Global Witness rapporte que la BNI aurait accordé un découvert de 5,5 milliards de francs CFA à l'entreprise (Global Witness 2007: 32). La BNI se voit ensuite confier le dragage du port de San Pedro, pour 12 milliards de FCFA (Kieffer 2004).

Nembelessini a eu mal à rester calme en entendant cet exposé. « Comment Lev aurait-il rassuré les bailleurs de fonds concernant les problèmes de la BNI ? » a-t-il demandé. « Oui, la BNI avait des problèmes, mais nous avons développé des financements structurés, en récupérant une partie des dépôts issus du café et du cacao, qui se trouvaient à la BCEAO. Cela nous a permis de financer des PME (petites et moyennes entreprises) et d'aider les coopératives, et c'était là la force de la BNI. »

Pourquoi Lev Mendel s'est-il associé à la BNI ? « La BNI a financé des PME de tous les secteurs en Côte d'Ivoire, car les banques françaises s'étaient désengagées. Le ministère de l'Infrastructure nous a demandé d'aider une société nommée Gold 2000 qui avait un important contrat avec la Banque mondiale, sans cependant disposer des financements nécessaires. Lorsqu'un partenaire est venu me voir et m'a annoncé : « Nous avons du matériel – des tracteurs, des pelles – que nous pouvons vous proposer moins cher », j'ai pensé que cela serait utile aux PME ivoiriennes en temps de crise. Il s'agissait de Lev Mendel. »

Nembelessini ne nie pas avoir eu des ennuis avec Lev-Ci et Gold 2000. Un audit mené en 2006 par PricewaterhouseCoopers viendra donner du crédit aux accusations de détournements de fonds par Lev-Ci (à hauteur de 7 milliards de FCFA – soit 13 millions de dollars). Mais Nembelessini assure que c'était lui qui pourfendait la corruption : « Quand les responsables ne sont pas de bonne foi, cela vous retombe dessus, et c'est ce qui s'est passé. Nous avons fourni du matériel à Gold 2000, mais cela ne suffisait pas – nous avons compris que l'émissaire de Gold 2000 avait détourné des fonds. J'ai également licencié le directeur général de Lev-Ci, qui avait commencé à s'enrichir personnellement, et j'ai porté plainte contre lui, ce qui m'a causé de considérables soucis. »

Nembelessini remet par ailleurs en question la sincérité de Guy-André Kieffer : le journaliste, à l'époque, était un employé de Commodities Corporate Consulting, une société qui avait vocation à accompagner le gouvernement dans la réforme du secteur du cacao. Lorsqu'elle se voit attribuer un contrat de 3 milliards de francs CFA, soit 4,5 millions d'euros, Nembelessini est scandalisé, d'autant que le contrat s'accompagne de confortables avantages financiers alors que la société n'est pas encore constituée. Il convainc donc Bouabré d'annuler le versement de l'acompte. Selon lui, c'est ce qui provoque le ressentiment de Kieffer à son égard. Nembelessini est si contrarié par ce qu'il considérait comme de la désinformation contre lui qu'il a envisagé de traîner Kieffer devant les tribunaux : « Je vais vous faire des procès jusqu'à votre ruine », lui a-t-il dit. Mais un avocat lui conseille d'y renoncer[85].

Reste une interrogation : pourquoi Nembelessini aurait-il transféré des fonds sur le compte luxembourgeois de Bouabré ? Nous avons en effet repéré trois dépôts par chèque, en novembre 2007 et en mai et juin 2008. Interrogé à ce sujet, il a paru assez surpris par cette question : « Je n'ai géré aucun compte au Luxembourg. Je ne connais même pas Dexia. Qui aurait pu se servir de mon nom ? Où aurais-je trouvé tout cet argent ? Je n'ai ni café ni cacao, et je ne prélève pas de taxes. Je ne sais pas comment mon nom a bien pu apparaître dans les relevés de cette banque. Si vous éclairiez ce mystère, vous me rendriez un grand service. »

Une certaine amertume pointe chez Nembelessini lorsqu'il évoque Bouabré, qu'il qualifiait d'homme politique de valeur jusqu'au coup d'État de septembre 2002. À cette occasion, il doit s'incliner devant les leaders de son parti, qui l'ont accusé de jouer le jeu de la Banque mondiale, lui reprochant de ne pas avoir dégagé suffisamment de moyens pour armer le pays. « À compter de ce jour, il est devenu un paillasson – impossible pour lui de dire non. Il nous était devenu impossible de nous entendre, et nous avons coupé les ponts »[86].

Nembelessini est-il un bon acteur ? Il semblait sincère. Si c'est le cas, soit les documents bancaires sont des faux, soit il a été victime d'une manipulation trompeuse. Cette dernière hypothèse est plausible, étant donné la capacité de Bouabré à discréditer ses adversaires. Après la chute de Gbagbo, Nembelessini dit avoir d'abord craint pour sa vie, mais il a bénéficié de la protection de l'ambassade d'Allemagne[87]. Alassane Ouattara l'a nommé administrateur de la Côte d'Ivoire auprès d'Afreximbank, la Banque africaine d'import-export (Abidjan.net 2011).

L'OMBRE DES SPÉCULATEURS

Le rôle croissant des puissantes entreprises internationales dans le commerce ivoirien du cacao qui a commencé à la fin des années 1980 s'est accompagné d'une financiarisation croissante de la filière. « Le cacao papier tourne dix fois plus vite que le cacao physique », remarque Bernard Houdin, l'ancien conseiller de Gbagbo[88]. Et l'image est peut-être encore en-deçà de la réalité. Youssouf Carius, le directeur ivoirien d'un fonds d'investissement, estime qu'une « fève de cacao qui est vendue physiquement à partir du port d'Abidjan peut représenter une bonne soixantaine de transactions sur les marchés internationaux » (Bensimon 2017).

La tendance trouve d'abord son origine dans les considérables besoins de financement nécessaires à l'achat anticipé de la récolte de cacao (ainsi que d'autres produits tels que le café ou le caoutchouc). Car le secteur bancaire ivoirien était encore faible dans les années 1980 après avoir longtemps été « contrôlé par les filiales de grandes banques françaises (BNP-Paribas, Société générale, Crédit lyonnais) qui limitaient leur intervention à une activité de comptoir » (Losch 2000: 12).

La financiarisation répond aussi à la nécessité, pour les négociants de cacao, de se couvrir contre les risques alors que l'essentiel de la récolte est vendu à terme (*futures*). Autrement dit, il n'y a pas un seul prix « spot » comme pour le pétrole ou le gaz, défini pour une livraison immédiate : le prix, fixé pour une quantité et une date de livraison future données, peut toujours être renégocié. Les contrats peuvent être assortis d'une surcote ou d'une décote à échéance, par rapport au prix fixé, en fonction de l'évolution des cours dans l'intervalle. Avec les produits d'assurance (dérivés) qui les accompagnent, ces transactions à terme sont devenues l'objet d'une intense spéculation. On a ainsi vu apparaître, sur le marché du cacao, de nouveaux acteurs purement financiers sans guère de prise avec l'aspect concret du commerce cacaoyer, à savoir les fèves ou le cacao lui-même. « Environ 30 % des transactions sur le cacao sont le fait de fonds d'investissements et non de professionnels du secteur », selon Carius (Bensimon 2017). Reflet d'une tendance plus large sur les marchés mondiaux des produits agricoles de base, la spéculation sur le cacao a été multipliée par 4 entre 1986 et 2005, et n'a pas cessé de progresser depuis (Ohemeng *et al.* 2016). La financiarisation s'est accompagnée d'une tendance à l'uniformisation du produit qui n'est pas forcément gage de qualité... au grand dam des chocolatiers, qui se plaignent parfois de se voir livrer des fèves « dont les animaux ne voudraient pas »[89] !

Les banques et les fonds de pension ont joué un rôle de premier plan sur le marché à terme du cacao au tournant du millénaire (Roche 2001). Leur participation a toutefois quelque peu diminué lorsque de nouvelles réglementations ont été introduites à la suite de la crise financière de 2008. Le nombre de contrats en leur possession est désormais limité et surtout, la règle Volcker leur interdit, aux États-Unis, de faire du trading pour compte propre (soit du trading avec les fonds propres de la société). L'administration Trump a néanmoins assoupli la règle (Bloch 2019) et la Commission européenne a finalement décidé de ne pas interdire totalement la pratique.

Le retrait relatif des banques sur les marchés de matières premières a laissé la voie libre aux négociants, dont un grand nombre a élu domicile en Suisse (Bunge, Cargill, Louis Dreyfus, ADM pour les produits agricoles) ou à Singapour (Noble et Olam). Ces géants du trading de matières premières peuvent, eux, continuer à faire du trading pour compte propre (une activité qui constitue 80 % de leurs échanges électroniques), tout en devenant gestionnaires d'actifs pour de grands investisseurs financiers (Damgé 2012).

Pour les producteurs ivoiriens, la financiarisation a eu deux effets notables. D'abord une plus grande instabilité des prix. Mais si le cacao ivoirien a perdu 30 % de sa valeur sur les marchés mondiaux entre mars et octobre 2016, la spéculation est généralement pointée du doigt comme étant la cause principale : selon Gaël Giraud, alors économiste en chef à l'Agence française de développement (AFD), « le prix des matières premières n'est plus dicté par l'offre et la demande réelles de matières premières mais par les mouvements spéculatifs de capitaux. » (Vergnaud 2017).

Le vrai problème, selon Gaël Giraud, c'est que « les spéculateurs qui sont dans leur bureau à Manhattan ne se font jamais livrer la moindre fève de cacao. Le produit physique ne les intéresse pas du tout ; ce qui les intéresse c'est juste de faire des opérations lucratives » (Vergnaud 2017). D'où la proposition de leur imposer de se faire livrer eux-mêmes au moins une partie de leurs contrats. Mais l'Organisation mondiale du commerce, compétente en matière de règles régissant le commerce de matières premières, ne l'est pas pour les transactions financières qui portent sur ces matières premières. Il reviendrait donc aux grandes places financières de légiférer – or, elles sont bien sûr réticentes à limiter des activités qui risquent d'être simplement délocalisées sur une place concurrente.

Le second effet majeur de la financiarisation est la ponction organisée au profit des spéculateurs financiers qui, contrairement aux grands industriels de la filière et aux exportateurs, n'apportent aucune valeur au produit lui-même[90]. Sur les marchés de matières premières où un petit nombre d'acteurs achète un fort pourcentage de la production, les spéculateurs peuvent prendre des positions suffisantes pour infléchir les cours à la hausse ou à la baisse (Damgé 2013). Pour les spéculateurs, l'instabilité politique peut créer des opportunités juteuses. Après le déclenchement de la guerre civile en Côte d'Ivoire, le très sérieux bulletin d'information bimensuel *Africa Confidential*, basé à Londres, décrit en ces termes son impact dramatique sur le marché du cacao :

> Le cours du cacao s'est repris l'année dernière alors que la Côte d'Ivoire, premier producteur mondial, sombrait dans le chaos. Un déficit de l'offre a poussé les prix à leur plus haut niveau depuis 15 ans à la mi-2002, avant même la mutinerie dans l'armée, le 19 septembre. La société de négoce londonienne Armajaro, fondée par l'ancien patron de Phibro, Anthony Ward, a raflé le gros lot en stockant 5 % de la production mondiale de la campagne 2001–2002. À mesure que le conflit ivoirien s'enlise, une théorie du complot émerge, selon laquelle Armajaro avait financé la rébellion pour augmenter le prix du cacao et collecter des liquidités, afin de couvrir les pertes de son partenaire AIG Fund suite à la destruction du World Trade Center le 11 septembre 2001[91].

Cette histoire a été relatée plus en détail par Guy-André Kieffer, le journaliste disparu en 2004[92]. Selon Kieffer, Armajaro a acquis environ 5 % de l'offre mondiale de cacao à la fin de 2001, à une époque où le prix du cacao oscillait entre 750 et 900 livres sterling la tonne[93]. Après le lancement de l'offensive rebelle en septembre 2002, les exportations ivoiriennes de fèves de cacao ont chuté et le cours mondial dépasse les 1 400 livres sterling la tonne. Selon Kieffer, le bénéfice de l'entreprise s'élève à plus de 500 millions de dollars (Kieffer, non daté, p. 165)[94]. Selon un article d'Alain Faujas, journaliste du *Monde, il n'est que de 40 millions de livres sterling* (Faujas 2010)[95].

Cet épisode présumé a valu au fondateur d'Armajaro, Anthony Ward, le surnom de « Chocolate Finger » dans la presse britannique[96]. Il a de nouveau fait la Une lorsqu'il a acheté jusqu'à 6 % de l'offre mondiale de cacao en juillet 2010, peu avant la crise électorale en Côte d'Ivoire (Merckaert 2020). En mai 2011, la nouvelle première dame de Côte d'Ivoire, Dominique Folloroux-Ouattara, ne manque pas de convier Ward à la table d'honneur lors du dîner de gala inaugurant l'investiture de son mari Alassane Ouattara (Pigeaud 2015: 214). Depuis sa prison de La Haye, Laurent Gbagbo fera ce constat amer : « Pour savoir si on était à la veille d'un coup d'État en Côte d'Ivoire, ces dernières années, il suffisait de regarder le cours du cacao ! » (Gbagbo et Mattei 2014).

LONGUE VIE AU CLIENTÉLISME

Quand Alassane Ouattara accède à la présidence de la Côte d'Ivoire en 2010 avec le soutien politique et militaire de la France, après une élection controversée, il a fait de la réforme du secteur du cacao une priorité absolue. En janvier 2012, il crée le Conseil Café-Cacao (CCC), dans le but d'atténuer l'exposition des producteurs aux fluctuations des cours mondiaux auxquelles ils avaient été exposés depuis le démantèlement de la CAISTAB.

En fonction de ses anticipations sur le volume et la qualité de la récolte à venir et sur l'évolution des cours, le CCC fixe un prix bord-champ d'environ 60 % du prix à l'exportation. Il met quotidiennement aux enchères des droits à exporter, et 80 % de la récolte à venir est vendue par ce biais (Tano 2012: 153–4). Le système a bien des mérites par rapport à la précédente politique du laissez-faire, mais il comporte aussi des risques : celui du copinage dans le choix des exportateurs locaux, et le risque d'une mauvaise évaluation ou estimation de la récolte par le CCC[97].

Ainsi, suite à la forte chute des cours, en 2016, de nombreux exportateurs spéculateurs, qui avaient acheté 400 000 tonnes à l'avance en misant au contraire sur une hausse, se sont retrouvés en défaut de paiement et ont annulé leurs ordres d'achat, qui représentaient environ 15 % de la production annuelle. La Côte d'Ivoire s'est retrouvée avec des cargaisons entières de cacao invendu sur les bras. Le cours a continué de chuter (-10 % début 2017) (Girard 2017). Et le prix bord-champ, censé garantir le revenu des producteurs selon le tarif fixé par le CCC, n'était pas payé début 2017. Le CCC a tardé à activer son fonds de réserve, au point que le Syndicat SYNAP-CI, qui regroupe près de 100 000 producteurs de cacao, s'est demandé si les 140 milliards de francs CFA (210 millions d'euros) de ce fonds ne s'étaient pas envolés (Bouessel 2017). Affaibli et échaudé par cet épisode, le CCC a revu à la baisse le prix garanti aux producteurs, de 1 100 francs CFA le kilo en 2016 à 750 francs CFA pour la campagne 2017-2018. Au nouveau prix, la plupart des producteurs ivoiriens gagnaient moins de 1,20 $ par jour[98].

La contrebande de cacao aurait diminué de 80 % (Groupe d'experts des Nations unies 2013: 12). Mais un système parallèle a perduré dans le nord du pays, héritage de la division de fait du pays pendant la guerre civile. Entre 2012 et 2015, on estime qu'environ 120 000 tonnes de cacao ont été exportées en contrebande chaque année (Groupe d'experts des Nations unies 2016: 34). Les contrebandiers connaissent bien le terrain et ont créé des coopératives de producteurs, en plus de travailler avec les organisations de producteurs existantes[99]. La contrebande vers le Ghana a augmenté en 2017 lorsque le CCC a répercuté la baisse des cours mondiaux sur le prix bord-champ, tandis que son homologue ghanéen, le Cocobod, maintenait constante la rémunération des producteurs. Cela attise la peur du CCC, qui craint de voir « s'envoler » vers le port d'Accra, pour la saison suivante, le cinquième de la production ivoirienne[100]. En 2018, les autorités ivoiriennes et ghanéennes se mettent d'accord pour se concerter avant de fixer le prix bord-champ, de façon à réduire la différence de prix de part et d'autre de la frontière (Fages 2018). Les institutions internationales étaient sans doute bien disposées à l'endroit de Ouattara, un ancien du FMI, et ont salué les améliorations de l'environnement des affaires ivoirien. De nombreux Ivoiriens saluent en outre la perspective d'un nouveau président « déjà riche, qui ne volerait donc pas l'argent public et dirigerait le pays de manière honnête, droite et désintéressée » (Traoré 2014: 436)[101]. Dans le classement annuel sur la gouvernance établi par la Fondation Mo Ibrahim, la Côte d'Ivoire a réalisé la progression la plus spectaculaire entre 2010 et 2016 parmi tous les pays africains en matière de sécurité, de transparence publique et d'État de droit (Michel 2016). Mais la gestion du secteur du cacao par le gouvernement continue de faire l'objet de controverses, et de nombreux acteurs du monde des affaires se plaignent de l'emprise de la famille au pouvoir sur l'économie nationale.

Un audit du secteur du cacao réalisé par le cabinet comptable international KPMG a été remis au ministère ivoirien de l'agriculture en mars 2018. Son verdict est sévère : en raison du soutien de l'État à la surproduction et de la revente des contrats d'exportation en défaut, le CCC a perdu près de 185 milliards de francs CFA (280 millions d'euros) pour la saison 2016–2017[102]. Les institutions internationales ont pressé le gouvernement de publier l'audit, et une version abrégée a été publiée en ligne[103]. Celle-ci n'évoque pas le sort des 326 milliards de francs CFA (500 millions d'euros) de prélèvements sur le cacao perçus par l'État au cours des dernières campagnes cacaoyères, une question qui avait été soulevée dans le rapport d'audit initial[104]. Les auditeurs ont conclu que le favoritisme continue de ronger la filière cacao, évoquant des « dysfonctionnements dans l'application des règles de gestion des opérations commerciales », « décisions d'agrément des exportateurs pas toujours justifiées », « adjudications de volumes aux exportateurs pas corrélées avec leur capacité financière », « [de possibles] conflits d'intérêts entre les administrateurs du CCC et la politique » (KPMG 2018: 8, 124, 132).

Une nouvelle société appelée Africa Sourcing, fondée par le fils de la Première dame, Loïc Folloroux, s'est imposée comme un acteur important des exportations ivoiriennes de cacao. Folloroux travaillait auparavant pour la société de négoce de matières premières Armajaro. Loïc Folloroux rachète en 2012, avec un ancien employé, la filiale ivoirienne de son employeur, Armajaro Négoce (Fick 2015). Rebaptisée Africa Sourcing, l'entreprise a exporté 41 000 tonnes au cours de la saison 2015–2016. Elle ne concurrence pas encore tout à fait Cargill et ses 181 000 tonnes de fèves pour cette campagne-là, mais Africa Sourcing n'était déjà plus un petit joueur (La Lettre du Continent 2016b). L'entreprise a reçu un coup de pouce lors de la campagne suivante, lorsque le CCC a accordé des exonérations fiscales sur 200 000 tonnes de cacao. La facture pour le Trésor public s'élève à environ 11 milliards de francs CFA (17 millions d'euros). Africa Sourcing en est un important bénéficiaire, avec une exonération qui porte sur 60 000 tonnes. D'autres exportateurs au bras long en ont également profité, notamment le frère du ministre de l'Intérieur (*La Lettre du Continent* 2016a).

Dans le secteur du cacao, comme divers secteurs de l'économie ivoirienne, le système de dépendance à l'égard des personnes au pouvoir, comme source d'enrichissement personnel, reste profondément enraciné. Le système clientéliste s'étend à divers secteurs, du commerce du cacao, très important, à d'autres secteurs agricoles, industriels et commerciaux (Merckaert 2020). À cela s'ajoutent les nombreuses déficiences dans la gestion financière de l'État : carences profondes dans le domaine des contrôles externes ; exécution budgétaire pas toujours transparente et difficile à suivre, procédures de passation de marchés complexes et souvent de gré à gré (Banque mondiale 2015). Ce système clientéliste a perduré pendant les décennies qui ont suivi l'indépendance, des années de Houphouët-Boigny à celles de Bédié, Gbagbo et Ouattara. Quel qu'en soit le coût pour la nation dans son ensemble, des membres de l'élite ivoirienne triés sur le volet ont largement bénéficié du système, tout comme leurs amis et partenaires étrangers – une coterie transnationale dont la puissance contribue sans doute à expliquer la persistance du système.

CONCLUSION

La magie du commerce international permet non seulement aux fèves de cacao cultivées en Afrique de l'Ouest d'être transformées en barres de chocolat pour les consommateurs en Europe, en Amérique du Nord et en Asie – elle permet également d'accumuler des fortunes grâce à une fève cultivée par des personnes qui gagnent moins de 2 dollars par jour. Dans le système de classification de la Banque mondiale, la Côte d'Ivoire se classe parmi les économies à revenu intermédiaire, tranche inférieure, avec un revenu par habitant d'environ 1 700 dollars, soit moins de 5 dollars par personne et par jour, en 2018. Comme beaucoup de moyennes, celle-ci cache de fortes disparités : les 1 % des ménages les plus riches reçoivent une part plus importante du revenu national (17 %) que la moitié la plus pauvre des Ivoiriens (13,5 %)[105].

En tant que secteur le plus important de l'économie, le cacao est étroitement lié au niveau et à la répartition de la richesse et de la pauvreté en Côte d'Ivoire. Le pays est le premier producteur mondial de cacao : il représente 40 % de l'offre mondiale. Et pourtant, la Banque mondiale rapporte que le pays ne reçoit que 5 à 7 % des bénéfices générés dans le monde par ce secteur, et souligne que « les bénéfices se concentrent essentiellement dans les phases de transformation et de distribution » et que, par conséquent, le secteur « n'a pas contribué beaucoup à la richesse du pays » (Banque mondiale 2019).

Si cette dernière affirmation est assurément vraie en ce qui concerne la majorité de la population du pays, elle ne s'applique pas à tous les Ivoiriens. Pour les membres bien placés de l'élite, le cacao a été une source de considérable richesse, et le contrôle de cette filière s'est avéré à la fois une source majeure de pouvoir politique et une formidable récompense pour les gagnants des luttes politiques. Si la part des bénéfices totaux que cette élite a tirés du secteur est modeste par rapport à celles des transformateurs et distributeurs étrangers (auxquels il faut aujourd'hui ajouter les spéculateurs financiers), elle est énorme par rapport aux revenus perçus en moyenne par les producteurs ivoiriens de cacao, qui sont nombreux à survivre sous le seuil de pauvreté (*ibid.*)[106].

À bien des égards, la différence entre les Ivoiriens qui se situent au sommet et au bas de la pyramide des richesses du cacao est plus marquée que la différence entre les membres de l'élite ivoirienne et leurs équivalents étrangers dans le commerce du cacao. La majorité des Ivoiriens, qui forment la base de la pyramide, sont ceux qui travaillent dur, plantent et entretiennent les cacaoyers, récoltent les fèves et les transportent aux points de collecte en vue de leur vente. Les personnes au sommet extraient une richesse qu'elles n'ont elles-même rien fait ou presque pour créer. Les liens patron-client, par lesquels ceux qui sont au pouvoir se disputent l'allégeance politique de ceux qui occupent les échelons inférieurs en leur accordant des faveurs et des concessions, lubrifient ce système et contribuent à le faire tenir[107].

Les richesses provenant de la filière cacao sont siphonnées selon des méthodes diverses et ingénieuses, comme décrit dans ce chapitre. Parmi celles-ci figurent la création d'un monopole dans l'achat du cacao aux producteurs (c'est ce que l'on nomme, à proprement parler, un monopsone) ; la fausse facturation des documents commerciaux afin d'échapper aux taxes et de garder de l'argent secrètement à l'étranger ; la contrebande pure et simple, notamment pendant la guerre civile ivoirienne ; et les profits tirés de la spéculation sur le marché mondial. Dans certains cas, une certaine valeur est ajoutée au produit au fil de ces activités – dans l'emballage, le transport, le fret et l'assurance, ainsi que dans la transformation du cacao. Mais une grande partie des profits récoltés tout au long de cette filière peut être attribuée au pouvoir de marché et au pouvoir politique, celui-ci étant étroitement lié à celui-là.

Au sommet de la pyramide économique, l'on retrouve un réseau de relations étroites entre l'élite ivoirienne et les entreprises et institutions financières internationales. Les entreprises étrangères sont présentes dans tous les secteurs ivoiriens, du commerce du cacao à la construction, tandis que les banques, les cabinets comptables et les avocats, tant étrangers qu'ivoiriens, lubrifient et gèrent les mouvements de capitaux. Dans un tel contexte, il n'est guère surprenant de constater que la richesse accaparée en Côte d'Ivoire est détenue au niveau transnational, avec un attrait particulier pour les marchés de l'immobilier haut de gamme, tels que ceux de Paris et de la Côte d'Azur ; et pour les juridictions du secret bancaire, comme le Luxembourg et Genève. La fuite des capitaux peut ainsi être envisagée comme l'une des facettes de ce modèle économique plus vaste.

REMERCIEMENTS

Je souhaite exprimer ma plus profonde gratitude à Matthieu Gonzalez, qui a été un assistant de recherche infatigable et passionné tout au long de ce travail. Je suis également redevable aux nombreux universitaires, fonctionnaires, hommes d'affaires, journalistes, militants et personnalités politiques qui ont accepté de répondre à nos questions. S'ils ne sont pas tous cités nommément (parfois à leur demande), ils ont collectivement contribué à faire la lumière sur les problématiques évoquées.

NOTES

1 Le « cacao » sont les fèves de cacaoyer torréfiées à haute température. Par souci de simplicité, ce terme est utilisé pour désigner indifféremment la fève du cacaoyer et les produits qui en sont dérivés.
2 Fin 2020, le franc CFA est sur le point d'être rebaptisé « eco ». Le taux de change fixe avec l'euro est maintenu, mais la France jouera un rôle moins important dans la gouvernance de la nouvelle monnaie.
3 Le reste de la population se composait de chrétiens (41 %), de religions traditionnelles (17 %) et sans religion (17 %), selon l'Enquête démographique et de santé de 1994.
4 Pour un compte-rendu de la crise, voir Banégas (2003) ; Dozon (2011).
5 Pour un compte-rendu de l'engagement de l'ONU, voir Novosseloff (2018).
6 Gbagbo a été acquitté le 15 janvier 2019 et libéré à la condition qu'il reste dans un pays étranger (la Belgique), dans l'attente d'une décision concernant un appel déposé par l'accusation. Voir Richard (2019).
7 Ce chiffre est affiché sur le site de la Banque mondiale, disponible à l'adresse http://www.worldbank.org/en/country/cotedivoire/overview (consulté le 20 décembre 2018).
8 Données de la Banque mondiale pour 2015. Voir aussi Cogneau *et al.* (2017).
9 Voir, par exemple, BBC News (2020) et UN News (2020).
10 Le chiffre de 600 000 producteurs provient du Conseil du Café-Cacao, l'autorité publique de Côte d'Ivoire qui réglemente, stabilise et développe la filière café et cacao. Le chiffre de 900 000 provient de l'Organisation internationale du cacao (OICC). Voir aussi Schweisguth (2015).
11 Ce chiffre est cité par Wessel et Quist-Wessel (2015), qui ajoutent toutefois qu'aucune statistique fiable n'est disponible.
12 La liste des acheteurs et exportateurs agréés par le Conseil du Café-Cacao est disponible à l'adresse http://www.conseilcafecacao.ci/.
13 Voir aussi SEO Amsterdam Economics (2016: 23).
14 Au cours des cinquante dernières années, les producteurs ivoiriens ont reçu entre un tiers et presque la totalité de la valeur à laquelle les fèves de cacao sont commercialisées pour l'exportation. Voir figure 23, BASIC (2016: 30) reproduit dans Bonjean et Brun (2016).

15 Voir aussi *AfricaFocus Bulletin*, 15 août 2018.

16 Voir « La colonisation moderne c'est les paradis fiscaux – Eva Joly », disponible à l'adresse https://www.dailymotion.com/video/xgvdym (consulté le 20 décembre 2018).

17 Ces questions ont d'abord été soulevées dans une étude de la CNUCED intitulée « Trade misinvoicing in Primary Commodities in Developing Countries », juillet 2016.

18 L'indice Chinn-Ito de l'ouverture du compte de capital place la Côte d'Ivoire parmi les 25 % des pays au monde ayant les politiques les plus restrictives. Voir Ito et Chinn (2006).

19 Le paragraphe suivant s'inspire fortement d'un entretien avec l'économiste français Denis Cogneau, 11 août 2016.

20 Données tirées de https://stats.oecd.org/viewhtml.aspx?datasetcode=CIF_FOB_ITIC&lang=en.

21 Selon le négociant cité dans Van de Klundert (2016).

22 Entretiens menés lors d'une conférence Comtrade de l'ONU à Genève fin septembre 2017 par Matthias Cortin, du Bureau d'Analyse Sociétale pour une Information Citoyenne.

23 Entretien, 1er mai 2018.

24 Entretien avec Jack Steijn de la Fédération européenne des entrepositaires, 11 août 2016.

25 Entretien avec Ferry Lapré de Statistics Netherlands (CBS), 1er mai 2018.

26 Entretien, 16 août 2016.

27 Cité par Van de Klundert (2016).

28 Entretien avec Hütz-Adams, 10 août 2016.

29 Le DUS se situe actuellement entre 9,6 et 11 % pour le cacao transformé et à 14,6 % pour les fèves de cacao (OMC, 2017: 221).

30 Calcul de l'auteur, basé sur les données du PIB de la Banque mondiale et sur les données du taux de change de l'université de Sherbrooke.

31 Entretien, 29 décembre 2017.

32 Ceci est indiqué dans la base de données FILOCOM. L'auteur est reconnaissant à l'économiste Denis Cogneau, qui a suggéré cette approche, pour avoir obtenu et partagé des données sur les biens immobiliers de non résidents auprès du ministère français du Logement.

33 Les propriétaires pourraient inclure certains citoyens français, puisque les données se réfèrent au pays de résidence, et non à la nationalité.

34 L'auteur remercie encore une fois Denis Cogneau pour l'aide qu'il lui a apportée pour accéder à ces données et les interpréter.

35 Voir Merckaert (2020). Pour plus de détails sur les données de la BRI, voir Cogneau et Rouanet (2015).

36 *Journal du Dimanche* (1990), qui estime que sa fortune est comprise entre 40 et 60 milliards de francs français, cité dans Koudou (1990).

37 Discours de Houphouët-Boigny, *Fraternité Matin*, 29 avril 1983.

38 Selon Maître Baduel, avocat de Marie-Thérèse Houphouët-Boigny jusqu'au début de l'année 2017. Entretien, 28 décembre 2017.

39 La basilique Notre-Dame de la Paix à Yamoussoukro a une superficie de 8 000 m^2, avec un dôme inspiré de St Pierre.

40 Selon certaines estimations, le coût de la basilique aurait atteint 600 millions de dollars : voir Langer et Brown (2008: 47).

41 « On ne doit pas empêcher un grilleur d'arachides d'en vérifier la teneur en sel. » Cette métaphore est appliquée en Côte d'Ivoire à la normalisation de la corruption. Traoré (2014: 14).

42 Toutes ces propriétés sont nommées dans la très respectée *Lettre du Continent*. Voir La Lettre du Continent (2004). Les adresses précises, y compris celle de la propriété Rue Duroc, sont données par Hélène Houphouët-Boigny dans un billet sur son blog, http://succession-mr-f.houphouet-boigny.over-blog.net/article-11257253.html (consulté le 27 décembre 2018).

43 En tout cas, selon le billet de blog de Hélène Houphouët-Boigny cité ci-dessus.

44 Selon Baduel, l'existence de ce dernier compte repose sur des transferts signalés par UBS aux tribunaux de Genève. Entretien, 28 décembre 2017.

45 Étude sur le secteur du cacao dans l'Union économique et monétaire ouest-africaine, BCEAO, juin 2014: 11.

46 NB : 830 milliards de francs CFA équivalaient à 16,6 milliards de francs français. Un dollar valait 4 à 5 francs français au début de la période, et 10 francs français vers la fin.

47 Au total, 86 ont reçu des quotas au cours de la période. Voir Losch (1999), volume 2, appendice G.

48 Losch (1999), volume 2, appendice G-8. Losch estime qu'un quota de 1 % générait un bénéfice net moyen de 25 millions de francs CFA par an au milieu des années 1980.

49 Entretien avec un homme d'affaires français en Côte d'Ivoire.

50 Au cours de cette période, COMIVOIRE a obtenu des quotas quinze fois. Voir Losch (1999), vol. 2, appendices G-7 et H-10.

51 Voir Losch (1999), vol. 2, appendice G-5.

52 Voir http://www.gouv.ci/doc/photos/CV-AMON-TANOH_Marcel.pdf (consulté le 20 décembre 2018).

53 Voir http://www.gouv.ci/_legouvernement.php?recordID=15 (consulté le 20 décembre 2018).

54 Losch (1999: 384). Voir aussi Losch (1999), volume 2, appendice H-5.

55 La famille Yacé a bâti une grande partie de sa fortune dans le caoutchouc et compte désormais d'importants investissements dans l'élevage.

56 Voir Losch (1999: 379) ; et Losch (1999), volume 2, appendice H-1.

57 *Jeune Afrique* (1988).

58 Houdin (2015: 32ff). Voir aussi Koudou (1990: 430).

59 Bédié (1999: 99–104) ; Mel (2010: 312–5).

60 *Fraternité Matin,* 30 avril 2000, cité par Bouquet (2008: 206).

61 Le cas est bien documenté dans Dupuis et Pontaut (2000).

62 Dulin et Merckaert (2009: 102) ; Fabre (2000).

63 *La Lettre du Continent* (2019b).

64 Concernant la disparition de Kieffer, voir Carroll (2004).

65 Groupe d'experts des Nations unies (2009: 53). Voir aussi Global Witness (2007: 22).

66 Voir Global Witness (2007: 60), où sont expliqués le statut, le rôle et les sources de financement de chaque institution.

67 Voir Investissement Développement Conseil (IDC) (2004: 29–30), cité par Amiri et Gourdon (2006: 33).

68 En 2013, après que Gbagbo lui-même a été renversé, quatorze accusés ont été condamnés à vingt ans de prison. Voir Duhem (2013). Le tribunal a également ordonné la saisie de leurs biens personnels et immobiliers. Voir *Abidjan.net* (2013).
69 Calcul de l'auteur basé sur les données du Groupe d'experts des Nations unies (2011c: 32, 35). Le même rapport estimait que plus d'un milliard de dollars de recettes pétrolières avaient disparu.
70 Voir aussi Groupe d'experts des Nations unies (2009: 55–56).
71 Global Witness (2007: 33–35). Le Groupe d'experts des Nations unies (2011b: 38) a fait état de rentrées annuelles de 22 à 38 millions de dollars entre 2007 et 2010.
72 Global Witness (2007: 40). Voir aussi *Jeune Afrique* (2016) ; *Jeune Afrique* (2017a).
73 Collombat (2015: 32). L'auteur a eu accès à ces relevés de compte pour la période allant d'octobre 2007 à juin 2008. Une période de trois mois était manquante, au cours de laquelle plus de 3 millions d'euros ont été dépensés.
74 Communication avec l'auteur, 28 septembre 2018.
75 Les entités comprenaient ACE Private Holdings, ACE Global Travel Tours, ACE Ltd Genève et ACE SA Sénégal.
76 ACE a perdu sa position de monopole à la fin de la décennie Gbagbo, mais l'a reconquise en 2012 : voir La Lettre du Continent (2011).
77 « Executive Profile : André Soumah », bloomberg.com, disponible à l'adresse https://www.bloomberg.com/research/stocks/private/person.asp?personId=67098053&privcapId=46510764&previousCapId=46510764&previousTitle=ACE%20- %20Audit%20Control%20and%20Expertise%20SA, consulté le 20 juin 2019. André Soumah est décédé à Genève le 9 août 2016.
78 Voir municipalité de Gland (Suisse), « Préavis municipal n°31 relatif à l'octroi de la bourgeoisie de Gland en faveur de Félicia Marie-Aude Soumah », 17 août 2007, disponible à l'adresse http://www.gland.ch/fileadmin/documents/pdf/Preavis_ancienne_leg/Preavis-municipal-no-31-relatif-a-loctroi-de-la-bourgeoisie-de-Gland.pdf, consulté le 5 novembre 2019
79 Chacun des États membres a dû adopter la troisième directive anti-blanchiment avant le 15 décembre 2007. Cette directive a renforcé les exigences en vigueur pour les professions non financières et pour toute transaction impliquant des personnes politiquement exposées. Des directives européennes précédentes contenaient déjà des dispositions relatives à la diligence raisonnable, y compris les règles de connaissance du client (KYC).
80 Kieffer (2004). Cette note inédite est citée dans Kieffer (2015). Voir aussi Global Witness (2007)
81 L'entretien, qui a eu lieu le 11 décembre 2018 à Paris au bureau de l'auteur à Secours Catholique-Caritas France, a duré près de quatre heures.
82 Entretien avec l'auteur, 11 décembre 2018.
83 Lev Mendel est ensuite devenue Lev Group, ces noms commerciaux appartenant à HTM Beheer BV, une société enregistrée en 1990 aux Pays-Bas. L'actionnaire unique de HTM Beheer BV était Euro Trade Services NV, une société basée à Curaçao, une juridiction secrète des Antilles néerlandaises. Voir Global Witness (2007: 30–33).

84 Global Witness (2007: 30, 32). À ce jour, Nembelessini est en contentieux avec la BNI. Voir http://www.ohada.org/index.php/fr/ohada-au-quotidien/role-des-audiences-publiques-de-la-cour-ccja/2599-affaire-victor-jerome-nembelessini-silue-contre-banque-nationale-d-investissement-bni, consulté le 9 janvier 2019.

85 Entretien de Victor Nembelessini avec l'auteur, 11 décembre 2018.

86 Entretien avec l'auteur, 11 décembre 2018.

87 Entretien avec l'auteur, 11 décembre 2018.

88 Entretien, 5 décembre 2017. Selon SEO Amsterdam Economics, la remarque est exacte : « Le chiffre d'affaires sur les marchés à terme du cacao est environ dix fois plus élevé que la production mondiale réelle. » Voir SEO Amsterdam Economics (2016: 31).

89 Entretien avec l'ancien directeur de Beussent, la chocolaterie basée dans le nord de la France, 21 juillet 2017.

90 Entretien avec Christophe Alliot, 23 décembre 2017.

91 *Africa Confidential* (2003). Ward lui-même nie catégoriquement toute implication dans la rébellion (communication avec l'auteur, 25 septembre 2018). Voir aussi Gazzane (2013), qui a déclaré que Ward est « soupçonné d'alimenter les rébellions locales pour ses intérêts », et que Ward a nié cette affirmation : « Il se présente comme un simple financier, qui grâce à sa fortune personnelle et son sens du timing, parvient à faire la pluie et le beau temps sur le marché du cacao. »

92 Kieffer (non daté). Ce document a été publié sur différents sites après la disparition de Kieffer : voir, par exemple, Ivoirebusiness.net (2017) ; Atelier des Médias (2012. Voir aussi Frindethie (2016: 116–7).

93 Cowell (2002) ; Kieffer (non daté, p. 161–2).

94 Kieffer (non daté, p. 165).

95 Contacté par l'auteur, Anthony Ward a refusé de faire un commentaire sur le caractère rentable de ces négoces (communication avec l'auteur, 25 septembre 2018).

96 Voir, par exemple, Fletcher (2003), où le surnom est expliqué comme suit. « Bien que le stratagème ait été comparé au plan de Goldfinger, le méchant dans James Bond, de stocker de l'or, Ward a toujours nié les affirmations selon lesquelles il essayait de prendre le contrôle du marché. »

97 Les économistes sont divisés sur les avantages de la réglementation étatique, et certains éléments indiquent que les producteurs de cacao reçoivent généralement une part plus élevée du prix mondial dans les pays où les secteurs sont moins réglementés, comme le Cameroun et l'Indonésie. Voir SEO Amsterdam Economics (2015), en particulier p. 49.

98 En 2014–2015, malgré des prix un peu plus élevés (850 francs CFA par kilogramme), près de 55 % des producteurs ivoiriens vivaient avec moins de 757 francs CFA (1,20 $ US) par jour. Voir Banque Mondiale (2019: 31).

99 Entretien avec Marion Feige-Muller et Christophe Alliot ; de BASIC, 7 juin 2016.

100 Voir *Jeune Afrique* (2017b) ; *Agence Ecofin* (2017).

101 La fortune personnelle de Ouattara pourrait être due davantage à son épouse, Dominique, qui aurait été la maîtresse de Felix Houphouët-Boigny et dont elle a hérité des biens, qu'à sa carrière antérieure de

fonctionnaire du FMI et gouverneur de la BCEAO [Banque centrale des États de l'Afrique de l'Ouest]. Voir Bernard (2011) et Merckaert (2020).

102 Voir *Afrique sur 7* (2018) ; *La Lettre du Continent* (2018a).

103 Voir http://www.conseilcafecacao.ci/index.php?option=com_k2&view=item&id=853&Itemid=18 (consulté le 22 août 2019).

104 *La Lettre du Continent* (2018b) ; et *La Lettre du Continent* (2019a).

105 Données issues de la base de données mondiale sur les inégalités : https://wid.world/country/cote-divoire/. Ces chiffres concernent 2014, l'année la plus récente pour laquelle ces informations étaient disponibles au moment de la rédaction du présent rapport. Voir aussi Cogneau et al. (2017).

106 Pour une analyse des tendances de la pauvreté en Côte d'Ivoire, voir également Cogneau et al. (2017).

107 Les politologues utilisent le terme « clientélisme compétitif » pour décrire ce type de système. Voir, par exemple, Abdulai et Hickey (2016).

RÉFÉRENCES

Abdulai, A. et Hickey, S. 2016. The politics of development under competitive clientelism, *African Affairs,* 115(458), 44–72.

Abidjan.net. 2011. Afreximbank : Nembelessini, nouvel administrateur pour la Côte d'Ivoire, 2 août. Disponible sur https://news.abidjan.net/articles/406445/afreximbank-nembelessini-nouvel-administrateur-pour-la-cote-divoire.

Abidjan.net. 2013. Café-cacao : les avocats de la défense dénoncent 'un procès politique' après la condamnation de leurs clients à 20 ans de prison, 6 novembre. Disponible sur https://news.abidjan.net/articles/479571/cafe-cacao-les-avocats-de-la-defense-denoncent-un-proces-politique-apres-la-condamnation-de-leurs-clients-a-20-ans-de-prison. Consulté le 14 janvier 2019.

Adams, T. 2012. Obsèques de Bohoun Bouabré. Sa famille refuse des millions de Ouattara : Voici la raison, *Ivoirebusiness.net*, 28 mars. Disponible sur https://www.ivoirebusiness.net/articles/obsèques-de-bohoun-bouabré-sa-famille-refuse-des-millions-de-ouattara-voici-la-raison. Consulté le 30 septembre 2019.

ADM. 2019. Letter to Stockholders Proxy Statement. Disponible sur https://assets.adm.com/Investors/Shareholder-Reports/2018/ADM-Annual-Report-Letter-to-Stockholders-2019-Proxy-Statement-and-2018-Form-10-K-final-.pdf.PDF

Africa Confidential. 2003. Rebel forces, market forces, *Africa Confidential,* 44 (3), 7 février.

Afrique sur 7. 2018. Côte d'Ivoire : Audit KPMG, les fossoyeurs de la filière cacao (enfin) arrêtés ?, 28 avril, Disponible sur https://www.afrique-sur7.fr/392322-audit-kpmg-fossoyeurs-cacao-arretes. Consulté le 28 janvier 2019.

Agence Ecofin. 2017. La Côte d'Ivoire pourrait perdre 400 000 tonnes de cacao en 2017/2018 en raison de la contrebande, 1er septembre.

Atelier des Médias. 2012. Voici l'article qui a coûté la vie à Kieffer. Disponible sur http://atelier.rfi.fr/forum/topics/voici-l-article-qui-a-coute-la-vie-a-kieffer-les-soutiens-de

Baker, R. 2015. *Capitalism's Achilles Heel.* Hoboken : John Wiley & Sons.

Banégas, R. 2003. La Côte d'Ivoire en guerre : les enjeux d'une crise régionale, *Questions Internationales*, n° 3.

Banque mondiale. 2019. Situation économique en Côte d'Ivoire : Au pays du cacao – comment transformer la Côte d'Ivoire.

Banque mondiale. 2019. Côte d'Ivoire Economic Outlook: Why the Time Has Come to Produce Cocoa in a Fully Inclusive and Responsible Manner, 11 juillet. Disponible sur https://www.worldbank.org/en/country/cotedivoire/publication/cote-divoire-economic-outlook-why-the-time-has-come-to-produce-cocoa-in-a-responsible-manner.print. Consulté le 20 février 2020.

Banque mondiale. 2019. La Force de l'Éléphant : Pour que sa croissance génère plus d'emplois de qualité, décembre, disponible sur http://documents.worldbank.org/curated/en/437971468194941284/pdf/102021-v2-FRENCH-WP-PUBLIC-Box394824B.pdf. Consulté le 2 décembre 2019.

Barrientos, S. 2016. Beyond Fair Trade, *in* Squicciarini, M. et Swinnen, J. (dir.). *The Economics of Chocolate*. Oxford : Oxford University Press.

BASIC (Bureau for the Appraisal of Social Impacts for Citizen Information) et Plate-Forme pour le Commerce Équitable. 2016. The Dark Side of Chocolate: An Analysis of the Conventional, Sustainable and Fair Trade Cocoa Chains. Paris, mai.

Baulin, J. 2000. *La succession d'Houphouët-Boigny.* Paris : Karthala.

Bayart, J.F. et Hibou, B. 2003. Libéralisation économique et crise politique en Côte d'Ivoire. Entretien avec Bruno Losch, *Critique internationale*, n°19, avril.

BBC News. 2020. Ivory Coast Election: Alassane Ouattara wins amid boycott. 3 novembre. Disponible sur https://www.bbc.com/news/world-africa-54778200.

Bédié, H.K. 1999. *Les Chemins de ma vie : Entretiens avec* Éric *Laurent.* Paris : Plon.

Bensimon, C. 2017. Côte d'Ivoire : 'ce qui fait chuter les cours du cacao, c'est la spéculation,' *Le Monde*, 6 avril.

Bernard, P. 2011. Dominique Ouattara, une 'première dame' d'influence, *Le Monde*, 20 mai.

Berthélemy, J.C. et Bourguignon, F. 1996. *Growth and crisis in Côte d'Ivoire.* Washington : Banque mondiale.

Bloch, R. 2019. Banques : les États-Unis recalibrent la « règle Volcker », *Les Échos*, 9 octobre.

Bonjean, C et Brun, J.F. 2016. Concentration and Price Transmission in the Cocoa-Chocolate Chain, *in* Squicciarini, M. et Swinnen, J. (dir.). *The Economics of Chocolate*. Oxford : Oxford University Press.

Bouessel, C. 2017. Comment la Côte d'Ivoire se retrouve avec 400 000 tonnes de cacao invendues sur les bras, *Le Monde*, 16 février.

Bouquet, C. 2008. *Géopolitique de la Côte d'Ivoire.* Paris : Armand Colin.

Bozonnet, C. 2018. La présidentielle ivoirienne de 2020 est dans toutes les têtes, *Le Monde*, 12 avril.

Campbell, B. 2000. Réinvention du politique en Côte d'Ivoire et responsabilité des bailleurs de fonds multilatéraux. *Politique Africaine* 2000/2 (n° 78).

Carroll, R. 2004. Missing reporter stirs trouble on three continents, *The Guardian*, 6 juin.

Cogneau, D. et Gérald, C. 1998. Les effets à moyen terme de la dévaluation des francs CFA : une comparaison Cameroun – Côte-d'Ivoire, *Revue d'économie du développement,* 6(3–4), 125–47.

Cogneau, D. et Jedwab, R. 2012. Commodity Price Shocks and Child Outcomes: The 1990 Cocoa Crisis in Côte d'Ivoire, *Economic Development and Cultural Change,* 60(3), 507–34.

Cogneau, D. et Mesplé-Somps, S. 2002. L'économie ivoirienne, la fin du mirage ? DIAL (Développement, Institutions et Mondialisation) Working Paper DT/2002/18.

Cogneau, D. et Mesplé-Somps, S. 2003. Les illusions perdues de l'économie ivoirienne et la crise politique, *Afrique Contemporaine,* 206(2), 87–104.

Cogneau, D. et Rouanet, L. 2015. Capital exit from developing countries, Paris School of Economics, janvier.

Cogneau, D., Czajka, L. et Houngbedji, K. 2017. The triumphant elephant's return? Growth and income inequality in Côte d'Ivoire (1988–2015), *Afrique Contemporaine,* 263–4(3), 221–5.

Cogneau, D., Dupraz, Y. et Mesplé-Somps, S. 2018. Fiscal Capacity and Dualism in Colonial States: The French Empire 1830-1962. Working Paper No. 2018-27, Paris School of Economics, disponible sur https://hal.archives-ouvertes.fr/halshs-01818700v3.

Cogneau, D., Houngbedji, K. et Mesplé-Somps, S. 2016. The Fall of the Elephant: Two decades of poverty increase in Côte d'Ivoire (1988–2008), *in* Arndt, C., McKay, A. et Tarp, F. (dir.). *Growth and Poverty in Sub-Saharan Africa.* Oxford : Oxford University Press.

Collombat, B. 2015. Les milliards envolés de Félix Houphouët-Boigny, France Inter, 4 décembre.

Collombat, B. 2015. Préface : Une affaire d'État franco-ivoirienne, *in* Bernard Kieffer, *Le frère perdu : L'affaire Guy-André Kieffer, enquête sur un crime d'État au cœur de la Françafrique.* Paris : La Découverte.

Contamin, B et Losch, B. 2000. Côte d'Ivoire : Entretien avec Mamadou Koulibaly, ministre du Budget du gouvernement de transition, *Politique africaine* 77, 129–42.

Cowell, A. 2002. War Inflates Cocoa Prices But Leaves Africans Poor, *New York Times,* 31 octobre.

d'Abbundo, A. 2015. Abidjan devient la capitale mondiale du cacao, *La Croix,* 1er octobre.

Damgé, M. 2012. Les négociants prennent la main sur le marché des matières premières, *Le Monde,* 6 avril.

Damgé, M. 2013. Les profits des négociants de matières premières dépassent ceux des banques, *Le Monde, 16 avril.*

Déclaration de Berne. 2011. *Swiss Trading SA, La Suisse, le négoce et la malédiction des matières premières.* Lausanne : Éditions d'En Bas.

Deveaux, J. 2019. Ghana et Côte d'Ivoire jettent les bases d'une «Opep» du cacao, France Télévisions, 13 juin, disponible sur https://www.francetvinfo.fr/monde/afrique/economie-africaine/ghana-et-cote-divoire-jettent-les-bases-dune-opep-du-cacao_3488055.html. Consulté le 29 février 2020.

Dozon, J.P. 2011. *Les clefs de la crise ivoirienne.* Paris : Karthala.

Duhem, V. 2013. Côte d'Ivoire : 20 ans de prison pour 14 anciens barons de la filière café-cacao, *Jeune Afrique,* 6 novembre, disponible sur http://www.jeuneafrique.com/167460/

politique/c-te-d-ivoire-20-ans-de-prison-pour-14-anciens-barons-de-la-filire-caf-cacao/. Consulté le 14 janvier 2019.

Dulin, A et Merckaert, J. 2009. Biens mal acquis : À qui profite le crime ?, CCFD-Terre solidaire.

Dupuis, J. et Pontaut, J.M. 2000. Main basse sur l'aide européenne, *L'Express*, 6 avril, disponible sur https://www.lexpress.fr/actualite/monde/afrique/main-basse-sur-l-aide-europeenne_493143.html.

Etwareea, R. 2018. L'Afrique exige une part décente du gâteau au chocolat, *Le Temps*, 22 avril.

Fabre, T. 2000. Nigéria : le trésor du clan Abacha est dans nos coffres, *L'Expansion*, 6 juillet.

Fages, C. 2018. Cacao en Côte d'Ivoire : une gestion 'approximative' selon KPMG, RFI, 30 avril.

Fages, C. 2018. L'Afrique peut-elle former un cartel du cacao ? RFI, 2 octobre.

Fairtrade Belgium. 2014. Le cacao et le commerce équitable, 19 décembre, p. 11–3. Disponible sur https://issuu.com/fairtradebelgium/docs/brochure_cacao_fr-19web_fsc. Consulté le 20 novembre 2019.

Faujas, A. 2010. Le financier 'Chocolate Finger' tente d'assécher le marché mondial du cacao, *Le Monde*, 21 juillet, disponible sur https://www.lemonde.fr/economie/article/2010/07/21/le-financier-chocolate-finger-tente-d-assecher-le-marche-mondial-du-cacao_1390560_3234.html. Consulté le 28 janvier 2019.

Ficatier, J. 2000. Le coup d'Etat fait appel au culte des ancêtres, *La Croix*, 14 janvier.

Fick, M. 2015. Ivory Coast president's stepson defends cocoa export role, *Financial Times*, 16 juillet.

Fletcher, R. 2003. 'Chocolate finger' makes a £10 million bean as stockpiling gamble pays off, *The Telegraph*, 13 juillet.

Fountain, A. et Hütz-Adams, F. 2018. *Cocoa barometer 2018*. Disponible sur http://www.cocoabarometer.org/Cocoa_Barometer/Download_files/2018%20Cocoa%20Barometer.pdf.

Frindethie, K. 2016. *From Lumumba to Gbagbo: Africa in the Eddy of the Euro-American Quest for Exceptionalism*. Jefferson : McFarland.

Gazzane, H. 2013. 'Chocolate Finger' laisse tomber le cacao, *Le Figaro*, 14 novembre.

Gbagbo, L. et Mattei, F. 2014. *Pour la vérité et la justice*. Paris : Éditions du Moment, cité dans Mathieu Olivier. 2014. « Côte d'Ivoire : les extraits du livre-choc de Laurent Gbagbo », *Jeune Afrique*, 26 juin.

Girard, L. 2017. Le cacao broie du noir, *Le Monde*, 18 mars.

Global Witness, 2007. *Hot Chocolate: How Cocoa Fuelled the Conflict in Côte d'Ivoire*, juin.

Gombeaud, J.L., Moutout, C. et Smith, S. 1990. *La Guerre du Cacao : Histoire secrète d'un embargo*. Paris : Calmann Levy.

Groupe d'experts des Nations unies. 2011a. Letter dated 17 October 2011 from the Chair of the Security Council Committee established pursuant to resolution 1572 (2004) concerning Côte d'Ivoire addressed to the President of the Security Council. Conseil de sécurité des Nations unies, Rapport S/2011/642.

Groupe d'experts des Nations unies. 2011b. Rapport S/2011/271.

Groupe d'experts des Nations unies. 2011c. Letter dated 20 April 2011 from the Chair of the Security Council Committee established pursuant to resolution 1572 (2004) concerning Côte d'Ivoire addressed to the President of the Security Council. Conseil de sécurité des Nations unies, Rapport S/2011/272.

Groupe d'experts des Nations unies. 2013. Letter dated 14 October 2013 from the Chair of the Security Council Committee established pursuant to resolution 1572 (2004) concerning Côte d'Ivoire addressed to the President of the Security Council. UN Security Council, Report S/2013/605.

Groupe d'experts des Nations unies. 2016. Letter dated 15 March 2016 from the Chair of the Security Council Committee established pursuant to resolution 1572 (2004) concerning Côte d'Ivoire addressed to the President of the Security Council. UN Security Council, Report S/2016/254.

Groupe d'experts des Nations unies. 2009. Letter dated 9 October 2009 from the Chair of the Security Council Committee established pursuant to resolution 1572 (2004) concerning Côte d'Ivoire addressed to the President of the Security Council. UN Security Council Report S/2009/521.

Guéniat, M. 2016. Un château, héritage d'Houphouët-Boigny, sème la zizanie dans un village français, *Le Monde*, 30 décembre.

Hofnung, T. 2011. *La Crise Ivoirienne.* Paris : La Découverte.

Houdin, B. 2015. *Les Ouattara : une imposture ivoirienne.* Paris : Éditions du Moment.

Hugeux, V. 2009. La guerre des ports africains, *L'Express*, 31 janvier.

ICCO Expert Group on Stocks. 2016. Report on the Annual ICCO Survey of Cocoa Bean Stocks, 22 janvier.

ICCO. 2016. *Quarterly Bulletin of Cocoa Statistics* 42, n° 1, campagne cacao 2015–2016.

Investissement Développement Conseil (IDC). 2004. Audit des flux financiers de la filière café-cacao de Côte d'Ivoire, septembre, cité dans Amiri, S. et Gourdon, A. 2006. Étude diagnostic des organisations et des procédures de la filière café-cacao de Côte d'Ivoire, *Rapport du cabinet Ghelber et Gourdon*, mai.

Ito, H. et Chinn, M. 2006. What Matters for Financial Development? Capital Controls, Institutions, and Interactions, *Journal of Development Economics,* 81(1), 163–92.

Ivoirebusiness.net. 2017. Financement de la rébellion des Forces nouvelles : Voici l'article de Guy-André Kieffer qui a signé son arrêt de mort ! Disponible sur https://www.ivoirebusiness.net/articles/financement-de-la-rebellion-des-forces-nouvelles-voici-larticle-de-guy-andr%C3%A9-kieffer-qui. Consulté le 21 mai 2020.

Jacque, M. 2018. Afrique de l'Ouest : les premiers pas d'une Opep du cacao, *Les Échos*, 4 octobre.

Jeune Afrique. 1988. n°1453, 9 novembre.

Jeune Afrique. 2016. Affaire Bictogo-Soeximex : la guerre du cacao, 21 décembre.

Jeune Afrique. 2017a. Affaire Soeximex-Bictogo : droit de réponse d'Adama Bictogo, 16 janvier.

Jeune Afrique. 2017b. Le Ghana maintient son prix du cacao, alimentant les craintes de contrebande depuis la Côte d'Ivoire, 13 octobre.

Journal du Dimanche. 1990. Afrique : les comptes très spéciaux des dirigeants contestés, 11 mars.

Kieffer, B. 2015. *Le frère perdu : L'affaire Guy-André Kieffer, enquête sur un crime d'État au cœur de la Françafrique.* Paris : La Découverte.

Kieffer, G.A. (non daté), Origine d'un des financements des mutins.

Kieffer, G.A. 2004. Le montage CAA-Lev Mendel Group.

Koudou, K. 1990. Pratiques éducatives et développement moral. Thèse de doctorat, université de Toulouse-Le Mirail, novembre, volume 1.

KPMG, 2018. Audit du système de commercialisation du cacao. Ministère de l'Agriculture et du Développement Rural (MINADER). 12 mars.

La Lettre du Continent. 2004. Les comptes secrets d'Houphouët, n° 455, 30 septembre.

La Lettre du Continent. 2011. *ACE reprend des couleurs à Abidjan,* n° 624, *1er décembre.*

La Lettre du Continent. 2016a. Cadeau en chocolat pour les proches du Palais !, n° 730, 25 mai.

La Lettre du Continent. 2016b. Cargill domine le négoce de cacao, n° 735, 24 août.

La Lettre du Continent. 2018a. Le rapport explosif qui met à nu la filière du cacao, n° 775, 25 avril.

La Lettre du Continent. 2018b. Les comptes alambiqués du gouvernement sur le cacao, n° 785, 3 octobre.

La Lettre du Continent. 2019a. Cacao : la transparence du secteur bloquée à la primature, n° 795, 27 février.

La Lettre du Continent. 2019b. Guillame Soro dans l'intimité de Bédié, n° 795, 27 février.

Langer, A. et Brown, G. 2008. Cultural Status Inequalities: An Important Dimension of Group Mobilization, *in* Stewart, F. (dir.). *Horizontal Inequalities and Conflict: Understanding Group Violence in Multiethnic Societies.* Basingstoke : Palgrave Macmillan.

Langlade, L. et Hondelatte, C. 2013. Passeport pour le crime : Abidjan, documentaire produit par CAPA, diffusé le 27 septembre sur *13ème Rue,* https://www.youtube.com/watch?v=rqD-2Itye3c.

Le Monde. 2000. Un mandat d'arrêt international lancé contre l'ex-président ivoirien Bédié, *8 juin.*

Libération. 2000. Henri Konan Bédié poursuivi par la justice ivoirienne, 7 juin.

Losch, B. 1997. A la recherche du chaînon manquant, *in* Contamin, B. et Memel-Fotê, H. (dir.) *Le modèle ivoirien en question.* Paris : Karthala.

Losch, B. 1999. Le complexe café cacao de la Côte d'Ivoire, une relecture de la trajectoire ivoirienne. Thèse de doctorat, université Montpellier 1), volume 1.

Losch, B. 2000. Coup de cacao en Côte d'Ivoire. *Critique internationale,* n° 9, octobre.

Losch, B. 2003. Libéralisation économique et crise politique en Côte d'Ivoire, *Critique Internationale* 19, avril.

Madelin, P. 1993. *L'or des dictatures.* Paris : Fayard.

Mel, F.G. 2010. *Félix Houphouët-Boigny, La fin et la suite.* Abidjan : Cerap et Paris: Karthala.

Merckaert, J. 2020. Bitter Chocolate: Wealth Extraction in Côte d'Ivoire. Amherst : Political Economy Research Institute, Working Paper 517, juillet.

Michailof, S. 2005. Côte d'Ivoire 2005 : bienvenue sur le Titanic, *Commentaire,* 2005/2, n°110, 392–404.

Michel, S. 2016. Les progrès de la Côte d'Ivoire et six autres leçons du classement africain de Mo Ibrahim, *Le Monde*, 5 octobre.

Ministère de l'économie et des finances. 2010. Synthèse des audits du FDPCC et de l'ARCC, République de Côte d'Ivoire, février.

Nantet, B. 1999. « Félix Houphouët-Boigny », in *Encyclopédie Universalis.*

Ndikumana, L. et Boyce, J. 2018. Capital Flight from Africa: Updated Methodology and New Estimates, Amherst : Political Economy Research Institute, juin.

Ndikumana, L. et Boyce, J. 2019. Magnitudes and Mechanisms of Capital Flight from Angola, Côte d'Ivoire and South Africa, Amherst : Political Economy Research Institute, Working Paper 500.

Noble, K. 1994. French Devaluation of African Currency Brings Wide Unrest, *New York Times,* 23 février.

Novosseloff, A. 2018. The Many Lives of a Peacekeeping Missions: The UN Operation in Côte d'Ivoire, New York : International Peace Institute, juin. Disponible sur https://www.ipinst.org/wp-content/uploads/2018/06/1806_Many-Lives-of-a-Peacekeeping-Mission.pdf.

Ohemeng, W, Sjo, B. et Danquah, M. 2016. Market efficiency and price discovery in cocoa markets, *Journal of African Business* 17/2, 209–24.

Organisation mondiale du commerce. 2017. Trade Policy Review: Members of the West African Economic and Monetary Union (WAEMU). Annexe 3, Rapport du Secrétariat pour la Côte d'Ivoire. Disponible sur https://www.wto.org/english/tratop_e/tpr_e/tp462_e.htm. Consulté le 23 octobre 2020.

Péan, P. 1988. *L'argent noir*. Paris : Fayard.

Perez, M. 2010. Security business, *Jeune Afrique*, 5 avril.

Pigeaud, F. 2015. *France Côte d'Ivoire, une histoire tronquée*. La Roque d'Anthéron : Vents d'ailleurs.

RFI (Radio France International). 2020. Présidentielle ivoirienne : Alassane Ouattara revient sur sa décision et se porte candidat, 6 août. Disponible sur https://www.rfi.fr/fr/afrique/20200806-pr%C3%A9sidentielle-ivoirienne-alassane-Ouattara-revient-d%C3%A9cision-et-porte-candidat.

Richard, F. 2019. Côte-d'Ivoire : Laurent Gbagbo libéré, ses partisans galvanisés, *Libération*, 1er février. Disponible sur https://www.liberation.fr/planete/2019/02/01/cote-d-ivoire-laurent-gbagbo-libere-ses-partisans-galvanises_1706913.

Roche, M. 2001. Heurs et malheurs des négociants internationaux de matières premières, *Le Monde*, 8 février.

Rusman, A., Toorop, R., de Boer, J. et de Groot Ruiz, A. 2018. Cocoa Farmer Income: The household income of cocoa farmers in Côte d'Ivoire and strategies for improvement, True Price/Fairtrade Report. Disponible sur https://files.fairtrade.net/publications/2018_FairtradeCocoaFarmerIncomeCDI.pdf.

Schweisguth, M. 2015. Evaluating the Effects of Certification on Smallholders Net Incomes, with a Focus on Cocoa Farmer in Cooperatives in Côte d'Ivoire, International Agricultural Development.

SEO Amsterdam Economics. 2016. Market Concentration and Price Training in the Global Cocoa Value Chain, Rapport commandé par le ministère néerlandais des Affaires étrangères, 15 novembre.

Soudan, F. 2009. Où est passé le trésor d'Houphouët ?, *Jeune Afrique*, 21 janvier.

Tano, A. 2012. Crise cacaoyère et stratégies des producteurs de la sous-préfecture de Meadji au sud-ouest ivoirien. Thèse de doctorat, université Toulouse le Mirail – Toulouse II.

Traoré, Y. 2014. Problématique de la Gouvernance politique en Afrique : Sociogenèse et enjeux de la crise de l'État-nation en Côte d'Ivoire. Thèse de doctorat, université Paris 2.

UN News. 2020. Côte d'Ivoire: 'Tone down the hateful rhetoric', find peaceful solutions – UN rights chief. 9 novembre. Disponible sur https://news.un.org/en/story/2020/11/1077252.

Van de Klundert, M. 2016. VN rapport over megafraude grondstoffen blijft vragen oproepen, Follow the Money, disponible sur https://www.ftm.nl/artikelen/verontwaardigde-reacties-vn-rapport-grondstoffraude. Consulté le 20 décembre 2018.

Vergnaud, C. 2017. Journée mondiale du cacao et du chocolat : quand la spéculation appauvrit les petits producteurs, *Franceinfo* (Radio France), 1er octobre. Disponible sur https://www.francetvinfo.fr/economie/emploi/metiers/agriculture/journee-mondiale-du-cacao-et-du-chocolat-quand-la-speculation-appauvrit-les-petits-producteurs_2394980.html. Consulté le 2 juin 2019.

Verschave, F.X. 2000. *Noir Silence : Qui arrêtera la Françafrique ?* Paris : Les Arènes.

Wessel, M. et Quist-Wessel, P.M.F. 2015. Cocoa Production in West Africa: A review and analysis of recent developments. *NJAS – Wageningen Journal of Life Sciences*, 74, 1–7.

5.

FUITE DES CAPITAUX, CAPTURE DE L'ÉTAT ET INÉGALITÉS EN AFRIQUE DU SUD

Adam Aboobaker,
Karmen Naidoo & Léonce Ndikumana

Deuxième économie la plus grande et la plus industrialisée du continent africain, l'Afrique du Sud est un pays à revenu intermédiaire doté d'importantes ressources naturelles, d'un système financier développé, d'un réseau d'infrastructures modernes et d'un secteur des services dynamique – autant de qualités qui suscitent l'envie des autres pays du continent. L'Afrique du Sud a réussi une transition pacifique du régime oppressif de l'apartheid vers une démocratie pluraliste moderne, ce à quoi de nombreux autres pays africains aspirent encore. Le pays est cependant aussi confronté à d'énormes défis économiques, sociaux et institutionnels qui compromettent non seulement le bien-être de la majorité de la population, mais aussi la stabilité politique du pays. L'Afrique du Sud a la triste réputation d'être « le pays le plus inégalitaire au monde » (Pomerantz 2019).

La richesse et les revenus sont concentrés entre les mains de quelques-uns, la classe moyenne est peu nombreuse et financièrement précaire, et la majorité de la population vit en dessous ou près du seuil de pauvreté. Il s'agit là, entre autres, de l'héritage persistant des inégalités raciales institutionnalisées sous le régime de l'apartheid – des inégalités qui se sont avérées très résistantes face aux réformes économiques entreprises après 1994 sous les gouvernements de l'African National Congress (ANC). Une grande partie de la population continue de n'avoir pas accès à un enseignement de qualité, et l'enseignement supérieur reste élitiste et coûteux, hors de portée des jeunes issus de communautés défavorisées.

L'Afrique du Sud est confrontée à une hémorragie ininterrompue des richesses, qui prend la forme d'une fuite des capitaux et d'autres flux financiers illicites. Le phénomène s'est accéléré au cours des trois dernières décennies, marquées par une libéralisation agressive de l'économie nationale et son intégration tambour battant dans l'économie mondiale. La menace de la fuite des capitaux a toujours été source de préoccupation pour les décideurs sud-africains, en particulier sous le régime de l'apartheid, dans le contexte de l'embargo économique international et de l'instabilité politique accrue. À cette période, le contrôle strict des capitaux était considéré comme un moyen de maintenir les capitaux privés dans le pays. Au cours de la période qui a suivi l'apartheid, la classe politique s'est tournée vers la libéralisation dans le but d'attirer les flux de capitaux et d'encourager l'investissement intérieur. Les données présentées dans ce chapitre laissent penser, toutefois, que cette nouvelle politique a été inefficace, voire pire. Plutôt que de s'atténuer, la fuite des capitaux s'est au contraire accélérée à l'ère de la libéralisation politique et économique. Entretemps, les mesures spéciales visant à résoudre le problème, telles que les amnisties fiscales, n'ont pas porté les fruits escomptés.

La fuite des capitaux de l'Afrique du Sud est une préoccupation majeure sur le plan du développement, et ce pour plusieurs raisons. Premièrement, en réduisant l'épargne intérieure et en érodant l'assiette fiscale, la fuite des capitaux prive le pays des ressources nécessaires pour financer l'accumulation de capital permettant une croissance économique à long terme, y compris les investissements publics dans les infrastructures et les services nécessaires pour répondre aux besoins de développement. Deuxièmement, d'un point de vue politique, la fuite des capitaux s'apparente à un réquisitoire contre le cadre politique et réglementaire, en ce sens qu'elle démontre l'incapacité à encourager l'investissement intérieur et à freiner les flux de capitaux illicites. Troisièmement, la fuite des capitaux est un symptôme de la corrosion endémique des institutions, qui facilite l'enrichissement illicite, les transferts transfrontaliers illicites de devises et la dissimulation d'avoirs privés dans des paradis fiscaux *offshore*, hors de la vue des autorités nationales. À cet égard, la fuite des capitaux est étroitement liée au phénomène de « capture » de l'État (*state capture*) résultant de la collusion entre l'élite politique et les intérêts nationaux et étrangers du secteur privé.

Ce chapitre se penche sur les mécanismes, les acteurs, les facilitateurs et l'environnement institutionnel qui permettent la fuite des capitaux hors de l'Afrique du Sud et l'accumulation de richesses dans des paradis fiscaux qui en découle. Le chapitre considère la fuite des capitaux comme un problème institutionnel et de développement qui, s'il n'est pas résolu de manière appropriée, fait peser des risques sur les perspectives de croissance de l'Afrique du Sud ainsi que sur sa stabilité politique dans un avenir proche.

Le chapitre est structuré comme suit. La section suivante présente l'ampleur, les tendances et les canaux de fuite des capitaux depuis les années 1970, mesurés à l'aide de la méthodologie décrite en détail dans Ndikumana et Boyce (2019). Nous évoquons ensuite les flux de capitaux en fonction des régimes politiques sous l'apartheid, puis nous examinons les réformes post-apartheid, y compris les amnisties fiscales, et leurs conséquences sur la fuite des capitaux et la taxation des avoirs détenus dans les paradis fiscaux. Ensuite, nous nous intéressons au secteur minier, en examinant ce qui en a fait le théâtre de scandales financiers, de l'évasion fiscale des entreprises et de la fuite des capitaux due à la fausse facturation (*misinvoicing*) à l'exportation. Cela ouvre la voie à une discussion sur la capture de l'État. Nous passons ensuite en revue les conséquences de la fuite des capitaux pour le développement, en soulignant l'urgence du problème, et concluons par un résumé et des recommandations de politique générale.

FUITE DES CAPITAUX ET AVOIRS SECRETS DANS LES PARADIS FISCAUX

La fuite des capitaux est un sujet qui suscite à la fois un vif intérêt et une grande controverse en Afrique du Sud, car elle ponctionne les ressources nationales dans un pays coincé dans une dynamique de faible croissance et confronté à de considérables problèmes sociaux et économiques – notamment un taux de chômage élevé, une pauvreté multidimensionnelle et une profonde inégalité[1]. La fuite des capitaux est considérée comme l'une des causes de ces problèmes très visibles et comme un grave handicap pour les stratégies visant à y remédier.

Cependant, la littérature sur la fuite des capitaux fait l'objet d'une controverse importante, pour deux raisons principales. Premièrement, étant donné que la fuite des capitaux est difficile à mesurer avec précision, les estimations sont contestées par des fonctionnaires, des analystes indépendants et, bien sûr, par ceux qui ont quelque chose à cacher, y compris les personnes politiquement exposées. La deuxième raison est la tendance de la littérature et des médias à confondre la fuite des capitaux avec d'autres phénomènes étroitement liés mais distincts, tels que d'autres types de flux financiers illicites, le blanchiment d'argent, la corruption dite « à haut niveau » et les prix de transfert. Ndikumana et Boyce (2019) évoquent les différences entre ces phénomènes.

Les statistiques présentées dans cette section se réfèrent plus particulièrement à la fuite des capitaux, mesurée comme des flux transfrontaliers non enregistrés[2]. Les données montrent que la fuite des capitaux est devenue un problème majeur en Afrique du Sud, qui s'aggrave depuis la fin de l'apartheid, alors même que le gouvernement entamait un processus de libéralisation de son régime politique et d'intégration dans l'économie mondiale. La mesure de référence de la fuite des capitaux est le solde de la balance des paiements, qui constitue l'écart entre les sources enregistrées d'entrées de devises et les utilisations enregistrées des devises. Les sources des devises comprennent les recettes d'exportation (enregistrées dans le compte courant), les emprunts extérieurs et les entrées de capitaux privés (enregistrées dans le compte de capital). Les utilisations des devises concernent, par exemple, les paiements des importations (dans le compte courant) et les sorties de capitaux enregistrées, y compris l'amortissement de la dette (dans le compte de capital). En principe, les variations de l'encours de réserves officielles devraient correspondre à la différence entre les entrées et les sorties, ce qui donne le « solde » de la balance des paiements. En pratique, l'on obtient souvent une somme résiduelle, notamment lorsque les statistiques de la balance des paiements sur les emprunts extérieurs sont remplacées par des données plus complètes provenant d'autres sources officielles[3]. En Afrique du Sud, comme dans la plupart des pays en développement, cette somme résiduelle indique souvent que les entrées enregistrées dépassent les sorties enregistrées. Cet « argent évaporé », à savoir les écarts systématiques entre les sources et les utilisations des devises, permet de mesurer la fuite des capitaux.

Dans le cas de l'Afrique du Sud, la fuite des capitaux mesurée par ce biais a augmenté de façon spectaculaire depuis 1995, parallèlement à une augmentation rapide des entrées de devises, principalement grâce aux emprunts extérieurs et aux entrées de portefeuille (figure 5.1). La fuite des capitaux est passée de 14,9 milliards de dollars (en dollars de 2018) entre 1995 et 1999, à 77,9 milliards de dollars entre 2010 et 2014. Sur l'ensemble de la période 1995–2018, la fuite cumulée des capitaux hors d'Afrique du Sud, telle qu'indiquée par le seul solde résiduel, s'est élevée à 185,5 milliards de dollars.

Figure 5.1 : Fuite des capitaux hors d'Afrique du Sud : total sur 5 ans (milliards, en dollars constants de 2018)

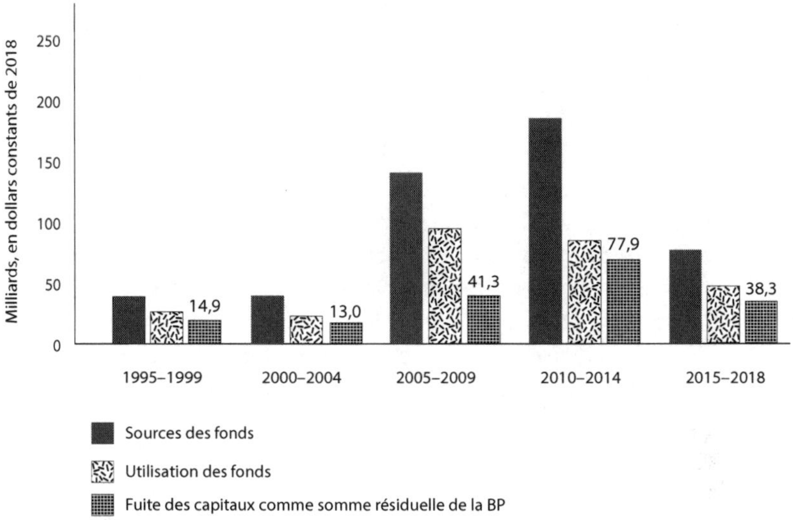

Source : Calculs des auteurs.

Fausse facturation commerciale

L'un des principaux canaux de la fuite des capitaux est la fausse facturation à l'importation et à l'exportation. L'ampleur de la fausse facturation commerciale peut être estimée en comparant les importations et les exportations enregistrées de l'Afrique du Sud aux données enregistrées par ses partenaires commerciaux (en ajustant les sommes pour tenir compte des coûts de transport et d'assurance)[4]. Faute de données appropriées pour les années précédentes, les estimations présentées ici ne couvrent que la période débutant en 1998, date à partir de laquelle les importations et les exportations sud-africaines sont enregistrées dans la base de données électronique des Statistiques sur la direction des échanges du FMI.

Au cours de la période 1998–2018, le montant total net des fausses factures s'est élevé à 135,5 milliards de dollars. Ce chiffre est la différence entre une sous-facturation nette des importations de 51,7 milliards de dollars (ce qui a entraîné l'utilisation de devises pour payer les importations non comptabilisées) et une sous-facturation nette des exportations de 185,2 milliards de dollars (ce qui a entraîné des entrées de devises non comptabilisées). Si l'on ajoute ce chiffre aux sommes résiduelles non ajustées de la balance des paiements, on obtient une fuite totale des capitaux de 329,5 milliards de dollars au cours de la période 1998–2018.

Ces données sur le total de la fausse facturation sont étayées par la fausse facturation pour des produits et itinéraires commerciaux bilatéraux spécifiques. L'analyse des principaux produits d'exportation sud-africains présentée dans Ndikumana et Boyce (2019) montre généralement une sous-facturation substantielle des exportations de matières premières (voir également le chapitre 2 de ce volume)[5]. Les métaux précieux notamment semblent particulièrement susceptibles de faire l'objet d'une fausse facturation à l'exportation. Dans le cas de l'argent, les résultats montrent des écarts de données très importants dans le commerce avec l'Inde, avec une sous-facturation à l'exportation s'élevant à 82 millions de dollars sur la période 2000–2018. Pour le commerce de platine, les exportations vers la Chine ont été sous-facturées à hauteur de 21,5 milliards de dollars, sur un total de 24,2 milliards de dollars d'importations en provenance d'Afrique du Sud.

Pour le commerce de l'or, l'analyse se concentre sur la catégorie de l'or non monétaire, qui est rapportée dans Comtrade, la base de données sur le commerce des Nations unies. L'or non monétaire est l'or qui n'est pas détenu en tant qu'avoir de réserve (dit « or monétaire ») par les autorités nationales (banques centrales). La comparaison révèle d'importants écarts entre la valeur des exportations d'or déclarée par l'Afrique du Sud et la valeur des importations d'or déclarée par ses partenaires commerciaux.

Par exemple, alors que l'Inde a enregistré 49 milliards de dollars d'importations d'or en provenance d'Afrique du Sud au cours de la période 2000–2018, les données sud-africaines ne montrent que 200 millions de dollars d'exportations d'or vers l'Inde (Tableau 5.1). Le Royaume-Uni, quant à lui, a déclaré avoir importé d'Afrique du Sud des quantités d'or pour un montant total de 32,5 milliards de dollars, alors que cette dernière n'a enregistré que 300 millions de dollars d'exportations d'or vers le Royaume-Uni. Enfin, les registres commerciaux de la Chine font état d'importations d'or sud-africain pour une valeur de 38,4 milliards de dollars, tandis que les données de l'Afrique du Sud ne montrent pratiquement aucune exportation d'or vers la Chine.

On ne sait pas exactement à quoi sont dues ces importantes différences dans les statistiques du commerce de l'or, étant donné que les partenaires commerciaux devraient, en principe, utiliser les mêmes codes de classification pour déclarer les importations et les exportations.

Tableau 5.1 : Exportations d'or non monétaire en Afrique du Sud, 2000–2018 (milliards, dollars constants de 2018)

Partenaire	Exportations de l'AS	Importations des partenaires	Part dans les exportations de l'AS (%)	Part dans les importations mondiales (%)
Chine	0,0	38,4	0,0	18,1
Hong Kong	2,7	30,7	4,5	14,5
Inde	0,2	49,0	0,4	23,1
Italie	0,03	18,1	0,1	8,5
Suisse	0,4	8,1	0,7	3,8
Thaïlande	0,0	5,9	0,0	2,8
Turquie	0,05	12,0	0,1	5,7
Émirats Arabes Unis	0,1	5,8	0,1	2,7
Royaume-Uni	0,3	32,5	0,5	15,3
Total grands partenaires	3,7	200,6	6,2	94,5
Reste du monde*	56,4	11,7	93,8	5,5
Monde (tous les partenaires)	**60,1**	**212,3**	**100,0**	**100,0**

Source : Calculs des auteurs à partir des données de Comtrade.

* Le reste du monde comprend des partenaires non importants et d'autres domaines « non précisés ailleurs (n.p.a.) » dans les statistiques d'exportation de l'Afrique du Sud. Contrairement au tableau 2.5 (chapitre 2), dans le présent tableau, le total des exportations et des importations couvre toutes les années, y compris celles où les données pour l'Afrique du Sud ou ses partenaires sont manquantes.

Il est possible que le commerce de transit prête à confusion : dans cette configuration, l'or comptabilisé comme importé d'Afrique du Sud du côté du partenaire transite en réalité par un autre pays, qui a été déclaré par l'Afrique du Sud en tant que destination finale. Une autre possibilité est qu'une partie de l'or importé d'Afrique du Sud ne soit en réalité pas de l'or sud-africain, mais plutôt produit dans un autre pays et vendu à l'Afrique du Sud. Ainsi, lorsque le négociant sud-africain revend l'or, cet or n'est pas enregistré comme des exportations sud-africaines, tandis que les partenaires commerciaux l'enregistrent comme des importations en provenance d'Afrique du Sud.

Ces explications sont incompatibles avec les conventions internationales régissant l'établissement et les déclarations des quantités échangées. Premièrement, si l'or sud-africain est vendu, par exemple, à un acheteur indien mais qu'il transite dans un autre pays, l'Inde est censée être la destination déclarée de cet or dans les registres de l'Afrique du Sud. Deuxièmement, l'or qui transite par l'Afrique du Sud ne devrait pas être enregistré en tant qu'or sud-africain par les importateurs et devrait être comptabilisé dans les données sud-africaines en tant que « marchandises en transit ». Par conséquent, si les entreprises commerciales et les services statistiques gouvernementaux de l'acheteur et du vendeur respectaient les conventions de déclaration de l'ONU, leurs chiffres devraient correspondre.

Les statistiques commerciales de l'Afrique du Sud présentent un autre casse-tête : la majorité des exportations d'or enregistrées sont déclarées comme ayant des destinations non précisées (étiquetées comme « autres zones non précisées ailleurs »). Au cours de la période 2000–2018, les exportations vers ces zones inconnues ont représenté 55,6 milliards de dollars sur les 60,1 milliards de dollars déclarés par l'Afrique du Sud. Le montant comptabilisé ainsi est toutefois loin d'être suffisant pour expliquer l'ampleur des écarts entre les exportations enregistrées par l'Afrique du Sud et les importations d'or enregistrées par ses partenaires commerciaux.

Autre problème des données sud-africaines : à partir de 2011, le ministère du Commerce et de l'Industrie (Department of Trade and Industry, DTI) a fusionné ses déclarations sur l'or non monétaire et l'or monétaire. Toutefois, cette pratique n'explique pas les écarts où les chiffres de l'Afrique du Sud sont inférieurs. Au contraire, la fusion des deux catégories devrait avoir l'effet inverse : Si l'Afrique du Sud fusionne les deux, alors que ses partenaires commerciaux continuent de les déclarer séparément, le total des exportations d'or de l'Afrique du Sud devraient être supérieur, et non inférieur, aux importations d'or non monétaire enregistrées par ses partenaires.

Nous avons soumis des demandes aux agences gouvernementales sud-africaines pour obtenir des éclaircissements sur les écarts dans les statistiques du commerce de l'or. Au moment où nous rédigeons ces lignes, elles sont restées lettre morte.

Dette extérieure et fuite des capitaux

La période de l'après-apartheid a connu à la fois une explosion de la fuite des capitaux et une envolée de la dette extérieure. En 1994, l'encours de la dette extérieure de l'Afrique du Sud s'élevait à 21,7 milliards de dollars, soit 15,8 % du revenu national brut (base de données internationale de la Banque mondiale de Statistiques de la dette). La dette extérieure est passée à 42,3 milliards de dollars en 2005 (16,7 % du RNB), puis la hausse s'est accélérée jusqu'à atteindre 108,3 milliards de dollars en 2010 (29,5 % du RNB) et 173 milliards de dollars en 2018 (48,5 % du RNB). Cette hausse est due à la dette publique et à la dette privée non garantie (voir le tableau 5.2).

L'envolée des emprunts extérieurs s'est traduite, avec un certain décalage, par une augmentation du service de la dette. Le ratio entre le service de la dette et les exportations est passé de 6,6 % en 2005 à 24,7 % en 2018. Le service de la dette à lui tout seul a atteint la proportion de 6 % des recettes d'exportation du pays[6]. En 2018, le pays a enregistré le plus important transfert net négatif sur la dette extérieure de son histoire, les paiements au titre du service de la dette ayant dépassé les nouveaux emprunts de 7,4 milliards de dollars.

Ces chiffres soulèvent de sérieuses craintes quant à la viabilité des emprunts extérieurs pour financer la croissance en Afrique du Sud. Pour réduire sa dépendance à l'égard des emprunts extérieurs et minimiser les retombées négatives sur l'économie, le gouvernement sud-africain devra accroître sa capacité de mobilisation des ressources intérieures. Cela contribuerait par ailleurs à préserver la marge de manœuvre stratégique et la responsabilisation du gouvernement. Cependant, pour ce faire, le pays doit d'abord résoudre la question de la fuite des capitaux.

Tableau 5.2 : Indicateurs du poids de la dette extérieure en Afrique du Sud, 1994–2018

	1994	2005	2010	2018
Encours de la dette extérieure (en milliards de dollars)	21,7	42,3	108,3	173,0
dont :				
Administrations publiques (en milliards de dollars)	7,8	9,9	32,6	63,7
Privée non garantie (en milliards de dollars)	5,2	9,4	47,6	62,1
Dette publique et garantie par l'État (en milliards de dollars)	7,8	18,3	36,2	71,6
Dette à court terme (en milliards de dollars)	7,7	14,3	21,7	36,8
Utilisation du crédit accordé par le FMI (en milliards de dollars)	0,9	0,3	2,7	2,5
Encours de la dette extérieure (% du RNB)	15,8	16,7	29,5	48,5
Service total de la dette (% des exportations)	9,4	6,6	5,6	24,7
Paiements d'intérêts sur la dette extérieure (% des exportations)	2,9	2,7	2,5	6,0

Source : Banque mondiale, Statistiques de la dette internationale.

Accumulation de richesses dans des paradis fiscaux

Si la fuite des capitaux plombe l'économie de l'Afrique du Sud, elle constitue un avantage pour les propriétaires des actifs liés et pour leurs facilitateurs. Une partie des fonds transférés illégalement à l'étranger sert aux dépenses de consommation de leurs propriétaires. Mais étant donné qu'une grande partie de la fuite des capitaux est le fait des élites économiques et politiques, une part substantielle des fonds est susceptible d'être épargnée et investie dans des instruments financiers et immobiliers *offshore*. Ces actifs croissent au fil du temps grâce aux revenus de placement et aux plus-values. L'accumulation de richesse qui en découle est difficile à estimer, étant donné que différents actifs ont des taux de rendement différents et que la composition des portefeuilles est inconnue. Selon une méthode construite sur des hypothèses raisonnables concernant la part économisée et les taux de rendement, James Henry (2016) a estimé l'encours de richesses *offshore* détenues par les Sud-Africains à environ 146 milliards de dollars en 2010.[7]

Ndikumana et Boyce (2019) estiment le coût d'opportunité de la fuite cumulative des capitaux en calculant son encours, en supposant que tout l'argent a été économisé et a produit un rendement modeste égal à celui du bon du Trésor américain à 3 mois. Suivant cette approche, l'encours de fuite des capitaux hors d'Afrique du Sud s'élevait à 303 milliards de dollars à la fin de 2018. À titre de comparaison, cette année-là, l'encours total de la dette extérieure de l'Afrique du Sud s'élevait à 173 milliards de dollars. L'on peut donc affirmer que l'Afrique du Sud était un « créancier net » du reste du monde.

L'encours cumulé de capitaux évaporés ainsi mesuré représente 34 % des avoirs privés totaux détenus par les résidents sud-africains à l'intérieur du pays et à l'étranger, estimés à 875 milliards de dollars pour l'année 2017 par l'Institut de recherche Credit Suisse (Credit Suisse 2019). Il se fait que ce pourcentage se rapproche des différentes estimations de la part de richesse privée détenue à l'étranger par les Africains en général : Zucman (2013a: 53) la situe à 30 %, tandis que Collier *et al.* (2001) l'ont estimée précédemment à 40 %. Ces trois études indiquent que le ratio capitaux évaporés/avoirs privés pour l'Afrique est le plus élevé de toutes les régions du monde. En d'autres termes, les détenteurs de patrimoines africains affichent un *biais domestique négatif* par rapport à leurs homologues des autres régions du monde, car ils ont tendance à préférer les actifs étrangers aux actifs nationaux.

Les estimations d'avoirs *offshore* accumulés grâce à la fuite des capitaux sont conformes aux réserves de richesse privée en Afrique du Sud et leur distribution asymétrique en faveur des riches et des ultra-riches. L'Afrique du Sud possède la plus grande richesse privée de tous les pays africains, selon AfrAsia Bank (2019), avec 649 milliards de dollars d'avoirs privés en 2018, qui représentaient près de 30 % du total du continent (tableau 5.3).

Tableau 5.3 : Patrimoines privés et nombre d'individus fortunés, 2018

Pays	Encours des avoirs privés (2018)		Croissance des avoirs privés (2008–2018)	Nombre de HNWI*	Nombre de milliardaires
	Total (en milliards de $)	Par habitant ($)			
Afrique du Sud	649	11 450	13%	39 200	5
Égypte	303	3 100	-10%	16 700	6
Nigeria	225	1 170	-4%	9 900	4
Maroc	114	3 170	5%	4 600	3
Kenya	93	1 870	64%	8 600	–
Angola	69	2 310	25%	3 100	1
Côte d'Ivoire	43	1 780	37%	2 500	0
Total Afrique**	**2 200**	**6 571**		**140 000**	**23**
Part de l'Afrique du Sud	**29,5%**			**28,0%**	**21,7%**

Source : AfrAsia Bank, *Africa Wealth Report* 2019.
Disponible en ligne à l'adresse suivante : https://www.afrasiabank.com/en/about/newsroom/africa-arby-report-2019.
*Remarque : HNWI = Personnes fortunées (possédant des actifs liquides de 1 million de dollars ou plus).
**Remarque : Sur les 2,2 billions de dollars d'avoirs privés, 920 milliards de dollars sont détenus par des HNWI.

Credit Suisse (2019) a estimé les réserves de richesse privée en Afrique du Sud à 787 milliards de dollars en 2018, ce qui équivaut à environ 20 % de son estimation pour le total africain. Les données du *Africa Wealth Report* (AfrAsia Bank 2019) montrent que les patrimoines privés ont augmenté plus rapidement que le revenu national en Afrique du Sud : en termes de revenu par habitant au cours de la période 2000–2019, ils ont augmenté de 169 % contre 109 % pour le PIB. Cet accroissement plus rapide de la richesse privée est à la fois une cause et un effet des inégalités économiques croissantes dans le pays.

CONTRÔLES DES CHANGES ET FUITE DES CAPITAUX

Les années 1960–1970 : La consolidation des contrôles des changes

La fuite des capitaux a préoccupé depuis longtemps les décideurs sud-africains. Le problème était particulièrement pressant à l'époque de l'apartheid, où le contexte d'instabilité politique faisait craindre que les élites déplacent leurs avoirs à l'étranger. Les sanctions internationales imposées au régime de l'apartheid ont créé des blocages juridiques ainsi que des mesures financières décourageant les entrées de capitaux étrangers. Par conséquent, le gouvernement sud-africain devait utiliser les politiques à sa disposition pour « piéger » les capitaux des résidents à l'intérieur du pays. Le contrôle des changes et la réglementation des flux de capitaux sont devenus des outils importants de la politique macroéconomique et financière des pouvoirs publics.

L'utilisation du contrôle des changes en Afrique du Sud remonte au moins à 1939, lorsque le pays était membre de la zone sterling britannique[8]. À l'époque, le Royaume-Uni avait demandé aux pays membres d'imposer des restrictions aux flux de capitaux en dehors de la zone sterling, tout en facilitant la libre circulation des capitaux en provenance du Royaume-Uni à l'intérieur de la zone (Stals 1998). En Afrique du Sud, les contrôles des changes ont été renforcés en 1961, en raison d'importantes sorties de capitaux provoquées par les troubles politiques qui ont suivi le massacre de Sharpeville du 21 mars 1960, et le retrait du pays du Commonwealth britannique.

La Loi de 1961 sur le contrôle des changes exigeait une autorisation explicite du Trésor pour « prendre ou envoyer hors de la République des billets de banque, de l'or, des titres ou des devises, ou transférer des titres de la République ailleurs » (South African National Treasury 1961). Elle interdisait de rapatrier le produit de la vente de titres sud-africains et des bénéfices tirés d'investissements effectués dans le pays par des non-résidents. Elle exigeait en outre que toute vente de devises étrangères ou de tout actif étranger par des résidents soit déclarée au Trésor dans un délai de trente jours.

Par la suite, les contrôles des changes ont été étendus progressivement, en réponse à la détérioration de la situation politique intérieure et aux pressions politiques et économiques extérieures, dont les sanctions commerciales et en matière d'investissement contre le régime d'apartheid. Le taux de change était géré par le biais d'un système de taux de change parallèle connu sous le nom de « rand bloqué » (*'blocked rand'*), qui a évolué en « rand des titres financiers » (*'securities rand'*), puis en « rand financier » (*'financial rand'*). Les non-résidents détenaient des comptes en rands bloqués dans des banques commerciales et pouvaient les utiliser pour déposer le produit de la vente de titres d'État sud-africains, acheter des actions à la Bourse de Johannesburg (JSE) et acheter des obligations municipales, d'État et de services publics. Le produit de ces transactions ne pouvait être rapatrié qu'après avoir été détenu pendant cinq ans (Farrell et Todani 2004).

En 1976, le « rand des titres financiers » a été introduit dans le cadre d'initiatives visant à attirer les investissements étrangers et à inciter davantage aux transactions sur la JSE. Cet instrument permettait des transferts entre non-résidents ainsi que des opérations de change par l'intermédiaire de courtiers sur la JSE. Trois ans plus tard, le « rand financier » a remplacé le rand des titres financiers, sur la recommandation du rapport intermédiaire de la Commission De Kock. De l'avis de la Commission, le pays devait entamer un processus progressif d'assouplissement des contrôles des changes et passer à un régime de taux de change déterminé par le marché. Cette transition était censée atténuer les distorsions du marché, accroître le rendement net des investissements et, en fin de compte, attirer des investissements étrangers plus importants à court et à long terme dans le pays, tout en freinant la fuite des capitaux.

Les années 1980 : La crise – tout s'écroule

Les premiers pas vers une libéralisation se sont poursuivis tout au long des années 1980, mais les réformes économiques au cours de cette décennie ont été éclipsées par des difficultés politiques et économiques qui ont plongé l'économie dans une crise plus profonde. En 1983, le gouvernement a aboli le double taux de change et a commencé à éliminer progressivement tous les contrôles des changes sur les non-résidents. Toutefois, l'efficacité de ces réformes a été compromise par les effets des troubles politiques. Les marchés des changes et les flux de capitaux sont devenus hautement volatils. Le surendettement du pays a aggravé la situation, précipité par le refus des banques américaines de reconduire la dette à court terme du pays. Le gouvernement sud-africain n'a pas eu d'autre choix que d'imposer des restrictions au remboursement de la dette extérieure, étant à court de devises fortes. Cette décision a accru encore la pression pesant sur le rand, provoquant une dépréciation substantielle de la monnaie.

En 1989, la libéralisation a repris de l'élan, avec la nomination de Chris Stals au poste de gouverneur de la Banque de réserve d'Afrique du Sud (South African Reserve Bank, SARB). Le taux de change est devenu un point d'ancrage de la politique monétaire, et cette dernière allait devenir l'instrument central des réformes de libéralisation des années 1990 à aujourd'hui.

Tirer les leçons des années 1960–1980

Les contrôles des changes des années 1960–1980 ont-ils fonctionné ? Plus important encore, ont-ils arrêté ou réduit la fuite des capitaux ? L'efficacité des contrôles des changes a été compromise par les problèmes structurels, économiques et politiques, qui avaient initialement provoqué leur mise en place. Les contrôles des changes se sont révélés incapables d'atténuer les effets de la profonde instabilité politique qui a englouti le pays ainsi que les conséquences dévastatrices de l'embargo économique international contre le régime d'apartheid.

En outre, il se pourrait que non seulement les contrôles des changes ne parviennent pas à freiner la fuite des capitaux, mais qu'ils l'exacerbent. Plus précisément, des contrôles de capitaux mal mis en œuvre peuvent favoriser la fuite des capitaux, notamment par le biais de la fausse facturation commerciale. Lorsque les entreprises exposées aux échanges trouvent difficile ou coûteux d'accéder aux devises, elles peuvent tenter de contourner les contrôles en sous-facturant les exportations (pour conserver leurs devises à l'étranger et éviter d'avoir à les restituer à la Banque centrale au taux officiel) et en surfacturant les importations (pour obtenir des devises de la Banque centrale au taux officiel). Plusieurs études ont établi un lien entre le contrôle des changes et la fuite des capitaux par le biais de fausses factures commerciales en Afrique du Sud dans les années 1970 et 1980. Les montants ont été estimés à 12,4 milliards de dollars par Smit et Mocke (1991), à 20 milliards de dollars par Kahn (1991) et jusqu'à 55 milliards de dollars par Rustomjee (1991)[9].

Un examen des déficits de financement ayant freiné le potentiel de croissance du pays achève de mettre en lumière les échecs des contrôles des changes. Le pays était alors confronté à des déficits structurels d'épargne-investissement et à des déficits budgétaires qui compromettaient l'accumulation de capital et la croissance à long terme. Ces déficits se sont creusés dans les années 1970 dans le contexte des chocs mondiaux (prix du pétrole) et des bouleversements politiques, notamment à la suite du massacre des jeunes de Soweto. Les effets négatifs de l'instabilité politique et macroéconomique sur l'investissement et l'épargne dans les années 1980 ont entraîné une tendance constante à la baisse de l'épargne intérieure et de l'accumulation de capital, qui se poursuit encore aujourd'hui (figure 5.2). C'est notamment à cause de cette tendance que l'Afrique du Sud n'a pas pu maintenir des taux de croissance élevés dans la période de l'après-apartheid. Si une reprise de l'investissement et de l'épargne a soutenu l'accélération de la croissance entre 2000 et 2007, l'épargne et l'investissement ont ensuite décliné, ce qui a coïncidé avec le ralentissement de la croissance. Cette croissance atone s'est traduite par un recul du revenu par habitant ces dernières années[10].

Figure 5.2 : Diminution constante de l'épargne et de l'investissement intérieurs, 1960–2018 (% du PIB)

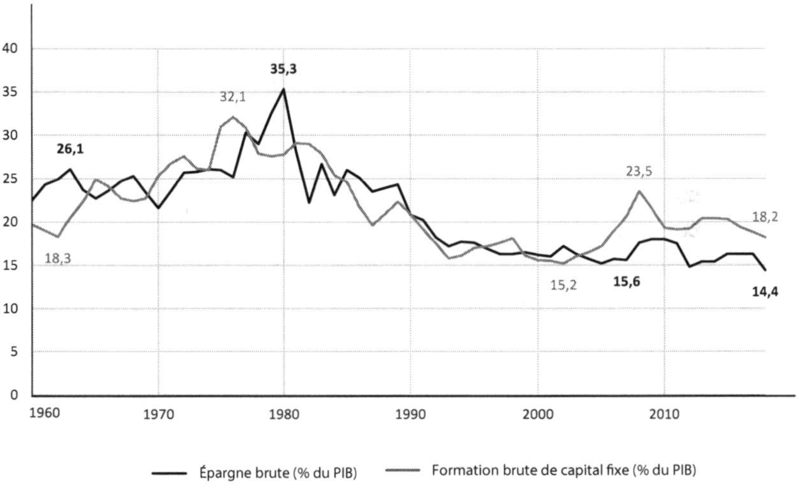

Source : Base de données de SARB.

Toute stratégie visant à stimuler la croissance devrait s'attacher à favoriser l'accumulation de capitaux et l'épargne intérieure, et la lutte contre la fuite des capitaux doit faire partie de cette stratégie.

Le régime de contrôle des changes n'a manifestement pas réussi à dynamiser l'investissement et l'épargne intérieurs. Mais les contrôles des changes ont-ils eu une incidence sur les flux de capitaux étrangers ? Au cours des années 1970, l'Afrique du Sud a réussi à attirer des capitaux étrangers en quantité modeste, principalement sous la forme d'investissements étrangers directs (IED). Mais dans les années 1980, le pays a majoritairement connu des sorties nettes de capitaux. En termes cumulés, au cours de la décennie 1970–1979, le pays a attiré un total d'IDE de 5,1 milliards de dollars (aux prix de 2018) et a connu des sorties de capitaux de 2,6 milliards de dollars, enregistrant ainsi des entrées nettes d'IDE de 2,5 milliards de dollars. En revanche, au cours des années 1980, le pays a observé des sorties nettes cumulées de 4,7 milliards de dollars – un demi-milliard de dollars seulement sont entrés dans le pays, contre 5,1 milliards de dollars qui en sont sortis[11].

En résumé, les contrôles des changes et des capitaux exercés par les gouvernements successifs à l'époque de l'apartheid ne sont pas parvenus à endiguer les sorties de capitaux et à encourager l'investissement intérieur. Les mesures ont été mises en œuvre à un moment où le pays était confronté à de graves problèmes structurels et politiques, sur le plan national et international, que ces politiques n'ont pas pu – et ne pouvaient pas – résoudre. L'instabilité politique provoquée par la résistance intérieure et l'isolement du régime d'apartheid sur la scène internationale ont engendré une forte incertitude qui a découragé l'investissement et déstabilisé les marchés. Les mesures ont échoué parce qu'elles se contentaient de remédier aux symptômes tout en ignorant la maladie sous-jacente.

LIBÉRALISATION ET FUITE DES CAPITAUX APRÈS LA FIN DE L'APARTHEID

Une libéralisation progressive

La transition démocratique en 1994 a suscité de grands espoirs de « fruits de la libération » dans les domaines de l'emploi, de l'accès à l'éducation et d'autres services sociaux, et en termes d'élévation du niveau de vie en général, pour les populations historiquement défavorisées que sont les femmes et les personnes de couleur. Le principal défi que devait relever le gouvernement de l'ANC était de mobiliser des ressources suffisantes pour répondre à ces attentes en finançant son ambitieux programme de croissance et de redistribution. Le gouvernement de l'après-apartheid a hérité d'une culture de profonde méfiance du public à l'égard de l'État, laquelle a sapé le consentement à l'impôt des citoyens et des entreprises. Dans le même temps, l'incertitude de l'environnement post-libération incitait à faire sortir des capitaux du pays par voie de contrebande. Pour relever ces défis, un certain nombre de réformes économiques et fiscales ont été mises en œuvre.

Le gouvernement de l'après-apartheid s'est lancé dans une série de plans de soutien à l'économie de marché, à commencer par le programme Croissance, emploi et redistribution (Growth, Employment, and Redistribution, GEAR) de 1996, qui a, entre autres, libéralisé les contrôles financiers, réduit les droits de douane et privatisé les entreprises d'État « non essentielles »[12]. Ensuite est venue l'Initiative de croissance accélérée et partagée pour l'Afrique du Sud (Accelerated and Shared Growth Initiative for South Africa, ASGISA) sous la présidence de Thabo Mbeki en 2005, qui a cédé la place à la Nouvelle voie de croissance (New Growth Path, NGP) sous la présidence de Jacob Zuma en 2010 et le Plan national de développement (National Development Plan, NDP) en 2013[13]. Parallèlement à ces plans de développement, le gouvernement a lancé des mesures spécifiques incitant au rapatriement des avoir privés détenus à l'étranger, sous forme d'amnisties fiscales sur les fuites de capitaux. On s'attendait à ce que ces réformes renforcent la confiance dans l'économie et placent le pays sur la voie de la prospérité économique.

La stratégie de libéralisation a été dictée par trois facteurs principaux dans l'économie nationale et le contexte mondial. Premièrement, l'école de pensée économique dominante dans les années 1990 était d'avis que les contrôles des changes, comme toute autre intervention gouvernementale dans l'économie, étaient contre-productifs en ce sens qu'ils créaient des distorsions et entravaient le bon fonctionnement des mécanismes de prix. Les décideurs sud-africains accueillaient favorablement ce point de vue, ce qui a contribué à soutenir le mouvement de libéralisation jusqu'à ce jour.

Deuxièmement, pendant la décennie des années 1990, les institutions de Bretton Woods (IBW) ont mené de concert une campagne en faveur d'une libéralisation complète du marché. Compte tenu de sa dette extérieure relativement faible au début de la décennie, l'Afrique du Sud était moins vulnérable que de nombreux autres pays en développement à cette pression des IBW. Toutefois, en vue d'établir des relations avec les institutions internationales, les milieux de la politique intérieure étaient très favorables à la libéralisation.

Le troisième facteur a été la levée des sanctions économiques et politiques contre le pays à la suite de la chute du régime d'apartheid, qui a réorienté la politique économique vers une intégration de l'Afrique du Sud dans l'économie mondiale. On s'attendait à ce que l'environnement intérieur de l'Afrique du Sud devienne de plus en plus attrayant pour les investisseurs tant nationaux qu'étrangers, une fois que les détenteurs de richesses auraient surmonté leurs craintes d'une éventuelle instabilité et du risque que leur capital soit « piégé au pays » ou nationalisé par un régime dirigé par la majorité noire, auparavant privée de ses droits civiques.

Ce raisonnement était toutefois douteux, compte tenu de l'intérêt considérable que les grandes entreprises sud-africaines portaient à l'internationalisation. Selon Ashman et al. (2011: 13), depuis 1994,

« les grandes entreprises sud-africaines ont principalement cultivé une stratégie de mondialisation des entreprises sous la forme d'une internationalisation et d'une financiarisation croissantes de leurs activités ». Par exemple, Gencor a séparé de son activité ses actifs miniers de métaux non précieux et créé Billiton, qui a ensuite fusionné avec la société minière australienne BHP (Chabane et al. 2003: 12). Le géant minier Anglo-American a concentré ses participations dans l'or dans la firme AngloGold, vendu South African Breweries, s'est débarrassé de sa participation dans First Rand, et a racheté avec Billiton les parts des actionnaires minoritaires dans sa société de production de chrome, Samancor[14]. L'assouplissement du régime de contrôle des mouvements de capitaux a facilité le processus d'internationalisation. L'autorisation de la double cotation des grandes entreprises sud-africaines à la JSE et à la London Stock Exchange (LSE), par exemple, a permis d'importantes sorties de capitaux légales, objet de restrictions sous le régime précédent. Il n'est pas surprenant que la libéralisation des contrôles des changes ait bénéficié de l'appui d'entreprises désireuses d'internationaliser leurs stratégies commerciales.

Les arguments avancés contre la libéralisation des contrôles des changes ont souligné leur rôle dans la protection de l'économie contre l'instabilité financière, y compris l'instabilité due à des facteurs externes[15]. La crise économique asiatique de 1998 a renforcé le soutien à une position plus prudente en matière de libéralisation. Les partisans de cette dernière craignaient une explosion de la demande, jusqu'ici contenue, de sorties de capitaux à la suite de la longue période de contrôles stricts des changes.

Toutefois, le débat ne portait pas sur la libéralisation elle-même, mais sur le rythme à adopter pour la mettre en œuvre. L'approche « gradualiste », souhaitant un démantèlement progressif des contrôles des changes – et appuyée par la SARB –, l'a finalement emportée sur les tenants d'une approche plus radicale pour une levée immédiate des contrôles des changes. En 1993, plusieurs assouplissements du régime de contrôle des changes ont été introduits, notamment la suppression des contrôles de change sur les opérations en capital. En mars 1995, le système de taux de change à deux niveaux (« rand financier ») a pris fin. Cela signifiait que les non-résidents étaient autorisés à faire entrer des capitaux en Afrique du Sud à toutes fins et à rapatrier le principal et les plus-values sans restriction. Les sociétés résidentes étaient également autorisées – dans certaines limites – à investir et à mobiliser des capitaux à l'étranger. En juin 1995, de nouvelles réformes ont été introduites pour permettre aux investisseurs institutionnels résidents de diversifier certains de leurs actifs en investissant en devises. En juin 1997, les particuliers ont été autorisés à effectuer des investissements à l'étranger dans la limite de certains plafonds.

En conséquence, au milieu de 1998, le gouverneur de la Banque de réserve a déclaré, confiant, que « l'Afrique du Sud a atteint un stade où il n'y a plus de contrôles des changes sur les transactions courantes et sur les mouvements de fonds des non-résidents... Au total, l'Afrique du Sud a maintenant supprimé plus de soixante-dix pour cent de tous les contrôles des changes du passé » (Stals 1998: 3). Aujourd'hui, le régime de politique économique de l'Afrique du Sud est considéré comme relativement ouvert et libéralisé, non seulement d'un point de vue historique, mais aussi par rapport à de nombreux autres pays[16].

Amnisties fiscales

Pour régler les questions de conformité fiscale, le gouvernement a mis sur pied la Commission d'enquête sur certains aspects de la structure fiscale de l'Afrique du Sud, connue sous le nom de Commission Katz, en hommage à son président, le professeur Michael Katz (voir Steenkamp 1996). La Commission Katz a notamment recommandé de recourir à l'amnistie fiscale pour accroître les recettes et renforcer la conformité fiscale.

La première amnistie fiscale a été accordée en 1995 dans le but de donner aux contribuables défaillants une occasion ponctuelle et limitée dans le temps de se repentir et de payer volontairement les impôts non réglés, en échange de l'exonération de sanctions financières et de poursuites pénales. En plus de stimuler les recettes fiscales en encourageant la conformité fiscale, l'amnistie était censée réduire les incitations à la fuite des capitaux, dans la mesure où elle est motivée en partie par la crainte de sanctions en cas d'évasion fiscale.

La deuxième amnistie fiscale a été introduite sous la forme du projet de Loi sur l'amnistie pour le contrôle des changes et la modification des lois fiscales, adopté en 2003 (South African National Treasury 2003). La principale innovation de l'amnistie fiscale de 2003 était qu'elle couvrait les avoirs détenus à l'étranger, permettant aux repentis éligibles de payer un « prélèvement d'amnistie » de 5 % de la juste valeur de marché (évaluée en février 2003) des actifs étrangers divulgués et rapatriés en Afrique du Sud, et de 10 % de la valeur marchande des actifs divulgués mais conservés à l'étranger.

Du point de vue du gouvernement, l'amnistie fiscale de 2003 était motivée par quatre principaux facteurs. Premièrement, selon le gouvernement, l'Afrique du Sud offrait des opportunités de rendement plus élevé qu'un investissement à l'étranger, compte tenu de ses taux d'intérêt relativement élevés et de la forte croissance de son PIB.

Deuxièmement, le renforcement de la coopération internationale en matière fiscale accroissait la probabilité de détection de la fraude fiscale, ce qui encourageait les évadés fiscaux à tirer parti de l'amnistie. Troisièmement, le renforcement de la coopération internationale en matière de surveillance des flux de capitaux, parallèlement aux conventions fiscales bilatérales, devait contribuer à freiner les sorties de capitaux illicites et, partant, à encourager davantage la demande d'avoirs sud-africains (South African National Treasury 2003b). Enfin, les objectifs de réforme économique du gouvernement comprenaient également de nouvelles lois et institutions complémentaires pour lutter contre l'évasion fiscale et les flux financiers illicites, comme la Loi sur le renseignement financier. Pour ces raisons, on espérait qu'à l'avenir, le nouvel environnement de politique économique rendrait plus difficile l'évasion fiscale et moins attrayante la sortie de capitaux du pays en contrebande et leur dissimulation à l'étranger.

En 2006, le gouvernement a introduit l'amnistie fiscale pour les petites entreprises (South African National Treasury 2006), initialement pour résoudre les problèmes de l'industrie des taxis ; elle a ensuite été étendue à toutes les petites entreprises dont les revenus annuels ne dépassent pas 10 millions de rands. L'objectif principal de cette mesure était de faciliter la formalisation des petites entreprises, afin de les assujettir à l'impôt tout en atténuant leurs inquiétudes liées à leurs non-conformités fiscales passées et aux dettes fiscales, pénalités et intérêts qui en découlent (SARS 2006).

Dans le but d'améliorer la conformité fiscale et d'encourager les contribuables à régulariser leurs impôts auprès de l'agence de perception des impôts d'Afrique du Sud (South African Revenue Service, SARS) sans craindre de lourdes pénalités ou poursuites, le gouvernement a adopté un programme de divulgation volontaire (PDV) en 2010. Un Programme spécial de divulgation volontaire (PSDV) a été mis en œuvre d'octobre 2016 à août 2017, qui offrait à nouveau une occasion unique aux résidents sud-africains de régulariser le statut de leurs actifs étrangers par rapport au Règlement sur le contrôle des changes de 1961 (tel que modifié)[17].

Le PSDV ne concernait pas les résidents faisant l'objet d'une enquête en cours ou en attente pour infraction à la réglementation, ainsi que les actifs obtenus au moyen d'activités illégales. Par conséquent, en vertu du PSDV, les divulgations devaient inclure « la confirmation des sources de tous les actifs étrangers non autorisés, des détails sur la manière dont ces actifs ont été transférés et conservés à l'étranger, ainsi que la preuve de la valeur marchande des actifs illicites au 28 février 2016 » [SARB 2016: 10 (C.ii)]. La demande pour bénéficier du PSDV s'accompagnait de frais, une somme à verser en échange des avantages pécuniaires et juridiques qu'apportait une demande acceptée[18].

La libéralisation a-t-elle contribué à attirer des capitaux ?

Chez les partisans de la libéralisation, on s'attendait à ce que la suppression des contrôles sur les devises se traduise par un afflux net de capitaux dans le pays, bien qu'elle facilite également les sorties de capitaux, tant comptabilisées qu'illicites. La principale question empirique est de savoir quel effet était prédominant – augmentation des entrées ou des sorties – dans l'Afrique du Sud de l'après-apartheid.

Comme nous l'avons vu précédemment, les années 1980 ont été marquées par des sorties nettes de capitaux malgré les tentatives du gouvernement d'utiliser les contrôles des changes et des capitaux pour contrer ce phénomène. En ce qui concerne l'IED, les données laissent penser que le pays n'a pas fait mieux dans les années 1990. En termes nets, la décennie a vu sortir 7 milliards de dollars de capitaux, avec environ 20 milliards de dollars d'investissements sortants contre 13 milliards de dollars d'investissements entrants (en dollars américains de 2018). Toutefois, au cours de la première décennie du XXIe siècle, l'Afrique du Sud a reçu des investissements étrangers massifs à hauteur de 51 milliards de dollars, combinés à des investissements extérieurs modestes (8 milliards de dollars), ce qui donne des entrées nettes de 43 milliards de dollars. Ces progrès ne se sont pas maintenus, toutefois, au cours de la décennie suivante : les flux entrants et sortants se sont pratiquement compensés, à savoir environ 41 milliards de dollars dans chaque direction (figure 5.3).

L'Afrique du Sud a mieux réussi à attirer d'autres types de capitaux étrangers, en particulier les flux de portefeuille. Les entrées nettes d'investissements de portefeuille ont atteint 45 milliards de dollars dans les années 1990, ont diminué à 34 milliards de dollars dans les années 2000, puis ont grimpé en flèche à 109 milliards de dollars de 2010 à 2018. Le pays a également attiré d'autres types d'investissements privés pour un montant total de 24 milliards de dollars entre 2000 et 2009 et de 42 milliards de dollars entre 2010 et 2018[19].

Dans l'ensemble, la période de libéralisation a vu les réserves de change s'améliorer. En revanche, la décennie de crise des années 1980 a été marquée par un appauvrissement des réserves de change grave, compromettant la capacité d'importation du pays. Selon les données de la SARB, le stock de réserves est descendu jusqu'à à peine un mois de couverture des importations à la fin de la décennie. Les réserves du pays sont restées faibles au début de la période de transition, mais elles ont commencé à augmenter régulièrement à partir du milieu de 1996. À cet égard, la libéralisation peut se targuer d'un certain succès.

Enfin, on s'attendait à ce que la libéralisation des contrôles des changes encourage les prises de participation sur le marché boursier national. L'idée était que l'assouplissement des restrictions encouragerait les non-résidents à apporter des fonds dans le pays, à acheter des actifs nationaux et à rapatrier les gains de leurs investissements, donnant ainsi un avantage à la JSE par rapport aux marchés boursiers étrangers, y compris le LSE. Si la JSE a attiré des entrées nettes de ressources dans les années qui ont suivi l'instauration de la démocratie, ainsi que dans les années qui ont précédé la crise mondiale de 2008, les autres années les gains ont été minimes, quand il n'y avait pas de sorties nettes. À partir de 2015, le marché boursier a connu une importante hémorragie des ressources sud-africaines, enregistrant des achats nets négatifs chaque année[20]. À cet égard, le bilan de la libéralisation s'avère, au mieux, mitigé.

La libéralisation a-t-elle contribué à freiner la fuite des capitaux ?

Contrairement à ce que pouvaient laisser espérer les avantages attendus de la libéralisation financière en Afrique du Sud, la période de démantèlement des contrôles des changes s'est accompagnée d'une augmentation notable de la fuite des capitaux. Entre 1990 et 1999, les entrées de devises comptabilisées ont dépassé de 27,8 milliards de dollars les utilisations comptabilisées de ces ressources. Cela correspond à la mesure résiduelle simple de la fuite des capitaux de la balance des paiements. En outre, 4,9 milliards de dollars ont quitté le pays par le canal de la fausse facturation commerciale, ce qui a entraîné une fuite totale des capitaux de 32,7 milliards de dollars au cours de la décennie. La situation n'a fait qu'empirer au cours des décennies suivantes, la fuite cumulée de capitaux atteignant 152,1 milliards de dollars entre 2000 et 2009 et 147,2 milliards de dollars entre 2010 et 2018[21]. La persistance, voire l'augmentation, de la fausse facturation commerciale malgré la libéralisation des taux de change donne à penser qu'elle n'a pas été seulement motivée par la volonté de faire des recettes en devises à un taux officiel inférieur à celui du marché.

L'aspect positif des sorties de capitaux, ou du moins des sorties officiellement enregistrées, est que les détenteurs d'avoirs sud-africains ont pu tirer parti d'une plus grande ouverture économique pour diversifier leurs portefeuilles. Mais les gains qui en résultent sont sans doute minimes comparés au déclin historique de l'accumulation de capital national et son impact négatif sur la croissance économique.

L'une des causes possibles des sorties de capitaux non comptabilisées est l'évasion fiscale par les détenteurs d'avoirs privés et les négociants, ainsi que le transfert de bénéfices par les entreprises sud-africaines et les sociétés multinationales actives dans le pays. L'Afrique du Sud est la principale source d'investissement étranger direct intra-africain, car ses entreprises dominent les secteurs majeurs tels que les services (télécommunications et banques) et le commerce de détail (magasins d'alimentation). Dans la mesure où ces investissements étrangers sont dûment enregistrés à la fois à la source et à la destination, et où les impôts sont convenablement payés sur les bénéfices qu'ils génèrent, ils peuvent être considérés comme des conséquences normales et souhaitables de la prospérité économique, de l'intégration régionale et de la mondialisation. Les difficultés commencent lorsque ces flux ne sont pas dûment comptabilisés à la sortie et lorsque l'argent est acheminé vers des paradis fiscaux aux régimes financiers et fiscaux opaques,

Figure 5.3 : Investissements directs étrangers : entrées, sorties et entrées nettes cumulées par décennie (milliards, dollars constants de 2018)

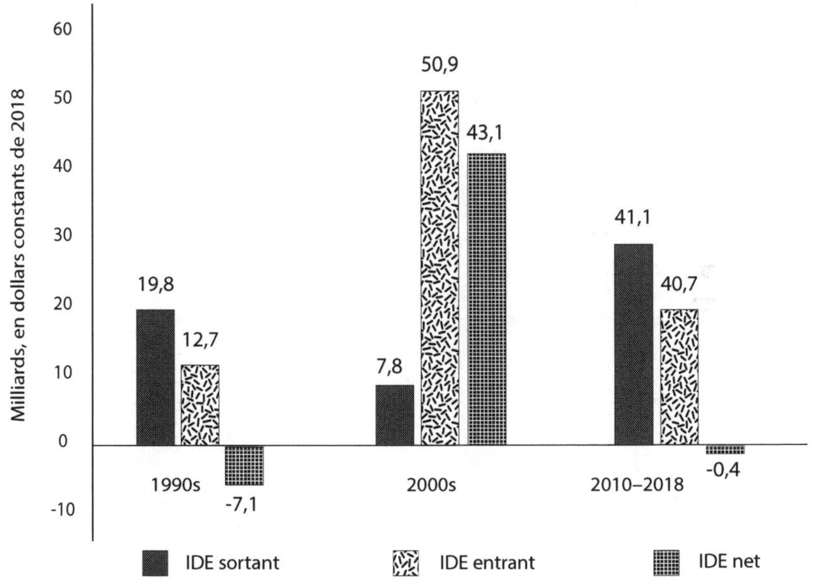

Source : Base de données de la CNUCED.

où le produit des investissements est caché pour échapper à l'impôt.

La fausse facturation commerciale, qui est un important canal de fuite des capitaux, est très peu ciblée par les réformes des contrôles des changes et l'ouverture du régime de comptes de capitaux. Si des restrictions rigides à l'accès aux devises et aux investissements à l'étranger incitent à la fausse facturation à l'exportation et à l'importation, il ne s'ensuit pas nécessairement que la libéralisation des contrôles des changes éliminera ces pratiques. Il existe d'autres motivations à la fausse facturation commerciale que l'accès aux devises. Encore une fois, il peut s'agir de l'évasion fiscale et l'évitement fiscal. En sous-estimant le produit de leurs exportations ou en surestimant le coût des importations, les entreprises sont en mesure de sous-estimer leurs bénéfices et de réduire leurs obligations fiscales. Ces stratégies de minimisation fiscale sont particulièrement marquées dans les sociétés multinationales, où une part importante des échanges a lieu entre les unités d'une même entité mondiale.

Le problème est exacerbé par l'opacité du commerce mondial perpétuée par les « pôles commerciaux » que sont par exemple la Suisse, les Pays-Bas, Hong Kong et Dubaï. « Les ports francs jouent un rôle important dans l'anonymisation du commerce international, comparable à celui des anonymiseurs dans le monde des monnaies virtuelles », observe Ayogu (chapitre 6 de ce volume). « Ils compliquent la tâche de rapprochement des données commerciales, tout en augmentant les possibilités de fuite des capitaux par le commerce ». Par exemple, les Émirats arabes unis (EAU) sont devenus la principale destination, ou point de transit, pour les métaux précieux en provenance d'Afrique tels que l'or et les diamants. L'analyse des données miroir du commerce de métaux précieux révèle des écarts très importants entre les valeurs (inférieures) déclarées par les pays exportateurs et les valeurs (beaucoup plus élevées) déclarées dans les statistiques commerciales des Émirats arabes unis, ce qui suggère une sous-facturation systématique des exportations de minéraux par les pays africains. Une étude de Reuters a montré que, sur la base des statistiques des importateurs, les Émirats arabes unis étaient le premier importateur d'or d'Afrique en 2016 avec 15,1 milliards de dollars d'importations, devant la Chine (8,5 milliards de dollars) qui occupait auparavant la première place du classement, et suivis de la Suisse (7,5 milliards de dollars) (McNeill et Shabalala 2019). Fait intéressant, les enquêteurs de Reuters ont été informés par des sociétés minières industrielles en Afrique, dont AngloGold Ashanti, qu'ils n'envoyaient pas d'or aux Émirats arabes unis. C'est là un exemple supplémentaire du manque de cohérence dans les déclarations du commerce de l'or.

La faible capacité à suivre, surveiller et comptabiliser les flux commerciaux tout au long de la chaîne des transactions, de la source (exportateur) à la destination finale (importateur final), complique les efforts visant à freiner la fuite des capitaux par le biais de la fausse facturation. Les services douaniers sud-africains se sont efforcés de moderniser leur plate-forme électronique afin d'améliorer le suivi du commerce international. Mais en réalité, le SARS ne peut vérifier efficacement qu'une part infime des importations et des exportations totales. Interrogé par les auteurs, un représentant du gouvernement a indiqué que le SARS n'est en mesure d'inspecter qu'environ trois pour cent de tous les conteneurs qui transitent par les ports du pays[22]. Les possibilités sont donc légion de manipuler les quantités et valeurs à l'exportation et à l'importation dans le but de réduire le plus possible les dettes fiscales et de transférer de l'argent à l'étranger.

Certains considèrent que les sorties de capitaux persistantes sont dues à une pénurie de main-d'œuvre qualifiée dans le pays, qui contraint les investisseurs à s'installer à l'étranger[23]. Ce point de vue a été relayé par deux hauts fonctionnaires du Gouvernement sud-africains interrogés par les auteurs[24]. Il existe peu de données empiriques à l'appui de cet argument. Quoi qu'il en soit, même si la pénurie de compétences était un problème, la conséquence en serait des sorties de capitaux légitimes visant à diversifier les portefeuilles et maximiser le taux de rendement. Dans le cas des sorties non enregistrées qui constituent une fuite des capitaux, les propriétaires des fonds cherchent probablement davantage à conserver et dissimuler leurs avoirs plutôt qu'à obtenir des rendements plus élevés à l'étranger. La libéralisation des transactions financières et commerciales internationales ne peut guère décourager ces flux de capitaux sortants ; au contraire, elle peut les faciliter. Les politiques qui se contentent d'améliorer la qualité de la main-d'œuvre ou d'augmenter le taux de rendement des investissements nationaux ne sont pas davantage en mesure de décourager les sorties de capitaux.

Les mesures d'amnistie fiscale ont-elles porté leurs fruits ?

L'on peut soulever un certain nombre de questions quant aux résultats des diverses mesures d'amnistie adoptées au fil des ans. Et leurs réponses pourraient bien contribuer à évaluer le bien-fondé de ces mesures et à explorer des stratégies correctives à l'avenir. Trois questions clés sont étudiées ici.

1. Les contribuables ont-ils saisi l'occasion d'apurer leurs dettes fiscales et régulariser les infractions au contrôle des changes ?

Bien que l'on ne dispose pas de suffisamment de données pour évaluer avec précision l'efficacité des amnisties fiscales, les données disponibles indiquent que les recettes des deux PDV sont modestes. Dans un discours prononcé en 2018 au SARS, le ministre des Finances a indiqué que le PDV en cours avait rapporté 10,8 milliards de rands depuis 2012 (South African National Treasury 2018b). Le SARS rapporte que le PDV a rapporté 3,2 milliards de rands de recettes fiscales supplémentaires pour l'exercice 2018–2019 (SARS 2019). Cela porterait les recettes supplémentaires cumulées perçues sur sept ans dans le cadre du programme à 14 milliards de rands (1 milliard de dollars américains), ce qui équivaut à environ 0,5 % du total des recettes de l'impôt sur le revenu des particuliers au cours de la période[25].

Le 10 octobre 2017, moins de deux mois après la date butoir des demandes pour bénéficier du PSDV, il a été annoncé qu'environ 2000 contribuables avaient profité du programme (SARS 2017). En mars 2018, le SARS a déclaré 2,7 milliards de rands de recettes sur un total de 3,3 milliards de rands de règlements de demandes approuvées (SARS 2018a). Les 3,3 milliards de rands de règlements approuvés représentaient 0,7 % du total de l'impôt sur le revenu des particuliers perçu en 2017/18. Le groupe de demandeurs comprenait 759 personnes fortunées, dites high net worth individuals (HWNI, des personnes dont les actifs liquides étaient supérieurs à 1 million de dollars)[26]. Selon le SARS, des révélations contenues dans les « Panama Papers » seraient à l'origine de certains accords[27].

2. Les amnisties ont-elles contribué à freiner la fuite des capitaux ?

Il est encore plus difficile d'évaluer l'impact des amnisties fiscales sur la fuite des capitaux et les richesses privées détenues à l'étranger. La période de l'après-1994 a été marquée par une accélération de la fuite des capitaux, comme on l'a vu plus haut, ainsi que par d'importantes sorties de capitaux licites sous forme d'IED à l'étranger et d'investissements de portefeuille. Les amnisties pour infraction au contrôle des changes ne semblent pas avoir réduit l'appétit des sud-africains pour les actifs étrangers non autorisés. En effet, les Sud-Africains détiennent encore d'importants avoirs dans des paradis fiscaux. Il ne fait aucun doute que certains de ces avoirs ont été non seulement transférés illégalement à l'étranger, mais aussi acquis en toute illégalité, puis dissimulés à l'étranger en infraction aux lois fiscales et réglementations en matière de contrôle des changes.

Les personnes fortunées (HNWI) sont réputées pour leur faible taux de conformité fiscale. Le SARS le souligne en des termes édulcorés dans son plan annuel de performance 2017/18 : « Un nombre important de HNWI ne paient pas en temps opportun le montant correct d'impôts en raison de la non-déclaration des sources de revenus, de la surévaluation des dépenses et de la répartition de leurs revenus par le biais de fiducies (trusts) » (SARS 2018: 12). Reste à savoir dans quelle mesure les amnisties induisent le rapatriement d'avoirs privés détenus à l'étranger par les HNWI.

3. Les amnisties ont-elles amélioré la conformité fiscale ?

Il est tout aussi difficile d'évaluer l'impact des amnisties sur la conformité fiscale. Un argument avancé contre les amnisties est qu'elles peuvent créer des effets pervers, incitant certains contribuables à ne pas payer leurs impôts ou à déplacer leurs avoirs à l'étranger en prévision d'amnisties futures, qui impliquent généralement de faibles prélèvements de remboursement. Si c'est le cas, les amnisties risquent de faire baisser la conformité fiscale au fil du temps.

Plusieurs facteurs structurels et institutionnels ont miné l'efficacité des amnisties fiscales en Afrique du Sud. Le premier est la capacité limitée du SARS et de la SARB de détecter et d'enquêter sur les infractions aux lois fiscales et aux règlements sur le contrôle des changes, qui a été exacerbée par l'instabilité du leadership causée par des facteurs politiques, en particulier au SARS. L'image qu'a donc le public d'une mauvaise gouvernance décourage au respect des règles fiscales. Le *Plan annuel de performances* 2017/2018 du SARS a identifié « la perception publique défavorable de la mauvaise prestation de services de l'État et de la corruption » comme l'une des principales contraintes à l'amélioration de la performance fiscale (SARS 2018: 12). L'efficacité d'instruments tels que les amnisties fiscales dépend de la qualité de la gouvernance dans l'ensemble du système étatique, et en particulier d'un leadership déterminé à établir et à faire respecter des normes strictes d'honnêteté et de transparence, et à montrer l'exemple de cet engagement. Malheureusement, cela n'a pas été la règle ces dernières années en Afrique du Sud : l'ancien président Jacob Zuma a en effet été accusé d'évasion fiscale et impliqué dans un réseau de corruption comprenant plusieurs acteurs étatiques et entreprises du secteur privé, qui feront l'objet d'un développement dans la section suivante.

Un deuxième obstacle à la conformité fiscale est la taille considérable de l'économie illicite du pays. Le *Plan annuel de performances* 2017–2018 du SARS cite l'exemple du commerce illicite de cigarettes et de tabac (p. 11). De même, la performance fiscale est compromise par la contrebande et la fraude dans le commerce international, un canal majeur d'infraction aux réglementations de contrôle des changes et de sorties illicites de capitaux vers les juridictions opaques (SARS 2018: 13).

Le troisième facteur entravant la conformité fiscale en Afrique du Sud est le grand nombre de sociétés multinationales actives dans des secteurs clés, tels que l'exploitation minière. Comme l'a observé le SARS, ces entreprises sont souvent habiles à éviter l'impôt et à contourner les contrôles des changes : « Le SARS a détecté une évolution des entreprises, en particulier des entreprises multinationales, qui les amène à utiliser les niches fiscales nationales et internationales pour échapper à l'impôt et éviter l'impôt de manière inacceptable, et pour tirer parti des manipulations transfrontalières de structuration et de prix de transfert » (SARS 2018: 12).

Reste à savoir si, et dans l'affirmative, dans quelle mesure le gouvernement et l'économie dans son ensemble ont bénéficié des amnisties fiscales et de contrôle des changes déclarées au cours des 25 dernières années. Il convient également de tenir compte du malaise du public face à des mesures qui sont considérées comme profitant inévitablement aux grandes entreprises et aux particuliers fortunés qui amassent des richesses à l'étranger, souvent illégalement. L'amnistie pour l'évasion fiscale et les infractions aux contrôles des changes s'apparente en fin de compte à une amnistie pour la fuite des capitaux. Dans un pays confronté à de graves défis de corruption systémique et de haut niveau, il existe un risque réel que les amnisties fiscales et de contrôle des changes ne soient considérées que comme un moyen d'exonérer les entreprises et individus fortunés et politiquement influents d'expier leurs péchés. Cela tout en privant l'État de ressources précieuses qui pourraient être utilisées pour améliorer le niveau de vie.

Il est clair que les efforts de libéralisation économique entrepris au fil des ans en Afrique du Sud n'ont pas résolu le problème de la fuite des capitaux. Pour endiguer la fuite des capitaux, il faudra au contraire approfondir les réformes structurelles, économiques et institutionnelles visant à encourager et à faire respecter la transparence des transactions financières et du commerce transfrontalier.

L'INDUSTRIE MINIÈRE, L'ÉVASION FISCALE ET LA FUITE DES CAPITAUX

Le secteur minier joue un rôle clé dans l'économie sud-africaine (US Department of Interior 2019). Il a également été le théâtre de scandales financiers ; de luttes entre capitalistes et travailleurs qui ont fait couler le sang (exemple notable, le massacre de Marikana en 2012) ;

d'une mauvaise gestion des entreprises publiques ; de l'évasion fiscale des entreprises ; de la fuite des capitaux due à la fausse facturation des exportations ; et de la capture de la réglementation par le monde des affaires.

Comme dans d'autres pays riches en ressources, le secteur minier en Afrique du Sud est vulnérable à la fuite des capitaux en raison de la fausse facturation et du transfert de bénéfices pour éviter l'impôt, grâce à des prix de transfert agressifs (Antin 2013 ; Ashman *et al.* 2011). Comme évoqué ci-dessus, il existe des preuves de fausse facturation commerciale importante dans le secteur, avec des écarts importants et systématiques entre la valeur (plus faible) des exportations déclarées par l'Afrique du Sud et la valeur (plus grande) des importations signalées par les partenaires commerciaux du pays (Ndikumana et Boyce 2019).

Par exemple, une plainte a été déposée en octobre 2019 par l'Association of Mineworkers and Construction Union (AMCU) devant la Haute Cour de Johannesburg contre Samancor Chrome, le deuxième plus grand producteur de chrome au monde. Cette action nous donne un aperçu des mécanismes de la fuite des capitaux. La plainte prétendait que la société avait transféré illégalement des fonds à l'étranger par le biais de prix de transfert, de frais de gestion et de facilitation secrets et de cessions d'actifs secrets (Hosken 2019). Citant une déclaration écrite sous serment par Miodrag Kon, un ancien administrateur de Samancor devenu lanceur d'alerte, l'AMCU avançait que la société avait siphonné des fonds au détriment des actionnaires minoritaires, et au profit des administrateurs d'une société nommée Kermas Limited, enregistrée aux îles Vierges britanniques (Faku 2019)[28]. Le président de l'AMCU, Joseph Mathunjwa, a expliqué que ces ponctions ont attiré l'attention du syndicat lorsqu'il a remarqué « des revenus douteux car trop faibles » sur le régime d'actionnariat des salariés (Malope 2019). Dans la déclaration sous serment et la plainte, il est en outre fait mention que lorsqu'une filiale de Samancor a été cédée en 2007 au conglomérat d'État chinois Sinosteel pour 225 millions de dollars, « Kermas a reçu 125 millions de dollars directement de Sinosteel » par virement sur un compte bancaire londonien[29].

De même, Lonmin Plc, un producteur de platine dont le siège se situe à Londres, aurait procédé à des transferts de bénéfices au détriment des mineurs et des actionnaires minoritaires[30]. La Commission d'enquête de Marikana (Marikana Commission of Inquiry) – un organisme officiel nommé par le président sud-africain Jacob Zuma pour enquêter sur le massacre de 44 travailleurs en grève dans une mine exploitée par Lonmin en 2012 – a signalé que sur la période

2007–2011, lorsque Lonmin a affirmé que ses activités minières de platine en Afrique du Sud n'avaient pas un budget suffisant pour respecter ses obligations d'hébergement des travailleurs (chiffrées à 665 millions de rands, environ 85 millions de dollars), l'entreprise « a versé plus de 1,3 milliards de rands de paiements de "commission de marketing" à sa branche des services de gestion et/ou sa filiale enregistrée aux Bermudes »[31]. Dans une analyse des comptes de la société, l'économiste Dick Forslund a conclu que « mettre fin à l'accord de transfert de bénéfices aux Bermudes » et réduire les frais de gestion à « un montant raisonnable » aurait permis à Lonmin de répondre aux demandes des salariés, qui étaient l'un des motifs de la grève d'août 2012 (Forslund 2015a: 9). Forslund fait valoir que les prix de transfert agressifs pratiqués par les sociétés minières multinationales permettent non seulement l'évitement fiscal, mais aussi l'« évitement du paiement de salaires » et l'« évitement de versement des dividendes aux investisseurs détenant des actions dans des filiales », car les bénéfices sont « effectivement retirés de la table réunissant les parties prenantes » en Afrique du Sud[32]. Au vu de telles pratiques, on comprend mieux pourquoi les bénéfices de l'extraction de minerais en Afrique du Sud profitent souvent de manière disproportionnée aux actionnaires majoritaires et étrangers des compagnies minières, aux dépens des mineurs, des actionnaires minoritaires et nationaux, et de l'économie nationale dans son ensemble.

CAPTURE DE L'ÉTAT ET FACILITATEURS : L'AFFAIRE GUPTA

La fuite des capitaux de l'Afrique du Sud est un symptôme de graves problèmes structurels et de gouvernance, qui permettent l'accaparement par des entités privées des ressources publiques et compromettent l'efficacité des régulations et mécanismes gouvernementaux visant à assurer la transparence des transactions commerciales et financières. Ce syndrome entraîne souvent une collusion entre des individus au sein du gouvernement et des acteurs du secteur privé.

Ces dernières années, l'Afrique du Sud a été secouée par des scandales de corruption et de fuite des capitaux qui impliquaient un ancien président sud-africain, d'autres membres éminents de l'élite politique, du secteur privé et des réseaux financiers internationaux[33]. À titre d'exemple, cette section résume un scandale qui a fait l'objet d'une enquête spéciale par le Bureau du protecteur public du gouvernement sud-africain ainsi que d'un rapport exhaustif par des équipes de journalistes d'investigation.

L'histoire porte sur la famille Gupta, en particulier les trois frères, Ajay, Atul et Rajesh (alias Tony)[34]. La famille, qui avait immigré de l'Inde en Afrique du Sud en 1993, s'était lancée d'abord dans le secteur du matériel informatique et des technologies de l'information, pour finalement étendre son commerce à d'autres secteurs de l'économie, de l'exploitation minière et de l'énergie aux médias grand public. La famille Gupta a fait de Oakbay Investments sa principale société mère. Oakbay détenait des participations dans Tegeta Exploration & Resources, une société minière dans laquelle Oakbay était le principal actionnaire avec une participation de 29,05 % (Office of the Public Protector South Africa 2016: 112). Le deuxième actionnaire de Tegeta, en importance, était Mabengela Investment (28,53 %), une société détenue par le fils du président Zuma, Duduzane Zuma (45 %), Rajesh Gupta (25 %) et d'autres individus (Office of the Public Protector South Africa 2016: 112). Enfin, le troisième actionnaire de Tegeta (21,5 %) était la firme Elgasolve, dont le seul directeur était Salim Essa, un proche associé des Gupta (*ibid.*).

En octobre 2016, le Bureau du protecteur public du gouvernement sud-africain a publié un rapport complet, State of Capture, examining the alleged links between former President Zuma, state-owned enterprises, and Gupta family (Capture de l'État, une étude des liens présumés entre l'ex-Président Zuma, des entreprises publiques et la famille Gupta) (Bureau du protecteur public d'Afrique du Sud 2016). Les enquêtes et les procédures judiciaires en cours sont dirigées par la Commission judiciaire d'enquête sur les allégations de Capture de l'État (également connue sous le nom de Commission Zondo), créée en 2018 par le Président Cyril Ramaphosa[35]. En juillet 2018 Duduzane Zuma a été accusé de corruption par la Direction nationale sud-africaine des poursuites (National Prosecuting Authority, NPA) pour son implication présumée dans une tentative de l'un des frères Gupta en 2015 de soudoyer Mcebisi Jonas – le vice-ministre des finances de l'époque. Depuis, Duduzane Zuma a témoigné devant la Commission statuant sur la capture de l'État (Cotterill 2018a ; Bureau du protecteur public d'Afrique du Sud 2016). Les accusations portées contre lui ont été « provisoirement » retirées en janvier 2019 dans l'attente de nouvelles preuves (Reuters 2019).

Des accords opaques

Les Gupta ont investi massivement dans le secteur minier, y compris l'extraction du charbon, et ont largement eu affaire avec les entreprises publiques de l'énergie, en particulier Eskom (la Commission d'approvisionnement en électricité), qui génère plus de 90 % de l'électricité du pays. Leurs transactions dans le secteur minier et énergétique ont fait l'objet d'un examen minutieux pour corruption présumée, qui aurait pris la forme d'accords opaques.

La mine de charbon Optimum et Eskom

Le rôle des liens politiques de la famille Gupta dans le développement de leurs intérêts commerciaux est illustré par leur achat d'Optimum Coal Mine (OCM) au géant minier international Glencore. Cette mine présente un intérêt stratégique puisqu'elle alimente la centrale électrique Hendrina, qui compte dix unités et appartient à Eskom. En juillet 2015, la société mère d'OCM, Optimum Coal Holdings (OCH), qui appartenait alors à Glencore, a demandé à faire l'objet d'un « sauvetage d'entreprise », une procédure juridique qui suspend les paiements aux créanciers pendant la restructuration supervisée par un agent nommé par le tribunal (Office of the Public Protector South Africa 2016: 268)[36]. Cette demande a été formulée après que le Président Directeur Générale d'Eskom à l'époque, Brian Molefe, et le président d'Eskom ont refusé de renégocier le prix d'un contrat d'approvisionnement à long terme avec Glencore, faisant peser une forte pression financière sur l'entreprise[37]. Toujours en juillet 2015, Eskom a exigé qu'Optimum paie une pénalité de 2,17 milliards de rands pour avoir fourni du charbon de qualité inférieure (*ibid.*, p. 251).

Le même mois, Glencore a reçu une lettre de KPMG Services (Pty) Ltd transmettant une offre d'un client qui souhaitait « rester anonyme » pour acheter OCM ou son entité mère pour 2 milliards de rands. L'acheteur mystère s'est avéré être la société Oakbay, appartenant à la famille Gupta, et actionnaire principal de la société minière Tegeta (*ibid.*, p. 247, 251).

Brian Molefe, PDG d'Eskom, entretenait des liens étroits avec les Gupta, et Ajay Gupta l'a qualifié de « très bon ami » (*ibid.*, p. 86). Les archives font état de nombreux appels téléphoniques entre Molefe et Gupta à l'époque des litiges entre Eskom et Glencore (*ibid.*, 122–3)[38]. Les dirigeants d'Eskom auraient pressé le ministre des Mines, Ngoako Ramatlhodi, de suspendre le permis d'exploitation minière de Glencore (Sole et Comrie 2017). Et en effet, la licence de Glencore a été temporairement suspendue, mais Ramatlhodi a resisté et est parvenu à la réhabiliter (*ibid.*). En septembre 2015, le président Zuma a congédié Ramatlhodi, qui s'est vu remplacer par Mosebenzi Zwane, un politicien qui aurait été lié aux Gupta dans le cadre du scandale du projet laitier Estina, décrit ci-dessous (*ibid.*).

En décembre 2015, le président Zuma a limogé le ministre des Finances Nhlanhla Nene et l'a remplacé par Des van Rooyen, un homme politique peu connu[39]. En termes de capacité institutionnelle, le Trésor a toujours été l'un des plus solides piliers de l'État sud-africain et a de tous temps exercé un rôle de supervision important. La nomination inattendue d'un nouveau ministre des Finances peu expérimenté s'est heurtée à une forte opposition de la part des marchés financiers, des chefs d'entreprise locaux et de certains membres du parti au pouvoir. Quelques jours plus tard, le très respecté Pravin Gordhan, ancien ministre des Finances, a été réintégré à son poste en vue de rétablir la stabilité. Gordhan est cependant arrivé trop tard pour intervenir dans l'affaire OCM : peu de temps avant son entrée en fonction, il a été annoncé que Tegeta avait acheté l'entreprise[40].

Les accords d'achat ont été facilités par Bank of Baroda, une banque d'État indienne ayant des activités multinationales (*ibid.,* p. 272–3). La banque a fourni une lettre de soutien en appui à la tentative des Gupta d'acheter la société OCM, après que d'autres banques en Afrique du Sud ont coupé les ponts avec les Gupta (Onishi et Gebrekidan 2018)[41].

Les événements entourant l'achat d'OCM ont soulevé des questions quant aux motivations des dirigeants d'Eskom. OCM avait un contrat à « prix fixe » à long terme avec Eskom pour le charbon, dont les prix, en 2013, commençaient à devenir trop faibles pour la mine. Le refus d'Eskom de signer un nouvel accord de prix avec Glencore pour fournir du charbon « au prix coûtant » visait-il à mettre OCM en difficulté financière et à réduire son prix de vente potentiel ? « Glencore semble avoir été gravement lésé par les actions d'Eskom lorsque ce dernier a refusé de signer un nouvel accord avec eux pour la fourniture de charbon », a conclu le Bureau du protecteur public de l'Afrique du Sud (2016: 352). « Il semble », poursuit le rapport, « que les agissements d'Eskom aient profité uniquement à Tegeta » (*ibid.*).

« Une autre preuve du préjudice apparemment causé par Eskom », a observé le Bureau du Protecteur public (2016: 341), « est qu'une fois l'accord de vente signé en décembre 2015, Tegeta semble avoir facilement réussi à obtenir des contrats lucratifs de fourniture de charbon à la centrale électrique d'Arnot, avec du charbon provenant d'OCM. » Eskom a attribué à Tegeta de multiples accords d'approvisionnement en charbon (AAC) (*ibid.*: 20).

Après une analyse financière approfondie, le Bureau du protecteur public a conclu qu'un acompte de 659 millions de rands au titre de l'AAC versé à Tegeta, concernant apparemment le contrat Arnot, « semble avoir été utilisé par Tegeta uniquement pour financer l'achat d'OCH [Optimum Coal Holdings] » (*ibid.*: 20). De l'avis du Bureau du Protecteur public, cet acompte « pourrait être une dépense inutile et infructueuse, car il semble que l'acompte n'ait pas été utilisé pour répondre aux besoins de production d'OCM » (*ibid.* : 20). La décision « semble avoir été contraire » à la Loi sur la gestion des finances publiques (LGFP), qui stipule que le Conseil d'administration d'une entreprise d'État a l'obligation de « prévenir les dépenses inutiles et infructueuses » (*ibid.* : 20). Par ailleurs, selon le Bureau du Protecteur public, « il semble très improbable que certains, sinon la totalité, des membres du Conseil d'administration d'Eskom ayant approuvé le paiement n'aient pas eu connaissance de la véritable nature du paiement » (*ibid.*)[42].

Un réseau de facilitateurs

La corruption qui a facilité la capture de l'État, la fuite des capitaux et le blanchiment d'argent en Afrique du Sud est l'œuvre d'un réseau transnational de facilitateurs au bras long dans les secteurs public et privé en Afrique du Sud, et présentant des liens complexes à travers le monde. Ces facilitateurs comprennent les banques, les cabinets comptables, les chambres de compensation, les cabinets d'avocats et les cabinets de conseil en gestion.

Les banquiers

Au premier rang des institutions bancaires impliquées dans la capture de l'État en Afrique du Sud, citons Bank of Baroda (BoB). En février 2018, après 21 ans d'activité dans le pays, la banque a informé la SARB qu'elle allait cesser ses activités (Mehta 2018). L'annonce a été faite au milieu d'une enquête de la SARB sur des infractions présumées à la réglementation bancaire, dont bon nombre concernaient des transactions liées à la famille Gupta et à ses entreprises. La BoB a affirmé que sa décision de quitter l'Afrique du Sud faisait partie d'un « plan stratégique de rationalisation des succursales à l'étranger » (Bhardwaj 2018). En 2019, après son retrait d'Afrique du Sud, BoB a été condamnée à une amende modeste de 400 000 R (environ 25 000 $) pour ce que la Banque de réserve sud-africaine a qualifié de « lacunes relatives au respect de la Loi sur le Centre de renseignements financiers » et de « faiblesses dans les contrôles visant à prévenir le blanchiment d'argent et le financement du terrorisme » (Omarjee 2019)[43].

Au fil du temps, « les Gupta en sont progressivement venus à constituer une part disproportionnée des activités de BoB en Afrique du Sud », rapportent des journalistes enquêtant sur ce qu'on a appelé le scandale des GuptaLeaks, « au point que cela représentait un risque pour la banque » (Sethi et Gopakumar 2018). Comme l'a laissé entendre « en off » un dirigeant de la Bank of Baroda, les Gupta représentaient 40 % des prêts de la Banque dans le pays (*ibid.*). Le Bureau du Protecteur public de l'Afrique du Sud (2016: 273–4) a qualifié de « hautement suspect » le comportement de la Banque de Baroda et a soutenu que la fréquence et les montants déposés « auraient dû attirer l'attention et faire l'objet d'une enquête… en raison des risques de blanchiment d'argent, et ce sur la base de la note d'orientation du Centre de renseignement financier (FIC – Financial Intelligence Center), concernant la déclaration des transactions financières suspectes et inhabituelles ».

Les données recueillies auprès de la banque montrent qu'entre 2007 et 2017, environ 4,5 milliards de rands (environ 532 millions de dollars US) ont été transférés entre les entreprises liées aux Gupta, avec de nombreuses transactions étiquetées comme des prêts intersociétés (tableau 5.4). Il est rapporté que certains jours, les employés de Bank of Baroda ont déposé jusqu'à une demi-douzaine de rapports d'activités suspectes (RAS) liés aux transactions de la famille Gupta, mais la direction de la banque est intervenue pour les annuler – la plupart ne sont donc pas parvenus aux oreilles de la FIC sud-africaine (Sharife et Joseph 2018b). Le *New York Times* rapporte qu'une enquête menée par la South African Reserve Bank a révélé que « les systèmes internes de Baroda avaient signalé environ 4 000 transactions suspectes dans les comptes des Gupta », mais que les employés « ont rejeté presque toutes les alertes "sans fournir de raisons suffisantes", selon un rapport confidentiel de PwC, le cabinet d'audit international, qui a été examiné par le *Times* » (Onishi et Gebrekidan 2018).

La Bank of Baroda n'a pas été la seule grande banque éclaboussée par les scandales. *Business Day* a signalé que Nedbank, l'une des quatre grandes banques nationales d'Afrique du Sud, avait une « activité de correspondant bancaire » avec Bank of Baroda, compensant les transactions pour cette dernière via des comptes de contrôle à la SARB (Gous 2018). *The Enablers* (« Les facilitateurs »), un rapport conjoint soumis en février 2020 à la Commission Zondo sur la capture de l'État, et élaboré par des chercheurs des organisations non gouvernementales Open Secrets et Shadow World Investigations, affirme que Standard Bank, une autre des quatre principales banques sud-africaines, a été utilisée par les Gupta pour blanchir des fonds pillés par le gouvernement de la province de Free State dans le cadre du scandale laitier d'Estina. Ils signalent ainsi que « dans un grand nombre de cas, les dépôts effectués sur les comptes de Standard Bank ont été immédiatement transférés à

Tableau 5.4 : Exemple de liste de transactions qualifiées de « prêts intersociétés » à la Bank of Baroda, 2007–2017

Entité transférant des fonds	Nombre de transferts	Valeur totale des transferts (ZAR)	Entité recevant les fonds
Koornfontein Mines	9	159 000 000	Tegeta Exploration and Resources
Oakbay Investments	35	708 100 000	Tegeta Exploration and Resources
Oakbay Investments	2	30 200 000	ldwala Coal
Oakbay Investments	3	13 500 0000	Infinity Media
Oakbay Investments	25	576 321 190	Islandsite Investments180
Oakbay Investments		5 500 000	Shiva Uranium
Oakbay Investments	2	14 200 000	TNA Media
Oakbay Investments	26	380 200 000	Westdawn Investments
Confident Concepts	5	174 400 000	Islandsite Investments180
Infinity Media	4	26 500 000	Oakbay Investments
Islandsite Investments 180	30	655 788 000	Oakbay Investments
Islandsite Investments 180	10	88 819 190	Confident Concepts
Islandsite Investments 180	8	105 300 000	Sahara Computers
Tegeta Exploration and Resources	26	303 900 000	Koornfontein Mines
Tegeta Exploration and Resources	26	579 150 000	Oakbay Investments
Tegeta Exploration and Resources	11	260 000 000	Optimum Coal Mine
Tegeta Exploration and Resources	1	24 000 000	Westdawn Investments
Trillian Management Consulting	1	160 246 000	Centaur Mining
Westdawn Investments	4	142 000 000	Oakbay Investments
Optimum Coal Mine	1	13 500 000	Koornfontein Mines
Optimum Coal Mine	1	25 000 000	Tegeta Resources

Source : Sharife et Joseph (2018).

des bénéficiaires externes » (Marchant *et al.* 2020: 102–3). Les transactions incluraient le transfert de 8,3 millions de dollars à l'étranger sur le compte Standard Chartered d'une société enregistrée à Dubaï (*ibid.*). Interrogée sur le signalement d'activités suspectes concernant ces transactions, Standard Bank a répondu qu'elle ne pouvait pas divulguer de renseignements confidentiels concernant ses clients et a assuré les enquêteurs qu'elle avait « respecté ses responsabilités réglementaires » (*ibid.*).

Les comptables

Le scandale laitier d'Estina, impliquant le réseau Gupta et le gouvernement de la province de Free State, illustre comment les cabinets comptables internationaux peuvent jouer un rôle de facilitateur. Entre 2013 et 2016, les journalistes ont fait état d'un réseau de liens présumés entre les entreprises de la famille Gupta et le gouvernement de la province (amaBhungane et Scorpio 2017b)[44]. Le premier ministre de la province, Ace Magashule (actuel secrétaire général du Congrès national africain) avait décrit le projet laitier Estina, près de la ville de Vrede, comme une « installation agréée à la pointe de la technologie » qui transformerait 100 000 litres de lait par jour (amaBhungane 2013b). Le département de l'agriculture de la province de Free State, alors sous la direction de Mosebenzi Zwane, « a promis à Estina 114 millions de rands par an pendant trois ans pour mettre en place une exploitation agricole et laitière, dont le but supposé était d'autonomiser les riverains et de stimuler l'agriculture de la province de Free State » (amaBhungane et Scorpio 2017b)[45]. Entre 2013 et 2016, 220 millions de rands au total ont été versés par le département de l'agriculture à Estina, mais selon les journalistes d'investigation, la majeure partie de cet argent a été capturée par le réseau Gupta (Agence de presse africaine 2019 ; Pather 2018). En 2018, le *Mail & Guardian* a signalé qu'il y avait « peu de preuves qu'Estina ait jamais transformé une goutte de lait » ; entre-temps, 30 millions de rands (environ 3 millions de dollars) de fonds publics pour le projet laitier, acheminés par le biais d'une société nommée Linkway, ont servi à payer le somptueux mariage d'un membre de la famille Gupta, et 144 millions de rands supplémentaires ont été transférés à une société liée aux Gupta, basée à Dubaï (Pather 2018).

Le cabinet comptable mondial KPMG avait pourtant mené un audit de Linkway. Début 2019, Jacques Wessels, associé de KPMG, a été radié du registre des commissaires aux comptes de l'Afrique du Sud pour ce que le Conseil indépendant de supervision des commissaires aux comptes a qualifié de « forme de malhonnêteté flagrante » dans ses missions pour la famille Gupta en 2014 (Marriage 2019). Le Conseil indépendant de supervision a conclu que Wessels avait transféré 6,9 millions de rands de Linkway en frais d'hôtel et d'hébergement liés au mariage, du poste « frais d'exploitation » de la société au poste « coût des vente », et avait traité cela comme un « montant déductible d'impôt non précisé » même après avoir été informé par un collègue de KPMG que la déduction d'impôt n'était pas recevable (Marriage 2019)[46].

Les cabinets de conseil

Comme l'ont rapporté le *New York Times* et les médias sud-africains, à la fin de 2015, McKinsey & Company, le cabinet international de conseil en gestion, a conclu un contrat avec Eskom pour élaborer un plan de réorganisation. L'objectif était de résoudre les nombreux problèmes rencontrés par l'entreprise au cours des années précédentes (Bogdanich et Forsythe 2018)[47]. Ce contrat, attribué sans appel d'offres, allait devenir le « plus grand contrat jamais conclu par McKinsey en Afrique, d'un montant potentiel de 700 millions de dollars » (*ibid.*). Le contrat prévoyait que l'entreprise ne serait payée pour son travail que si ses conseils produisaient des résultats, mais sans plafond pour le montant final de la mission. Cette disposition, bien que contraire à l'accord habituel de rémunération à l'acte prescrit par le gouvernement sud-africain, n'avais jamais fait l'objet d'une dérogation, même si Eskom a assuré à McKinsey que c'était bien le cas (*ibid.*).

Au cours de sa mission pour Eskom, McKinsey a fait appel en sous-traitance à un partenaire, Trillian Management Consulting, afin de se conformer aux exigences d'émancipation économique des Noirs (EEN) pour les marchés publics, bien que Trillian ait refusé de divulguer l'identité de ses propriétaires (Bogdanich et Forsythe 2018)[48]. Il s'est avéré que l'actionnaire majoritaire de Trillian était Salim Essa, dont les liens avec les Gupta comprenaient une participation conjointe dans Tegeta, l'entreprise qui avait acheté OCM la même année (*ibid.*).

Le *New York Times* a rapporté en 2018 qu'à mesure que les médias sud-africains déterraient des preuves toujours plus nombreuses de l'implication de la famille Gupta, Eskom – et non McKinsey – a fini par résilier prématurément le contrat. « La facture, tronquée, pour à peine huit mois de travail : près de 100 millions de dollars, dont près de 40 % pour Trillian » (Bogdanich et Forsythe 2018)[49]. Selon les termes des journalistes du *New York Times*, « triste ironie du sort, même si la rémunération de McKinsey était censée être entièrement conditionnée à ses résultats, rien n'indique que la compagnie d'électricité en difficulté est aujourd'hui en meilleur état qu'auparavant » (*ibid.*).

Une enquête judiciaire commandée par le Trésor national a conclu que les fonctionnaires d'Eskom ont enfreint la Loi sud-africaine de gestion des finances publiques en : (i) omettant de freiner les « dépenses irrégulières et inutiles de 1,6 milliards de rands » ; (ii) enregistrant Trillian en tant que fournisseur d'Eskom, même si Trillian elle-même n'avait aucun contrat avec Eskom ; et (iii) omettant de demander l'autorisation du Trésor national pour le contrat basé sur le risque (South African National Treasury 2018: 241). La Direction nationale sud-africaine des poursuites (NPA) a affirmé que McKinsey avait contribué à « créer un vernis de légitimité sur ce qui était par ailleurs un accord illégal et inexistant » (Bogdanich et Forsythe 2018). En décembre 2017, la Haute Cour de Pretoria a décidé de geler les honoraires reçus par McKinsey et Trillian pour ses conseils à Eskom (*ibid.*)[50].

Un rapport de 2018 du Comité du portefeuille sur les entreprises publiques du Parlement sud-africain a conclu que « l'utilisation potentielle par McKinsey de Trillian, une société liée aux Gupta, pour extirper des sommes à Eskom peut constituer un comportement criminel » (Comité du portefeuille sur les entreprises publiques 2018: 49)[51]. McKinsey a choisi de rembourser plus d'un milliard de rand à Eskom, y compris les intérêts sur le montant reçu par l'entreprise, tout en indiquant que « le remboursement des frais était une conséquence du non-respect par Eskom des lois pertinentes sur les marchés publics et ne constituait pas un aveu de responsabilité par McKinsey » (South African National Treasury 2018: 232).

En juin 2019, dans une affaire de la Haute Cour de Gauteng entre Eskom et les défendeurs McKinsey et Trillian, la Cour a ordonné à Trillian de rembourser un montant additionnel de 595 millions de rands, plus les intérêts, à Eskom (South African Gauteng Division High Court 2016, p. 51). En octobre 2019, l'Office of Foreign Assets Control (Bureau du contrôle des avoirs étrangers) du département du Trésor américain a sanctionné les trois frères Gupta et Salim Essa, les qualifiant de « membres d'un important réseau de corruption en Afrique du Sud qui ont tiré parti de surcharges sur les contrats gouvernementaux, de la corruption et d'autres actes de corruption pour financer des contributions politiques et influencer les actions du gouvernement » (Trésor américain 2019), ajoutant : « nous continuerons d'exclure du système financier américain tous ceux qui tirent profit de la corruption ».

Une représentation schématique du réseau lié à la famille Gupta évoqué ci-dessus est présentée à la figure 5.4. Pour dresser le portrait complet du réseau complexe qui a facilité la fuite des capitaux, le blanchiment d'argent, l'évasion fiscale et la capture de l'État en Afrique du Sud, il faudrait en soi un livre entier. Certains liens entre bénéficiaires et facilitateurs sont formels, d'autres informels ; certains sont ouverts, d'autres secrets. Il est essentiel de démêler davantage l'écheveau de ce réseau et de réseaux semblables, pour élaborer des stratégies efficaces de lutte contre la fuite des capitaux et ses conséquences néfastes en Afrique du Sud.

LA FUITE DES CAPITAUX, UN ANTI-DÉVELOPPEMENT

La couverture du magazine *Time* du 13 mai 2019 présentait une photographie aérienne frappante, illustration claire des inégalités en Afrique du Sud (Pomerantz 2019). D'un côté de la photo se trouve un quartier huppé de Johannesburg, Primrose, et de l'autre, séparée de lui par un haut mur, s'étend la colonie informelle de Makause. Le contraste est frappant, mais en Afrique du Sud, il n'en est assurément pas le seul exemple.

Un rapport de 2018 intitulé *Surmonter la pauvreté et l'inégalité en Afrique du Sud*, rédigé par la Banque mondiale, le PNUD, Statistics South Africa et le Département du plan, du suivi et de l'évaluation du gouvernement, décrit l'Afrique du Sud comme l'un des pays les plus inégaux au monde, sur la base de mesures conventionnelles de l'inégalité (Banque mondiale *et al.* 2018). L'inégalité des revenus, telle que mesurée par le coefficient de Gini, est non seulement beaucoup plus élevée en Afrique du Sud que la moyenne mondiale, mais encore plus élevée aujourd'hui qu'elle ne l'était sous l'apartheid. En 2015, 1 % des personnes les plus riches d'Afrique du Sud percevait 19 % du revenu national, soit près du double de leur part à la fin de l'apartheid (base de données mondiale sur les inégalités).

Cette forte inégalité explique pourquoi, malgré son statut d'économie à revenu intermédiaire de la tranche supérieure, l'Afrique du Sud connaît des niveaux de pauvreté très élevés, en particulier dans les zones rurales où l'on estime qu'environ deux tiers de la population vit en dessous du seuil de pauvreté. À l'échelle nationale, le pays a enregistré une certaine amélioration, le nombre total de personnes vivant dans la pauvreté étant passé de 51 % en 2006 à 40 % en 2015 (Banque mondiale *et al.* 2018). La réduction de la pauvreté au cours des dernières années est due en partie à l'expansion des

Figure 5.4 : Le réseau des facilitateurs

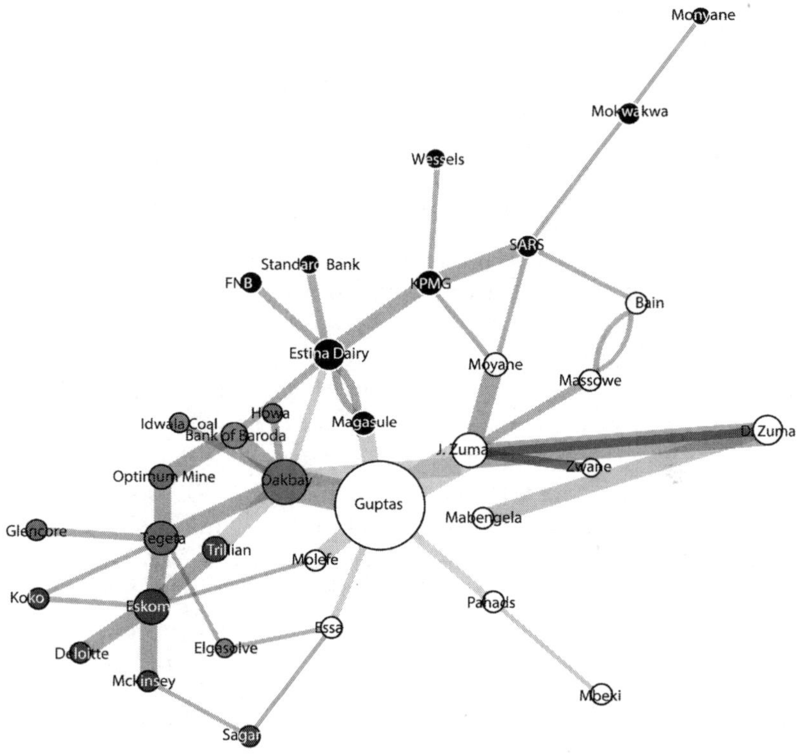

Source : D'après les informations provenant des sources citées dans le texte. Les auteurs remercient le professeur Kevin Young, de University of Massachusetts Amherst, qui a conçu ce figure.

programmes gouvernementaux de redistribution et de soutien aux familles, y compris les allocations sociales, qui ont aidé les bénéficiaires à mieux subvenir à leurs besoins de base, tels que l'alimentation, le logement et les services de santé. Toutefois, les bénéficiaires de ces programmes demeurent très vulnérables à la pauvreté et il suffirait qu'une prestation sociale soit annulée pour qu'ils basculent dans l'indigence. Il faut clairement en faire davantage contre le fléau de la pauvreté. La lutte contre la fuite des capitaux pourrait jouer un rôle important dans cet effort.

La fuite des capitaux aggrave les inégalités par plusieurs biais. La sortie de capitaux du pays en contrebande et la dissimulation de richesses à l'étranger permettent aux détenteurs de patrimoines de se soustraire à l'impôt, augmentant encore leurs revenus et leurs avantages patrimoniaux par rapport au reste de la population. Parallèlement, la richesse accumulée à l'étranger est protégée des effets négatifs de la dépréciation et de la volatilité des taux de change. Étant donné que les richesses cachées dans des paradis fiscaux et les revenus qu'elles génèrent ne sont pas pris en compte dans les statistiques officielles, les mesures des inégalités en Afrique du Sud sous-estiment considérablement les disparités réelles de revenus. Des mesures plus précises renforceraient encore la réputation peu enviable du pays, qui figure parmi les plus inégalitaires au monde.

La fuite des capitaux réduit en même temps la capacité du gouvernement à mettre en œuvre une politique budgétaire redistributive, car elle réduit l'assiette fiscale. Les analyses empiriques indiquent généralement que la politique fiscale en Afrique du Sud s'est montrée hautement redistributive, combinant une imposition relativement progressive et des dépenses publiques ciblées sur les services sociaux (voir, entre autres, Inchauste *et al.* 2015 ; Leibbrandt *et al.* 2010 ; et van der Berg 2009). Inchauste *et al.* (2015: 29) constatent que la politique fiscale ciblée entraîne une réduction du coefficient de Gini pour le revenu (après impôts et dépenses sociales) de 0,77 à 0,60 et réduit le taux d'extrême pauvreté (définie comme un revenu de 1,25 $ par jour en PPA) de 34 % à 16,5 %. En effet, les données disponibles indiquent que les efforts de redistribution de la politique budgétaire sont relativement plus élevés en Afrique du Sud que dans les pays à revenu intermédiaire comparables (Inchauste *et al.* 2015 ; Lustig 2016). Inchauste *et al.* (2015: 2) estiment que sans ces stratégies fiscales progressistes, les deux cinquièmes de la population auraient subi une baisse de leurs revenus au cours des dix premières années de la période démocratique.

Pourtant, malgré ces efforts, le taux de pauvreté en Afrique du Sud reste élevé. Cela laisse penser qu'il est nécessaire d'augmenter le taux de croissance du pays, ce qui nécessiterait une augmentation de l'investissement intérieur. Sont notamment concernés les investissements publics, en particulier dans les infrastructures, qui peuvent contribuer à stimuler l'investissement privé en réduisant les coûts de production et en augmentant la rentabilité (Ndikumana 2008). Or, l'investissement public a au contraire diminué depuis les années 1970. De 10 % du PIB en moyenne dans les années 70, il est tombé à 7 % dans la décennie suivante, à 3,6 % dans les années 1990, et il est de l'ordre de 3 % depuis le début du siècle[52]. En altérant la capacité de dépense du gouvernement et en réduisant la disponibilité de l'épargne privée, la fuite des capitaux entrave à la fois l'investissement et la croissance (Ndikumana 2014 ; Fofack et Ndikumana 2010). Il a été estimé que si tous les capitaux ayant fui l'Afrique du Sud avaient été investis au niveau national aux taux de rendement historiques moyens, le pays aurait été en mesure d'atteindre, voire de dépasser, l'objectif du Millénaire pour le développement visant à réduire de moitié la pauvreté d'ici 2015 (Nkurunziza 2015). Les effets négatifs d'une croissance atone sur la réduction de la pauvreté ont exacerbé les impacts des fortes inégalités.

La fuite des capitaux d'un pays qui connaît une pauvreté et des inégalités élevées constitue une grave menace pour la stabilité politique et un obstacle au développement économique inclusif. Pour la majorité non blanche de l'Afrique du Sud, la fin du régime d'apartheid était censée porter ses fruits sous la forme d'une émancipation politique doublée d'une amélioration du bien-être économique. Or, les inégalités persistantes marginalisent encore aujourd'hui la majorité, qui voit la prospérité lui échapper, dans un pays qui se vante pourtant d'être le pays le plus développé du continent. Le déséquilibre économique et l'oppression politique ont nourri la lutte contre le régime d'apartheid. À l'avenir, les inégalités pourraient nourrir de nouvelles volontés de changement social, que le gouvernement pourrait ne pas être en mesure de contenir. Prendre les inégalités au sérieux signifie mettre en œuvre des politiques et des programmes qui répondent aux préoccupations des citoyens ordinaires, au lieu de se concentrer sur la redistribution de la richesse entre ceux qui se situent déjà dans les couches supérieures de la société, comme cela s'est souvent produit dans le cadre des initiatives d'émancipation économique des Noirs (Black Economic Empowerment, BEE). Pour financer ces efforts, le gouvernement devra mobiliser des ressources suffisantes, et l'un des moyens de le faire est de freiner l'hémorragie financière du pays que constitue la fuite des capitaux.

CONCLUSION

L'Afrique du Sud est confrontée à une série de défis redoutables en matière de développement, dont une pauvreté multidimensionnelle tenace et un taux de chômage élevé. Son gouvernement doit composer avec des déficits de financement chroniques qui compliquent le financement des infrastructures publiques et des services sociaux dont il y a pourtant grand besoin, tels que l'éducation, la santé et le logement. Ces défis sont exacerbés par la fuite des capitaux, qui assèche les fonds destinés à l'investissement intérieur et érode l'assiette fiscale.

Figure 5.5 : L'Afrique du Sud à la une du magazine *Time* le 13 mai 2019

Nous estimons en effet que l'Afrique du Sud a perdu plus de 329 milliards de dollars en fuite des capitaux entre 1970 et 2018. La fausse facturation commerciale, qui a contribué en termes nets à 135,5 milliards de dollars de fuite des capitaux au cours de la seule période 1998–2018, a été l'un des principaux vecteurs de ce phénomène. La sous-facturation à l'exportation semble particulièrement répandue dans le secteur des ressources minières, comme l'or, l'argent, le platine et les diamants.

Une étape importante dans la lutte contre la fuite des capitaux consiste donc à lutter contre les sorties de capitaux liées aux transactions commerciales. Pour cela, il convient d'imposer des déclarations rigoureuses, symétriques et transparentes des statistiques du commerce, en commençant par les exportations de produits de haute valeur, notamment les minerais. À tout le moins, une amélioration significative consisterait à assurer la fiabilité et la cohérence des données publiées par divers organismes gouvernementaux, et entre ces organismes et les institutions internationales qui publient des données sur les échanges commerciaux. La coopération internationale sera cruciale pour garantir des déclarations symétriques entre l'Afrique du Sud et ses partenaires. Pour y parvenir, il faudrait appliquer systématiquement les conventions internationales sur la déclaration des statistiques du commerce dont l'Afrique du Sud est déjà signataire.

Depuis l'époque de l'apartheid, les gouvernements sud-africains successifs ont essayé de mettre en œuvre des politiques pour s'attaquer au problème de la fuite des capitaux et encourager l'investissement intérieur. L'analyse présentée dans ce chapitre indique que ces politiques n'ont guère réussi à freiner la fuite des capitaux ou à encourager le rapatriement des avoirs détenus à l'étranger. Les contrôles rigides des mouvements de capitaux mis en place à l'époque de l'apartheid se sont révélés inefficaces, principalement parce qu'ils ont été appliqués à un moment où le pays était confronté à une profonde instabilité politique et à un embargo économique international. Depuis la libéralisation des marchés, qui a débuté dans les années 1990, les résultats n'ont pas été sensiblement meilleurs. En effet, la fuite des capitaux s'est accélérée alors même que le gouvernement intensifiait les réformes favorables au marché. On ne peut toujours pas affirmer avec certitude que les mesures directes, y compris les amnisties, qui ont été adoptées par le gouvernement pour encourager le rapatriement des richesses à l'étranger et accroître la conformité fiscale aient été efficaces.

Pour élaborer des politiques visant à freiner la fuite des capitaux et à encourager le rapatriement des avoirs, il importe de faire la distinction entre, d'une part, les avoirs acquis légitimement et les sorties de capitaux légales et, d'autre part, les patrimoines d'origine illégale et les sorties illicites. Les réformes qui augmentent le taux de rendement national des investissements et réduisent l'incertitude du marché peuvent avoir une incidence sur les premières, mais elles sont peu susceptibles d'influer sur les décisions concernant les richesses acquises, transférées et cachées de manière illicite à l'étranger. Dans ce deuxième cas, les détenteurs de patrimoines s'intéressent moins à l'importance du taux de rendement de leurs investissements qu'à la protection contre les poursuites judiciaires offerte par les juridictions du secret. Pour lutter contre ce type de fuite des capitaux, il faut plutôt des stratégies efficaces pour renforcer les systèmes juridiques nationaux et la coopération internationale, accroître la transparence financière et améliorer l'échange automatique d'informations sur les flux financiers transfrontaliers et le commerce international.

Dans son combat contre la fuite des capitaux et les problèmes connexes que sont l'évasion fiscale, le transfert de bénéfices et le blanchiment d'argent, l'Afrique du Sud est confrontée à un défi d'importance : l'érosion de la confiance du public dans les institutions de l'État qui est associée au phénomène de capture de l'État. Des rapports récents et des enquêtes publiques en cours ont mis au jour un schéma profondément troublant de collusion entre les acteurs étatiques et un réseau de facilitateurs qui ont orchestré le pillage des ressources de l'État pour accumuler des richesses privées. Ces réseaux comprennent des individus et des familles puissants et au carnet d'adresses politiques bien rempli, des banques nationales et étrangères, des cabinets d'audit, des cabinets de conseil et d'autres entités ayant des liens étroits avec le gouvernement et le secteur privé en Afrique du Sud et dans le monde. Le cas des entreprises de la famille Gupta illustre le rôle de ces réseaux dans la capture de l'État et le blanchiment d'argent. Malheureusement, et aussi incroyable que cela puisse paraître, il est probable que le scandale des Gupta ne soit que la partie émergée de l'iceberg, indice des problèmes beaucoup plus profonds auxquels sont confrontées les institutions de l'État en Afrique du Sud aujourd'hui. L'environnement économique et institutionnel sud-africain semble être donc un terreau fertile pour la fuite des capitaux et d'autres flux financiers illicites.

Les graves effets négatifs de la fuite des capitaux et de l'accumulation de richesses à l'étranger sur le développement économique, la qualité des institutions et la gouvernance imposent de prendre des mesures décisives pour prévenir des conséquences encore plus dévastatrices, compromettant la vie politique et sociale sud-africaine. En résumé, il faut s'attaquer de toute urgence au problème de la fuite des capitaux.

NOTES

1 De 1994 à 2018, le PIB par habitant a augmenté en moyenne de 1,09 % par an. Au cours des sept années qui ont précédé la crise financière mondiale (de 2000 à 2007), il a augmenté de 2,5 % par an. Cependant, sur la période 2011–2018, la croissance par habitant a été faible, de 0,16 % par an en moyenne. Ces taux sont calculés à partir des variations annuelles composées du PIB par habitant aux prix constants de 2010 de la SARB.

2 Une description détaillée de la méthode d'estimation de la fuite des capitaux, des données et de ses canaux est présentée dans Ndikumana et Boyce (2019). Il existe d'autres estimations de la fuite des capitaux hors d'Afrique

du Sud dans des études antérieures, notamment celles d'Ashman et al. (2011), Fedderke et Liu (2002), Mohamed et Finnoff (2005), Ndikumana et al. (2015), Nicolaou-Manias et Wu (2016), Rustomjee (1991), Smit et Mocke (1991) et Wood et Moll (1994).

3 Les données sur les flux d'endettement enregistrées dans la balance des paiements sous-estiment souvent l'ampleur des emprunts à l'étranger. Ceux-ci sont donc remplacés par les données plus précises fournies par les Statistiques de la dette internationale (IDS) de la Banque mondiale, un document ayant succédé à Financement du développement dans le monde (GDF), lui-même successeur des Tableaux de la dette mondiale (WDT).

4 La méthode d'estimation de la fausse facturation commerciale est décrite en détail dans Ndikumana et Boyce (2019). Voir aussi Ndikumana et Boyce (2010) et Ndikumana et al. (2015).

5 Le commerce avec les pays qui servent de pôles commerciaux, tels que les Pays-Bas et la Suisse, fait figure d'exception : les résultats montrent généralement une apparente surfacturation des exportations, bien que dans une moindre mesure. Par conséquent, la tendance générale reste à la sous-facturation.

6 Caractéristique notable du fardeau de la dette extérieure de l'Afrique du Sud, la part de la dette libellée en rand n'a cessé d'augmenter, passant de 20 % en 1989 à 50 % en 2019 (données SARB). Cela peut atténuer dans une certaine mesure les contraintes de change qui pèsent sur la capacité du pays à assurer le service de sa dette.

7 Voir le site internet de Global Haven Industry, disponible à l'adresse http://globalhavenindustry.com/africa-countries.

8 On peut avancer qu'elle a même commencé plus tôt ; voir Scott et Pettersson (2019).

9 Wood et Moll (1994) examinent les limites de ces estimations de la fausse facturation commerciale, y compris les questions statistiques et méthodologiques. En raison de l'absence de données commerciales miroir appropriées, nous n'avons pas été en mesure de faire nos propres estimations de la fausse facturation commerciale au cours de cette période.

10 Le PIB réel par habitant est passé de 56 549 rands en 2014 à 55 595 rands en 2018, diminuant chaque année sauf en 2017 où il a pratiquement stagné (croissance à 0,028 %). Ces chiffres proviennent de la base de données de la SARB.

11 Les données proviennent de UNCTADstat, disponible à l'adresse https://unctadstat.unctad.org/wds/ReportFolders/reportFolders.aspx.

12 Pour un compte-rendu du programme Croissance, emploi et redistribution (GEAR) et des politiques connexes, voir Weeks (1999), Taylor (2001), Streak (2004) et Marais (2011).

13 Voir « South Africa's Key economic policies changes (1994–2013) », extrait de South African Story Online, disponible à l'adresse https://www.sahistory.org.za/article/south-africas-key-economic-policies-changes-1994-2013.

14 Samancor a récemment été accusé, dans le cadre d'une procédure judiciaire, d'avoir ponctionné jusqu'à 500 millions de dollars de 2005 à 2010 par des pratiques telles que les prix de transfert et en se faisant verser des frais de gestion secrète et de « facilitation ». Voir van Rensburg (2019).

15 Voir, entre autres, McKenzie et Pons-Vignon (2012) et Stals (1998). Pour un examen de l'évolution des points de vue sur les contrôles des capitaux, voir Klein *et al.* (2012).

16 Pour plus de détails sur le régime de contrôle de la monnaie et des changes, voir SARB (2019).

17 Le PDV est toujours en vigueur, tandis que le PSDV était un programme ponctuel. Pour plus de détails sur le PSDV, voir SARS, « Special Voluntary Disclosure Programme (SVDP) », disponible à l'adresse https://www.sars.gov.za/Legal/VDP/Pages/Special-Voluntary-Disclosure.aspx.

18 Voir Ndikumana et al. (2020) pour une description des avantages de la dimension fiscale (mise en œuvre par le SARS) et de la dimension de contrôle des changes (mise en œuvre par le SARB) du programme.

19 Les « autres investissements » déclarés dans la balance des paiements se rapportent aux flux de capitaux propres et de dette (actifs et passifs) qui ne sont pas comptabilisés dans les investissements directs étrangers, les investissements de portefeuille ou les produits financiers dérivés et les options d'achat d'actions des salariés dans le compte financier de la balance des paiements. Voir FMI (2009).

20 Voir Ndikumana *et al.* (2020) pour plus de détails.

21 Pour plus de détails, consulter Ndikumana et Boyce (2019).

22 Entretien du 25 novembre 2019 (anonymat demandé).

23 Voir, entre autres (Lewis 2001, 2002). Gelb et Black (2004) ne trouvent aucune preuve empirique solide montrant que la pénurie de main-d'œuvre qualifiée constitue une contrainte pour l'investissement étranger.

24 Entretiens des 25 et 26 novembre 2019 (anonymat demandé).

25 Le total de l'impôt sur le revenu des personnes physiques de 2011/2012 à 2018/2019 s'est élevé à 2957,58 milliards de rands. Les montants en rand sont convertis en dollars américains en utilisant le taux de change R/$ moyen pour 2018 et 2019.

26 Données du SARS en ligne, https://www.sars.gov.za/About/SATaxSystem/Pages/Tax-Statistics.aspx/.

27 SARS, communiqué de presse, « Le SARS atteint la barre des 3,3 milliards de rands dans le cadre du PSDV», Pretoria, 8 mars 2018. En 2019, le SARS a actualisé le montant collecté dans le cadre du PSDV à 3,6 milliards de rands en 2017–2018 et à 817 millions de rands supplémentaires en 2018–2019, ce qui a entraîné un total de 4,4 milliards de rands de recettes fiscales supplémentaires tirées du programme (SARS 2019). Les communiqués de presse du SARS suggèrent que la valeur des actifs étrangers divulgués dans le cadre du PSDV s'élevait à environ 35 milliards de rands (équivalant à 2,4 milliards de dollars au taux de change R/$ de 2019) (SARS 2019: 65).

28 Un porte-parole de Samancor a répondu que les allégations étaient « malveillantes et opportunistes » (Faku 2019).

29 Miodrag Kon, déclaration sous serment à l'appui, soumise à la Haute Cour d'Afrique du Sud (Gauteng Division, Johannesburg) dans l'affaire entre l'Association des mineurs et Syndicat de la construction, requérant, et Samancor Chrome Limited, premier défendeur, p. 27, disponible à l'adresse https://cdn.24.co.za/files/Cms/General/d/9427/ef3cd3230b9a40c9962b-3ca1286e1467.pdf (consulté le 8 juin 2020). Voir également van Rensburg (2019).

30 Lonmin Plc est une société holding britannique (à 80 %) avec deux filiales d'exploitation sud-africaines, Western Platinum Limited et Eastern Platinum Limited (Forslund 2015a).

31 Marikana Commission of Inquiry (2015: 538). Voir également Forslund (2015a, 2015b) et Bond (2019).

32 Forslund (2015a: 10, 35.)

33 Cette section s'appuie en grande partie sur le rapport du Bureau du Protecteur public intitulé State of Capture, publié en octobre 2016, et sur les rapports des #GuptaLeaks, une enquête collaborative sur la capture de l'État par le Centre amaBhungane pour le journalisme d'investigation, Daily Maverick, News24, et le Organised Crime and Corruption Reporting Project (Projet de signalement du crime organisé et de la corruption, OCCRP).

34 Pour un examen plus détaillé de l'histoire de la famille Gupta en Afrique du Sud, voir Ndikumana *et al.* (2020).

35 Les auditions et autres activités de la Commission sont disponibles sur son site web, à l'adresse https://sastatecapture.org.za/.

36 Voir aussi Sole et Comrie (2017).

37 *Ibid.,* p. 145. Voir aussi Bezuidenhout (2019).

38 Voir aussi Sole et Comrie (2017).

39 Office of the Public Protector South Africa (2016: 87) ; Sole et Comrie (2017). Au début de son second mandat en mai 2014, Zuma avait déjà démis de ses fonctions de manière inattendue le très respecté ministre des Finances du pays, Pravin Gordhan, le remplaçant par Nhlanhla Nene, qui était alors vice-ministre des Finances.

40 Le déroulé des événements menant à l'achat est relaté en novembre 2017 dans le témoignage de l'un des deux agents spécialisés dans le sauvetage d'entreprises (business rescue practitioners) nommés pour OCM et OCH devant la Commission parlementaire sur les entreprises publiques : « Corporate governance in Eskom – How Optimum coal mine was bought », Groupe de suivi parlementaire, 1er novembre 2017, disponible sur https://pmg.org.za/committee-meeting/25367/ (consulté le 12 juin 2020). Voir aussi Sole et Comrie (2017).

41 Voir aussi Sethi et Gopakumar (2018).

42 Un porte-parole d'Oakbay a déclaré que « l'hypothèse selon laquelle l'acompte d'ESKOM pour le contrat Arnot avait facilité le financement de l'achat d'Optimum était sans fondement » (Office of the Public Protector, 2016: 272).

43 La décision est intervenue après que la banque a fait appel, avec succès, d'une amende de 11 millions de rands (Omarjee 2019).

44 Voir également amaBhungane (2013a) et amaBhungane et Scorpio (2017a).

45 Mosebenzi Zwane deviendra le ministre des Ressources minérales du pays.

46 Voir d'autres exemples des actes de KPMG dans Ndikumana *et al.* (2020).

47 Voir aussi Marchant *et al.* (2020).

48 Voir aussi Marchant *et al.* (2020).

49 Le Comité du portefeuille sur les entreprises publiques du Parlement sud-africain déclare qu'Eskom a payé McKinsey et Trillian environ 1,6 milliards de rands au total (équivalant à environ 110 millions de dollars) pour « des travaux qui s'écartaient substantiellement des processus d'attribution

de marché standard et qui n'ont jamais été approuvés par le Trésor national » (Portfolio Committee on Public Enterprises, 2018, p. 35). D'autres rapports publiés indiquent que McKinsey a facturé environ 1 milliard de rands ses missions pour Eskom (Marriage et Coterrill, 2018).

50 Voir aussi Winning (2018). Dans un communiqué, McKinsey a déclaré « Nous rendons cet argent non pas en raison d'une quelconque malversation, mais parce qu'Eskom nous a dit qu'ils n'ont pas suivi le processus approprié » (Cotterill, 2018).

51 Voir aussi Cameron (2017) et Merckaert (2020).

52 Base de données statistiques en ligne de la Banque de réserve sud-africaine.

RÉFÉRENCES

AfrAsia Bank. 2019. *Africa Wealth Report 2019*. Port Louis : AfrAsia Bank.

African News Agency. 2019. State capture commission turns to Estina dairy farm project. *Polity,* 22 juillet, disponible sur https://www.polity.org.za/print-version/state-capture-commission-turns-to-estina-dairy-farm-project-2019-07-22. Consulté le 22 juin 2020.

amaBhungane. 2013a. Gupta dairy project milks Free State coffers. *Mail & Guardian*, 7 juin, disponible sur https://mg.co.za/article/2013-06-07-gupta-dairy-project-milks-free-state-coffers/. Consulté le 27 avril 2020.

amaBhungane. 2013b. Guptas' farm cash cows in Free State. *Mail & Guardian*, 31 mai, disponible sur https://mg.co.za/article/2013-05-31-00-guptas-farm-cash-cows-in-free-state/. Consulté le 27 avril 2020.

amaBhungane et Scorpio. 2017a. #GuptaLeaks: The Dubai Laundromat – How KPMG saw no evil at the Sun City wedding. *Daily Maverik*, 30 juin, disponible sur https://amabhungane.org/stories/guptaleaks-the-dubai-laundromat-how-kpmg-saw-no-evil-at-the-sun-city-wedding/. Consulté le 18 octobre 2019.

amaBhungane et Scorpio. 2017b. #GuptaLeaks: The Dubai Laundromat – How millions milked from Free State government paid for Sun City wedding, 30 juin, disponible sur https://amabhungane.org/stories/guptaleaks-the-dubai-laundromat-how-kpmg-saw-no-evil-at-the-sun-city-wedding/. Consulté le 18 octobre 2019.

Antin, D. 2013. The South African Mining Sector: An Industry at a Crossroads. Johannesburg: Hans Siedel Foundation – Economy Report South Africa (décembre).

Ashman, S., Fine, B. et Newman, S. 2011. Amnesty International? The nature, scale and impact of capital flight from South Africa. *Journal of Southern African Studies,* 37(01), 7–25.

Ayogu, M. 2019. International Trade and Capital Flight from Africa: Challenges for Governance Amherst : Political Economy Research Institute, PERI Working Paper 501.

Bezuidenhout, J. 2019. How State Capture business was conducted – former Optimun Coal CEO tells all. *BizNews*, 28 février, disponible sur https://www.biznews.com/leadership/2019/02/28/business-time-state-capture-glencore-optimum-coa. Consulté le 12 juin 2020.

Bhardwaj, T. 2018. Bank of Baroda to Shut Down its Operations in South Africa by March-end. *News 18*, 12 février, disponible sur https://www.

news18.com/news/business/bank-of-baroda-to-shut-down-its-operations-in-south-africa-by-march-end-1658781.html. Consulté le 29 mars 2020.

Bogdanich, W. et Forsythe, M. 2018. How McKinsey Lost Its Way in South Africa. *New York Times*, 26 juin, disponible sur https://www.nytimes.com/2018/06/26/world/africa/mckinsey-south-africa-eskom.html. Consulté le 10 mars 2020.

Bond, P. 2019. Lonmin's murder, by money. *Pambazuka News*, 31 mai, disponible sur https://www.pambazuka.org/economics/lonmin%E2%80%99s-murder-money. Consulté le 28 mars 2020.

Budget Justice Coalition. 2019. Budgeting in an Era of Austerity and State Capture: A Five-Year Review of Budget Policies and Outcomes. Submission by the Budget Justice Coalition to the Select and Standing Committees on Finance. Grahamstown, Afrique du Sud : Public Service Accountability Monitor (PSAM).

Cameron, J. 2017. #JoiningTheDots: Meet McKinsey Gupta mole Vikas Sagar. *BizNews*, 14 juillet, disponible sur https://www.biznews.com/sa-investing/2017/07/14/vikas-sagar-mckinsey. Consulté le 9 avril 2020.

Chabane, N., Machaka, J., Molaba, N., Roberts, S. et Taka, M. 2003. 10-year review: Industrial structure and competition policy. Johannesburg : School of Economic and Business Sciences, University of the Witwatersrand, Juin.

Collier, P., Hoeffler, A. et Pattillo, C. 2001. Flight capital as a portfolio choice. *World Bank Economic Review*, 15, 55–80.

Cotterill, J. 2018a. Jacob Zuma's son charged with corruption in Gupta family probe. *Financial Times*, 9 juillet, disponible sur https://www.ft.com/content/83b5c11e-8365-11e8-a29d-73e3d454535d. Consulté le 13 novembre 2019.

Cotterill, J. 2018b. McKinsey ordered to forfeit South African contract fees. *Financial Times*, 15 janvier, disponible sur https://www.ft.com/content/a0af77d8-fa17-11e7-a492-2c9be7f3120a. Consulté le 20 juin 2020.

Credit Suisse. 2019. *Global Wealth Report 2019*. Suisse (en ligne) : Credit Suisse Research Institute.

Faku, D. 2019. Amcu ropes in human rights lawyer Richard Spoor in Samancor battle Accessed. *Independent Online*, 10 octobre, disponible sur https://www.iol.co.za/business-report/companies/amcu-ropes-in-human-rights-lawyer-richard-spoor-in-samancor-battle-34489727. Consulté le 22 mai 2020.

Farrell, G. N. et Todani, K. R. 2004. Capital flows, exchange control regulations and exchange rate policy: The South African experience. Pretoria : Bond Exchange of South Africa, Document préparatoire au séminaire de l'OCDE « How to reduce debt costs in Southern Africa? », 25 et 26 mars 2004.

Fedderke, J. et Liu, W. 2002. Modelling the determinants of capital flows and capital flight: with an application to South African data from 1960 to 1995. *Economic Modelling*, 19(3), 419–44.

FMI. 2009. *Balance of Payments and International Investment Position Manual – 6e édition* (BPM6). Washington : FMI.

Fofack, H. et Ndikumana, L. 2010. Capital flight repatriation: Investigation of its potential gains for Sub-Saharan African countries. *African Development Review*, 22(1), 4–22.

Forslund, D. 2015a. The Bermuda Connection: Profit shifting, inequality and unaffordability at Lonmin 1999–2012 Alternative Information & Development Center.

Forslund, D. 2015b. Briefing on the report The Bermuda connection: profit shifting, inequality and unaffordability at Lonmin 1999–2012. *Review of African Political Economy,* 42(146), 657–65.

Gelb, S. et Black, A. 2004. Foreign Direct Investment in South Africa. *In* S. Estrin et M. E. Klaus (dir.), *Investment Strategies in Emerging Markets*. New York : Edward Elgar Publishing, p. 117–212.

Gous, N. 2018. Nedbank says no more to Bank of Baroda. *Business Day*, 28 février, disponible sur https://www.businesslive.co.za/bd/companies/financial-services/2018-02-28-nedbank-says-no-more-to-bank-of-baroda/. Consulté le 25 février 2020.

Henry, J. S. 2016. The Price of Offshore – Data by Region. The Global Haven Industry: http://globalhavenindustry.com/price-of-offshore-menu.

Hosken, G. 2019. Amcu mounts R7.5bn claim after accusing SA's chrome mining giant of corruption. *Sowetan Live*, 2 octobre, disponible sur https://www.sowetanlive.co.za/news/south-africa/2019-10-02-amcu-guns-for-sa-chrome-mining-giant-in-r75bn-claim/. Consulté le 24 février 2020.

Inchauste, G., Lustig, N., Maboshe, M., Purfield, C. et Woolard, I. 2015. The distributional impact of fiscal policy in South Africa Washington : World Bank Policy Research Working Paper 7194, février.

Kahn, B. 1991. Capital Flight and Exchange Controls in South Africa. Research Paper No. 4. Centre for the Study of the South African Economy and International Finance, London School of Economics.

Klein, M. W., Forbes, K. J. et Werning, I. 2012. Capital Controls: Gates versus Walls [with Comments and Discussion]. *Brookings Papers on Economic Activity*, Fall, 317–67.

Leibbrandt, M., Woolard, I., Finn, A. et Argent, J. 2010. Trends in South African Income Distribution and Poverty Since the Fall of Apartheid. OECD Social, Employment and Migration Working Papers, 11.

Lewis, J. D. 2001. Reform and Opportunity: The Changing Role and Patterns of Trade in South Africa and SADC. Africa Region Working Paper Series, 14 (mars).

Lewis, J. D. 2002. Promoting Growth and Employment in South Africa. *South African Journal of Economics,* 70(4), 727–76.

Lustig, N. 2016. Inequality and Fiscal Redistribution in Middle Income Countries: Brazil, Chile, Colombia, Indonesia, Mexico, Peru and South Africa. *Journal of Globalization and Development*, 7(1), 17–60.

Malope, L. 2019. Amcu targets Samancor's 'missing billions'. *City Press*, 14 octobre, disponible sur https://city-press.news24.com/Business/amcu-targets-samancorsmissing-billions-20191014. Consulté le 16 avril 2020.

Marchant, M., Mosiana, M., Holden, P. et van Vuuren, H. 2020. *The Enablers: The Bankers, Accountants and Lawyers that Cashed in on State Capture*. Cape Town : Open Secrets and Shadow World Investigations.

Marikana Commission of Inquiry. 2015. *Report on Matter of National and International Concern Arising Out of the Tragic Incidents at the Lonmin Mine in Marikana, in the North-West Province*. Pretoria : Office of the President, GG 38978, GeN 699 (10 juillet).

Marriage, M. 2019. Former KPMG partner struck off South Africa register over Gupta audits. *Financial Times,* 28 mars, disponible sur https://www.ft.com/content/2591c996-5157-11e9-9c76-bf4a0ce37d49. Consulté le 20 février 2020.

Marriage, M. et Coterrill, J. 2018. McKinsey unclear how to repay South Africa scandal fees. *Financial Times,* 4 mars, disponible sur https://www.ft.com/content/8e310198-1c91-11e8-aaca-4574d7dabfb6. Consulté le 20 février 2020.

McKenzie, R. et Pons-Vignon, N. 2012. Volatile Capital Flows and a Route to Financial Crisis in South Africa, MPRA Paper No. 40119.

McNeill, R. et Shabalala, Z. 2019. New Gold Rush: Gold worth billions smuggled out of Africa. *A Reuters Exclusive*. Reuters, 24 avril, disponible sur https://www.reuters.com/investigates/special-report/gold-africa-smuggling/. Consulté le 21 mars 2020.

Mehta, S. 2018. Bank of Baroda to shut down South Africa operation. *Economic Times,* 13 février, disponible sur https://economictimes.indiatimes.com/markets/stocks/news/bank-of-baroda-to-shut-down-s-africa-operation/articleshow/62896851.cms?from=mdr. Consulté le 29 mars 2020.

Merckaert, J. 2020. Bitter Chocolate: Wealth Extraction in Côte d'Ivoire Amherst : Political Economy Research Institute, Working Paper 517.

Mohamed, S. et Finnoff, K. 2005. Capital Flight from South Africa, 1980–2000. *In* G. Epstein (dir.), *Capital Flight and Capital Controls in Developing Countries*. New York : Edward Elgar, p. 85–115.

Ndikumana, L. (2008). Can Macroeconomic Policy Stimulate Private Investment in South Africa? New Insights from Aggregate and Manufacturing Sector-Level Evidence. *Journal of International Development,* 20(7), 869–87.

Ndikumana, L. 2014. Fuite des capitaux et paradis fiscaux : impact sur l'investissement et la croissance en Afrique. *Revue d'économie du développement,* 22(2), 113–41.

Ndikumana, L. et Boyce, J. K. 2003. Public debts and private assets: Explaining capital flight from sub-Saharan African countries. *World Development,* 31(1), 107–30.

Ndikumana, L. et Boyce, J. K. 2010. Measurement of capital flight: Methodology and results for sub-Saharan African countries. *African Development Review,* 22(4), 471–81.

Ndikumana, L. et Boyce, J. K. 2019. Magnitudes and Mechanisms of Capital Flight from Angola, Côte d'Ivoire and South Africa. Amherst : Political Economy Research Institute, Working Paper 500.

Ndikumana, L., Boyce, J. K. et Ndiaye, A. S. 2015. Capital flight from Africa: Measurement and drivers. *In* Ajayi, S. I. et Ndikumana, L. (dir.). *Capital Flight from Africa: Causes, Effects and Policy Issues*. Oxford : Oxford University Press, p. 15–54.

Ndikumana, L., Naidoo, K. et Aboobaker, A. 2020. Capital flight from South Africa: A case study. Amherst : Political Economy Institute, Working Paper 516.

Nicolaou-Manias, K. et Wu, Y. 2016. Illicit financial flows: Estimating trade mispricing and trade-based money laundering for five African countries. Global Economic Governance Africa (GEGAfrica), Discussion Paper 2016–2017.

Nkurunziza, J. D. 2015. Capital flight and poverty reduction in Africa. *In* Ajayi, S.I. et Ndikumana, L. (dir.). *Capital Flight from Africa: Causes, Effects and Policy Issues*. Oxford : Oxford University Press, p. 81–110.

Office of the Public Protector South Africa. 2016. *State Capture*. Report No. 6 of 2016/2017.

Omarjee, L. 2019. Bank of Baroda SA fined R400 000 by Reserve Bank regulator. *Fin24*, 6 août, disponible sur https://www.fin24.com/Companies/Financial-Services/bank-of-baroda-sa-fined-r400-000-by-reserve-bank-regulator-20190806. Consulté le 28 mars 2020.

Onishi, N. et Gebrekidan, S. 2018. In Gupta Brothers' Rise and Fall, the Tale of a Sullied A.N.C. *The New York Times*, 22 décembre, disponible sur https://www.nytimes.com/2018/12/22/world/africa/gupta-zuma-south-africa-corruption.html. Consulté le 28 mars 2020.

Pather, R. 2018. The state's case against the Guptas and co. *Mail & Gardian*, 16 février. disponible sur https://mg.co.za/article/2018-02-16-00-eight-in-court-for-milking-fiscus/. Consulté le 28 mars 2020.

Pomerantz, K. 2019. The Story Behind TIME's Cover on Inequality in South Africa. *Time*, 2 mai, disponible sur https://time.com/5581483/time-cover-south-africa/. Consulté le 29 mars 2020.

Portfolio Committee on Public Enterprises. 2018. *Report of Public Enterprises Committee into Eskom Inquiry*. Pretoria : Portfolio Committee on Public Enterprises.

Reuters. 2019. South Africa withdraws corruption charges against Zuma's son. *Reuters*, 24 janvier, disponible sur https://www.reuters.com/article/us-safrica-zuma/south-africa-withdraws-corruption-charges-against-zumas-son-idUSKCN1PI0VG. Consulté le 11 juin 2020.

Rustomjee, Z. 1991. Capital flight under apartheid. *Transformation*, 15, 89–103.

SARB. 2016. Proposed joint tax and exchange control Special Voluntary Disclosure Program. Exchange Control Circular No. 6/2016.

SARB. 2019. Currency and Exchanges Guidelines for Business Entities, 2019-10-31 Pretoria : SARB (en ligne).

SARS. 2006. SARS background briefing on tax amnesty for small business.

SARS.2017. communiqué de presse, « Over R1 billion from SVDP and still counting », Pretoria, mardi 10 octobre. https://www.sars.gov.za/Media/MediaReleases/Pages/10-October-2017---SARS-collected-over-R1-billion-from-2018-SVDP-applications.aspx

SARS. 2018a. communiqué de presse, « SARS reaches R3.3-billion mark in SVDP », Pretoria, 8 mars. https://www.sars.gov.za/Media/MediaReleases/Pages/8-March-2018---SARS-reaches-over-R3-billion-mark-in-SVDP.aspx

SARS. 2018b. *South African Revenue Service – Annual Performance Plan 2017/18*. Pretoria : SARS (en ligne).

SARS. 2019. *South African Revenue Service – Annual Report 2018/2019*. Pretoria : SARS (en ligne).

Scott, K. et Pettersson, H. 2019. South Africa is the world's most unequal country. 25 years of freedom have failed to bridge the divide. *CNN*, 10 mai, disponible sur https://www.cnn.com/2019/05/07/africa/south-africa-elections-inequality-intl/index.html. Consulté le 29 mai 2020.

Sethi, A. et Gopakumar, G. 2018. How Bank of Baroda's misadventures dragged it into South Africa's political crisis. *Hindustan Times*, 6 février, disponible sur https://www.hindustantimes.com/business-news/how-a-series-of-mistakes-by-bank-of-baroda-dragged-it-into-south-africa-s-political-crisis-ht-investigation/story-KZ8JRozaG0ToWrxbO0tbKN.html. Consulté le 17 juin 2020.

Sharife, K. et Joseph, J. 2018. India's Bank of Baroda Played a Key Role in South Africa's Gupta Scandal Organized Crime and Corruption. Organized Crime and Corruption Reporting Project (OCCRP), 27 février. Disponible sur https://www.occrp.org/en/investigations/7696-india-s-bank-of-baroda-played-a-key-role-in-south-africa-s-gupta-scandal. Consulté le16 janvier 2020.

Smit, B. W. et Mocke, B. A. 1991. Capital flight from South Africa: magnitude and causes. *South African Journal of Economics*, 59(2), 101–17.

Sole, S. et Comrie, S. 2017. How Brian Molefe 'helped' Gupta Optimum Heist. *Politicsweb*, 16 mai. Disponible sur https://www.politicsweb.co.za/news-and-analysis/how-brian-molefe-helped-gupta-optimum-heist--amabh. Consulté le 17 janvier 2020.

South African Gauteng Division High Court. 2016. Case No: 22877/2018: Eskom Holdings Soc Ltd vs. Mckinsey & Company Africa, Trillian Management Consulting, Trillian Capital Partners, National Director of Public Prosecutions and MMS Nxumalo N.O.

South African National Treasury. 1961. Exchange Control Regulations 1961 (as promulgated by Government Notice R.1111 of 1 December 1961 and amended up to Government Notice No. R.445 in Government Gazette No. 35430 of 8 June 2012). Pretoria : National Treasury.

South African National Treasury. 2003a. Exchange Control Amnesty and Amendment of Taxation Laws Act, 2003. Pretoria : National Treasury.

South African National Treasury. 2003b. Explanatory Memorandum on the Exchange Control Amnesty and Amendment of Taxation Laws Bill, 2003. Pretoria : National Treasury.

South African National Treasury. 2006. Small Business Tax Amnesty and Amendment of Taxation Laws Act, 2006. Pretoria : National Treasury.

South African National Treasury. 2018a. Final Report: Forensic Investigation into Various Allegations at Transnet And Eskom: Tender Number NT 022-2016 RFQ 026-2017. Pretoria : National Treasury.

South African National Treasury. 2018b. Minister's Speech at the SARS 2017/2018 preliminary revenue outcome announcement. Pretoria : National Treasury.

Stals, C. 1998. The changing face of exchange control and its impact on cross-border investment opportunities in South Africa. Allocution du Governeur de la Banque de réserve sud-africaine, Dr. Chris Stals, lors de la réunion annuelle de l'Australia/Southern Africa Business Council à Sydney le 23 juillet 1998.

Steenkamp, T. 1996. Some Aspects of Corporate Taxation in South Africa: The Katz Commission. *Economic Society of South Africa,* 64(1), 1–11.

Streak, J. C. 2004. The Gear legacy: Did Gear fail or move South Africa forward in development? *Development Southern Africa,* 21(2), 271–88.

Taylor, I. 2001. *Stuck in Middle GEAR: South Africa's Post-Apartheid Foreign Relations.* Westport : Praeger.

US Department of Interior. 2019. *US Geological Survey. 2015 Mineral Yearbook – South Africa* (sortie anticipée). Washington : USGS, septembre.

van der Berg, S. 2009. Fiscal incidence of social spending in South Africa, 2006. Stellenbosch University : Department of Economics, Working Paper 10/2009.

van Rensburg, D. 2019. The great Samancor 'heist'. *Fin24*, 2 octobre, disponible sur https://www.fin24.com/Companies/Mining/the-great-samancor-heist-20191002. Consulté le 31 mars 2020.

Weeks, J. 1999. Stuck in low GEAR? Macroeconomic policy in South Africa, 1996-98. *Cambridge Journal of Economics*, 23(6), 795–811.

Winning, A. 2018. South African court authorizes freezing of $130 million in McKinsey case. *Business News*, 15 janvier, disponible sur https://www.reuters.com/article/us-safrica-politics-mckinsey/south-african-court-authorizes-freezing-of-130-million-in-mckinsey-case-source-idUSKBN1F500F. Consulté le 20 novembre 2018.

Wood, E. et Moll, T. 1994. Capital flight from South Africa: is under-invoicing exaggerated? *South African Journal of Economics,* 62(1), 17–28.

World Bank, UNDP, Statistics South Africa et Department of Planning Monitoring and Evaluation. 2018. *Overcoming Poverty and Inequality in South Africa An Assessment of Drivers, Constraints and Opportunities.* Washington : World Bank.

World Inequality Database, https://wid.world/.

Zucman, G. 2013a. *The Hidden Wealth of Nations. The Scourge of Tax Havens.* Chicago : Chicago University Press.

Zucman, G. 2013b. The missing wealth of nations: Are Europe and the US net debtors or net creditors? *The Quarterly Journal of Economics*, 128(3), 1321–1361.

6.

COMMERCE INTERNATIONAL ET FUITE DES CAPITAUX

Des défis pour la gouvernance

Melvin D. Ayogu

La mauvaise gouvernance entrave la lutte contre la fuite des capitaux et les autres flux financiers illicites hors d'Afrique. La fuite des capitaux, quant à elle, sape l'efficacité de l'outil de développement que représente l'aide étrangère. Pour contribuer à lutter contre la fuite des capitaux et, partant, renforcer l'efficacité de l'aide extérieure, ce chapitre se penche sur le rôle à double tranchant de la gouvernance. Parce qu'elle peut faciliter ou dissuader la fuite des capitaux, la question de savoir comment le gouvernement exerce son pouvoir est d'une importance cruciale.

Ce chapitre porte spécifiquement sur la gouvernance du commerce international et des transactions financières liées aux échanges commerciaux. Il démontre que la gouvernance a eu un effet prédominant, à savoir faciliter la fuite des capitaux, dans les principaux pays africains.

Ce chapitre soutient qu'une part importante de la « bonne gouvernance » consiste à améliorer les pratiques de gestion et de surveillance des données sur le commerce international, qui laissent largement le champ libre aux malfaiteurs et aux malversations institutionnalisées de toutes sortes. Les gouvernements ne peuvent être exonérés de leur responsabilité en matière de qualité et de transparence des données sur le commerce transfrontalier. Or, sachant que les États et les fonctionnaires sont souvent complices des flux illicites, on ne saurait trop insister sur la nécessité d'instaurer des systèmes indépendants de vérification des données commerciales et financières.

L'économiste Dani Rodrik a observé que les effets des réformes politiques dépendent du contexte institutionnel dans lequel elles sont mises en œuvre. L'expérience a montré, par exemple, que les politiques de libéralisation des échanges « ne fonctionneraient pas si les pays ne disposaient pas d'institutions fiscales pour compenser la perte de recettes commerciales, si les marchés de capitaux n'allouaient pas de financement aux secteurs en expansion, si les fonctionnaires des douanes n'étaient pas assez compétents et honnêtes... » (Rodrik 2006). De même, l'aide étrangère ne fonctionne pas si les administrateurs publics ont la possibilité de mêler habilement ces sommes aux ressources nationales, puis de blanchir ces fonds dans des pays étrangers où toute récupération de biens publics volés serait extrêmement coûteuse.

On peut définir les institutions comme une alchimie complexe composée de règles formelles et informelles ainsi que des caractéristiques de leur exécution, qui constituent ensemble la structure de mesures incitatives d'une société (North 1991, 2002). La structure de mesures incitatives d'une société détermine les interactions entre personnes, et les types d'organisations qui se présentent pour saisir les opportunités créées par ces incitations. Lorsque la structure incitative encourage la bonne gouvernance, les régimes se tournent vers l'intérêt collectif. Lorsqu'elle encourage la mauvaise gouvernance, ce sont les comportements de prédation, le manque de responsabilité et la corruption qui prospèrent.

Vanguard, un journal quotidien au Nigéria, a donné un exemple de ce qui peut arriver lorsque les institutions fonctionnent de manière perverse : en 2016, il rapporte que le gouvernement fédéral affiche un manque à gagner de 775 millions de dollars par an de cargaisons de pétrole et de gaz « déchargées dans des terminaux non désignés ». Ce montant équivaudrait à environ 2,7 % des recettes annuelles du gouvernement fédéral du Nigéria à l'époque. Comme le précise le rapport, « les experts maritimes estiment que pour soutenir les entrées de recettes recouvrables provenant du transport, de l'accostage et du déchargement de cargaison des navires, il suffirait pour le gouvernement d'appliquer les politiques qui existent depuis de nombreuses années ». Au contraire, certains bafouent les règles avec ce qu'un expert a appelé « impunité » (*Vanguard* 2016). Cela soulève une question évidente : pourquoi un gouvernement qui a besoin de ressources de développement se priverait-il de revenus dans des circonstances qu'il maîtrise manifestement ?

Ce chapitre cherche à identifier et à comprendre comment les accords politiques, sociaux et économiques (règles formelles, normes/conventions) facilitent la corruption en général, et la fuite des capitaux en particulier, notamment en la rendant difficile à détecter. Le voile de mystères qui entoure la fuite des capitaux, et les interrogations des sceptiques qui se demandent si la fuite a vraiment lieu, portent avant tout sur le commerce des matières premières. Pour mettre un terme aux controverses à ce sujet, il faudrait mieux comprendre les règles du jeu du commerce international, qui déterminent ce canal de fuite des capitaux et ses affluents.

Avant d'aller plus loin, quelques remarques sur les institutions et le lien entre la gouvernance et la fuite des capitaux s'imposent. Des règles formelles sont créées et appliquées par des entités politiques ; ce sont les instruments de gouvernance. Les tierces parties comptent sur les gouvernements pour s'assurer que les accords, une fois conclus, seront honorés ou qu'on fera respecter leur application. La spécialisation croissante des activités économiques et la répartition des droits et des responsabilités qui en découle entraînent des complications supplémentaires.

Au fur et à mesure que le commerce compte toujours plus régulièrement de transactions complexes – impliquant diverses relations, personnelles et impersonnelles, reliant des endroits proches et éloignés –, il faudra développer des mécanismes d'application tout aussi complexes. L'on constate déjà des exemples de ce changement dans l'approche actuelle de la gestion des droits de propriété intellectuelle (PI) liés au commerce. Ces derniers sont gérés à titre de stratégie commerciale dominante, contrairement à l'approche légaliste consistant à accorder des droits exclusifs de propriété intellectuelle par le biais de la protection des brevets, du droit d'auteur et des marques. Cette transition est motivée par des questions de coûts, en particulier celui de faire respecter les droits de PI. La fuite des capitaux et le blanchiment d'argent impliquent eux aussi des transactions complexes entre de très nombreux acteurs à travers le monde. Dans la « chaîne de valeur » de l'entreprise criminelle, représentée sous forme de schéma à la figure 6.1, certaines personnalités de cette matrice sont connues de certains acteurs, tandis que d'autres sont inconnues.

L'application des droits par une tierce partie relève de la compétence du gouvernement, tandis que les « applications par première et seconde parties » constituent les normes de « comportement approprié » qui limitent le comportement des parties à un contrat. Il est essentiel d'élaborer des normes appropriées, car l'application des règles par des tierces parties est imparfaite. Ainsi, l'on comprend mieux pourquoi les citoyens enfreignent parfois de manière flagrante les règles formelles. Leur expérience peut les amener à croire qu'ils peuvent, la plupart du temps, commettre impunément une infraction, car les mécanismes d'application des règles sont peu fiables. Cela nous aide

Figure 6.1 : La proposition de «valeur» du blanchiment d'argent

Crime (dissocié des) Produits du crime

Produits du crime (séparés du) Produit blanchi

Produit blanchi (accès sans entrave du) Criminel

Criminel (dissocié du) **Crime**

aussi à comprendre comment les insurgés peuvent mener avec succès une longue guerre d'usure contre l'État, parfois en faisant perdre des infrastructures coûteuses et stratégiques telles que des oléoducs, des usines ou des raffineries de pétrole brut. Le Nigéria en constitue un bon exemple : les troubles dans le delta du fleuve Niger ont été source de difficultés pour de nombreuses sociétés étrangères d'exploration et de production pétrolières. Shell a procédé à une cession majeure, tandis que les nouveaux investisseurs sont maintenant plus intéressés par les opérations en haute mer, davantage à l'abri des troubles survenant sur le continent.

Dans les échanges complexes impliquant des réseaux denses, où la vérification par des tiers est coûteuse et exposée à l'opportunisme et à la tricherie, comme c'est le cas pour les flux financiers illicites, la confiance est cruciale au bon déroulement des transactions. Des mécanismes formels et informels d'application peuvent entrer en jeu dans certains cas, tandis que dans d'autres, les mécanismes informels suffisent. Le monopole de l'État sur la violence légitime implique une répartition inégale du pouvoir coercitif pour ce qui est de faire appliquer les règles. Par conséquent, les individus ou les groupes peuvent être tentés de détourner le gouvernement afin de déterminer comment est exercée la composante « tierce partie » de l'application des règles. La présente étude se penche précisément sur cette corrosion des institutions, qui finit par corrompre le gouvernement. Les cas examinés illustrent l'ampleur de la dégradation du rôle du gouvernement, et son importance cruciale dans la fuite des capitaux d'Afrique.

Prenons, par exemple, la déclaration suivante de l'agence de perception des impôts d'Afrique du Sud (South African Revenue Service, SARS), dont les responsabilités comprennent « la tenue de registres, la vérification, la publication et l'analyse des données commerciales » (SARS 2018) :

> Le code pays ZN a pour intitulé « Origine des marchandises inconnue. » Pour une meilleure compréhension, cet intitulé a été rebaptisé « Or, pétrole et autres » car plus de 95 % de ce poste est constitué d'or. En raison de règles héritées du passé, l'or est traité comme un pays. Il est donc impossible de déterminer où vont les exportations ou d'où viennent les importations. L'objectif est de rectifier cela, pour l'or en particulier, en passant au système général (SARS 2019).

Quand un pays, dont la première marchandise échangée est l'or, est soumise à une règle (jusqu'à récemment, du moins) décrétant que les mouvements de l'or dans nos échanges internationaux ne doivent pas être révélés, la tentation est immense pour les éventuels transgresseurs.

Une autre règle curieuse permet à l'Afrique du Sud d'exporter et d'importer avec elle-même, en déclarant le même pays d'origine (PO) et le même pays de destination (PD). Ces allers-retours sont propices à la dissimulation des flux illicites. Dans le monde de l'entreprise, des audits sont menés pour vérifier les chiffres de ventes dans les comptes annuels et pour s'assurer qu'ils traduisent des ventes réelles et non des transferts internes. Déguiser les transferts internes en ventes revient à « falsifier les comptes. » Il y a plusieurs années, Al Dunlap, qui était à l'époque le PDG de Sunbeam, a été accusé de fraude comptable par la Securities and Exchange Commission des États-Unis, pour avoir passé des commandes frauduleuses de couvertures électriques. Un journaliste financier perspicace, qui a trouvé étrange que les ventes de couvertures électriques explosent en été, a révélé qu'il s'agissait de transferts internes calculés pour gonfler les chiffres de l'entreprise sous sa direction (Byrne 1998 ; Norris 2001).

Si l'on applique ces méthodes aux échanges internationaux, que doivent penser les analystes de données des statistiques commerciales d'un pays qui achète et vend à lui-même et qui enregistre ces transactions en tant que « commerce international » ? Pourquoi l'enregistrement des exportations d'or en Afrique du Sud n'est-il pas conforme aux règles établies pour d'autres produits ? La grande latitude accordée dans la tenue des comptes officiels ouvre des possibilités dont certains s'emparent, comme on peut s'y attendre.

De même, dans les études fondées sur des données agrégées au niveau national, la sous-facturation des exportations et la surfacturation des importations représentent une part importante des flux transfrontaliers illicites (Ndikumana *et al.* 2015). Ces travaux se sont révélés utiles pour attirer l'attention sur un phénomène qui semble répandu dans la région subsaharienne, ce qui a entraîné une intensification des efforts afin d'approfondir les recherches jusqu'au niveau des types de produits dans les différents pays. L'analyse de ces données commerciales désagrégées permet de mettre au jour certains moyens de fuite des capitaux ainsi que les caractéristiques institutionnelles qui façonnent cette pratique dans différents contextes africains.

Le reste de ce chapitre est organisé comme suit. La section 2 étudie la littérature pertinente et les principaux points litigieux. Bien que les pays africains soient fortement tributaires des exportations de produits de base pour leurs recettes en devises, la nature de ces produits varie d'un pays à l'autre : des minéraux solides (c'est-à-dire non combustibles) aux produits de l'arboriculture. Les minéraux non combustibles d'importance comprennent l'or, l'argent, le platine, le diamant, le tantale et le tungstène. Les carburants sont notamment le pétrole et le gaz. La section 3 traite des échanges de cultures commerciales et des minéraux solides. La section 4 porte sur le pétrole et le gaz. S'ensuivent un résumé et des conclusions à la section 5.

ASYMÉTRIES DANS LES STATISTIQUES COMMERCIALES

Les estimations de la fuite de capitaux liée aux échanges en provenance d'Afrique (Ndikumana *et al.* 2015) se basent sur l'analyse de plusieurs sources de données conventionnelles reconnues au niveau international, telles que la Direction des statistiques commerciales, le Comtrade de l'ONU, UNCTADstat et les comptes de la balance des paiements (BP). La Direction des statistiques commerciales est une base de données du Fonds monétaire international (FMI) qui présente le total des importations et des exportations ventilées par pays partenaire, mais non par produit. UN Comtrade est la base de données des Nations Unies sur les statistiques du commerce international. Elle contient des enregistrements détaillés, à la fois par type de produit et par pays partenaire, des importations et des exportations de marchandises traversant les frontières nationales, telles que déclarées par les autorités statistiques nationales, et « est considérée comme la base de données commerciales la plus complète disponible avec plus de 3 milliards d'enregistrements »[1]. UNCTADstat est une base de données sur le commerce et le développement que la CNUCED compile, valide et traite à partir d'un large éventail de données recueillies auprès de sources nationales et internationales[2]. La balance des paiements (BP) est un registre des transactions privées et officielles entre les résidents d'un pays et le reste du monde, y compris l'échange de biens et de services ainsi que les transferts de capitaux et transferts unilatéraux. Le format du rapport de la Balance des paiements peut varier d'un pays à l'autre. Les principaux sous-comptes de la balance des paiements sont le compte courant (comptabilisation des échanges de marchandises et de services), le compte de capital (comptabilisation des opérations sur actifs immobiliers et financiers) et le solde des règlements officiels (comptabilisation des opérations de change de la banque centrale).

Ces différentes bases de données permettent d'estimer les erreurs de facturation tant au niveau des produits qu'au niveau global. On compare les exportations ou les importations enregistrées d'un pays aux importations ou aux exportations enregistrées par ses partenaires commerciaux, en tenant compte des coûts de transport et d'assurance. En regroupant les différents pays partenaires, l'on peut obtenir une estimation globale pour le pays de référence. Un rapport de la CNUCED de 2016 considère que la fuite des capitaux est largement responsable des asymétries dans les statistiques commerciales africaines[3]. Cette situation survient lorsque les entreprises sous-estiment délibérément la valeur de leurs exportations ou surestiment la valeur de leurs importations. Dans le cas des exportations, la sous-facturation leur permet de conserver et de dissimuler une partie des recettes en devises à l'étranger ; dans le cas des importations, la surfacturation leur permet d'envoyer des devises à l'étranger en sus du coût réel des marchandises importées, et l'excédent est ainsi conservé et dissimulé aux autorités du pays importateur.

Les « données miroir » concernent les cas où deux entités collectent des informations sur les mêmes transactions. Dans un jeu de données miroir, l'information provenant d'une source devrait en théorie correspondre à l'information provenant de l'autre source. Les données commerciales bilatérales en sont un exemple. En règle générale, l'on présume que deux partenaires commerciaux recueillent des informations identiques sur leurs échanges de biens et de services au cours d'une période donnée. En utilisant cette idée de correspondance des données miroir pour étudier le commerce de manière bilatérale, les spécialistes ont cherché à comprendre les divergences qui, dans certains cas, sont si importantes et persistantes qu'elles ne peuvent être attribuées à de simples erreurs d'enregistrement des données.

Les écarts cumulés entre les données miroirs dans le commerce international créent des asymétries mondiales dans les statistiques commerciales bilatérales, un phénomène qui suscite la préoccupation dans le monde entier. L'Union européenne s'inquiète particulièrement des divergences dans le commerce intra-européen des services (également appelés biens « invisibles » parce que ce ne sont pas des biens physiques) (Figueira et Hussain 2006). Les États-Unis se préoccupent des asymétries importantes dans les données sur le commerce bilatéral de marchandises avec la Chine. L'Afrique, quant à elle, se dit inquiète au sujet des considérables asymétries dans ses échanges de produits de base avec le reste du monde. En plus de l'inquiétude concernant les conséquences de ces dernières sur la fuite des capitaux, la persistance d'asymétries dans les statistiques miroir remet par ailleurs en question la crédibilité des statistiques de la balance des paiements.

Le cadre commun de déclaration des opérations de la balance des paiements, établi dans le *Manuel de la balance des paiements* du FMI vise à assurer une certaine cohérence conceptuelle et méthodologique. L'application rigoureuse du cadre par les pays limite l'éventail des explications plausibles des asymétries dans les échanges bilatéraux, car elle exclut en théorie les différences méthodologiques de base. Néanmoins, les pratiques uniformes recommandées dans le Manuel du FMI peuvent encore être interprétées et mises en œuvre avec certaines divergences. De telles variations ont généré des hypothèses concurrentes sur les explications les plus probables des asymétries persistantes des données enregistrées année après année[4]. Ces asymétries sont évoquées ci-dessous, avec des exemples de l'effet de certains des facteurs présumés dans le contexte africain.

Les estimations actuelles de la fuite des capitaux hors d'Afrique sont probablement prudentes en raison de l'absence quasi totale de registres sur le commerce des services. Le commerce des services est une composante majeure des mouvements de devises, car l'Afrique est très dépendante des coentreprises dans les industries extractives. Il s'agit notamment de services d'ingénierie, de services maritimes, d'aviation, d'assurance et de services financiers, de communications, de services informatiques et d'information, ainsi que des redevances et droits de licence. Les autres éléments manquants comprennent divers services commerciaux, professionnels et techniques, tels que les services juridiques, comptables, de gestion, de conseil et de relations publiques, la publicité, les études de marché et la R&D. L'Afrique s'efforce d'atteindre son objectif de diversifier son économie, et le secteur des services occupera donc à l'avenir une place plus importante. À l'heure actuelle, la plupart de ces services sont fournis par des expatriés relativement bien payés vivant dans des quartiers chics des pays d'accueil, souvent avec des dispositifs de sécurité stricts. Pourtant, le commerce international de ces services n'est toujours pas enregistré dans les comptes.

Les explications concurrentes sur les asymétries des données miroir sur le commerce en Afrique peuvent être classées en deux grands volets, à savoir l'hypothèse de la fuite des capitaux et les hypothèses alternatives, plus innocentes. Ce dernier volet soutient que les asymétries dans les statistiques commerciales miroir sont dues a) à des erreurs accidentelles dans l'enregistrement des transactions commerciales, b) à des coutumes et pratiques diverses connues et inconnues au niveau des sources primaires où les données commerciales sont collectées (problèmes de métadonnées), et c) à des habitudes qui peuvent sembler être des tentatives délibérées de camouflage mais qui sont en fait de simples bizarreries administratives. Différents cas possibles sont présentés ci-dessous.

Différences de classification

Sur le spectre des explications possibles, on trouve du côté le plus « innocent » la possibilité que la même transaction puisse être déclarée avec exactitude par les deux parties, mais classée différemment. Cela affecterait les écarts commerciaux spécifiques aux produits de base, mais pas les écarts globaux. Plusieurs dispositifs de tables de conversion et de correspondance ont été mis au point, afin de réduire au minimum ces écarts lors du rapprochement au niveau du produit. Le *Système harmonisé de désignation et de codification des marchandises* mis en place par l'Organisation mondiale des douanes classe le commerce par type. La *Classification type pour le commerce international* (CTCI) mise à jour par la Commission de statistique de l'ONU, qui en est à sa quatrième révision, vise à faciliter la classification des transactions. Son supplément, *Broad Economic Categories*, également publié par l'ONU, fournit une classification à trois chiffres des marchandises transportables en fonction de leur utilisation finale principale.

Il est peu probable que les produits de base, qui représentent les principales exportations de l'Afrique, soient concernés par ce problème de classification. Les classifications des produits primaires sont relativement claires, et concernent des cultures telles que les fèves de cacao, les grains de café, les fleurs coupées, les noix de cajou et le tabac, ainsi que des minéraux tels que les diamants, l'or, l'argent, le tantale, la tanzanite, le platine, le pétrole brut et le gaz naturel. Si ces types de marchandises tombent dans les zones grises, ce n'est pas en raison de leur complexité ou de leur nature amorphe.

La classification des pays de destination ou d'origine peut également entraîner des divergences dans les comparaisons de données bilatérales. Encore une fois, celles-ci ne devraient toutefois pas donner lieu à des écarts au niveau global. Le Manuel des Nations Unies sur la classification commerciale donne des exemples :

> Le partenaire « Zones NPA (non précisées ailleurs) » est utilisé (a) pour les échanges de faible valeur et (b) si la désignation du partenaire était inconnue du pays ou si une erreur a été commise dans l'attribution du partenaire. Le pays déclarant ne communique pas à l'ONU les informations du partenaire commercial dans ces cas précis. Parfois, les **déclarants font cela pour protéger les informations de l'entreprise... Pour des raisons de confidentialité, les pays peuvent ne pas signaler une partie des détails de leur commerce** [nous soulignons]. Le commerce des marchandises sera toutefois inclus au niveau plus élevé des produits de base et dans la valeur totale du commerce des biens et des services[5].

Le calendrier des expéditions peut également entraîner des divergences : les marchandises exportées vers la fin d'une année peuvent ne pas être enregistrées en tant qu'importations avant le début de l'année suivante. Si c'était la seule raison des écarts, cependant, les totaux des données sur plusieurs années devraient résoudre le problème. Cette hypothèse ne peut expliquer les asymétries qui persistent dans le temps ou entre les produits et les partenaires.

Erreur d'attribution du partenaire

Des actes délibérés de fausse déclaration d'origine ou de destination par un importateur ou un exportateur, ou par les deux parties, peuvent survenir afin de bénéficier de mesures commerciales, comme des réductions de droits de douane ou des concessions tarifaires, accordées en fonction du pays d'origine ou de destination. Les erreurs d'attribution peuvent aussi faciliter la contrebande ou d'autres formes de camouflage qui rendent plus difficile de remonter la piste des avoirs pour les geler ou les confisquer, par exemple pour les produits de la corruption et du blanchiment d'argent.

Ce qui est intéressant dans l'hypothèse des erreurs d'attribution, c'est que les règles du jeu semblent avoir été conçues pour donner aux autorités déclarantes une excuse plausible. Les pays ont une considérable marge de manœuvre pour déclarer les transactions, malgré l'objectif affiché d'harmoniser ce système. La Commission de statistique de l'ONU, préoccupée par les libres critères d'attribution des partenaires qui réduisent la fiabilité des données commerciales, fait les observations suivantes :

> Pour les statistiques du commerce des marchandises, presque tous les pays déclarent comme pays partenaire pour les importations le pays d'origine, qui est déterminé par **les règles d'origine établies par chaque**

> **pays** [nous soulignons], et comme pays partenaire pour les exportations, le pays de dernière destination connue[6].

D'autres complications se manifestent dans les opérations transnationales des sociétés multinationales impliquées dans des chaînes de valeur mondiales.

Des controverses ont éclaté récemment, faisant suite aux conclusions troublantes d'études s'appuyant sur des données commerciales[7]. Motivé en partie par ces controverses, peut-être, le Groupe d'experts des statistiques du commerce international des marchandises (IMTS) des Nations unies a proposé que le manuel de compilation des données prévoie la possibilité de désigner le « pays de consignation » comme partenaire (*ibid.*). Les règles actuelles permettent au pays exportateur d'enregistrer comme pays d'expédition la « dernière destination connue ». En plus du fait que chaque pays établit ses propres règles d'origine, cela a permis aux régimes si enclins à « falsifier les comptes » de bénéficier d'une totale latitude pour le faire, en pouvant le nier de façon plausible. Selon les règles proposées par l'IMTS, il sera plus difficile de jouer la carte du déni plausible si les enregistrements précisent qu'une destination peut en fait être un point de transit plutôt qu'un pays importateur. Cela peut être considéré comme une mesure de lutte contre les négligences dans le reporting de la gouvernance du commerce international ; ou encore comme la reconnaissance tacite que cette méthode est un canal potentiel de pratiques illicites dans le commerce international. Quoi qu'il en soit, il s'agit d'un progrès. Les initiatives actuelles de UN Comtrade visant à améliorer sa base de données reflètent également les efforts déployés pour améliorer la situation. Elles visent en effet à fournir aux utilisateurs « davantage d'informations sur la nature des flux commerciaux et l'attribution des pays partenaires ; l'évaluation symétrique des importations et des exportations et plus d'informations sur les coûts d'assurance et de fret ; ainsi que plus d'informations sur la nature des flux commerciaux, en particulier les réexportations, les réimportations et les marchandises destinées à la transformation, et le commerce intra-entreprise »[8].

Ports francs

Les ports francs jouent un rôle important dans l'anonymisation du commerce international, comparable à celui des anonymiseurs dans le monde des monnaies virtuelles (FBI 2012). Ils compliquent la tâche de rapprochement des données commerciales, tout en augmentant les possibilités de fuite des capitaux liée au commerce. Un port franc est un lieu où les marchandises importées peuvent être stockées en franchise de droits en attendant a) leur réexportation, b) leur entrée, tous droits acquittés, dans le pays importateur, ou c) leur transformation en franchise de droits de douane avant leur réexportation. Les ports francs sont par exemple les ports de Singapour, Hong Kong, Dubaï, Panama et Amsterdam, ce dernier étant le premier entrepôt d'Europe. L'importation de marchandises destinées à la réexportation, avec ou sans ajout de valeur dans le port franc lui-même, s'est considérablement développée, en particulier avec l'avènement de la conteneurisation des cargaisons. Ce commerce est désormais si bien établi que des spécialistes ont même vu le jour. Ils font office à la fois d'importateurs et d'exportateurs, agissant en tant que négociants dans certains corridors maritimes. Le terme « commerce d'entrepôt » est désormais établi dans le commerce international, ce qui témoigne de l'importance de cette activité (voir encadré 6.1).

Lorsqu'un pays, pour diverses raisons, n'est pas en mesure d'échanger directement avec un autre pays, on devine aisément que le commerce d'entrepôt peut être un instrument utile. Disons, par exemple, que le pays A respecte une sanction régionale imposée au pays C, et que le pays B est à la fois une partie neutre et un entrepôt. Le pays A échange librement avec B, et le pays C avec B. Dans ce cas, par l'intermédiaire de l'entrepôt, le pays A peut échanger indirectement avec C et continuer à plaider un déni plausible. S'ils ne sont pas vérifiés, les entrepôts peuvent faciliter la contrebande. Les transgresseurs utilisant ces installations peuvent falsifier les certificats d'origine ainsi que les déclarations de destination. De toute évidence, les protocoles de reporting en vigueur dans les ports francs et la nature de leurs activités sont des facteurs importants pour résoudre les problèmes de fiabilité des données commerciales et tirer des conclusions à partir des informations contenues dans les données commerciales.

Par exemple, le commerce d'entrepôt dans le port franc d'Amsterdam peut expliquer une partie des écarts importants et systématiques des statistiques commerciales entre les Pays-Bas et la Côte d'Ivoire, en ce qui concerne les fèves de cacao en provenance de Côte d'Ivoire. Contrairement aux écarts observés avec la plupart de ses autres partenaires commerciaux, les exportations de la Côte d'Ivoire vers les Pays-Bas présentent une surfacturation (CNUCED 2016). En d'autres termes, la Côte d'Ivoire déclare vendre plus de cacao aux Pays-Bas que ces derniers n'en importent. Du point de vue ivoirien et dans le jargon de l'IMTS, les Pays-Bas sont le pays de « dernière destination connue » des fèves de cacao en provenance d'Abidjan. Ce cas néerlandais revêt un intérêt particulier parce que le commerce des

Encadré 6.1: Bitcoin et le rôle des ports francs dans le commerce des matières premières en Afrique

Quel est le point commun entre les Bitcoins, le commerce d'entrepôt, les ports francs et les anonymiseurs? La réponse, en un mot, c'est le secret.

Lancés en 2009, les Bitcoins sont des comptes (adresses) comprenant des chaînes uniques de chiffres et de lettres qui représentent les unités de la monnaie Bitcoin et permettent d'identifier chaque transaction. Les transactions ne sont pas systématiquement liées à une entité. La fonction « delink » permet un certain anonymat, tout comme un port franc dissimule à son pays d'origine la destination finale d'un envoi.

Même lorsqu'elles se font avec un certain niveau d'anonymat, les transactions en Bitcoin sont néanmoins transparentes, dans le sens où elles sont accessibles au public dans un registre de transactions partagées. Strictement parlant, le Bitcoin est donc semi-anonyme, car certains aspects des transactions ne sont pas cachés. Il en va de même pour le commerce d'entrepôt, si les parties font des déclarations exactes, complètes et opportunes.

L'anonymat des crypto-monnaies peut être renforcé grâce à l'utilisation d'accessoires conçus pour camoufler la source d'une transaction Bitcoin et permettre ainsi un niveau d'anonymat extrêmement élevé. Avec de tels dispositifs, les empreintes numériques – à savoir les instructions de l'expéditeur à l'utilisateur destinataire final – sont complètement effacées. Ces outils et services collectivement appelés « anonymiseurs » ne se cachent pas de leur finalité.

Mixer, une version avancée d'un anonymiseur, masque la chaîne de transactions sur la blockchain (c'est-à-dire sur le registre à jour contenant les enregistrements cryptés de toutes les transactions précédentes) en les regroupant dans la même adresse Bitcoin et en les transmettant ensemble d'une manière qui masque l'origine de la transaction (c'est-à-dire qu'il crée l'impression qu'elles ont été envoyées à partir d'une autre adresse que leur véritable origine). Un autre logiciel sophistiqué dans ce répertoire d'anonymiseurs est un «tumbler» qui exécute des instructions de paiement par le biais de protocoles complexes défiant les tentatives de cartographie des adresses individuelles de cryptomonnaies dans des transactions spécifiques.

Pour les personnes les plus au fait des pratiques mondiales des sociétés multinationales, ces mécanismes de dissimulation devraient rappeler les comportements des multinationales dans le domaine du courtage des produits de base et dans les juridictions du secret. Le parallèle entre le Bitcoin et le rôle des ports francs dans le commerce des produits de base en Afrique est évident.

fèves de cacao avec les Pays-Bas représente plus de 30 % des exportations ivoiriennes du principal produit de base de la Côte d'Ivoire[9].

Le commerce du cacao entre la Côte d'Ivoire et ses partenaires commerciaux – à l'exception des Pays-Bas – fait généralement l'objet d'une sous-déclaration systématique, ce qui signifie que la Côte d'Ivoire déclare vendre moins de cacao à ces pays que leurs registres ne disent en importer. Cela peut être à des fins de fuite des capitaux, ou bien signifier que les pays de destination ont acheté une partie des fèves de cacao directement à la Côte d'Ivoire et une autre partie par l'intermédiaire de tiers. Les deux pratiques sont en jeu lorsque les fèves de cacao expédiées à l'entrepôt sont facturées (et enregistrées en Côte d'Ivoire) à un prix inférieur au prix du marché et réexportées ensuite vers leur destination finale au prix du marché réel.

En essayant de résoudre ces énigmes statistiques, le chercheur français Jean Merckaert (2020) a découvert que les Pays-Bas ne fournissent pas leurs statistiques commerciales complètes sur le commerce d'entrepôt à l'ONU Comtrade et en particulier, ne communiquent aucune donnée sur les réexportations de cacao. Les Pays-Bas choisissent de fournir à l'ONU des données sur les exportations et les réexportations industrielles, mais dans un format agrégé qui ne précise pas les parts respectives de ses divers composants. On ne peut que se perdre en conjectures sur les raisons de fournir à l'ONU des données sur les réexportations industrielles mais pas sur les réexportations primaires, ainsi que sur la raison pour laquelle ces données ne sont communiquées que sous forme agrégée. Par cette pratique, les Pays-Bas exercent leur droit dans le cadre des dispositions de la convention 2010 du Groupe d'experts des statistiques du commerce international des marchandises. Comme indiqué précédemment, ces types d'anomalies dans les données miroir sur le commerce sont la cible des initiatives actuelles visant à améliorer les règles internationales de déclaration. À l'heure actuelle, cependant, il semble y avoir suffisamment de marge de manœuvre dans la pratique du commerce d'entrepôt pour que les personnes opportunistes se servent aisément des ports francs comme lieu de transit pour des activités commerciales illicites. Ces endroits peuvent donc potentiellement faciliter les flux financiers illicites.

Un autre effet pervers des activités des pôles commerciaux mérite d'être souligné. En camouflant les informations sur certains segments de la chaîne de valeur – par exemple, en cachant le prix auquel un produit est échangé ou le lieu où il est expédié – les pays qui abritent des ports francs empêchent les pays producteurs de produits primaires de se diversifier. En effet, les pays en développement doivent pouvoir connaître les valeurs ajoutées sur chaque segment de la chaîne de valeur mondiale que parcourent leurs produits de base. Ce sont là des paramètres cruciaux dans les stratégies industrielles des pays qui cherchent à déterminer sur quels segments de la chaîne de valeur se positionner, en fonction de leurs avantages comparatifs dynamiques. Le développement de ces avantages comparatifs, là où ils n'existent pas encore, est un objectif fondamental de la planification du développement. Il ne serait pas si compliqué pour les autorités nationales de conclure un accord international sur les déclarations commerciales, exigeant une plus grande transparence.

Les pays en développement se voient donc empêchés de déterminer clairement à quelles activités économiques participer, et ces manquements à l'éthique concernent de la même façon le sous-secteur des produits arboricoles que le sous-secteur des industries extractives, par exemple. Si des citoyens préoccupés, partout dans le monde, ont lancé avec conviction des initiatives « *Publish what you pay* » (« Publiez ce que vous payez ») en faveur de la transparence dans les industries extractives, ce même type d'actions pourrait assurément être mené pour le secteur arboricole[10]. Une initiative dans ce sens pourrait par exemple être baptisée « Publiez ce que vous prenez », ou mieux encore, « Publiez ce que vous prenez et où c'est expédié ».

Contrebande

L'importation de contrebande entraîne des écarts dans les statistiques commerciales lorsque la valeur des marchandises est enregistrée dans les données du pays exportateur mais n'est pas enregistrée ou sous-évaluée dans les données du pays importateur. La « contrebande pure » fait référence aux cas où les marchandises échappent complètement à l'enregistrement. La « contrebande technique » fait référence aux cas où l'importation est enregistrée mais où les quantités, les prix ou les deux sont sous-estimés. La motivation première de ces deux types de contrebande est de se soustraire aux droits de douane ou à d'autres restrictions aux échanges.

Bien sûr, les marchandises de contrebande doivent être payées intégralement, comme toutes les autres importations, et leurs paiements constituent un certain type de flux financiers illicites. Ils se distinguent de la fuite des capitaux, qui représente un autre sous-ensemble de flux financiers illicites, en ce sens que les fonds sont utilisés pour payer les importations, pas pour être cachés à l'étranger. Dans la terminologie de la balance des paiements, les paiements pour les importations de contrebande relèvent du compte courant tandis que la fuite des capitaux relève du compte de capital[11].

L'exportation de contrebande entraîne également des écarts lorsque la valeur (totale) de la marchandise est enregistrée dans les données du pays importateur, mais pas du pays exportateur. Là encore, la première motivation est de se soustraire aux droits de douane ou à d'autres restrictions aux échanges. L'exportation de contrebande est généralement moins répandue que l'importation de contrebande, pour la simple raison que les taxes à l'exportation sont moins répandues que les taxes à l'importation. Contrairement à l'importation de contrebande, l'exportation de contrebande peut être un vecteur de fuite des capitaux si les revenus sont détenus à l'étranger.

La contrebande, à la fois pure et technique, peut se produire aux deux extrémités de la transaction d'échange. Toutes choses égales par ailleurs, si la frontière du pays A est plus étroitement surveillée que celle du pays B, des divergences dans les données miroir du commerce peuvent être utilisées pour évaluer l'ampleur de la contrebande à destination ou en provenance du pays B. Les différences dans les niveaux d'application traduisent les différences entre les institutions. Le fait d'utiliser les données sur les partenaires comme indicateur de l'ampleur de la contrebande, et les données commerciales comme indicateur de fuite des capitaux, revient à présumer un meilleur fonctionnement des institutions dans les juridictions partenaires, généralement celles des pays industrialisés[12].

Il peut y avoir un lien entre l'activité de contrebande et les ports francs. Si une marchandise est introduite en contrebande dans un port franc, ou si un contrebandier est actif à la fois dans le pays d'origine et dans une juridiction « d'entrepôt », la marchandise peut être plus facilement réexportée vers un pays de destination sous une forme « nettoyée », c'est-à-dire en tant que marchandise non introduite en contrebande provenant soit du port franc, soit, selon de faux documents, de n'importe quel pays d'origine plausible.

Fausse facturation

La fausse facturation fait référence à la falsification de la valeur d'un échange en déclarant de façon délibérément erronée le prix, la quantité ou les deux dans les documents commerciaux. Outre la contrebande, la fausse facturation est souvent motivée par l'évasion fiscale, la fraude aux douanes ou le contournement des restrictions sur les quotas, ainsi que le contrôle des changes. Parmi les autres objectifs illicites, citons le fait de permettre à des personnes d'obtenir de l'argent sous de faux prétextes, par exemple par de fausses ristournes de droits de douane, le préfinancement d'exportations inexistantes et l'obtention de rabais pour des exportations fictives (voir encadré 6.2).

Lorsqu'un exportateur ou un importateur falsifie des documents afin de conserver illégalement de l'argent à l'étranger, la fuite de capitaux qui en résulte correspond à du blanchiment d'argent tel que défini par les lois américaines de lutte contre le blanchiment d'argent[13]. Les mouvements des fonds sont structurés de manière à éviter d'être détectés (déclaration des transactions). Le fait de contourner les réglementations de contrôle des changes – dans le cas des exportations, l'obligation de restituer les recettes d'exportation aux

Encadré 6.2: Bitcoin et le rôle des ports francs dans le commerce des matières premières en Afrique

Le cas le plus célèbre d'utilisation frauduleuse d'un système incitatif à l'exportation en Afrique est l'« affaire Goldenberg » qui a secoué le Kenya au début des années 1990. Il a fallu 22 ans pour démêler l'écheveau des détails de l'affaire, qui semblait impliquer tous les acteurs d'une certaine importance dans le paysage politique kényan ainsi que les institutions clés de la gouvernance. Le chef de la police secrète du pays, James Kanyotu, qui a porté le titre officiel de Directeur du renseignement national pendant 27 ans, entre 1965 et 1992, était l'un des instigateurs de cette fraude (Bosire 2005). Trois cent cinquante personnes ont été identifiées comme ayant reçu de « l'argent Goldenberg », pour un total de plus de 150 milliards de shillings kényans (une somme à peu près équivalente à 1,5 milliards de dollars américains) (*ibid.*). Dans un pays où le revenu par habitant était de 166 000 shillings kényans en 2017, ce montant équivalait au revenu annuel moyen total de près d'un million de Kenyans.*

Enregistrée en juillet 1990, Goldenberg International Limited, société à responsabilité limitée, aurait commencé à exporter des bijoux en or et en diamants en vertu du protocole sur les Fabricants locaux (dédommagement à l'exportation), qui prévoyait le paiement par le Département des douanes et accises d'une compensation à l'exportation de 20 % aux exportateurs admissibles sur la valeur des marchandises exportées. La société a obtenu un paiement supplémentaire de 15 % sur ses exportations d'or et de bijoux en diamant. L'accord était lucratif ; comme l'énonçait un rapport de la radio publique nationale : « Pour 100 $ de devises étrangères que Goldenberg apportait, le gouvernement kényan allait injecter 35 $ supplémentaires en shillings kényans – un énorme bonus » (Simon 2013). Les fonds étaient versés par le Trésor et traités comme un remboursement des douanes.

Goldenberg International Limited et son collaborateur, Exchange Bank Limited, ont reçu des compensations à l'exportation jusqu'en 1994 environ, date à laquelle la fraude a été mise à jour. Des questions ont ensuite été soulevées quant à la légitimité du régime et des paiements, y compris la question fondamentale de savoir si l'or et les diamants étaient effectivement exportés par Goldenberg International Limited. Il a finalement été déterminé que l'affaire Goldenberg constituait un cas de subvention pour une exportation fictive**.

-----

* Le revenu par habitant est tiré de l'Étude économique (2018), Bureau national de statistique du Kenya.

** Des analyses supplémentaires sont disponibles à l'adresse http://www.kenyalaw.org/Downloads_FreeCases/93165.pd, consulté le 1er mai 2018.

autorités monétaires nationales au taux de change officiel, et dans le cas des importations, l'achat de devises au taux officiel supérieur à la valeur réelle des marchandises importées – constitue en soi un crime équivalent à l'évasion fiscale. Dans le pays de destination, les paiements masquent la provenance des avoirs. Ainsi, au crime initial de falsification s'ajoute un élément de structuration de la transaction monétaire dont le but est de dissimuler l'origine et la nature de l'argent, ou la nature de la transaction pour éviter de la déclarer. Ce sont des éléments clés pour caractériser le blanchiment d'argent : « comment on déplace l'argent et pourquoi »[14].

Pour que le système fonctionne, la contrepartie à l'autre bout de la transaction doit accepter de conserver le paiement à la demande de son partenaire commercial. Cette coopération est clairement indispensable à la transaction. On peut douter du fait que la contrepartie déclarera dans les documents demandés par sa banque, pour la partie « connaissance du client » (Know Your Customer, KYC), que le dépôt est une recette d'exportation jamais reçue ou l'excédent d'un paiement pour une importation conservé à l'étranger par son partenaire pour échapper aux contrôles des changes[15]. Si les spécialistes des flux financiers illicites y voient clair dans ces manigances, il serait naïf de présumer que ceux qui cultivent de telles alliances et réalisent régulièrement ces opérations ne sont pas conscients de la structure et de l'objectif de ces montages ; à savoir, déplacer des fonds pour qu'ils ne soient pas détectés par les forces de l'ordre, et contribuer à maquiller ces fonds comme des avoirs légitimes.

De même, il est difficile de croire que les États servant d'entrepôts, de ports francs ou de pôles d'expédition ignorent totalement leur rôle dans la facilitation de flux financiers potentiellement illicites. Au contraire, on peut raisonnablement supposer que ces juridictions sont suffisamment astucieuses pour comprendre en quoi les pôles commerciaux encouragent la fausse facturation et la fausse attribution des échanges. Ces juridictions savent très bien comment cesser de jouer ce rôle, si elles le souhaitent, et à cet égard, les pôles commerciaux sont au commerce international ce que les juridictions secrètes sont à la finance. Ils facilitent tous deux la fuite des capitaux et le blanchiment d'argent. Leurs règles formelles et informelles ont pour objectif d'attirer ce type d'activité au moyen de mesures incitatives intrinsèques. La main des gouvernements est bien visible sur cette table, largement tendue aux parties intéressées, au vu et au su de tous.

Prix de transfert

L'établissement de prix de transfert – ou plus précisément, l'établissement de faux prix de transfert – fait référence aux pratiques de falsification volontaire de l'auto-facturation par des entreprises multinationales actives dans plusieurs juridictions, dans l'objectif de

« trafiquer les comptes » pour déplacer les bénéfices vers des juridictions au régime fiscal privilégié (ou nul) (Kabala et Ndulo 2018). Ce phénomène se distingue de la fuite des capitaux. Dans la mesure où les bénéfices auraient été rapatriés dans tous les cas, les prix de transfert réduisent les recettes fiscales du gouvernement, mais pas l'encours de capital du pays. Nous évoquons néanmoins ce sujet ici car les phénomènes de prix de transfert et de fuite des capitaux ont certaines caractéristiques en commun.

Contrairement à la fausse facturation pour la fuite des capitaux, dont l'ampleur peut être évaluée en observant des écarts dans les données miroir entre partenaires commerciaux, la fausse facturation de prix de transfert est symétrique des deux côtés de la transaction. Les importations surfacturées (par exemple, pour les droits de propriété intellectuelle ou la fourniture d'autres services intra-entreprise) ont, pour contrepartie, des exportations surfacturées par le pays exportateur ; et de même, les exportations sous-facturées (par exemple, des minéraux) sont compensées par des importations sous-facturées dans les comptes du pays importateur. Cela signifie que les prix de transfert ne sont pas inclus dans les ajustements habituels pour la fausse facturation utilisés dans l'estimation de la fuite des capitaux.

Les prix de transfert à des fins d'évasion ou de fraude fiscales (la différence entre les deux dépend du caractère plus ou moins légal de la pratique) posent problème tant dans les pays développés que dans les pays en développement. Toutefois, l'impression qui domine est que la pratique des prix de transfert est plus répandue dans les pays en développement, et l'on dispose aujourd'hui de nouveaux éléments de preuve à l'appui de cette perception[16]. Une étude récente sur l'Afrique du Sud a également fait état d'un constat frappant, à savoir que cette pratique serait fortement concentrée au sein des grandes entreprises multinationales : les 10 % des entreprises à capitaux étrangers les plus importantes représentaient 98 % des pertes fiscales totales du pays causées par le transfert de bénéfices (Wier et Reynolds 2018).

En dépit de nombreuses initiatives pour réduire les prix de transfert abusifs, le problème persiste encore aujourd'hui. La croissance du commerce intra-entreprise dans le monde entier en est une raison : lorsqu'une multinationale fixe un prix pour des biens ou des services fournis par une filiale à une autre, qui peut remettre en question son évaluation du « juste » prix ? Les estimations de l'ampleur des prix de transfert reposent généralement sur des données relatives aux prix contrefactuels pratiqués dans des conditions de pleine concurrence lorsque ces informations sont disponibles. Or, il n'est pas simple de mobiliser les résultats de ces comparaisons à des fins juridiques et d'application, même lorsque les règles formelles sont claires et strictes. En réalité, les règles ne sont souvent ni claires ni strictes, ce qui traduit non seulement la faiblesse des institutions gouvernementales, mais aussi combien des intérêts puissants peuvent façonner leurs environnements réglementaires. En cherchant à dresser les pays les uns contre les autres, les entreprises multinationales usent de leur influence pour faire pression non seulement pour que les règles leur soient favorables, mais aussi pour diminuer les taux d'imposition et obtenir des exonérations fiscales. Et même lorsqu'ils ont des besoins urgents de revenus, les gouvernements accèdent souvent à leurs demandes.

FUITE DE CAPITAUX ET ÉCHANGES COMMERCIAUX : LES MATIÈRES PREMIÈRES NON COMBUSTIBLES

Cette section analyse les procédures d'exportation et d'importation des produits hors combustibles à partir du cas du Nigéria. La section suivante fera de même pour les produits combustibles. L'objectif est d'éclairer les fondements institutionnels de la fuite des capitaux, la façon dont les mesures incitatives influencent les règles du jeu. Comme le montre cette section, le phénomène ne se résume pas à d'inoffensifs écarts statistiques, et la fuite des capitaux touche tous les secteurs.

Formalités d'exportation

Les produits de base occupent une place prépondérante dans le commerce international de l'Afrique. Le tableau 6.1 présente la richesse en ressources, définie comme la part des exportations de produits primaires dans les exportations totales, pour les pays africains pour lesquels les données pertinentes sont disponibles. Dans la majorité des 46 pays, le ratio s'élève à plus de 50 pour cent. Les produits agricoles sont les produits primaires échangeables les plus répandus. Il s'agit notamment des cultures d'exportation traditionnelles telles que le cacao, le café, le sucre et le coton ; des céréales telles que le maïs, le blé, le sorgho, l'orge, le seigle, l'avoine, le millet et le riz ; des cultures oléagineuses telles que l'huile de palme, le soja, le tournesol, les graines de colza, l'arachide, le sésame et la noix de coco ; des racines et tubercules tels que le manioc, le taro et l'igname ; des fruits et légumes ; et du tabac. Les minéraux solides extraits en Afrique comprennent notamment l'or, l'argent, le platine, la tanzanite, l'aluminium, le palladium, le diamant, le manganèse, le cobalt, le phosphate, la bauxite, l'étain, le tantale et le tungstène.

Bien qu'il soit plus connu pour ses ressources pétrolières, le Nigéria produit une grande variété de minéraux solides, dont la plupart se trouvent dans le nord, la ceinture du milieu et l'ouest du Nigéria, avec une forte concentration dans l'État du Plateau et les États occidentaux[17]. Les règles formelles régissant l'exportation de produits non combustibles du Nigéria sont résumées dans les organigrammes présentés à la figure 6.2A. La première étape pour un exportateur potentiel est de s'enregistrer auprès de la Commission des affaires commerciales, puis auprès du Conseil nigérian pour la promotion des exportations (NEPC). Si l'exportateur satisfait aux exigences d'enregistrement, le Nigerian Export Promotion Council (NEPC) délivre un certificat attestant que l'entité est un exportateur reconnu au Nigéria.

Dix-sept certificats d'exportation supplémentaires sont exigibles à l'étape 5, selon le produit et le pays de destination (voir le tableau 6.2). Les ports francs et les pôles commerciaux sont particulièrement importants pour les articles 3 à 5, à savoir les certificats de prélèvement sur le cacao, les concessions tarifaires pour le commerce Nord-Sud et les programmes de facilitation des exportations pour le commerce intrarégional. Pour obtenir les avantages commerciaux promis par ces régimes, les exportateurs doivent soumettre des déclarations sur l'origine et la destination des produits. Or, ces exigences peuvent être aisément contournées en tirant parti des failles offertes par les pôles commerciaux, comme décrit ci-dessus.

Dans les faits, la procédure d'exportation des minerais non combustibles, telle qu'un opérateur expérimenté dans les minéraux solides et les matières premières agricoles me l'a exposée lors d'un entretien, prend une forme parallèle mais différente[18]. Les règles et normes informelles viennent compléter les règles formelles énoncées ci-dessus, façonnant la structure incitative sous-jacente. L'objectif de l'exportateur est de conserver le maximum de recettes de l'exportation. En principe, un exportateur nigérian dûment enregistré est tenu par la loi de remettre l'ensemble des recettes de l'exportation à sa banque pour conversion en monnaie nationale au taux de change officiel, qui est invariablement inférieur au taux du marché[19]. Cette politique est perçue par les exportateurs comme un impôt caché. À l'instar d'autres impôts, cette obligation est considérée comme excessivement lourde, compte tenu de la médiocrité des services publics et de l'impression que la kleptocratie est répandue.

Les règles permettent également à l'exportateur de déposer ses recettes sur un compte de recettes d'exportation en devises étrangères (appelé compte NXP), dont il peut tirer des devises étrangères à certaines fins approuvées. Il existe une alternative : après avoir converti

Tableau 6.1 : Intensité d'utilisation des ressources de certaines économies africaines

	Pays	Taux de l'intensité
1	Algérie	0,98
2	Angola	0,96
3	Bénin	0,83
4	Botswana	0,16
5	Burkina Faso	0,73
6	Burundi	0,76
7	Cameroun	0,91
8	Cap-Vert	0,41
9	République centrafricaine	0,57
10	Tchad	0,95
11	Côte d'Ivoire	0,80
12	République démocratique du Congo	0,59
13	Égypte	0,58
14	Guinée Équatoriale	0,96
15	Éthiopie	0,84
16	Gabon	0,95
17	Gambie	0,66
18	Ghana	0,69
19	Guinée	0,78
20	Guinée Bissau	0,96
21	Kenya	0,69
22	Lesotho	0,08
23	Madagascar	0,53
24	Malawi	0,88
25	Mali	0,52
26	Mauritanie	0,91
27	Maurice	0,29
28	Maroc	0,36
29	Mozambique	0,88
30	Namibie	0,53
31	Niger	0,62

Tableau 6.1 : Intensité d'utilisation des ressources de certaines économies africaines [suite]

	Pays	Taux de l'intensité
32	Nigéria	0,98
33	Rwanda	0,86
34	Sénégal	0,66
35	Seychelles	0,88
36	Sierra Leone	0,40
37	Afrique du Sud	0,45
38	Soudan	0,86
39	Swaziland	0,41
40	Tanzanie	0,60
41	République du Congo	0,92
42	Togo	0,63
43	Tunisie	0,23
44	Ouganda	0,79
45	Zambie	0,85
46	Zimbabwe	0,69

Notes : L'intensité des ressources correspond au rapport entre les exportations de produits primaires et les exportations totales. Elle indique l'importance de cette catégorie d'exportations pour le commerce et la croissance, y compris les recettes en devises. Lorsque le taux d'intensité des ressources est élevé, cela pose problème, car c'est le symptôme d'une fragilité en ce qui concerne la capacité de financement des dépenses de développement, qui nécessite invariablement de disposer de monnaies fortes.

Pour la Tanzanie, la période couverte par les données sur l'intensité des ressources va de 1999 à 2013 au lieu de 1995 à 2013, comme c'est le cas pour le reste des pays. Il manque donc 5 ans de données pour la Tanzanie. La médiane de l'échantillon = 0,69, la variance = 0,06 et les valeurs min-max = (0,08 ; 0,98).

Source : Données de la CNUCED communiquées par Ayogu, Melvin D. et Kingsley Onyeka, « Are you being served: Governance and Deprivation » *CWP # 181011 - CPPA Studies on Inequality, Human Development and Economic Transformation.* Disponible à l'adresse : http://cpparesearch.org/nu-en-pl/#.

les recettes d'exportation en monnaie nationale au taux de change officiel, l'exportateur est censé être en mesure d'acheter des devises étrangères à des fins approuvées au taux officiel, qui est moins cher que le taux du marché. Dans la pratique, cependant, cette procédure s'avère souvent source de frustration, et contraint de nombreux

Figure 6.2A : Procédure pour les exportations de marchandises générales (à l'exclusion du pétrole et du gaz) au Nigéria

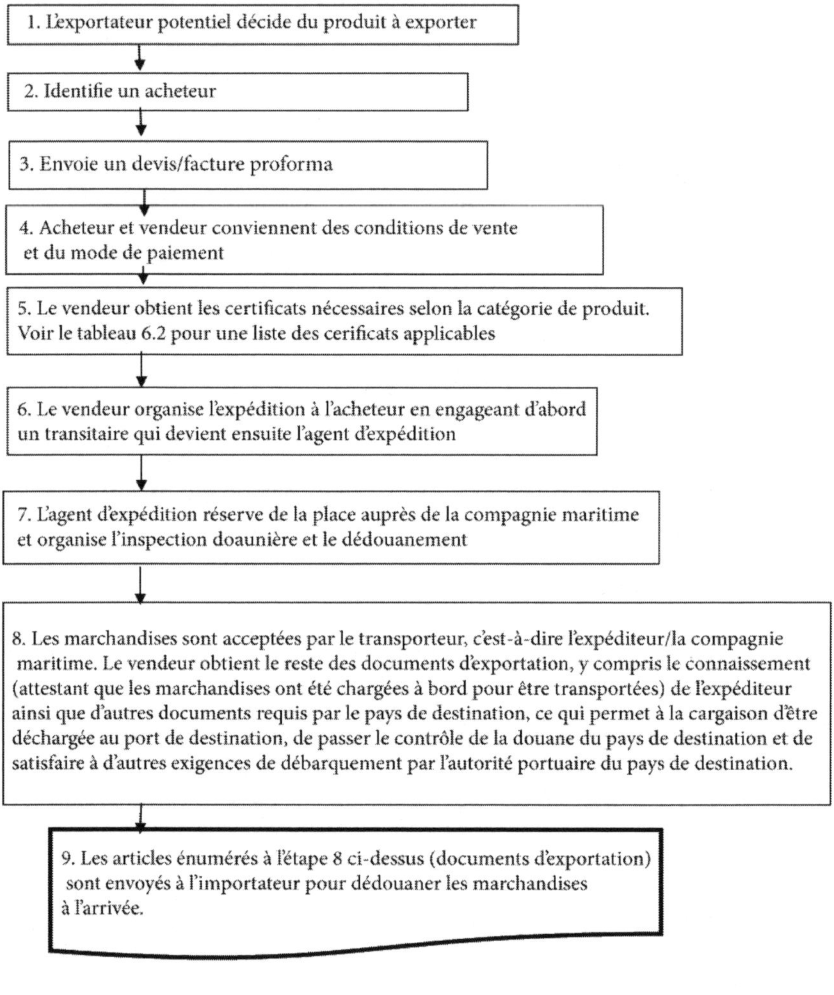

Source : Schéma basé sur l'organigramme de Madu, O. (2015), *Trader Journey,* mimeo, Multimix Academy, Lagos, Nigéria.
Notes : L'organigramme suppose que l'exportateur est titulaire d'une licence, ce qui signifie que toutes les conditions nécessaires à la délivrance d'une licence d'exportation ont été remplies et que l'entreprise dispose d'un compte bancaire fonctionnel.

exportateurs à obtenir des fonds ailleurs, à des taux moins intéressants que ceux du gouvernement. Le processus d'obtention de l'approbation pour acheter des devises au taux préférentiel peut s'avérer long, et n'est pas étranger aux pots-de-vin et à la corruption.

On peut considérer que les choix des exportateurs sont une réponse rationnelle face aux nombreuses difficultés de la conduite des affaires dans cet environnement. La figure 6.2B est une version augmentée de la figure 6.2A, qui met l'accent sur la piste de l'argent. À l'étape 1, l'exportateur choisit un mode de paiement qui maximise la probabilité de sécuriser les recettes attendues de l'exportation. Ce mode serait suffisamment robuste pour faire face aux imprévus et difficultés connues.

La figure 6.2C illustre un processus qui déjoue les étapes indiquées à la figure 6.2B de manière à contourner les règles formelles. Étant donné que les circuits d'exportation officiels sont souvent lourds et lents, un exportateur dont les marchandises ont une durée de conservation courte choisira d'abord le circuit informel et intégrera son surcoût dans le prix à l'exportation négocié. Une fois qu'il a décidé de suivre la voie illicite, l'exportateur examine de plus près la destination des recettes, ce qui détermine également le mode de paiement. Ainsi, quand il prend la première décision dans la chaîne représentée à la figure 6.2B, l'exportateur adopte une vue panoramique de l'ensemble de la chaîne.

La procédure décrite à la figure 6.2C n'est pas hypothétique. Les gouvernements de certains États fédérés du Nigéria et d'autres parties intéressées ont même ouvertement accusé le Gouvernement fédéral du Nigéria de « manquer de la volonté politique pour mettre en œuvre des [règlementations] minières en raison d'intérêts particuliers » (Folarin 2019). On estime que le gouvernement nigérian aurait perdu un milliard de dollars à cause de la contrebande d'or, l'un des nombreux minéraux qui se trouvent, chose pratique, dans l'angle mort du gouvernement (Folarin 2019).

La complexité des protocoles d'exportation du Nigéria n'a cependant rien à envier au processus d'exportation de marchandises d'Afrique du Sud – et il ne s'agit pas d'exporter vers des terres lointaines comme la Nouvelle-Zélande, mais vers un pays africain voisin de la même union douanière, la Communauté de développement de l'Afrique australe (SADC). Un compte rendu infographique de l'expérience d'un exportateur sud-africain, tel que rapporté par le Directeur général du Conseil sud-africain des consommateurs, est présenté dans Ayogu (2019). Le protocole d'exportation alambiqué de l'Afrique du Sud est probablement conçu pour protéger les recettes d'exportation escomptées d'un pays qui se soucie beaucoup de sa situation budgétaire, évitant ainsi toute fuite potentielle. Les éléments qui semblent intéresser particulièrement les autorités comprennent le riz, les sachets de thé, la

Tableau 6.2 : Types de certificats d'exportation dans le régime d'exportation du Nigéria

	Nom du document	Utilisation(s) du document	Où l'obtenir
1.	Certificat d'enregistrement des exportateurs	Pour l'identification de l'exportateur nigérian	Conseil nigérian pour la promotion des exportations (NEPC)
2.	Certificat sanitaire et phytosanitaire	Conditions permettant aux pays exportateurs et aux pays importateurs d'assurer la sécurité de la manipulation des produits agricoles et des ressources naturelles exempts de maladies	Services de quarantaine agricole du Nigeria (NAQS)
3.	Certificat ICCO-1	Il s'agit d'un certificat combiné d'origine et de déclaration de valeur pour le prélèvement sur le cacao	Ministère fédéral de l'Industrie, du Commerce et de l'Investissement (FMITI), Unité d'inspection des produits
4.	Formulaire GSP	Concession tarifaire pour tous les pays participant au commerce Nord-Sud	NACCIMA, NCS
5.	Certificat CEDEAO TLS	Pour le commerce des marchandises dans le cadre du régime de libéralisation des échanges de la CEDEAO	NEPC, Ministère des affaires étrangères et Secrétariat de la CEDEAO
6.	Formulaire J	Lettre d'autorisation pour l'exportation de minéraux solides	Ministère fédéral du développement des minéraux solides et société minière nigériane
7.	Certificat d'autorisation des services de santé vétérinaires	Certificat d'autorisation des services de santé vétérinaires	Département des services de santé vétérinaires, Ministère fédéral de l'agriculture
8.	Certificat d'autorisation de la Commission nationale des musées et monuments	Pour l'exportation d'artisanat et d'objets d'art	Commission nationale pour les musées et monuments du Nigéria
9.	Autorisation de la Direction générale des forêts	Pour les exportations d'espèces sauvages menacées d'extinction et de produits ligneux. Meubles et composants de meubles	Direction générale des forêts, Ministère fédéral de l'agriculture

Tableau 6.2 : Types de certificats d'exportation dans le régime d'exportation du Nigéria

Nom du document	Utilisation(s) du document	Où l'obtenir
10. Formulaire NXP	Pour les exportations commerciales en provenance du Nigéria	CBN et banques commerciales
11. Formulaire d'exportation non commerciale (NCX)	Pour les exportations non commerciales	CBN et banques commerciales
12. Série de formulaires C de la NIMASA	Pour l'attribution des cargaisons aux lignes maritimes. Il sert de traceur de cargaisons et d'autorisation de chargement aux répartiteurs.	NIMASA et banques commerciales
13. Déclaration unique de marchandises (SGD) Formulaire C2C10	Donne des détails sur les expéditions	NCS
14. Certificat de qualité alimentaire, pharmaceutique et cosmétique	Certifie la qualité des aliments, médicaments et cosmétiques destinés aux exportateurs	NAFDAC
15. Certificat de qualité	Pour les fabricants uniquement	SON
16. Certificat d'analyse et de qualité	Pour certifier la qualité d'un produit	Émis par les fabricants, les transformateurs ou les mineurs
17. Certificat de qualité et de fumigation	Certifier la qualité des matières premières agricoles	Service fédéral d'inspection des produits
18. Connaissement et lettre de transport aérien/routier	Preuve du transport de marchandises	Compagnie maritime/transporteur

Source : Conseil nigérian pour la promotion des exportations, www.nepc.gov.ng.

Clé : CBN= Banque centrale du Nigéria, CEDEAO= Communauté économique des États de l'Afrique de l'Ouest, NACCIMA= Association nationale des chambres de commerce, de l'industrie, des mines et de l'agriculture, NCS= Service des douanes nigérianes, NAFDAC= Agence nationale pour l'administration et le contrôle des aliments et produits pharmaceutiques, NEPC= Conseil nigérian de promotion des exportations, NIMASA= Agence nigériane pour l'administration et la sécurité maritimes, SON= Organisation de normalisation du Nigéria.

Figure 6.2B : Procédure pour les exportations de marchandises générales (à l'exclusion du pétrole et du gaz) au Nigéria

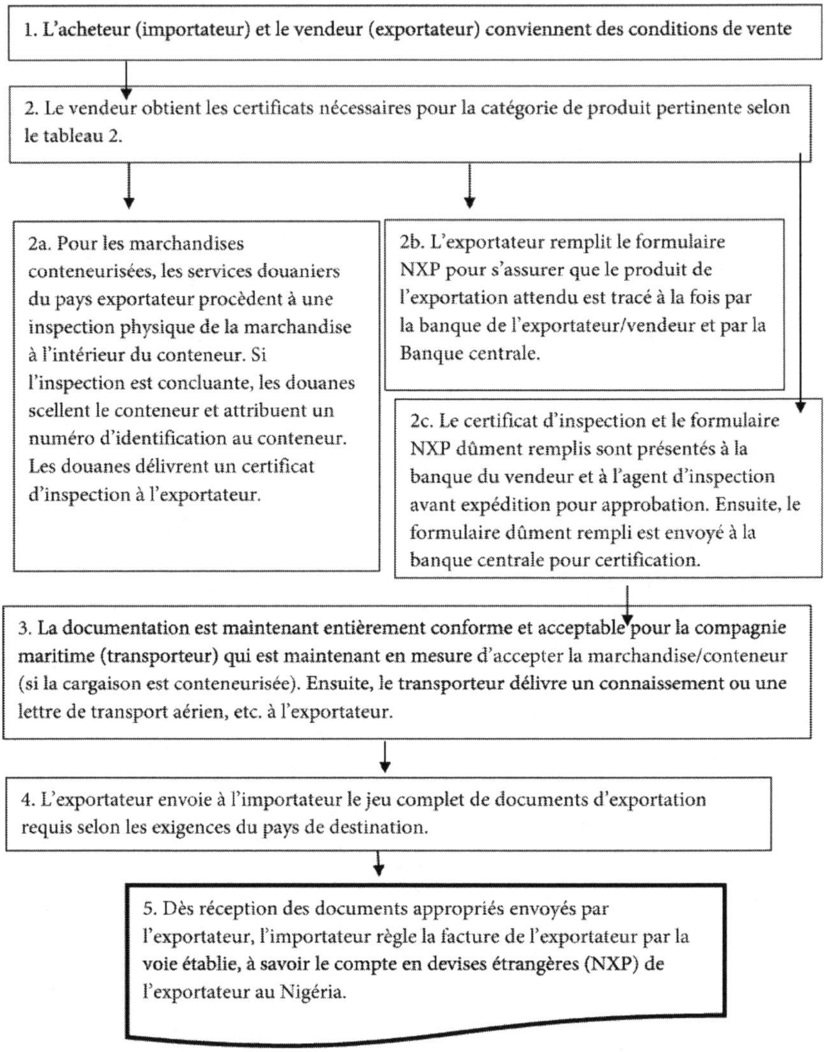

mayonnaise, le sucre, la lessive, le liquide vaisselle, le déodorant, le lait, les légumes en conserve, la farine de maïs, le poisson congelé, le poulet et les fruits. Un chargement de conteneurs typique contenant un assortiment de ces articles nécessite des dizaines de dossiers représentant des centaines de pages, portant des dizaines de signatures de fonctionnaires des douanes et des dizaines de timbres douaniers. Par exemple, au cours de l'exercice clos en juin 2016, 1 262 expéditions vers l'Angola au total ont exigé la production de 64 362 dossiers pour un total de 758 462 pages. Le message est on ne peut plus clair : « Ne touchez pas aux recettes d'exportation de l'Afrique du Sud ».

Si c'est le cas, alors il faut se demander pourquoi un pays avec des procédures aussi rigoureuses pour l'exportation de sachets de thé, de ketchup, de mayonnaise et de détergents traiterait ses exportations d'or « comme si l'or était un pays ». Outre son absurdité, pourquoi y a-t-il, en effet, un moindre niveau de diligence en ce qui concerne les registres des exportations de ce produit particulier ? Pourquoi cela ne soulève-t-il pas des interrogations au sein de la société ? Et même si l'on imagine que cette exception prend sa source dans la période de l'apartheid, quand le pays cherchait à contourner les sanctions commerciales, pourquoi ces « règles héritées du passé » ont-elles persisté longtemps après 1994, lorsque la nouvelle Afrique du Sud est née ? La « bulle », comme l'appelle l'État, où les utilisateurs de données commerciales « ne peuvent pas déterminer où vont les exportations ou les importations », est composée de « 95% d'or ». Cette procédure administrative non conventionnelle soulève plus de questions qu'elle ne fournit d'explications sur les protocoles de déclaration des transactions internationales de l'Afrique du Sud[20].

Formalités d'importation

Par rapport aux formalités d'exportation du Nigéria, le protocole d'importation s'avère encore plus pesant. Le processus est décrit en détail dans les tableaux 6.3 et 6.4. Mettons en évidence trois points notables. Premièrement, dans le protocole d'exportation décrit précédemment, un aspect important à prendre en compte pour les exportateurs est le délai de mise sur le marché, qui peut être rallongé par des manœuvres dilatoires dans le circuit formel. Les alternatives en sont d'autant plus attrayantes. De même, la menace de frais de surestaries que font planer les compagnies maritimes lorsque le déchargement de la cargaison est retardé, compte tenu des lourdes formalités d'importation vulnérables aux manœuvres dilatoires, ouvre également la porte à des paiements parallèles informels, un exemple de ce que les économistes appellent la « recherche de rente ». Comme l'a observé le juriste et économiste comportemental américain Cass Sunstein (2019) dans un autre contexte, « les fardeaux administratifs sont un choix éminemment politique » (Sunstein 2019)[21].

L'un des moyens d'accroître les profits et de recouvrer ces « coûts informels de la conduite/l'accélération des affaires » est de réduire

Figure 6.2C : Réponse des exportateurs aux institutions (structure incitative) régissant les exportations de marchandises générales (à l'exclusion du pétrole et du gaz) au Nigéria

1. Le problème : Pour la majorité des marchandises à l'étude, le délai de mise sur le marché est bien plus court lorsque les transactions passent par les canaux informels que par les canaux formels. La différence serait supérieure à un mois en moyenne. Pour les produits de base saisonniers, un tel retard dans les transactions par les circuits formels implique un risque de pertes de recettes qui, conjuguées à la perte de change sur la conversion des recettes d'exportation, réduisent le bénéfice escompté. Le canal informel prend entre 1 et 3 jours pour aboutir, au moins pour le charbon de bois et les minéraux solides. Les circuits formels d'exportation impliquent des inspections et des autorisations des organismes et ministères concernés, engendrant souvent des retards importants, ce qui fait désespérer les exportateurs avec pour résultat une corruption des fonctionnaires.

↓

Solution des exportateurs aux problèmes d'exportation

2. Classer les destinations probables pour les produits escomptés de l'exportation. Il est possible de dissimuler certains fonds en République du Bénin, au Togo, au Ghana, au Kenya, aux États-Unis, au Royaume-Uni et en Suisse. Récemment, les règles et règlements britanniques en vigueur ont été considérés comme des mesures anticorruption sévères et pro-nigérianes, et la Suisse est perçue comme admettant progressivement l'idée d'une assistance juridique mutuelle avec le Nigéria, ce qui en fait une juridiction moins propice au blanchiment d'argent.

3. Sous réserve des options de l'étape 2, convenir des conditions de la vente et du mode de transaction, y compris la méthode de règlement préférée : fausse facturation, troc ou fausse déclaration de marchandise ? Dans une fausse déclaration, par exemple, l'exportateur déclare exporter du minerai de plomb alors que l'importateur paie pour du platine, la marchandise qui est expédiée et reçue en réalité.

4. Suivre le canal formel.

5. Le cas échéant, faire appel à des transitaires spéciaux. Ces transitaires spéciaux ont entretenu des relations avec les douanes et les compagnies maritimes qui leur permettent d'accélérer le processus jusqu'au connaissement, en contournant le formulaire NXP. La prestation de services accélérée s'accompagne d'un surcoût « sans documentation ».

6A. Le processus accéléré de l'étape 5 peut consister à contourner l'inspection des exportations en soudoyant les autorités. Il s'agit d'une option particulièrement intéressante lors du transport d'articles de faible volume et de grande valeur tels que des pierres précieuses. Dans de tels cas, les expéditions par l'intermédiaire de sociétés de coursiers sont tout aussi intéressantes. Certains coursiers peuvent transporter des marchandises sans leur documentation complète. Le cœur de l'incitation, c'est-à-dire la proposition de valeur, est de garantir l'expédition transfrontalière sans se conformer au protocole NXP. Pour l'exportateur, cela signifie déplacer efficacement des marchandises sans laisser la « trace de l'argent ».

6B. Comme alternative à l'étape 6A, sauter l'étape de l'expédition et transporter les pierres précieuses à bord d'un avion dans un bagage en cabine, réservé en première classe ou en classe affaires. Arriver à destination à l'étranger et vendre les marchandises sur l'un des marchés ouverts tels que Hatton Garden à Londres, au Royaume-Uni ; Anvers, en Belgique ; Munich, en Allemagne ; Bangkok, en Thaïlande ; et Colombo, au Sri Lanka.

les droits à payer en faisant de fausses déclarations des marchandises ou de leur valeur (fausses factures), puis en négociant la répartition du solde entre les différents acteurs.

Le deuxième point à souligner est l'obligation imposée aux importateurs de demander l'approbation de la Banque centrale pour acheter des devises afin de régler la facture. Cela conduit les importateurs à pratiquer le paiement de la « sciure de bois » – c'est-à-dire des importations fantômes (ou surévaluées) – comme moyen de relocaliser les rares monnaies fortes à l'étranger sous des prétextes fallacieux. Cette monnaie est obtenue auprès de la Banque Centrale au taux officiel, qui est plus favorable que le taux du marché. Soulignons d'ailleurs que le simple fait de revendre la monnaie ainsi obtenue sur le marché permettrait d'engranger un joli profit.

Le troisième point à noter est qu'il existe deux étapes dans le protocole de dédouanement où une fausse déclaration peut, en principe, être détectée. La première correspond à l'étape 15 du tableau 6.3, où les canaux de risque sont attribués et mis en œuvre. La deuxième est l'étape 26 du sous-processus décrit dans le tableau 6.4 lorsque le conteneur sort du port avec la marchandise. Une inspection aléatoire peut détecter une fausse déclaration. Quand une fausse déclaration conduit à revoir le droit de douane à la hausse, une Note de débit (ND) obligeant l'importateur à payer des frais supplémentaires est émise. Pour notre étude, nous avons cherché à savoir si un tel ajustement entraîne une révision des données saisies dans l'Interface de transmission de données (Data Transfer Interface, DTI) à l'étape 11 du tableau 6.3. Nos demandes sur ce point ont permis de découvrir que normalement, la ND est annexée au dossier d'importation d'origine, mais la question demeure de savoir si les données sont modifiées en conséquence.

L'exposé, ci-dessus, des protocoles commerciaux au Nigéria et en Afrique du Sud (les deux plus grandes économies d'Afrique) visait à décrire la nature de l'environnement qui régit les transactions, résumées par les données officielles sur les exportations et les importations. Cela permet au lecteur de mieux appréhender à quel point il est difficile d'assurer la conformité des nations souveraines aux règles de déclaration, conçues pour harmoniser les processus derrière les données. S'il est difficile d'assurer la cohérence entre toutes les contreparties d'une même transaction, les déductions et les conclusions obtenues à partir des données officielles reposent sur des bases fragiles. On peut supposer que cette situation préoccupe aussi bien les universitaires que les décideurs, et on peut retenir plusieurs points.

Tableau 6.3 : Description du processus général d'importation de marchandises au Nigéria

1. L'importateur identifie un fournisseur/exportateur et accepte de commercer.
2. L'exportateur envoie une facture pro forma à l'importateur. L'importateur souscrit une assurance en conséquence.
3. L'importateur organise le paiement : obtient des devises depuis son pays ; effectue un paiement anticipé à l'aide d'un compte à l'étranger ou conclut un accord de financement de commerce international.
4. L'importateur soumet un formulaire M sur le système de plateforme commerciale nigériane (guichet unique). Le formulaire M et les autres documents applicables sont envoyés à la banque de l'importateur.
5. La Banque examine la documentation pour vérifier sa conformité. Si elle est validée, la Banque soumet le formulaire M à la douane pour approbation.
6. Après approbation, l'importateur autorise l'émission d'une lettre de crédit s'il y a lieu et signale à l'exportateur qu'il peut expédier les marchandises.
7. L'exportateur envoie le document d'expédition par l'intermédiaire de sa banque/du correspondant bancaire de l'importateur pour transmission ultérieure à la banque de l'importateur.
8. La banque transmet les documents d'expédition finaux aux douanes pour leur rapport d'évaluation avant l'arrivée (Pre-Arrival Assessment Report, PAAR)
9. L'importateur recueille le PAAR auprès de la banque et le transmet à son agent de dédouanement pour le traiter dans le cadre du processus de dédouanement pour la mainlevée de la cargaison (voir le tableau 6.3 pour plus de détails sur le pénible processus de dédouanement des marchandises).
10. L'agent reçoit le PAAR et confirme l'arrivée du navire ou de la compagnie aérienne/du transporteur et l'emplacement de la cargaison.
11. L'agent dépose une Déclaration unique de marchandises (Single Good Declaration, SGD) au café de l'Interface de transmission de données (Data Transmitting Interface, DTI), qui génère un avis de recouvrement indiquant les droits à l'importation exigibles.
12. L'agent paie les droits dans une banque comme indiqué sur l'avis de recouvrement, et reçoit un reçu de paiement de la part de la banque.
13. L'agent retourne au café DTI et saisit les détails du paiement, ce qui génère un canal de risque, qui détermine le niveau d'intervention du gouvernement
14. Selon le canal de risque, l'agent de compensation suit le processus pour le canal de risque généré pour la transaction en question.
15. Il existe 5 canaux de risque : bleu, vert, jaune, rouge clair et rouge foncé.
16. Le canal bleu est réputé être le canal rapide pour les grands fabricants. Ils reçoivent la cargaison au navire et la transportent immédiatement vers leur entrepôt. L'entreprise informe l'unité de dédouanement de la douane, aux fins des formalités d'inspection qui seront effectuées dans les locaux de l'entreprise/de l'entrepôt. Les cargaisons ne sont pas touchées avant l'arrivée de l'unité.

Tableau 6.3 : Description du processus général d'importation de marchandises au Nigéria

17. Le canal vert s'adresse aux importateurs qui ont gardé un dossier irréprochable au fil des ans. Ce canal permet à cette classe d'importateurs de prendre livraison de leurs envois au terminal après avoir effectué les formalités d'expédition et d'exploitant de terminal. Cela n'est toutefois pas toujours le cas, car certaines transactions en canal vert sont réaffectées au canal Rouge foncé.
18. Le canal jaune indique qu'un contrôle documentaire est requis au Centre de Traitement des Douanes (Customs Processing Center, CPC). L'importateur se rend au siège des Requêtes et modifications au CPC pour confirmer les détails de la transaction, telle que déclarée précédemment, et prend ensuite livraison de la cargaison une fois les formalités d'expédition et de terminal terminées.
19. Le canal rouge clair implique que la cargaison doit être inspectée pour vérifier que la nature des produits est bien celle déclarée.
20. Le canal rouge foncé implique qu'un contrôle physique complet est effectué sur les marchandises.
21. Le courtier en douane reçoit un Avis de sortie indiquant la mainlevée officielle des marchandises si la procédure est respectée.
22. L'Avis de sortie est requis pour la mainlevée de la compagnie maritime et de l'exploitant du terminal.
23. Le courtier en douane reçoit une Note de débit qui indique les frais d'expédition et règle les frais à une banque.
24. Le reçu de paiement, l'avis de sortie et d'autres documents dans le SGD sont utilisés pour obtenir la mainlevée d'expédition et l'Ordre de livraison. Ces documents sont ensuite apportés au bureau de l'exploitant du terminal pour régler les frais terminaux. Une fois le paiement effectué et tous les documents joints, l'exploitant de terminal émet un Ordre de livraison du terminal (OLT) qui est ensuite utilisé pour déplacer l'envoi hors du terminal et du port.

Notes : Compilation et vérification par l'auteur de documents basés sur Madu (2015), *Trader Journey,* mimeo, Multimix Academy, Lagos, Nigéria et des informations tirées du site http://nigerianports.gov.ng/import-export-guidelines-3/.

Premièrement, il faudrait déployer beaucoup plus d'efforts pour clarifier, valider et harmoniser les données sur le commerce international. Deuxièmement, certaines initiatives visant à améliorer la déclaration des données commerciales commencent enfin à se concrétiser, comme on l'a vu plus haut[22]. Troisièmement, il serait également utile d'adopter un point de vue plus ouvert sur certaines des perspectives les plus gênantes concernant les écarts dans les données commerciales. Un tel état d'esprit pourrait s'avérer constructif, et conduire à des améliorations de la qualité des données, en particulier si l'on effectue un suivi et des enquêtes sur les suspicions de fuites dans le système actuel, et qu'elles sont avérées. Mais les pays ne peuvent progresser en ce sens dans une atmosphère de défiance mutuelle, de démentis automatiques, d'argumentaires intéressés et de tentatives de discréditer les opinions indésirables.

Tableau 6.4 : Description du sous-processus général de dédouanement des importations de marchandises au Nigéria (étape 9 du tableau 6.3)

1. Le Déclarant prépare la déclaration en douane appelée Déclaration unique de marchandises (SGD). Le SGD est un formulaire en 8 exemplaires qui sera envoyé à diverses parties au cours du processus de dédouanement. Les informations sur le SGD sont saisies dans le café de l'Interface de transmission de données (DTI). Le Déclarant doit avoir obtenu un Rapport d'évaluation des risques (Risk Assessment Report, RAR) de Cotecana avant de préparer la déclaration en douane. Le Déclarant évalue en outre sa déclaration, qui indique le montant de droits de douane à payer par le déclarant en se fondant sur les documents de l'opération d'importation. Le Déclarant imprime un avis de recouvrement de la DTI qui indique tous les droits et taxes relatifs à la mainlevée douanière.
2. Le déclarant se rend à la banque avec l'avis d'évaluation et effectue le paiement de la valeur évaluée. La banque émet l'accusé de réception de paiement du déclarant. Le paiement est transmis électroniquement au système douanier. Le déclarant se rend ensuite au CPC pour la mainlevée des marchandises.
3. Le NCS confirme le paiement au CPC et libère l'envoi en imprimant le Bon de sortie, qui est remis au déclarant.
4. Le déclarant amène l'exemplaire original du connaissement à la ligne maritime contre un exemplaire de Note de débit ou une facture qui indique le montant à payer pour la mainlevée des marchandises. Après leur collecte, le déclarant se rend à la banque et effectue le paiement comme indiqué sur la Note de débit.
5. Le déclarant amène ensuite la preuve de paiement de la banque et d'autres documents énumérés ci-dessus à la ligne maritime et reçoit en échange un reçu et un Ordre de livraison respectivement.
6. Le déclarant prend l'Ordre de livraison, le connaissement et le reçu de la facture au bureau de l'exploitant du terminal pour obtenir la facture de paiement qui indique le montant à payer au titre des frais terminaux.
7. Le déclarant règle les frais terminaux.
8. Le déclarant emmène ensuite le reçu bancaire et les autres documents requis pour la mainlevée au terminal, au bureau de l'exploitant du terminal pour le recouvrement de l'Ordre de livraison du terminal (OLT). Le déclarant remet au conducteur l'OLT, la lettre d'autorisation et la carte d'identification lui permettant d'entrer dans le port pour le chargement de la cargaison.
9. Le conducteur entre dans le terminal pour charger et dépose l'OLT au bureau des exploitants du terminal, à la porte de sortie, et recueille le rapport d'échange d'équipement (Equipment Interchange Report, EIR). Les étapes 1 à 5 sont similaires pour le canal vert.
10. Le déclarant se rend au bureau des exploitants du terminal pour réserver un contrôle physique au terminal.
11. L'exploitant du terminal dépose le conteneur au terminal pour le contrôle physique

Tableau 6.4 : Description du sous-processus général de dédouanement des importations de marchandises au Nigéria (étape 9 du tableau 6.3)

12. Le déclarant demande l'autorisation d'entrée, récupère le formulaire de contrôle et confirme à l'agent du SNC affecté au contrôle physique au terminal.
13. L'agent du SNC affecté au contrôle physique approuve le formulaire d'examen.
14. Le déclarant enlève le sceau des conteneurs et invite d'autres organismes gouvernementaux mandatés à observer et confirmer le contrôle.
15. Les organismes de contrôle, en présence du déclarant, contrôlent physiquement les conteneurs.
16. Le déclarant reçoit le rapport de contrôle de l'agent résident du NCS.
17. Le déclarant remet le rapport de contrôle au Contrôleur en chef pour approbation.
18. Le déclarant transmet le rapport de contrôle à l'unité d'évaluation pour approbation.
19. Le déclarant transmet le rapport de contrôle au groupe de travail pour approbation. L'équipe spéciale du terminal peut renvoyer le déclarant au bureau principal de l'équipe spéciale pour clarification avant le début de la procédure.
20. Le déclarant remet le rapport de contrôle à l'officier responsable (Officer-in-Charge du Terminal, OC) pour approbation et mainlevée.
21. Le déclarant se rend à l'agent résident du SNC pour le transfert électronique de la mainlevée à l'exploitant du terminal
22. Le déclarant se rend au bureau de l'exploitant du terminal pour obtenir une note de sortie, puis fait une demande d'OLT
23. Le déclarant récupère l'OLT, joint tous les autres documents et les apporte à l'Unité d'application au terminal pour approbation.
24. Le déclarant apporte les documents à l'Unité d'inspection douanière (Customs Inspection Unit, CIU) au terminal pour approbation. L'Unité d'inspection douanière peut renvoyer le déclarant à la CPC pour clarification avant le début de la procédure.
25. Le déclarant amène tous les documents à l'Unité de contrôle de la porte au niveau de la porte pour approbation et récupère la Note de sortie pour quitter le port.
26. Si le conteneur est contrôlé et qu'on constate qu'il contient des marchandises sous-déclarées, le NCS émet une Note de débit pour paiement. Le déclarant poursuit le processus après le paiement. Toutefois, si l'on constate que le conteneur contient des articles interdits, les documents sont conservés par le NCS et transférés à l'Unité d'application en vue de mesures.

Notes : La source originale est Madu (2015), *Trader Journey,* mimeo, Multimix Academy, Lagos, Nigéria, avec des modifications et des mises à jour par l'auteur.

Les chercheurs qui travaillent sur les défis du développement en Afrique se fondent sur des données pour effectuer des analyses empiriques et en tirer des conclusions, parmi lesquelles le constat que les États africains ont tendance à être fragiles, dysfonctionnels, corrompus et caractérisés par une faible croissance, une pauvreté élevée et des inégalités de revenus élevées[23]. Pourtant, rares sont les analyses qui se soucient de la qualité des données disponibles amenant à ces résultats, alors même que les données proviennent justement de ces environnements clairement dysfonctionnels. C'est comme si, par la grâce d'une intervention divine, la question des données était à l'abri de l'influence des facteurs contraignants et des échecs de développement qu'elles servent justement à analyser. Comment tout le reste peut-il échouer, mais pas la fiabilité des données utilisées pour poser le constat d'échec ? Il s'ensuit que les programmes de développement devraient se concentrer sur des efforts sérieux et concertés pour améliorer la qualité des données.

FUITE DES CAPITAUX ET ÉCHANGES COMMERCIAUX : LES COMBUSTIBLES

D'après les données de la CNUCED, les produits de base représentent 98 % des recettes d'exportation du Nigéria (voir tableau 6.1). Le pétrole et le gaz dominent les exportations du pays – rien de surprenant, donc, à ce que le Gouvernement fédéral nigérian accorde beaucoup d'attention à la réglementation et à la surveillance du commerce des carburants[24]. Il est donc très intéressant de se demander comment un baril de pétrole nigérian voyage du point d'extraction jusqu'à la tête de puits, et enfin jusqu'au point de vente où a lieu le transfert de propriété[25].

La chaîne de traçabilité

Trois aspects en amont de la chaîne de valeur – substance, déplacement et garde – sont cruciaux pour comprendre les phénomènes de détournement, de contrebande et de fausses déclarations.

La substance fait référence aux différents niveaux de qualité du pétrole brut, qui se reflètent dans les prix du marché. Ces variations de qualité sont mesurées sous forme de densités API (American Petroleum Institute). Les deux grandes catégories sont les pétroles bruts légers et lourds. Les bruts légers sont préférés et se négocient à un prix plus élevé. Le pétrole brut lourd contient davantage d'impuretés, qui doivent être éliminées pour produire la substance qui sera vendue. Le traitement primaire au niveau de la tête de puits sépare le pétrole du gaz et de l'eau. Il est possible de les séparer davantage pendant le transport en vrac dans les navires, avant l'arrivée de la cargaison au point de vente. L'importance de ce raffinage et de l'évaporation dépend de la durée du transport. En outre, les variations de température peuvent provoquer une séparation naturelle de l'eau et du pétrole, c'est pourquoi les lectures effectuées aux usines de raffinage après le traitement primaire sont variables. La qualification de « qualité exportation » du pétrole confère un certain degré de certitude dans la détermination de sa quantité. Une fois que le pétrole brut est certifié « qualité exportation », il est verrouillé pour la comptabilité des recettes, de sorte que toute autre demande de modification doit être établie de manière convaincante.

Le déplacement décrit le trajet effectué par le pétrole de la tête de puits à l'usine de raffinage et jusqu'au terminal d'exportation. Des conduites relient les puits aux usines de raffinage (où le pétrole est séparé de l'eau), tandis que les pipelines relient les usines de raffinage aux terminaux. Les terminaux d'exportation sont des points de vente désignés. Le « soutage » (le pillage illégal du pétrole brut) peut avoir lieu à n'importe quel stade entre la tête de puits et le terminal d'exportation. Les opérateurs sont généralement propriétaires des conduites de la tête de puits aux usines de raffinage. Certains de ces oléoducs sont détenus et exploités par la Nigerian Pipeline Development Corporation (NPDC), filiale de la Nigerian National Oil Corporation (NNPC), tandis que d'autres sont détenus et exploités par des compagnies pétrolières indépendantes (CPI). À la suite d'une vague de cession des actifs terrestres par les CPI, la propriété de certains des principaux pipelines a été transférée à des coentreprises entre le NPDC et des sociétés autochtones qui exploitent les pipelines.

La garde fait référence aux protocoles de contrôle de la chaîne de traçabilité, c'est-à-dire les mécanismes de vérification du baril de pétrole brut lorsqu'il transite de la tête de puits à l'usine de raffinage, puis vers le pipeline et jusqu'au terminal d'exportation ou point de vente final. Si le compteur fiscal standard n'est pas disponible au terminal d'exportation, le règlement financier, lorsque le brut est transféré à l'acheteur, devient le point de vente où les volumes contractuels d'exportation sont déterminés. Une partie de la production en mer et en eau profonde est stockée sur des installations de stockage flottantes, qui sont également considérées comme des terminaux d'exportation.

Jusqu'en 2000, l'intégrité des processus de déplacement et de garde du Nigéria ne pouvait être garantie. Le « suivi » des activités consistait essentiellement à accepter des chiffres de production émanant du terrain plutôt qu'à utiliser des compteurs fiscaux pour saisir des données sur la production et les volumes liés à l'exportation aux points de transfert. Désormais, les compteurs installés aux têtes de puits enregistrent les quantités transférées aux usines de raffinage pour le traitement primaire. Le département des Ressources pétrolières (DRP) du ministère des Ressources pétrolières est l'organisme de réglementation de l'industrie chargé de toutes les questions relatives à la qualité du brut, à la chaîne de traçabilité et aux mécanismes de vérification. Le DRP impose sa présence à chaque règlement financier.

Des compteurs fiscaux sont installés dans les usines de raffinage pour enregistrer les quantités après le traitement primaire et avant l'injection dans le pipeline en vue du transport du pétrole au terminal de stockage d'exportation, en attendant la vente. L'évaporation et la séparation ultérieure du pétrole et de l'eau pendant son transport signifient qu'à son arrivée à l'étranger, le volume peut avoir sensiblement changé par rapport au volume mesuré au terminal d'exportation. Les volumes révisés au point de vente devraient être vérifiés au nom de toutes les parties. L'acheteur indique généralement le volume final lors du transfert du pétrole brut aux raffineries, et dans certains cas, des représentants du DRP assistent à la vérification des quantités.

La production de certaines installations en mer est acheminée vers des terminaux d'exportation via des pipelines, mais dans d'autres cas, le pétrole est transporté vers des installations de stockage flottantes. Dans les installations de production en eau profonde, la tête de puits se trouve au fond de la mer et les conduites et risers (conduites verticales) transportent le pétrole brut vers une plate-forme flottante de production, de stockage et de soutirage (FPSO)[26]. Sur la plate-forme, l'eau est séparée du pétrole, traitée et évacuée – c'est le traitement primaire – et le pétrole brut est stocké. Le compteur fiscal sur la plateforme FPSO enregistre les quantités stockées dans les réservoirs sur la plateforme. Des vannes de verrouillage à chaque point de déchargement sont dotées de scellés inviolables et placées sous la surveillance de quatre superviseurs indépendants : les douanes, le département des Ressources pétrolières, l'opérateur et un auditeur indépendant. Les clés des serrures sont détenues par le DRP et les douanes, et elles doivent être utilisées simultanément pour libérer et ouvrir les vannes.

La FPSO est une installation d'exportation désignée. Elle est donc assortie de périmètres d'exclusion sous la protection de l'État. La zone d'exclusion maritime est une zone d'un rayon de cinq kilomètres protégée par la marine nigériane et surveillée depuis la FPSO. La production quotidienne est rapportée et enregistrée, et lorsqu'un seuil d'exportation requis est atteint, une demande de permis de soutirage est soumise au DRP. Le DRP attribue sur la base de celui-ci un volume d'exportation admissible avec notification simultanée de la cession à la douane ainsi qu'à une filiale de NNPC, le Département de commercialisation du pétrole brut (COMD). Ce dernier doit prélever des échantillons de tout le pétrole brut produit pour déterminer sa composition ainsi que le prix de vente de référence. Le DRP, le régulateur, est présent pour effectuer la vérification pendant le transfert du FPSO au pétrolier de soutirage.

La compagnie pétrolière (vendeur) pré-enregistre la transaction en cours ainsi que l'identité du transporteur. Lorsque le navire de soutirage se trouve à 30 kilomètres du terminal, le vendeur est avisé, qui à son tour avise le DRP et les autorités portuaires d'accorder une autorisation d'entrée au navire de soutirage. Une surveillance supplémentaire par l'Agence nigériane pour les affaires maritimes et la sécurité (NIMASA) surveille le trafic maritime en ce qui concerne les caractéristiques, la capacité et la destination des navires, ainsi que le respect des règles de sécurité dans les eaux nigérianes.

Fuites et manque de transparence

La description faite ci-dessus de la chaîne de traçabilité pour le suivi du pétrole brut depuis l'extraction jusqu'au point de vente montre bien que l'État est capable de suivre la marchandise pour vérifier les volumes de production et de vente. Quant à savoir s'il le fait efficacement, la question reste ouverte. Ce que l'on nomme les « fuites » – des détournements non autorisés de pétrole pour des intérêts privés – se produisent de la tête de puits au terminal, et un éventail d'acteurs participent à ce racket, baptisé « soutage illégal ». On ne dispose pas de données fiables sur l'ampleur du phénomène, mais les observateurs le situent souvent entre 10 et 20 % de la production de pétrole, certains opérateurs avançant des pourcentages encore plus élevés.

Des préoccupations ont été exprimées à maintes reprises au sujet du manque de transparence et de comptes à rendre dans les transactions pétrolières et de l'absence de conséquences crédibles en cas de transgressions. Ces préoccupations ne se limitent pas qu'au Nigéria et ont trouvé un écho collectif, qui a pris la forme de l'Initiative pour la transparence des industries extractives et de la campagne Publish What you Pay. Des engagements crédibles pour instaurer des systèmes de vérification sont essentiels pour restaurer la confiance dans les statistiques[27].

Les revenus tirés des ventes de pétrole brut dépendent des prix de transaction ainsi que des quantités vendues. L'opacité dans l'une ou l'autre de ces deux dimensions rend les chiffres des recettes douteux. Même si les quantités de pétrole vendues étaient connues avec une certitude raisonnable, elles ne renseignent guère sur les recettes totales, car le chiffre des recettes dépend de ce que la NNPC décide de divulguer à qui et quand, ainsi que de la validité de ces renseignements.

Les responsables de la Banque centrale du Nigéria affirment que les données sur les recettes tirées du pétrole brut déclarées dans les comptes de la balance des paiements du pays se basent sur des chiffres de la NNPC non corroborés. La Banque centrale accepte les données en l'état, n'ayant aucun pouvoir ou instrument lui permettant d'auditer de manière indépendante les déclarations de la NNPC[28]. Mais il convient également de noter que le Département des ressources pétrolières est censé posséder des données exactes sur les volumes d'exportation et les recettes générées. En théorie, les données de la NNPC devraient donc pouvoir être vérifiées, par rapprochement avec celles du DRP[29].

De nombreuses évaluations de la NNPC laissent penser qu'elle pourrait être l'institution gouvernementale la plus opaque du Nigéria. Une étude menée en 2014 par la Nigerian Natural Resource Charter (Charte nigériane des ressources naturelles) et le Centre for Public Policy Alternatives (Centre pour des alternatives de politiques publiques) accuse la NNPC de présenter « des informations lacunaires ou inadéquates, des audits insuffisants et de faibles normes d'information financière », et a conclu que « la complexité et l'opacité des procédures de recettes publiques ont sapé les efforts de surveillance des acteurs de la société civile »[30].

En 2014, l'ancien gouverneur de la Banque centrale du Nigéria, Sanusi Lamido Sanusi, a déclaré que « la NNPC a détourné de l'argent du Compte de la Fédération [le Trésor du gouvernement central] et a mené des activités qui justifient une enquête approfondie pour des infractions à la loi encore plus graves » (Sanusi 2014). Un rapport d'audit judiciaire du cabinet comptable international PricewaterhouseCoopers (PwC) a par la suite révélé un écart de 18,5 milliards de dollars entre les ventes et l'argent remis au gouvernement sur une période de 19 mois allant de janvier 2012 à juillet 2013. Selon Sanusi, sur cette somme, environ 12,5 milliards de dollars semblent avoir été « détournés » (Sanusi 2015).

Dans son livre, *Fighting Corruption is Dangerous* (« Lutter contre la corruption est dangereux »), l'ancienne ministre des Finances Ngozi Okonjo-Iweala écrit que « le secteur pétrolier et gazier nigérian a une piteuse histoire » :

> Le secteur n'a pas eu l'impact escompté, en raison de politiques inadaptées, d'institutions inefficaces et opaques, de la corruption, de la capture par les dirigeants, et d'élites nationales et étrangères en quête de rente. Cela fait de ce secteur un champ de mines pour quiconque recherche la transparence, la reddition de comptes sur les flux de revenus

> ou simplement que le gouvernement gère le pays avec honnêteté et simplicité. Les tentatives d'empêcher les marchands de pétrole frauduleux d'accéder aux subventions pétrolières gouvernementales ; de faire pression pour une responsabilisation concernant les revenus issus du secteur pétrolier et gazier dus à la Fédération ; de gérer des intérêts sectoriels concurrents et de faire face à la politique nocive entourant le secteur ont impliqué de froisser les susceptibilités de nombreux puissants.

Ngozi Okonjo-Iweala a décrit ses efforts pour apporter au secteur transparence et responsabilité comme « probablement l'une des missions les plus stressantes et les plus dangereuses de mon travail de ministre des Finances » (Okonjo-Iweala 2018: 54).

Ces observations sont conformes aux conclusions auxquelles Nicolas Shaxson est parvenu dans une analyse antérieure des efforts visant à améliorer la transparence dans le secteur pétrolier et gazier du Nigéria. Selon lui, la mauvaise gouvernance découle de deux caractéristiques de la « malédiction des ressources », le paradoxe selon lequel les pays riches en ressources naturelles abondantes ont tendance à avoir de moins bons résultats en matière de développement que les pays disposant de peu de ressources. La première caractéristique de ces pays est que, parce que les dirigeants tirent leurs revenus des entreprises extractives plutôt que d'imposer leurs citoyens, ces derniers perdent de leur pouvoir. La seconde est que les revenus « favorisent le clientélisme, ce qui fragmente la société et le système politique » (Shaxson 2009).

REMARQUES FINALES

Premièrement, il convient de rappeler que la fuite des capitaux est une réalité. Rares sont ceux qui nient son existence, bien que certaines méthodes pour prouver sa matérialité restent contestées. Le présent chapitre a fourni des exemples de ce phénomène et fait état des principales controverses à son sujet. Les asymétries dans les statistiques commerciales miroir sont elles aussi largement reconnues et sujet de préoccupation, comme nous l'avons évoqué. La littérature cherche notamment à trancher la question des asymétries des données sur les échanges, et dans quelle mesure elles peuvent être attribuées à la fuite de capitaux. Dans certains cas, l'ampleur des écarts est telle que, si ces écarts découlent effectivement de la fuite des capitaux, les implications en sont stupéfiantes et embarrassantes. Il est difficile d'imaginer comment une telle hémorragie de capitaux peut se poursuivre dans des économies qui cherchent désespérément des fonds pour leur développement. Ce que ce phénomène implique en termes de comportements explique que le débat soit parfois acrimonieux. Si on ne peut pas attribuer toutes les asymétries de données commerciales à la fuite des capitaux, de nombreuses raisons indiquent qu'une grande partie sont bien imputables à ce phénomène.

La mauvaise gouvernance des données, tant à l'échelle nationale que mondiale, a contribué au flou entourant l'analyse de la fuite des capitaux liée au commerce des produits de base. En attisant les controverses sur les causes de la fuite des capitaux, le manque d'intégrité des données fait de la gouvernance des données elle-même un catalyseur de ce phénomène. Les décideurs qui établissent les règles formelles ont parfois eux aussi des intérêts en jeu. Par conséquent, tout régime de données crédible devrait prévoir des systèmes et processus de vérification indépendants pour atténuer les conflits d'intérêts. Dans la mesure où les organismes internationaux s'appuient sur les organismes gouvernementaux nationaux pour obtenir des données, la fiabilité de ces ensembles de données dépend de l'intégrité des sources, lesquelles ne sont pas toujours désintéressées. Toutefois, si les États assument les données qu'ils transmettent, ils devraient accepter les conclusions qui en découlent.

La fuite des capitaux est durable dans la mesure où « l'argent sale » obtenu par des moyens illicites peut se transformer, de manière plus ou moins facile, en argent propre. En effet, l'argent sale a un vilain défaut : il est difficile à dépenser. Le blanchiment d'argent est donc le corollaire indispensable de l'argent sale, et sans lui, la recherche d'enrichissement illicite ne serait plus rentable. Le blanchiment d'argent est la série d'étapes qui confère aux avoirs illicites une façade de légitimité afin que le propriétaire puisse en profiter comme s'ils étaient propres. Ce processus est schématisé à la figure 6.1, qui illustre une entreprise criminelle de blanchiment d'argent. Les mesures de lutte contre le blanchiment d'argent (LBC) font référence au répertoire de moyens par lesquels la société tente d'empêcher les criminels d'accéder sans entraves à leurs avoirs blanchis. Les facteurs qui affaiblissent les mesures de lutte contre le blanchiment d'argent ont pour effet de favoriser la fuite des capitaux.

La fuite des capitaux est un phénomène qui dure depuis des décennies en Afrique (Boyce et Ndikumana 2001). Le fait d'institutionnaliser la fuite des capitaux et de l'entretenir sur une longue période a probablement causé l'altération de certaines structures existantes de lutte contre ce phénomène, ainsi que le blocage de nouvelles structures[31]. La bonne gouvernance est incompatible avec la fuite des capitaux, et la mauvaise gouvernance y est propice. En d'autres termes, la fuite des capitaux est un facteur défavorable à l'établissement d'institutions appropriées pour la bonne gouvernance, et favorise plutôt des formes de gouvernance expéditives et servant des intérêts particuliers. La fuite des capitaux peut saper une institution en modifiant ses composantes, en limitant sa portée, en diminuant son intensité et en minant ainsi son efficacité. Ainsi affaiblies, les institutions peuvent transiger avec la fuite des capitaux et favoriser les crimes opportunistes – c'est en fait l'effet voulu.

Femi Falana, avocat principal du Nigéria et éminent défenseur des droits humains, décrit en ces termes l'environnement propice à la kleptocratie et ses corollaires opportunistes au Nigéria :

> Le fils d'Abacha a été accusé d'avoir volé 463 milliards de naira[32]. L'affaire a été portée devant les tribunaux, ce qui a duré 14 ans... Il a dit que l'immunité de son père devrait s'appliquer à lui aussi. La Cour suprême a rétorqué que même si son père était encore en vie, il aurait perdu son immunité. Cependant, les procédures judiciaires ont duré 14 ans. Au moment de leur conclusion, les témoins étaient introuvables, le juge avait été promu, il fallait donc recommencer au début, et l'affaire a été retirée du rôle.
>
> Aujourd'hui, en Angleterre, si vous déposez une requête dilatoire, vous êtes sanctionné par le barreau... Mais ici, voilà les avocats que nous célébrons.
>
> [Prenez] le cas de James Ibori [ancien gouverneur de l'État du Delta, accusé de crimes financiers]. Il a été relaxé et acquitté sans procès. Le juge a oublié, par négligence, que les 15 millions de dollars saisis à M. Ibori lorsqu'il voulait soudoyer l'ancien président de la Commission des crimes économiques et financiers, Nuhu Ribadu, figuraient toujours parmi les pièces à conviction.
>
> Lorsque cet homme est arrivé en Angleterre, il a plaidé coupable. Vous savez pourquoi il a plaidé coupable ? Quand les avocats ont vu sa défense, ils lui ont dit que c'était une imposture et qu'ils ne pouvaient pas se charger de l'affaire. Il a demandé s'ils ne pouvaient pas former un recours, et ils lui ont dit : « Ça ne se fait pas, ici ». Ils lui ont dit que s'ils poursuivaient et qu'il était condamné, il recevrait la peine la plus lourde. Mais le problème est ailleurs. Ils lui ont dit qu'ils avaient peur de perdre également leur agrément, car ils seraient accusés de gaspiller les ressources de la cour de Sa Majesté (cité dans Folarin 2019).

« S'approprier le combat »

En décembre 2017, le personnel de la Commission des crimes économiques et financiers (Economic and Financial Crimes Commission, EFCC) du Nigéria a organisé une « marche anticorruption » à l'occasion de la Journée internationale de lutte contre la corruption, appelant le peuple nigérian « à s'approprier la lutte contre la corruption » (Obi 2017). L'appel à « s'approprier le combat » est un appel à la participation des citoyens. Les institutions sont l'instrument de l'engagement citoyen, le résultat de l'alchimie complexe entre les règles formelles et informelles qui définissent la structure d'incitations d'un pays. Les règles formelles émanent de l'État, et les règles informelles sont créées par le peuple. Comme cette étude l'a montré, la fuite des capitaux liée au commerce prend sa source dans la structure de gouvernance, modelée à cette fin. La gouvernance ne s'applique ni ne se régénère par elle-même, ce qui signifie qu'elle ne fonctionne pas seule et ne se répare pas seule en cas de dysfonctionnement. Si le grand public ne participe pas à la mission de gouvernance en jouant son rôle, il risque de ne jamais connaître de bonne gouvernance, aussi optimistes que soient ses attentes. Le peuple doit prendre les choses en main et remodeler la gouvernance en réparant les institutions. Cet impératif a été parfaitement appréhendé, dans une perspective historique, par Roger Myerson dans son discours d'acceptation du prix Nobel en 2007.

> L'économie a commencé avec l'ouvrage « L'Économique » de Xénophon (env. 360 av. J.-C.), dans lequel Socrate interroge un citoyen modèle qui a deux préoccupations principales. Il se rend dans sa ferme, à la campagne, pour surveiller et motiver ses travailleurs. Puis il retourne en ville, où sa participation à diverses institutions politiques est essentielle pour maintenir ses droits de propriété sur cette ferme. On retrouve ces préoccupations concernant les incitations des acteurs et les institutions politiques au cœur de la théorie économique actuelle. Mais cela n'a pas toujours été le cas (Myerson 2008).

Un État engagé veillera à obtenir le respect des règles plutôt que des malversations ; l'action plutôt que l'inaction et le dysfonctionnement. Il répondra avec diligence aux lanceurs d'alerte et aux informateurs crédibles, et cultivera le renseignement au lieu d'ignorer les retours ou les alertes de la société. Lorsqu'un gouvernement ignore ce que lui communique son peuple, et que le système formel est perçu comme une imposture, le public n'est pas incité à fournir ses renseignements à l'État.

La mise en place d'un défenseur public fonctionnel est tout aussi indispensable à la bonne gouvernance que le blanchiment d'argent est indispensable à la fuite des capitaux. L'instauration d'autorités chargées de poursuivre les auteurs de crimes économiques ne semble plus être un engagement suffisant en faveur de la lutte contre la corruption, notamment lorsque les kleptocrates jouissent de l'immunité contre les poursuites judiciaires pendant leur mandat. En outre, de nombreux organismes de lutte contre la corruption perdent leur crédibilité car ils deviennent les instruments de fait des élus et sont employés habilement contre les opposants. Ils faussent la concurrence politique en incitant les opposants à faire défection en faveur du parti au pouvoir, pour être protégés par le pouvoir discrétionnaire du ministère public. Les élus transfuges bénéficient d'avantages accrus à leur poste, et le phénomène sape la concurrence politique nécessaire à la responsabilisation et au maintien des intérêts de l'électorat. En bref, cela corrompt la démocratie.

À l'heure où ces lignes sont écrites, l'initiative de l'ONU Comtrade visant à fournir davantage d'informations aux utilisateurs semble s'enliser. C'est pourtant une initiative essentielle, car elle promet de fournir des détails sur la nature des flux commerciaux et l'attribution des pays partenaires, en particulier les réexportations, les réimportations, les biens destinés à la transformation et les échanges intra-entreprises, permettant ainsi une meilleure analyse des asymétries commerciales bilatérales. Malheureusement, aucun État membre en particulier ne défend l'initiative, une situation troublante étant donné les intérêts bien établis en faveur du statu quo.

Le fait que les autorités sud-africaines déclarent que « l'or est un pays » montre bien combien les asymétries que certains observateurs considèrent comme de simples imperfections de données pourraient en réalité être le fruit d'un dessein précis. Et si c'est le cas, pourquoi le gouvernement voudrait-il changer cette pratique ? La décision du gouvernement sud-africain de fusionner les catégories d'exportations d'or à la suite du rapport de la CNUCED de 2016 illustre la résistance généralisée au changement et à la transparence. Pourquoi exonérer de manière aussi extraordinaire cette seule marchandise ? Notre analyse a clairement documenté le fait que le problème n'est pas seulement lié à des règles et procédures défaillantes, mais aussi à des infractions non sanctionnées. Qui peut bien appliquer les règles si l'agent du fisc est celui qui cherche à échapper à l'impôt ?

En ce qui concerne le parallèle entre les ports francs et les juridictions du secret bancaire, la question clé est celle du champ des responsabilités que l'on peut attendre des gouvernements des pays où se trouvent ces ports francs. Rappelons que les banques suisses auraient résisté aux réformes de transparence si les États-Unis et l'Europe n'avaient pas fait pression sur la Suisse pour qu'elle réduise le secret bancaire. Alors, qui va faire pression sur les gouvernements des pays hébergeant des pôles commerciaux opaques pour qu'ils se montrent plus transparents ? Qui aurait intérêt à faire pression pour que le système de données Comtrade de l'ONU soit mis à jour rapidement ? Autrement dit, qui sont les gagnants de la chaîne de valeur mondiale des entreprises criminelles ? On sait qui sont les perdants.

Des progrès notables ont été accomplis dans le monde entier pour accroître la responsabilisation et réduire les préjudices causés aux pays tributaires des produits de base, qui sont principalement des pays en développement. Les Initiatives de transparence de l'industrie extractive évoquées ci-dessus traitent des questions de reddition de comptes dans les secteurs des carburants et des minéraux. Le Système de certification du Processus de Kimberly, visant à lutter contre les diamants de sang, ainsi que la loi américaine ultérieure, Dodd-Frank Section 1502 sur les minéraux de conflit, visent à répondre à des préoccupations similaires dans le sous-secteur des minéraux solides[33]. Jusqu'à présent, il n'existe pas d'initiative équivalente pour les cultures commerciales. Le thème sous-jacent de ces initiatives est l'importance de la transparence des transactions et de la responsabilité sociale des entreprises. Il est temps d'exiger que les pays qui accueillent des pôles commerciaux rejoignent le mouvement mondial pour la reddition de comptes, en promouvant la transparence dans le commerce international.

REMERCIEMENTS

Que soit chaleureusement remercié Damilola Adeniran du Center for Public Policy Alternatives (CPPA) Lagos pour sa précieuse aide à la recherche, ainsi que Blessing Obiedere pour son soutien administratif dans la composante nigériane de l'étude. Ces recherches ont bénéficié des commentaires et des conseils d'experts et de professionnels du secteur. Remerciements particuliers à Frank Edozie (Neconde Energy), Segun Omidele, Peter Owoeye (Bay Royal International), Peter Oriaifo (Erin Energy), Chris Arima (Neconde Energy), Leonard Ochueje (Banque centrale du Nigéria), Obiora Madu (Centre africain pour la chaîne d'approvisionnement), Peter Onyia (Douanes nigérianes) et Osita Mosanya (Douanes nigérianes) pour leurs précieuses contributions. L'auteur est responsable de toutes les erreurs et omissions, ainsi que des opinions exprimées ici.

NOTES

1 Nations unies, « About the data ». Disponible à l'adresse https://comtrade.un.org/labs/dit-trade-vis/pages/about.html Consulté le 30 juillet 2019.

2 Pour en savoir plus, voir « Statistiques ». Disponible à l'adresse https://unctad.org/en/Pages/statistics.aspx Consulté le 30 juillet 2019.

3 Ndikumana (2016). De même, Ferrantino et al. (2012) concluent que la fuite des capitaux explique une forte part des asymétries dans les échanges entre la Chine et les États-Unis.

4 Des exemples sont donnés par Figueira et Hussain (2006) ; Ferrantino *et al.* (2012) ; et Ndikumana et Boyce (chapitre 2 de ce volume).

5 ONU, « À propos des données ». Disponible à l'adresse https://comtrade.un.org/labs/dit-trade-vis/pages/about.html , consulté le 1er août 2019.

6 UN, International Trade Statistics Knowledgebase, 'Bilateral asymmetries'. Disponible à l'adresse https://unstats.un.org/unsd/tradekb/Knowledgebase/50657/Bilateral-asymmetries, consulté le 1er août 2019.

7 Par exemple, CNUCED (2016), Van Rensburg (2016).

8 ONU, « UN Comtrade upgrade plan 2018-2019 ». Disponible à l'adresse https://comtrade.un.org/data/doc/UpgradePlan Consulté le 1er août 2019.

9 Outre la réconciliation des statistiques commerciales, le fait de disposer de données fiables sur la direction des échanges d'un pays est une variable importante dans les relations économiques internationales et la politique étrangère.

10 *Publish What You Pay* (« Publiez ce que vous payez ») fait référence aux initiatives qui s'attaquent au manque de transparence dans les transactions sur les produits primaires, en particulier ceux qui sont dévolus à l'État, tels que les minéraux combustibles et les minéraux solides. Le manque général de transparence dans ces transactions facilite l'exploitation et le vol de ressources publiques par des entités privées et des agents publics.

11 Notez que la direction des écarts d'importation dus à la contrebande est l'inverse de celle due à la sous-facturation des importations à des fins de fuite des capitaux. Les deux se compensent et les comparaisons de données des partenaires commerciaux ne peuvent que nous indiquer leur effet net. Dans la mesure de la fuite des capitaux, les ajustements pour les fausses facturations à l'importation s'ajoutent au solde « résiduel » de la balance des paiements lorsque la sous-facturation dépasse la contrebande, et en sont déduites dans le cas inverse. Pour une analyse, voir Ndikumana et Boyce (chapitre 2 de cet ouvrage).

12 Cette proposition est reprise plus avant, dans l'analyse du commerce d'exportation de pétrole et de gaz au Nigéria.

13 US Code § 1956, « Laundering of monetary instruments ». Disponible à l'adresse https://www.law.cornell.edu/uscode/text/18/1956.https://www.law.cornell.edu/uscode/text/18/1956

14 Affaire « Cuellar v. United States », 553 U.S. (2008), par exemple.

15 Les normes KYC font désormais partie des exigences obligatoires pour les institutions financières, qui doivent faire preuve de diligence raisonnable dans le cadre des mesures de lutte contre le blanchiment d'argent et le financement du terrorisme.

16 Voir, par exemple, Johannesen *et al.* (2017) et Janský et Palanský (2017).

17 Pour plus de détails, voir « Nigeria Natural Resources », gouvernement nigérian. Disponible à l'adresse http://www.nigeria.gov.ng/index.php/2016-04-06-08-38-30/nigeria-natural-resources. Consulté le 1er août 2019.

18 Ce récit est basé sur un entretien mené à Lagos au Nigéria en 2018.

19 La prime sur le marché parallèle a été en moyenne d'environ 20 %, ce qui est aussi la majoration actuelle par rapport au taux officiel.

20 SARS, « Explanations and notes ». Disponible à l'adresse http://www.sars.gov.za/ClientSegments/Customs-Excise/Trade-Statistics/Pages/Explanations-and-Notes.aspx, consulté le 1er août 2019.

21 Sunstein faisait allusion aux États-Unis où des procédures administratives lourdes sont utilisées, par exemple, pour restreindre l'inscription des personnes sur les listes électorales. Dans d'autres contextes, les motivations peuvent être davantage liées à la recherche de profits.

22 Le Système douanier automatisé (SYDONIA), mis au point par la CNUCED, est un exemple concret des efforts déployés pour améliorer les procédures documentaires - processus et contrôle – dans le commerce international. SYDONIA est un système intégré de gestion douanière pour le commerce international et les opérations de transport dans un environnement automatisé moderne. Il est conçu pour améliorer la sécurité en rationalisant les procédures de contrôle de la cargaison, de transit des marchandises et de dédouanement des marchandises, et pour aider à lutter contre la corruption en améliorant la transparence des transactions. Voir https://unctad.org/en/Pages/DTL/TTL/ASYCUDA-Programme.aspx, consulté le 3 octobre 2019.

23 Pour des perspectives sur la littérature afro-pessimiste, voir Sender (1999).

24 En 2016, le pétrole et le gaz représentaient 92,3 % des recettes d'exportation. Le reste était composé pour environ 3 % des produits agricoles, principalement les fèves de cacao, graines de sésame et noix de cajou. Voir Banque centrale du Nigéria, rapport annuel 2017. Disponible à l'adresse https://www.cbn.gov.ng/Out/2018/RSD/CBN%202017%20ANNUAL%20REPORT_WEB.pdf, consulté le 3 octobre 2019.

25 En revanche, les minéraux non combustibles ont été délaissés par le Gouvernement fédéral nigérian. Ce déséquilibre dans l'attention portée aux types de ressources naturelles du Nigéria a suscité de vives critiques de la part des États nigérians producteurs de pétrole, qui accusent le Gouvernement de partager les richesses produites au sud, d'où viennent le pétrole et le gaz, et de laisser les États producteurs de minéraux non combustibles – largement extraits dans le nord du pays – en monopoliser les revenus.

26 Notre analyse ici est basée sur un entretien du 1er juillet 2018 avec M. Peter Oriaifo, PDG d'Erin Energy à Lagos, Nigéria, avec les commentaires de Segun Omidele et Chris Arima de Neconde Energy.

27 Sur l'Initiative pour la transparence des industries extractives, voir https://eiti.org/, consulté le 1er août 2019. Concernant la campagne « Publish What You Pay », voir https://www.pwyp.org/, consulté le 1er août 2019.

28 Transcription de l'entretien du 9 juillet 2018 avec des fonctionnaires du Département des statistiques de la Banque centrale du Nigéria.

29 Pour les données sur le gaz naturel, les informations non vérifiées déclarées dans la Balance des paiements sont obtenues auprès de la Nigerian Liquified Natural Gas Limited. Pour les autres exportations de marchandises, les données de la balance des paiements sont obtenues auprès des services douaniers et des organismes agréés d'inspection avant expédition, qui sont légalement tenus de communiquer leurs données directement à la Banque centrale.

30 Natural Resource Charter (Charte des ressources naturelles) et Center for Public Policy Alternatives (2014).

31 Pour un exemple extra-africain d'attaque des institutions, voir McMillan et Zoido (2004).

32 Cette somme équivaut à environ 1,2 milliard de dollars US. Le fils d'Abacha fait référence à l'un des fils du général Sani Abacha, chef militaire du Nigéria de 1993 à 1998.

33 Voir Ayogu et Lewis (2011) pour une explication de la législation sur les minerais de conflit.

RÉFÉRENCES

Ayogu, M.D. 2019. International Trade and Capital Flight from Africa: Challenges for Governance. Political Economy Research Institute, Working Paper 501.

Ayogu, M.D. et Onyeka, K. 2018. Are You Being Served? Governance and deprivation. *CWP # 181011 – CPPA Studies on Inequality, Human Development and Economic Transformation.* http://cpparesearch.org/nu-en-pl/wp-content/uploads/2018/10/executive-summary_are-you-being-served.pdf

Ayogu, M.D. et Lewis, Z. 2011. Conflict Minerals: An Assessment of the Dodd-Frank Act. Disponible sur https://www.brookings.edu/.../conflict-minerals-an-assessment-of-the-dodd-frank-act/.

Ayogu, M.D. et Agbor, J. 2015. Illicit Financial Flows and Stolen Assets Value Recovery. *In* Ajayi, S.I. et Ndikumana, L. (dir.). *Capital Flight from Africa: Causes, Effects, and Policy Issues* (pp. 346–65). Oxford : Oxford University Press.

Berne Declaration (désormais Public Eye). 2013. Swiss Traders' Opaque Deals in Nigeria, Consulté le 27 juillet 2020. Disponible sur https://www.publiceye.ch/en/publications/detail/swiss-traders-opaque-deals-in-nigeria.

Bosire, J.A. 2005. Report of the Judiciary Inquiry into the Goldenberg Affair, Republic of Kenya.

Business Journal. 2015. How Stanbic IBTC was caught in annual accounts fraud. Consulté le 27 juillet 2020. Disponible sur http://www.businessjournalng.com/how-stanbic-ibtc-was-caught-in-annual-accounts-fraud/.

Central Bank of Nigeria. 2017. *Annual Report 2017.* Consulté le 27 juillet 2020. Disponible sur https://www.cbn.gov.ng/Out/2018/RSD/CBN%20 2017%20ANNUAL%20REPORT_WEB.pdf.

Child, K. 2017. Standard Bank may have to pay R51bn fine over forex. *Rand Daily Mail.* Disponible sur https://www.businesslive.co.za/rdm/business/2017-02-17-standard-bank-may-have-to-pay-r51-billion-fine-over-forex/.

Ferrantino, M. J., Liu, X. et Wang, Z. 2012. Evasion behaviors of exporters and importers: Evidence from the US–China trade data discrepancy, *Journal of International Economics*, 86(1), 141–57.

Ferrantino, M.J. et Wang, Z. 2007. Accounting for Discrepancies in Bilateral Trade: The Case of China, Hong Kong, and the United States, Washington : United States International Trade Commission, Office of Economics Working Paper 2007-04-A.

Figueira, M-H. et Hussain, M. 2006. Asymmetries in EU current account data, *Working Paper and Studies 2006 Edition*, European Commission EUROSTAT, Luxembourg, Novembre.

Folarin, S. 2019. Falana Laments Corruption in Judiciary, Seeks Reforms. *Punch*. Consulté le 27 juillet 2020. Disponible sur https://punchng.com/falana-laments-corruption-in-judiciary-seeks-reform/.

Godwin, A.C. 2015. Why court dismissed Stanbic IBTC, KPMG's suits against FRC, *Daily Post*, 1er décembre. Disponible sur http://dailypost.ng/2015/12/16/why-court-dismissed-stanbic-ibtc-kpmgs-suits-against-frc/, consulté le 7 mai 2018.

Janský, P. et Palanský, M. 2017. Estimating the scale of profit shifting and tax revenue losses related to foreign direct investment, Prague : Institute of Economic Studies.

Johannesen, N., Tørsløv, T. et Wier, L. 2017. Are less developed countries more exposed to multinational tax avoidance? Method and evidence from micro-data, Helsinki : WIDER, Working Paper 2016/10, version révisée.

Madu, O., 2015. Trader Journey, mimeo, Multimix Academy, Lagos, Nigéria.

Mangozhe, G. 2017. Monograph on Intra African Trade Champions. Presentation to the Afreximbank Roundtable Discussion for Intra African Trade Champions (INTRA-CHAMPS), Kigali, Rwanda, 30 juin.

McMillan, J. et Zoido, P. 2004. How to Subvert Democracy: Montesinos in Peru. *Journal of Economic Perspectives*, 18(4): 69–92.

Merckaert, J. 2020. Bitter Chocolate: Capital Flight from Côte d'Ivoire. Amherst : Political Economy Research Institute, Working Paper 517.

Myerson, R.B. 2008. Perspectives on Mechanism Design in Economic Theory, *American Economic Review*, 98(3): 586–603.

Natural Resource Charter and Center for Public Policy Alternatives, 2014. *Summary of the 2014 Benchmarking Report: Assessing the governance of Nigeria's petroleum wealth*. Lagos: Center for Public Policy Alternatives.

Ndikumana, L. et Sarr, M. 2016. Capital flight and foreign direct investment in Africa: An investigation of the role of natural resource endowment, UNU/WIDER Working Paper 58/2016. Disponible sur https://www.wider.unu.edu/publication/capital-flight-and-foreign-direct-investment-africa, consulté en avril 2019.

Ndikumana, L., Boyce, J.K. et Ndiaye, A.S. 2015. Capital Flight from Africa: Measurement and Drivers. *In* Ajayi, S.I., et Ndikumana, L. (dir.). *Capital Flight from Africa: Causes, Effects and Policy Issues*. Oxford : Oxford University Press.

North, D.C. 2002. Institutions. *The IMF Institute Courier*, 4.

North, D.C. 1991. Institutions. *The Journal of Economic Perspectives*, 5(1), 97–112.

Okonjo-Iweala, N. 2018. *Fighting Corruption Is Dangerous: The Story Behind the Headlines*. Cambridge : The MIT Press.

Public Eye, 2013. BD oil report triggers parliamentary investigations in Nigeria. Consulté le 27 juillet 2020. Disponible sur https://www.publiceye.ch/en/media/press-release/bd_oil_report_triggers_parliamentary_investigation_in_nigeria/.

Payne, J. 2015. Nigeria starts investigating crude oil swap contracts, *Reuters*. Consulté le 27 juillet 2020. Disponible sur https://www.reuters.com/article/nigeria-oil/nigeria-starts-investigating-crude-oil-swap-contracts-idUSL5N0YW3FT20150613.

Rodrik, D. 2006. Goodbye Washington Consensus, Hello Washington Confusion? A Review of World Bank's Economic Growth in the 1990s: Learning from a Decade of Reforms, *Journal of Economic Literature,* 44(4), 973–87.

Rowe, William L., 2007. *Faith and Reason, Philosophy of Religion: An Introduction,* 4e éd. Belmont : Thomson Higher Education.

SARS, 2017. Trade Statistics: Explanations and Notes. Disponible sur http://www.sars.gov.za/ClientSegments/Customs-Excise/Trade-Statistics/Pages/Explanations-and-Notes.aspx, consulté le 22 août 2019.

Sender, J. 1999. Africa's Economic performance: Limitations of Current Consensus, *Journal of Economic Perspectives* 13(3), 89–114.

Shaxson, N. 2009. *Nigeria's Extractive Industries Transparency Initiative. Just a Glorious Audit?*, Chatham House Publication.

Sunstein, C.R. 2019. Wading Through the Sludge, *New York Review of Books,* 4 avril.

UNCTAD. 2016. *Trade Misinvoicing in Primary Commodities in Developing Countries: The Cases of Chile, Côte D'Ivoire, Nigeria, South Africa and Zambia.* Genève : UNCTAD. Décembre.

Vanguard, 2016. FG loses 775.2m dollars on oil, gas cargoes discharged in undesignated terminals, Consulté le 27 juillet 2020. Disponible sur https://www.vanguardngr.com/2016/05/fg-loses-775-2m-dollars-oil-gas-cargoes-discharged-undesignated-terminals-2/.

Van Rensburg, D. 2016. How wrong the UN was on SA gold smuggling, *City Press*. Consulté le 27 juillet 2020. Disponible sur https://city-press.news24.com/Business/how-wrong-the-un-was-on-sa-gold-smuggling-20160729.

7.

CONCLUSIONS

La fuite des capitaux dans l'économie mondiale

James K. Boyce & Léonce Ndikumana

Dans le monde imaginaire de l'économie néoclassique parfaite, la fuite des capitaux hors de l'Afrique subsaharienne constituerait un cruel paradoxe. Dans un univers de marchés parfaits, des bénéfices anormalement élevés ne pourraient être obtenus qu'en récompense pour des innovations améliorant la productivité, un bonus temporaire le temps que d'autres producteurs rattrapent leur retard. Dans un monde où les droits de propriété seraient parfaits, les actifs passeraient de mains en mains seulement à travers des échanges volontaires et à des prix fixés d'un commun accord. Adossé au marché parfait se trouverait l'État parfait, qui ferait appliquer la loi de manière impartiale et fournirait efficacement des biens et des services publics. Les ressources naturelles, comme le pétrole, les minéraux durs et les terres fertiles, représenteraient une pure bénédiction et non une malédiction. Guidé par la main invisible de l'intérêt personnel, le capital serait placé dans les investissements les plus rentables, passant de positions où le capital est relativement abondant vers d'autres où il est plus rare.

Le monde réel qui est décrit dans cet ouvrage fonctionne de manière bien différente. Loin d'être parfaits, les marchés sont souvent truffés d'imperfections. Ils confèrent systématiquement les profits excessifs persistants à ceux qui détiennent des positions stratégiques dans l'économie. Les droits de propriété ne sont ni parfaitement définis, ni parfaitement sécurisés ; les acteurs puissants sont au contraire guidés, comme par une main invisible, vers des opportunités d'appropriation, de capture et de vol pur et simple. Les gouvernements ne sont ni impartiaux ni efficaces ; poussés par l'interaction entre le pouvoir et la richesse, leur objectif central n'est plus de servir la collectivité mais de servir l'élite. Les ressources naturelles représentent un terrain de chasse pour l'extraction et l'accumulation rapides de richesses, et les flux de capitaux transfrontaliers ne sont pas régulés par la rareté relative mais par le secret relatif offert par les paradis fiscaux.

Dans ce monde par trop réel, la fuite des capitaux hors d'Afrique et d'autres « pays pauvres » à travers le monde – plus précisément, de pays dont la plupart des habitants sont désespérément pauvres – n'est guère surprenante. Il ne s'agit pas d'un paradoxe, simplement d'une cruauté.

COMPRENDRE LA FUITE DES CAPITAUX

L'étendue de la fuite des capitaux hors d'Afrique est souvent très large par rapport à la taille des économies africaines. Les mesures de son ampleur globale, dérivées d'une analyse scientifique des statistiques de la balance des paiements et du commerce international, indiquent que les sorties de capitaux annuelles hors de l'Angola, de la Côte d'Ivoire et de l'Afrique du Sud, par exemple, représentent entre 3,3 et 5,3 % du revenu national, et que la fuite des capitaux cumulée dépasse largement l'encours total de leur dette extérieure (voir Chapitre 2).

La fuite des capitaux mesurée ici renvoie aux sorties de devises étrangères non enregistrées dans les comptes officiels car transférées clandestinement à l'étranger. À ce titre, il s'agit par définition de flux financiers illicites. En plus des transferts transfrontaliers illicites, la fuite des capitaux est souvent illicite à bien d'autres égards : acquisition illicite des capitaux en premier lieu, puis dissimulation des revenus et des actifs productifs aux autorités fiscales.

Parfois, les capitaux obtenus de manière illicite sont blanchis dans le pays avant d'être transférés à l'étranger, auquel cas les flux de capitaux peuvent être officiellement enregistrés dans les comptes de la balance des paiements, échappant à la mesure de la fuite des capitaux. En outre, certains flux illicites contournent le pays, par exemple lorsque des pots-de-vin pour l'attribution de marchés publics sont versés sur les comptes *offshore* de responsables publics. En pareil cas, les flux sont dissimulés dans les prix du contrat et dans les paiements associés. Pour ces raisons, la fuite des capitaux mesurée sous-évalue presque systématiquement l'ampleur réelle du phénomène.

Parallèlement, les capitaux fugitifs ne sont pas toujours acquis de manière illicite. Dans certaines circonstances, les individus peuvent envoyer clandestinement à l'étranger des richesses obtenues de manière honnête, par crainte de la prédation de dirigeants kleptocrates ou d'une dépréciation causée par une gestion inepte de l'économie nationale. Les chercheurs partent parfois du principe que ces transferts représentent la majorité de la fuite des capitaux, invoquant le discours de « mauvais gouvernement, victime innocente » qui évite d'explorer la manière dans les capitaux fugitifs ont été initialement acquis[1].

Dans cet ouvrage, nous nous sommes principalement concentrés sur la fuite des capitaux acquis de manière illicite ainsi que ceux transférés de manière illicite. Cela implique parfois des activités illégales ; d'autres se situent dans la zone grise entre ce qui est légal et ce qui ne l'est pas. L'une des prérogatives des élites dirigeantes est d'établir des règles et de les enfreindre pour servir leurs avantages. Le terme « illicite » désigne ici les richesses d'origine douteuse, qu'elles soient formellement illégales ou non. Il est possible, et même probable, que, dans de nombreux pays, les actifs acquis de manière illicite représentent une fraction importante de l'ensemble de la fuite des capitaux. Des études économétriques ont montré que les ressources naturelles et l'emprunt extérieur, deux sources majeures de pillage des devises étrangères, sont de solides indicateurs de l'ampleur et du rythme de la fuite des capitaux, une conclusion qui concorde avec cette approche[2]. Les données détaillées présentées dans cet ouvrage viennent appuyer cette conclusion. Les auteurs décrivent systématiquement la manière dont la richesse pillée dans les économies africaines finit par être entassée à l'étranger.

LA MALÉDICTION DES RESSOURCES

L'extraction des ressources naturelles – les minéraux durs en Afrique du Sud, le cacao en Côte d'Ivoire et le pétrole et les diamants en Angola – tient une place centrale dans nos études de cas sur la fuite des capitaux. La malédiction des ressources qui touche les économies africaines recouvre non seulement les répercussions économiques des exportations de ressources naturelles sur d'autres secteurs de biens échangeables (ce qu'on appelle la « maladie hollandaise », dans le cadre de laquelle l'appréciation du taux de change rend les produits de substitution à l'importation et les autres exportations moins compétitifs) mais aussi les conséquences politiques de cette richesse en ressources sur la gouvernance.

Dans un pays épargné de la malédiction des ressources, on retrouve souvent un contrat tacite entre le gouvernement et les citoyens, un accord suffisamment fort pour assurer la cohésion de l'organisation sociale, quand bien même il serait respecté de manière imparfaite.

Les citoyens consentent à payer des taxes, et l'État fournit en retour des biens et des services publics[3]. La logique politique derrière la malédiction des ressources fait voler ce contrat en éclats. Les revenus de l'État dépendent non pas de la population mais de l'extraction des ressources naturelles. Aucune motivation fiscale ne contraint l'État à se soucier de la mise à disposition de biens et de services publics pour améliorer le bien-être social. Tirant la majeure partie de ses revenus de monopoles paraétatiques, de taxes à l'exportation, de primes de signature et de redevances, complétés au besoin par des emprunts extérieurs, l'État place davantage son électorat principal parmi ses collaborateurs étrangers qu'au sein de ses propres citoyens.

Dans son ouvrage primé *Fire in the Lake*, l'historienne Frances Fitzgerald (1973: 480) utilise une métaphore frappante pour décrire l'éloignement du régime sud-vietnamien, soutenu par les États-Unis pendant la guerre, des citoyens vietnamiens : « Le gouvernement de Saigon, écrit-elle, s'était retourné pour se nourrir auprès des Américains ». Cette situation peut être comparée aux effets de la malédiction des ressources en Afrique et ailleurs.

La faiblesse du contrat fiscal porte atteinte non seulement au bien-être des citoyens mais aussi à la légitimité de l'État. Pour affirmer et maintenir son emprise sur le pouvoir, l'élite dirigeante repose au mieux sur le clientélisme et au pire sur la violence. Ces deux pratiques exacerbent les clivages sociaux et font planer le risque de la guerre civile.

Dans ce contexte, il existe un sentiment général d'insécurité non seulement parmi les citoyens ordinaires, mais aussi au sein de l'élite. Ceux qui se trouvent dans des positions de pouvoir décident de se prémunir face à la possibilité, si ce n'est l'inévitabilité, d'un brusque changement du climat politique, qui menacerait leurs privilèges et leur situation. Lorsque cela est possible, les biens exposés à des risques sont déplacés à l'étranger vers des lieux plus sûrs.

Pillage

Tandis que l'école d'économie néoclassique exclut le pillage par hypothèse, l'économie marxienne le relègue souvent de manière prématurée dans les oubliettes de l'histoire. Écrivant au milieu du XIXe siècle, Marx voyait le pillage de l'Afrique et des autres territoires colonisés comme des signes de ce qu'il appelait ironiquement « l'aube claire de l'ère de production capitaliste », lorsque cette spoliation a permis de constituer un capital de départ pour la révolution industrielle en Europe[4]. Dans la période capitaliste qui a suivi, la principale source de richesse et le centre des tensions sociales n'étaient plus l'appropriation directe des ressources, mais l'exploitation du travail salarié.

En décrivant la période précédente comme une ère « d'accumulation originelle » (ou « accumulation primitive »), Marx a sous-estimé à la fois combien le phénomène de spoliation serait durable et la centralité qu'il conserverait dans le fonctionnement et les dysfonctionnements de l'économie mondiale.

La caractéristique majeure du pillage des richesses est leur acquisition par des acteurs qui prennent mais ne fabriquent pas. Fabriquer, c'est contribuer à l'économie ; prendre, c'est – au mieux – alimenter un jeu à somme nulle. Les gains du pilleur se font aux dépens de ceux dont les revenus sont détournés et les biens volés, et des futures générations dont les ressources sont épuisées et les perspectives de vie diminuées. Le résultat net est négatif dès que les pertes des victimes dépassent les gains des pilleurs, ce qui est souvent le cas, par exemple, lorsque les pertes prennent la forme d'une crise financière ou d'une dégradation environnementale[5].

Les économistes font en général référence au pillage sous un terme plus anodin : la « rente ». D'une façon générale, la rente est définie comme « le fait de recevoir un revenu non pas comme une récompense pour avoir créé de la richesse, mais en s'emparant d'une plus grande partie de la richesse qui aurait pu être produite » (Stiglitz 2013 : 39–40). La rente ne se limite donc pas aux paiements de routine effectués aux propriétaires qui détiennent des terrains ou des biens immobiliers ; ce terme englobe les paiements versés à ceux qui contrôlent les marchés, les ressources et l'État. Dans ce sens, la rente est un autre nom pour ce qui était autrefois appelé le tribut.

Cet ouvrage fournit une foule d'exemples de la manière dont la spoliation transforme le pouvoir en argent. En Côte d'Ivoire, premier producteur mondial de cacao, la rente est extraite à des points stratégiques dans la chaîne de production qui relie les centaines de milliers de cultivateurs aux centaines de millions de consommateurs à travers le monde. En Afrique du Sud, le détournement de fonds issus du secteur de l'électricité par les Gupta et leurs alliés illustre ce qui est connu sous le nom de « capture de l'État ». En Angola, les rentes pétrolières ont non seulement généreusement enrichi une petite élite, mais aussi enraciné son emprise dans d'autres secteurs clés, comme les télécommunications et le secteur bancaire, alors même que la majorité des Angolais vivent dans le dénuement le plus total[6]. Dans chacun de ces cas, les citoyens ordinaires paient un tribut aux puissants.

En économie néoclassique du développement, où est apparu en premier le concept de « recherche de rente », le phénomène est dépeint plus ou moins exclusivement comme l'effet pervers des interventions de l'État dans l'économie, et en particulier, des politiques commerciales protectionnistes (Krueger 1974). Cette définition centrée sur l'État a ouvert la voie au programme de libéralisation qui a démarré dans les années de règne de Reagan et de Thatcher, parfois appelé « néolibéralisme », qui a cherché à démanteler la régulation de l'État au nom de la productivité. Mais ce lien établi entre extraction de rente et intervention étatique omettait les nombreuses façons dont la recherche de rente est aussi une caractéristique répandue du marché. Les luttes concernant les droits de propriété et les rentes qu'ils génèrent sont endémiques dans les économies réelles ; l'hypothèse fantaisiste selon laquelle des « dotations initiales » tombent du ciel, distribuées comme des jetons au début d'une partie de jeu, est une théorie propre à l'économie néoclassique. Les efforts visant à dominer le marché, allant jusqu'au monopole pur et simple, sont aussi vieux que le marché lui-même. Comme Adam Smith (1881[1776] : 108) l'a très bien observé dans *Recherches sur les causes et la nature de la richesse des nations* : « Il est rare que des gens du même métier se trouvent réunis, fût-ce pour quelque partie de plaisir ou pour se distraire, sans que la conversation finisse par quelque conspiration contre le public, ou par quelque machination pour faire hausser les prix ».

Cette réalité ne va pas disparaître simplement parce qu'on le suppose ou le souhaite. De même, on ne pourra pas se passer de l'État et des dynamiques politiques parfois confuses qui l'accompagnent. Les États sont essentiels au fonctionnement de toute économie dans le monde, qu'importe son degré d'ouverture au marché. Les États sont nécessaires pour arbitrer les disputes concernant les droits de propriété, limiter les monopoles privés et les « conspirations contre l'intérêt public », protéger l'environnement et fournir des biens et des services publics. Tout comme les marchés, les États sont toujours imparfaits, et échouent même parfois totalement. Mais ils constituent une dimension indépassable des économies réelles.

En Afrique et ailleurs, les élites dirigeantes et leurs collaborateurs internationaux s'appuient rarement de manière exclusive sur l'État ou sur le marché pour leur richesse et leur pouvoir. Ils opèrent dans les deux sphères de manière simultanée, leur position dans l'une renforçant leur place dans l'autre. À cet égard, le terme de « capture de l'État » peut être trompeur, dans la mesure où il suppose qu'un État peut exister de manière autonome par rapport au marché, appliquant les règles de manière impartiale et veillant à l'intérêt général. Un tel État pourrait être un idéal louable, mais il est très éloigné de la réalité quotidienne partout dans le monde.

La question du meilleur équilibre entre le marché et l'État qui divise la politique moderne – la droite favorisant le marché et la gauche l'État – passe à côté d'un problème fondamental : la répartition de la richesse et du pouvoir. Dans une société plus oligarchique, où la richesse et le pouvoir sont concentrés dans les mains de quelques personnes, l'économie a peu de chances de favoriser la majorité des citoyens, quel que soit l'équilibre trouvé entre le marché et l'État. Dans les deux sphères, la spoliation exacerbe les inégalités et nuit à l'activité productive. Dans une société plus démocratique, c'est-à-dire une société où la richesse et le pouvoir sont mieux répartis, les possibilités de spoliation sont réduites, et le marché et l'État ont plus de marge de manœuvre pour œuvrer à un bien-être économique généralisé.

RÉSEAUX TRANSNATIONAUX

Le problème du lien entre pillage et fuite des capitaux n'est pas purement interne aux pays africains. Il ne s'agit pas non plus d'une relation strictement internationale dans laquelle une puissance impériale exploite des terres lointaines, comme ce fût le cas aux siècles passés. Il s'agit plutôt d'un phénomène transnational qui englobe les frontières nationales, orchestré par un réseau d'individus et d'institutions liés par des intérêts et des avantages communs, indépendamment de leur nationalité.

Les marchés des produits non transformés, comme le pétrole, les minéraux durs et le cacao sont eux-mêmes des institutions transnationales de portée mondiale. Sans la demande mondiale, la production de ces produits ne pèserait pas lourd dans les économies africaines. En principe, comme les économistes le répètent depuis longtemps, le commerce international devrait élever les conditions de vie de tous les partenaires commerciaux, tout comme, en principe, la richesse en ressources de l'Afrique devrait être une bénédiction pour ses habitants. En pratique, il existe néanmoins une tragique déconnexion entre les principes théoriques et la réalité économique.

En exploitant les imperfections des marchés et des États, les réseaux de pillage transnationaux font passer les frontières nationales d'entrave à protection. Les pilleurs et les facilitateurs se déplacent librement des deux côtés des frontières, où ils vivent dans un monde de suites exécutives, de résidences fermées, d'hôtels cinq étoiles, de salons première classe et de jets privés. Dans cet univers, les cultures locales sont perçues, quand elles ne sont pas ignorées, comme de simples objets décoratifs disposés par les architectes d'intérieur. Dans le même temps, les réseaux s'emparent volontiers des avantages que les frontières offrent pour dissimuler leur richesse aux yeux des autorités nationales.

Les frontières font office de membrane semi-perméable, permettant la libre circulation des biens, de l'argent et des personnes disposant des bons contacts, mais entravant la portée de l'État de droit. Loin d'être une anomalie, dans ce monde, la fuite des capitaux caractérise les affaires courantes.

Les pilleurs sont aidés et encouragés par des facilitateurs : des banques internationales et des institutions financières, des contrôleurs de gestion et des cabinets d'experts-comptables, des cabinets de conseil et des avocats indépendants. Les facilitateurs constituent aussi des éléments essentiels des réseaux de pillage transnationaux, tout comme les dirigeants d'entreprises et les responsables politiques qu'ils servent, et s'approprient leur part du butin.

Les réseaux transnationaux de pillage exercent une influence politique partout où ils opèrent, c'est-à-dire partout dans le monde. Ils utilisent cette influence pour protéger au maximum leurs affaires de la surveillance publique et de l'État de droit. Autrement dit, ils s'adonnent non seulement à un jeu offensif de pillage, mais aussi à un jeu défensif envers leurs adversaires, aussi bien dans les pays de destination de la fuite des capitaux hors d'Afrique que sur le continent lui-même. C'est une bataille sans fin.

Dans les années 1990, par exemple, l'OCDE a mené une action pour entraver les activités des paradis fiscaux, que Shaxson (2011: 193) a appelée « le premier véritable assaut intellectuel durable envers les juridictions opaques dans l'histoire mondiale ». Après de longues négociations, un accord a été trouvé sur un ensemble de recommandations portant sur la manière de combattre les « pratiques fiscales pernicieuses », notamment la communication complète des informations sur les transactions dans les paradis fiscaux. Une contre-offensive a rapidement été organisée aux États-Unis par une organisation récemment créée sous le nom de Center for Freedom and Prosperity, qui a lancé une campagne de lobbying bien financée au Congrès et dans la presse.

Dans cette campagne, le stéréotype du « capital innocent » a régulièrement été invoqué. Dans le *Washington Post*, un chroniqueur conservateur a alerté sur le fait que le partage des informations fiscales reviendrait à « tendre une arme à une dictature d'Afrique de l'Ouest pour réprimer ses sujets en quête de liberté économique en Amérique »[7]. Cette touchante sollicitude pour les victimes de gouvernements répressifs passe sous silence le fait que les régimes peu recommandables pourraient tout à fait être interdits d'accès aux informations partagées, tout comme ils peuvent être pénalisés par des sanctions financières et des restrictions commerciales. Elle ignore aussi le plus évident : les réseaux transnationaux de pillage. « Qui utilise les juridictions opaques pour protéger son argent et consolider ses positions ? », se demande Shaxson (2011: 202). « Le militant des droits humains qui hurle dans les donjons de ses tortionnaires ? Le courageux journaliste d'investigation ? Le manifestant dans la rue ? Ou le violent tyran kleptocrate qui les opprime ? Nous connaissons tous la réponse. »

En 2001, l'arrivée au pouvoir de George W. Bush marque un tournant dans cette bataille. L'administration Bush a immédiatement abandonné cet accord, décision qui, de l'aveu confidentiel de responsables américains, « a coupé court à l'effort » (Milbank 2001). En expliquant la position américaine, le secrétaire au Trésor Paul O'Neill s'est plaint du fait que l'échange d'informations sur les comptes *offshore* proposé par l'OCDE était « trop large » et « ne coïncidait pas avec les priorités fiscales et économiques de cette administration ». Un représentant de la Maison Blanche s'est exprimé plus franchement : « En gros, les États-Unis ont très peu à y gagner et c'est un fardeau pour notre industrie financière »[8].

Le sénateur américain Carl Levin, président tenace du Sous-comité sénatorial d'enquête permanent ayant procédé à des audiences sur le sujet, a offert un point de vue inverse, citant le rôle des juridictions opaques dans l'évasion fiscale commise par de riches Américains : « Les paradis fiscaux mènent une guerre économique contre les États-Unis », a-t-il déclaré[9].

En réalité, évidemment, les paradis fiscaux ont un impact très différent en fonction des segments de la société américaine. « Il est plus juste, fait remarquer Shaxson (2011: 200), de dire qu'ils aident une minorité d'Américains dans leur campagne contre la population ouvrière ». À cet égard, les Américains ont beaucoup de traits en commun avec les Africains et avec les peuples d'autres nations à travers le monde.

RÉPERCUSSIONS MONDIALES

Les effets néfastes des réseaux de pillage transnationaux ne se limitent pas à la fuite des capitaux et à l'évasion fiscale, pas plus qu'ils ne se confinent à l'Afrique et aux pays en développement. Comme une infection généralisée, les réseaux pénètrent profondément dans les sociétés d'accueil, non seulement en dépouillant des pays de leurs ressources et en privant des gouvernements de leurs revenus, mais aussi en augmentant les inégalités économiques, en érodant les liens sociaux de confiance et d'empathie et en compromettant les capacités de production des entreprises privées et des institutions publiques.

L'augmentation des inégalités qui découle de la spoliation est visible non seulement dans les rues de Luanda, d'Abidjan et de Johannesburg, mais aussi dans celles de New York, de Londres et d'autres métropoles mondiales. Dans les mégalopoles des pays de destination des flux de capitaux fébriles, cet afflux fait monter les prix de l'immobilier et les loyers résidentiels, générant des mannes pour la classe possédante tout en contraignant la classe ouvrière à payer davantage pour se loger et à vivre plus loin de son lieu de travail.

Les effets destructeurs des réseaux de pillage transnationaux sur la confiance et l'empathie se manifestent non seulement à travers l'indifférence avec laquelle les élites dirigeantes contemplent depuis leurs véhicules luxueux les sans-abris démunis des villes africaines, mais aussi à travers le mépris ordinaire dispensé par les élites dirigeantes dans les pays industrialisés face à la précarité et aux luttes quotidiennes de leurs compatriotes moins fortunés. Pendant la pandémie de Covid-19, la journaliste Masha Gessen (2020) a observé à New York un « sentiment profond de fracture – ou d'étrangéité – entre les gens qui commandent et ceux qui meurent », et a comparé les États-Unis à un pays d'ex-URSS où l'élite vit dans un univers séparé du reste du pays. Les ratages de la réaction américaine face au nombre de morts qui a rapidement augmenté s'expliquent par la dure réalité suivante : « nous ne sommes pas dans le même bateau ». L'une des caractéristiques des réseaux de pillage transnationaux, où qu'ils opèrent, est leur façon d'amener les élites à tourner le dos aux autres pour se servir et se nourrir.

L'affaiblissement des entreprises privées est une autre répercussion. Elle est illustrée par la chute de la plus vieille dynastie bancaire du Portugal, Banco Espírito Santo, en 2014, à la suite de la divulgation de prêts massifs non couverts octroyés par sa filiale angolaise[10]. Le retour de flamme du pillage en Afrique a aussi endommagé des institutions publiques ailleurs, comme l'a clairement montré « l'affaire Elf », dans laquelle des comptes secrets de la plus grande compagnie pétrolière de France, Elf Aquitaine, ont été utilisés pour acheminer des paiements en liquide clandestins vers des partis politiques français et des chefs d'État africains, et pour financer des fêtes luxueuses, des maîtresses et des villas. Le mode opératoire rappellera quelque chose aux lecteurs de cet ouvrage : « À chaque fois que Elf faisait une grosse acquisition ou un investissement pendant cette période, on trouvait un intermédiaire qui envoyait une facture pour toucher sa commission, laquelle était payée sur un compte *offshore* », a expliqué ultérieurement un cadre supérieur chez Elf. « Ensuite, l'intermédiaire rendait la majeure partie de la somme à l'auteur de la fraude. C'était un cas d'école, typique, de détournement »[11]. Le caractère transnational du scandale a été souligné par la magistrate française Eva Joly, qui a mené l'enquête : « Je vois tant de ressemblances, en France et à l'étranger, entre les corruptions d'État et les mafias en tout genre », écrit-elle dans ses mémoires publiés en 2000. « Mêmes réseaux, mêmes hommes de main, mêmes banques, mêmes villas de marbre. »[12]

Dans sa vaste étude des pandémies passées, *When Germs Travel*, l'historien Howard Markel (2005: 18) décrit « les conséquences imprévues d'une absence d'investissement dans les soins de santé de base dont ont besoin les citoyens les plus démunis du monde », face à la prolifération à travers le monde de souches pharmacorésistantes de la tuberculose et d'autres infections. La fuite des capitaux est l'une des causes de ce manque d'investissement ; par ailleurs, nous avons estimé que, au début des années 2000, la baisse des dépenses publiques de santé attribuable à la fuite des capitaux a entraîné la mort de 77 000 nourrissons en plus par an en Afrique – un exemple frappant de la manière dont les intérêts privés des élites dirigeantes évincent l'intérêt général, aux dépens de la majorité pauvre de la population[13]. Mais la transmission internationale des maladies contagieuses est aussi une parfaite métaphore de la transmission internationale de pathologies financières transmises par la spoliation. Dans les deux cas, les victimes s'étendent à l'ensemble de la planète.

PERSPECTIVES D'AVENIR

L'ampleur de la fuite des capitaux depuis les pays en développement, et les techniques pour la mesurer, ont d'abord émergé à la suite de la crise internationale de la dette au début des années 1980, lorsqu'il est apparu que les statistiques officielles sous-estimaient largement la dette extérieure et les flux de capitaux. À l'époque, néanmoins, discuter de la fuite des capitaux au sein de ce qu'on appelait la « communauté internationale » – le réseau d'organisations internationales officielles incluant les institutions de Bretton Woods, les Nations unies et les agences humanitaires bilatérales – restait une sorte de tabou, un sujet plus souvent abordé à mi-voix que discuté en société. La guerre froide était l'une des principales raisons de cette réticence, la question des malversations financières étant éludée au nom de la rivalité entre le monde libre et le bloc soviétique. La rengaine : « C'est peut-être un salaud, mais au moins c'est notre salaud à nous », résumait l'attitude courante vis-à-vis des régimes clientélistes, quel que soit leur degré de corruption ou de brutalité.

La fin de la guerre froide a fait évoluer les contours du discours acceptable. Ce changement de climat est illustré par un événement au début des années 1990 : le FMI, la Banque africaine de développement et la Banque mondiale ont coupé les prêts et autres aides financières au régime ouvertement corrompu de Mobutu dans l'actuelle République démocratique du Congo (Ndikumana et Boyce 1998).

En 2003, l'Assemblée générale des Nations unies a adopté la Convention des Nations unies contre la corruption, le premier et l'unique traité international contre la corruption, qui, entre autres choses, fournit une entraide judiciaire pour combattre le détournement, le blanchiment d'argent et d'autres crimes relatifs à la corruption.

En 2007, la Banque mondiale et l'Office des Nations unies contre les drogues et le crime ont lancé l'initiative pour le recouvrement des avoirs volés (StAR), qui fournit une assistance technique pour tracer et recouvrer des avoirs volés. La même année, une conférence organisée à Pretoria par la Banque de réserve sud-africaine a rassemblé des représentants de l'Association des gouverneurs des banques centrales africaines, de la Banque africaine de développement, de la Banque d'Angleterre, du département du Trésor des États-Unis, de la Banque mondiale et d'autres pour la première discussion panafricaine sur la fuite des capitaux et les mesures pour la combattre (Ndikumana et Boyce 2011b: 106–112).

En 2011, la quatrième Conférence conjointe de la Commission de l'Union africaine et de la Commission économique des Nations unies pour l'Afrique avec les ministères africains des Finances, de la Planification et du Développement économique a mandaté la création d'un panel de haut niveau sur les flux financiers illicites depuis l'Afrique. Le mandat du panel de haut niveau, présidé par l'ancien président sud-africain Thabo Mbeki, devait diriger les efforts visant à évaluer le volume de flux financiers illicites et coordonner des débats politiques sur le continent et à l'international pour aborder la question[14]. Dans le cadre du Programme de développement durable à l'horizon 2030, les Nations unies (2015) se sont engagées à renforcer la structure qui encadre les efforts mondiaux pour lutter contre les flux financiers illicites[15].

Ces actions officielles ont été encouragées et augmentées par la mobilisation soutenue d'organisations de la société civile, dont Global Witness à Londres, Global Financial Integrity à Washington, Sherpa à Paris et les organisations transnationales Tax Justice Network et le Consortium international des journalistes d'investigation. Des organisations de la société civile en Afrique, comme Tax Justice Network Africa, contribuent de manière active à informer sur les flux de capitaux illicites, l'évasion fiscale et le blanchiment d'argent.

En 2014, plus d'une décennie après que l'administration Bush a saboté son initiative pour encadrer les paradis fiscaux, l'OCDE a réussi à lancer une norme commune de déclaration pour l'échange d'informations entre les autorités fiscales (OCDE 2017). Un autre signe du changement du paysage légal international s'est manifesté aux États-Unis en 2020 avec le passage de la loi contre le blanchiment d'argent, incluant des mesures pour percer le voile du secret qui entoure les bénéficiaires effectifs des sociétés écran[16].

Il y a trente ou quarante ans, chacune de ces initiatives prises séparément auraient été inconcevables. Prises ensemble, elles attestent de tout le chemin parcouru par l'opinion publique et de la réforme opérée au sein de l'architecture financière internationale dans la lutte contre les réseaux de pillage transnationaux.

Il n'y aucune garantie que la justice et l'État de droit finissent par l'emporter. Les pilleurs détiennent une fortune et une influence colossales, et ils les utilisent de manière systématique dans leurs efforts pour affaiblir les règles, exploiter les failles et se soustraire aux lois. Mais il n'y a pas plus de garantie que les pilleurs continueront à prospérer dans l'ombre du secteur financier face à la demande croissante de transparence, de responsabilisation et d'équité.

La dissimulation, tout comme l'hypocrisie, est le tribut que le vice paie à la vertu. Les activités prédatrices et les effets néfastes des réseaux de pillage transnationaux étant de mieux en mieux connus, la marge de manœuvre de ces derniers est en train de se réduire. Beaucoup de choses ont été accomplies, et beaucoup d'autres restent à faire. Modestement, nous espérons que cet ouvrage contribuera à cet effort.

NOTES

1 Voir, par exemple, Khan et Haque (1985) ; et Collier et al. (2001, 2004).

2 Voir, par exemple, Ndikumana et Boyce (2011a) ; Arezki et al. (2015) ; et Ndikumana et Sarr (2019).

3 Dans un récit relatant la formation des États européens, Tilly (1992) fait état de la protection militaire comme d'un service public initial essentiel. Pour une revue de la littérature sur le « contrat fiscal », voir Moore (2004) et Moore et al. (2018).

4 « La découverte des contrées aurifères et argentifères de l'Amérique, la réduction des indigènes en esclavage, leur enfouissement dans les mines ou leur extermination, les commencements de conquête et de pillage aux

Indes orientales, la transformation de l'Afrique en une sorte de varenne commerciale pour la chasse aux peaux noires », écrivait Marx dans *Le capital* (1867, Livre premier, chapitre XXXI). « Voilà les procédés idylliques d'accumulation primitive. »

5 Pour les incidences sur le secteur financier, voir Stiglitz (2013) et Shaxson (2018). Pour les incidences environnementales, voir Boyce (2007).

6 La rente pétrolière est la différence entre le coût d'extraction et le prix mondial. Aucunes données exhaustives sur le coût d'extraction ne sont disponibles, mais le coût d'extraction moyen (comprenant les dépenses de fonctionnement et les dépenses d'équipement) en Angola était estimé à 35 dollars par baril en 2015. Au prix moyen mondial du pétrole de 80 dollars le baril entre 2010 et 2019, la rente pétrolière s'est élevée à une moyenne de 45 dollars le baril, plus de la moitié de la valeur des exportations de pétrole du pays. Données issues de Statista (2015, 2021).

7 Robert Novak, « Global Tax Police », *Washington Post,* 11 avril 2001. Reproduit comme Document 21 dans What Is the U.S. Position on Offshore Tax Havens? Hearing Before the Permanent Subcommittee on Investigations of the Committee on Governmental Affairs, United States Senate, 18 juillet 2001.

8 O'Neill et le représentant anonyme sont cités dans Milbank (2001). Pour des récits plus détaillés, voir Easson (2004), Sharman (2006) et Sullivan (2007).

9 Cité par Shaxson (2011: 200). Les auditions ont été menées cet été : *What Is the U.S. Position on Offshore Tax Havens? Hearing Before the Permanent Subcommittee on Investigations of the Committee on Governmental Affairs, United States Senate,* 18 juillet 2001.

10 Voir Shaxson (dans le présent volume) ; voir aussi Engrácia Antunes (2019). En 2020, les procureurs portugais ont publié un document de 4 100 pages accusant l'ancien directeur général de Banco Espírito Santo, Ricardo Espírito Santo Salgado, et 17 de ses collègues de fraude, blanchiment d'argent, manipulation de marché et corruption (Wise 2020).

11 Philippe S. Jaffre, le président de Elf, cité par Whitney (1999).

12 Joly (2000 : 19). Pour de récentes enquêtes sur la corruption transnationale, voir Bullough (2018), Burgis (2020) et Taub (2020).

13 Ndikumana et Boyce (2011b: 83). Voir aussi Ortega et al. (2020).

14 Le panel de haut niveau a publié son premier rapport en 2015 (UNECA 2015).

15 Voir https://www.unodc.org/documents/data-and-analysis/statistics/Drugs/IFF_framework_and_methodology.pdf.

16 La loi, qui a été décrite comme « la plus importante réforme contre le blanchiment d'argent de toute une génération » (Monroe 2020), est survenue après des audiences du Sénat, dans lesquelles l'un des auteurs du projet de loi a dénoncé le rôle des États-Unis, qui facilitent la corruption mondiale en permettant aux « pilleurs » d'abriter leurs biens mal acquis, ainsi que le fait que « des industries entières, des cabinets d'avocats américains, des agents immobiliers, des sociétés écran et des compagnies de services financiers pourvoient aux besoins de bandits et de kleptocrates internationaux » (Whitehouse 2019).

RÉFÉRENCES

Arezki, R., Rota-Graziosi, G. et Senbet, L.W. 2015. Natural Resources and Capital Flight: A Role for Policy? *In* Ajayi, S.I. et Ndikumana, L. (dir.). *Capital Flight from Africa: Causes, Effects and Policy Issues* (p. 263–76). Oxford: Oxford University Press.

Boyce, J.K. 2007. Inequality and Environmental Protection. *In* Baland, J.M., Bardhan, P. et Bowles, S. (dir.). *Inequality, Collective Action, and Environmental Sustainability* (p. 314–48). Princeton: Princeton Univ. Press.

Bullough, O. 2018. *Moneyland: Why Thieves & Crooks Now Rule the World & How to Take it Back.* Londres : Profile Books.

Burgis, T. 2020. *Kleptopia: How Dirty Money Is Conquering the World.* New York: Harper.

Collier, P., Hoeffler, A. et Pattillo, C. 2001. Flight Capital as a Portfolio Choice. *The World Bank Economic Review,* 15(1), 55–80.

Collier, P., Hoeffler, A. et Pattillo, C. 2004. Africa's Exodus: Capital Flight and the Brain Drain as Portfolio Decisions. *Journal of African Economies,* 13(suppl. 2), ii15–ii54.

Easson, A. 2004. Harmful Tax Competition: An Evaluation of the OECD Initiative. *Tax Notes International,* 34(10), 1037–1077.

Engrácia Antunes, J. 2019. Banco Espírito Santo: Anatomy of a Banking Scandal in Portugal. *In* Busch, D., Ferrarini, G. et Van Solinge, G. (dir.). *Governance of Financial Institutions.* Oxford: Oxford University Press.

Fitzgerald, F. 1973. *Fire in the Lake: The Vietnamese and the Americans in Vietnam.* New York: Vintage Books.

Gessen, M. 2020. Why America Feels Like a Post-Soviet State. *New Yorker,* 31 juillet.

Ignatius, D. 2002. True Crime: The Scent of French Scandal. *Legal Affairs,* mai/juin. Disponible sur https://www.legalaffairs.org/issues/May-June-2002/story_ignatius_mayjun2002.html, consulté le 29 mars 2021.

Joly, E. 2000. *Notre affaire à tous.* Paris : Éditions des Arènes.

Khan, M.S. et Ul Haque, N. 1985. Foreign Borrowing and Capital Flight: A Formal Analysis. *IMF Staff Papers* 32(4): 606–28.

Krueger, A. 1974. The Political Economy of the Rent-Seeking Society. *American Economic Review,* 64(3), 291–303.

Markel, H. 2005. *When Germs Travel.* New York: Vintage.

Marx, K. 1872. [1867]. *Le Capital,* Livre premier. Traduction de M. J. Roy entièrement révisée par l'auteur. Paris : éd. Maurice Lachatre et cie.

Milbank, D. 2001. U.S. to Abandon Crackdown on Tax Havens. *Washington Post,* 11 mai.

Monroe, B. 2020. After overwhelmingly hurdling Congress, 'biggest AML reform in a generation,' breaker of beneficial ownership chains now in hands of President. Association of Certified Financial Crime Specialists, 11 décembre. Disponible sur https://www.acfcs.org/after-overwhelmingly-hurdling-congress-biggest-aml-reform-in-a-generation-breaker-of-beneficial-ownership-chains-now-in-hands-of-president/, consulté le 11 janvier 2021.

Moore, M. 2004. Revenues, State Formation, and the Quality of Governance in Developing Countries. *International Political Science Review,* 25(3): 297–314.

Moore, M., Prichard, W. et Fjeldstad, O.H. 2018. *Taxing Africa: Coercion, Reform and Development.* Londres: Zed Books.
Ndikumana, L. et Boyce, J.K. 1998. Congo's Odious Debt: External Borrowing and Capital Flight in Zaire. *Development & Change,* 29(2), 195–217.
Ndikumana, L. et Boyce, J.K. 2011a. Capital Flight from Sub-Saharan Africa: Linkages with External Borrowing and Policy Options. *International Review of Applied Economics,* 25(2), 149–70.
Ndikumana, L. et Boyce, J.K. 2011b. *Africa's Odious Debts: How Foreign Loans and Capital Flight Bled a Continent.* Londres: Zed Books.
Ndikumana, L. et Sarr, M. 2019. Capital Flight, Foreign Direct Investment and Natural Resources in Africa. *Resources Policy,* 63, 101427.
OCDE. 2017. *Standard for Automatic Exchange of Financial Account Information in Tax Matters,* Deuxième éd. Paris: OCDE.
Ortega, B., Sanjuán, J. et Casquero, A. 2020. Illicit financial flows and the provision of child and maternal health services in low and middle-income countries. *BMC International Health and Human Rights* 20(15). Disponible sur https://doi.org/10.1186/s12914-020-00236-w.
Sharman, J.C. 2006. *Havens in a Storm: The Struggle for Global Tax Regulation.* Ithaca : Cornell University Press.
Shaxson, N. 2011. *Treasure Islands: Tax Havens and the Men Who Stole the World.* Londres: Random House.
Shaxson, N. 2018. *The Finance Curse: How Global Finance Is Making Us All Poorer.* Londres: The Bodley Head.
Smith, A. 1881. [1776]. *La richesse des nations.* Traduction française de Germain Garnier à partir de l'édition revue par Adolphe Blanqui en 1843. Édition électronique, disponible sur https://www.anthropomada.com/bibliotheque/Adam-smith-1.pdf, consulté le 7 juin 2022.
Statista. 2015. Average cost to produce one barrel of oil in top oil producing countries worldwide in 2015. Disponible sur https://www.statista.com/statistics/597669/cost-breakdown-of-producing-one-barrel-of-oil-in-the-worlds-leading-oil-producing-countries/, consulté le 22 mars 2021.
Statista. 2021. Average annual Brent crude oil price from 1976 to 2021. Disponible sur https://www.statista.com/statistics/262860/uk-brent-crude-oil-price-changes-since-1976/, consulté le 22 mars 2021.
Stiglitz, J. 2013. *The Price of Inequality: How Today's Divided Society Endangers Our Future.* New York: W.W. Norton.
Sullivan, M.A. 2007. Lessons from the Last War on Tax Havens. *Tax Notes,* 30 juillet.
Taub, J. 2020. *Big Dirty Money: The Shocking Injustice and Unseen Cost of White Collar Crime.* New York: Viking.
Tilly, C. 1992. *Coercion, Capital and European States, A.D. 990–1992.* New York: Wiley.
United Nations. 2015. *The 2030 Agenda for Sustainable Development.* New York: United Nations.
United Nations Economic Commission on Africa (UNECA). 2015. Illicit Financial Flows: Report of the High-Level Panel on Illicit Financial Flows from Africa. In *Report Commissioned by the AU/ECA Conference of Ministers of Finance.* Addis-Abeba : UNECA.
Wise, P. 2020. Prosecutors accuse ex-chief over collapse of Banco Espírito Santo. *Financial Times,* 15 juillet.

Whitehouse, S. 2019. Whitehouse Remarks in Judiciary on Combating Kleptocracy. Washington : Bureau du sénateur Sheldon Whitehouse, 19 juin. Disponible sur https://www.whitehouse.senate.gov/news/speeches/whitehouse-remarks-in-judiciary-on-combating-kleptocracy, consulté le 31 mars 2021.

Whitney, C. 1999. A seamy French tale of sex, politics, and an oil company's lost millions. *New York Times,* 11 février.